数字普惠金融丛书

MODELING ONLINE AUCTIONS

Statistics in Practice

Wolfgang Jank　　Galit Shmueli

网上 拍卖数据建模

统计方法理论与实践

（美）
沃尔夫冈·詹克
加利特·士穆里　著

曲春青　译

WILEY

东北财经大学出版社
Dongbei University of Finance & Economics Press

大连

辽宁省版权局著作权合同登记号：图字06-2015-35号

Wolfgang Jank，Galit Shmueli：Modeling Online Auctions：Statistics in Practice，original ISBN：978-0-470-47565-2.

图书在版编目（CIP）数据

网上拍卖数据建模：统计方法理论与实践 / （美）沃尔夫冈·詹克（Wolfgang Jank），（美）加利特·士穆里（Galit Shmueli）著；曲春青译.—大连：东北财经大学出版社，2017.11 （数字普惠金融丛书）
ISBN 978-7-5654-2524-0

Ⅰ．网… Ⅱ．①沃… ②加… ③曲… Ⅲ．互联网络-应用-拍卖-统计数据-研究 Ⅳ．F713.359-39

中国版本图书馆CIP数据核字（2016）第267572号

东北财经大学出版社出版发行
　　大连市黑石礁尖山街217号　邮政编码　116025
　　网　　　址：http：//www．dufep．cn
　　读者信箱：dufep @ dufe．edu．cn
大连图腾彩色印刷有限公司印刷

幅面尺寸：170mm×240mm　字数：353千字　印张：25.25
2017年11月第1版　　　　　2017年11月第1次印刷
责任编辑：刘东威　　　　　责任校对：刘　佳
封面设计：冀贵收　　　　　版式设计：钟福建
定价：66.00元

教学支持　售后服务　联系电话：（0411）84710309
版权所有　侵权必究　举报电话：（0411）84710523
如有印装质量问题，请联系营销部：（0411）84710711

本书受国家自然科学基金资助，项目编号：71373038。

译者前言

网上拍卖（auction online）是指通过互联网实施的价格谈判交易活动，即利用互联网在网站上公开发布将要招标的物品或者服务的信息，通过竞争投标的方式将它出售给出价最高或最低的投标者。其实质是以竞争价格为核心，建立生产者和消费者之间的交流与互动机制，共同确定价格和数量，从而达到均衡的一种市场经济过程。①相对于传统拍卖，网上拍卖的优势是非常明显的。从时间上看，一场网上拍卖可以持续一天甚至几天，竞拍者可以不分昼夜地出价；从空间上看，网上拍卖不受地域限制，竞拍者可以方便地参与异地拍卖。因此，网上拍卖可以说是一种更有效率的竞价交易方式。

网上拍卖虽然是一种较为新颖的交易方式，但是近年来却取得了飞速发展，比如国外的 eBay.com、uBid.com，国内的淘宝拍卖会等网上拍卖平台的交易量迅猛增长。但是网上拍卖数据的特殊性，导致了相关的理论和实证研究比较滞后。基于网络用户行为生成的竞价数据并不是标准的时间序列数据，竞价事件的发生并不是均匀的，并且表现出伴随拍卖进程变化的动态性，同时拍卖的竞争（既有卖家的竞争，也有买家的竞争）也很难捕捉。这些困难导致传统的统计方法已经不能胜任网上拍卖数据的分析和

---

① 该定义引自百度百科。

研究，急需新方法的提出和指导。

沃尔夫冈·詹克、加利特·士穆里所著的《网上拍卖数据建模：统计方法理论与实践》正是针对网上拍卖数据的特殊性，创新性地提出了一些统计建模方法，并展示了这些方法在实践领域的应用，是网上拍卖数据建模领域一本不可多得的好书。本书系统地介绍了网上拍卖数据的收集、挖掘和建模的方法。首先，该书介绍了网上拍卖数据的获取方法，重点介绍了网络爬虫和网络服务两种常用方法。然后，该书又介绍了网上拍卖数据存在的一些特殊问题以及相关研究方法，比如竞拍历史数据的不均匀间隔问题及其与截面信息的结合问题、网上拍卖的并发性以及相互竞争性问题、数据半连续性问题、数据分层问题等。接下来，该书讨论了几类相关模型，包括用于捕捉拍卖数据之间相互关系的统计模型、捕捉拍卖竞争的统计模型、捕捉竞拍者参与和竞拍参与的统计模型。最后，该书进一步讨论了网上拍卖预测模型及应用问题。该书介绍和讨论的理论、模型和研究方法，不仅适用于网上拍卖数据的研究，同样适用于其他一些电子商务领域的研究。因此，该书既可以作为经济学专业、电子商务专业和统计学专业本科高年级学生、研究生学习的教材，也可以作为电子商务领域，尤其是网上拍卖领域研究人员、从业人员、交易者学习和使用的参考用书。

本书由曲春青博士翻译，在翻译过程中东北财经大学统计学院的杨仲山教授、屈超博士为本书的翻译提出了许多建设性的意见和建议，范立夫教授、郭凯副教授、刘伟副教授、张晓东副教授、康书隆副教授、周学仁副研究员、陈菁泉副研究员、解维敏副教授、霍红博士、姜美华博士及东北财经大学出版社的田玉海编辑、刘佳编辑为本书的翻译提供了许多帮助，东北财经大学的硕士研究生刘锐、白方玉、钟艳秋、李松、陈慧芳、谭洁蔓、陈丽茹、张方方、李亚云、陆明、田志信参与了本书部分章节的校对以及部分公式的录入工作。东北财经大学出版社的刘东威编辑、李季编辑、吉扬编辑为本书的出版付出了辛勤的劳动。在此，我们表示衷心的感谢。由于译者水平所限，书中定有不妥甚至错误之处，恳请读者批评指正。

译 者

2016 年 12 月

序

　　我们对于网上拍卖（online auction）的研究兴趣始于 2002 年。那时，有关网上拍卖数据的实证研究刚刚兴起，其研究大多聚焦于经济学和信息系统领域。起初，我们只是简单地运用描述性统计方法来研究网上拍卖数据，试图解答一些问题，比如"如何绘制单独的竞拍历史数据""如何在避免信息过载（information overload）的前提下绘制 1 000 个竞拍的历史数据""如何描绘一个正在进行的拍卖的价格走势""如何有效地收集海量的数据"。当时，我们与一些业内人士（主要是非统计人员）展开了合作。他们向我们介绍了拍卖理论、网络环境下的局限性以及高速、有效收集海量网上拍卖数据的现代技术。我们开始利用统计学的思维和方法，以一种全新的、数据驱动的方法去研究诸如"什么因素影响最终价格""如何量化赢者诅咒（winner curse）"等问题。在我们接触到海量的数据并深入了解了网上拍卖的运作机制以后，我们开始对一些更加复杂、更具挑战性的问题进行研究，比如"如何捕捉一个拍卖的价格动态""如何运用动态的方法对拍卖的结果进行预测"。从那时起，我们就这些问题的研究做了大量工作。事实上，也取得了一些颇具特色的创新性成果。首先，我们不仅向自己提出这些问题，同时也向我们的博士研究生提出了这些问题，产生了一个全新的研究方向。我们的毕业生利用他们深厚的数学或统计学功底，解决了一些相关的商业和电子商务方面的问题。正如之前 Davenport 与 Harris 合著的专著 *Competing on Analysis* 以及其他同类书籍中所述的，这种与数学和统计学的结合，对于现代商业分析的发展至关重要。

我们的研究催生了一个新的研究领域——电子商务统计学。我们与许多同事展开交流与合作，并创办了一个至今（2010年）已经六年的同名的年度研讨会（见 http：//www.statschallenges.com）。这一研讨会吸引了不同领域的众多研究者，他们都有这样一种信念，就是使用实证技术对电子商务数据进行研究，从而更好地理解网络世界。

关于网上拍卖方面的研究之所以吸引人，主要基于以下几个方面。认真回顾长期以来网上拍卖的数据，我们惊奇地发现这些数据的结构并不能使用标准的统计工具去表示或建模，比如事件发生的不规则性以及网上拍卖数据的"半连续"性（semicontinuous）。为了处理这些数据并从中挖掘出尽可能多的信息，我们不仅使用了现有的统计学方法，而且开发了一些新的工具和方法。我们对网上拍卖统计方法的研究，催生了大量针对拍卖数据探索、建模和预测的方法和工具。虽然本书主要讨论的是网上拍卖问题，但是本书内容的应用领域相当广泛，对那些研究其他网上问题的研究人员同样有益。

本书适用于各类对网上拍卖统计建模抱有兴趣的研究人员和学生。一方面，本书详细叙述了在网上拍卖研究中统计人员可以有所作为的一些领域并提供了大量的网上拍卖数据，这些可以激发统计人员在该领域开发新方法以及将研究应用到实践的兴趣。另一方面，本书还详细叙述了我们挖掘网上拍卖数据的方法以及一些重要结论（可能是令人吃惊的），对于那些正在寻求新方法去深入了解网上拍卖或其他网上问题的市场营销人员、经济学家以及信息系统研究人员大有益处。为了使研究人员能够复制（并改进）我们的方法和模型，我们提供了程序的代码。相关的数据和程序代码可以在我们的合作伙伴网站（http：//ModelingOnlieAutction.com）上面找到。我们的研究始于数据，因此我们也希望大家能够直接通过网上拍卖数据进行数据探索。

沃尔夫冈·詹克　　加利特·士穆里

2010 年 1 月

目 录

第1章　引言　1

1.1　网上拍卖与电子商务　3

1.2　网上拍卖和统计学挑战　5

1.3　网上拍卖研究的统计方法　7

1.4　本书结构　8

1.5　数据和代码的获得　11

第2章　网上拍卖数据的获取　12

2.1　从网络采集数据　12

2.2　网络数据采集和统计抽样　23

第3章　网上拍卖数据的探索　38

3.1　竞拍历史：出价与"当前价格"　39

3.2　竞价历史数据与截面拍卖信息数据的整合　42

3.3　并发性拍卖（concurrent auctions）的可视化　50

3.4　价格演变和价格动态的探索　54

3.5　通过交互可视化对价格曲线和拍卖信息进行整合　70

3.6　探索层次信息　73

3.7　通过曲线聚类方法探索价格动态　77

3.8　探索分布假设　88

3.9　网上拍卖探索：未来研究方向　115

第4章　网上拍卖数据建模　117

4.1　建模基础（价格过程的表示）　118

4.2　价格动态和拍卖信息之间关系的建模　160

4.3　拍卖竞争的建模　189

4.4　竞价与竞拍者参与的建模　226

4.5　拍卖网络的建模　283

第5章　网上拍卖的预测　300

5.1　单个拍卖的预测　301

5.2　竞争性拍卖的预测　333

5.3　自动化出价决策　348

参考文献　361

第1章 引言

近年来，网上拍卖如井喷之势流行开来，出现了一些诸如 eBay.com、uBid.com、Swooopo.com 等允许买卖双方交易商品或信息的网站。在线拍卖平台与 Amazon.com 之类的固定价格零售平台有所不同，它允许买卖双方就交易进行协商。多方面的原因导致了网上拍卖的兴起。首先，网上拍卖网站的持续有效性使得卖家可以在任何时间摆卖物品，也使得买家可以不分昼夜地出价。商品通常展示几天，给予买家足够的时间去搜索、比较、判断和出价。其次，网上拍卖不受现实中的地域限制，买家可以参与另一地的拍卖活动。广泛的地域可达性也使得人们摆出大量的产品以供销售（无论是全新商品还是二手商品）。最后，由于网上拍卖使得参与者聚集到一个竞争性环境当中，它也有娱乐的成分。事实上，网上拍卖过程中的社会化行为有点类似于赌博，竞拍者参与竞拍并期待获胜，而且常常在最后时刻由于竞拍失败而出现情绪化反应。

网上拍卖是一种相对而言较为新颖的事物。我们所说的网上拍卖指的是基于网络的拍卖，即交易发生在互联网上。然而，早在互联网拍卖出现之前，电子拍卖就已经通过电子邮件、讨论组以及新闻组（newsgroup）等方式出现了。David Lucking-Reiley（2000）讲述了 rec.games.deckmaster 新闻组的故事。早在 1995 年，互联网用户便开始在那里交易万智牌（Magic cards）。他这样写道：

截止到 1995 年春季，每周的发帖量达到 6 000 个，这使得 rec.games. tradingcards.marketplace 成为互联网上流量最大的新闻组。每月的 26 000 个帖子当中，近 90%都与万智牌的交易有关，剩下的 10%是其他游戏牌的交易。

Lucking-Reiley（2000）简要介绍了网上拍卖的发展历史，并提供了一份关于 1998 年网上拍卖门户网站的调查报告。Onsale 和 eBay 是最早成立网上拍卖网站的，成立于 1995 年。后来，Onsale（即现在的 Egghead）将拍卖业务出售给了 Yahoo!，转而进入固定价格零售领域。1999 年，Yahoo!和 Amazon 上线了它们自己的网上拍卖业务。但是在 10 年时间里，它们都停止了拍卖业务，只从事固定价格业务（在本书写作之时，Yahoo!只保留了中国香港、台湾地区和日本的网上拍卖业务）。从 1995 年起至今（2010），C2C 网上拍卖市场大体经历了如下发展：在最初网上拍卖网站大量涌现之后，出现了一个剧烈的并购期，最后剩下了一些今天为我们所熟知的优秀拍卖网站，比如针对一般商品的 eBay、uBid、Swoopo，针对印度艺术品的 SaffromArt 和针对 P2P 借贷的 Prosper。

关于网上拍卖的实证研究出现了爆炸式增长。事实上，网上拍卖的增长速度远远超过了传统实体拍卖的增长速度。对此，我们不禁要问："相较于传统拍卖，为何网上拍卖的数据研究更为流行？"我们认为答案其实很简单，一言以蔽之：数据。实际上，正在进行或是过去发生的网上拍卖交易数据的公开可得性，为实证研究人员研究买卖双方行为提供了新的机会。此外，基于经济学和线下实体拍卖研究所得的理论结果，已经被证实在网络环境下不再成立。网上拍卖和线下拍卖出现差异的原因可能是由于以下几点，比如互联网的全球覆盖性、用户的匿名性、虚拟资源的无限性、持续有效性以及变动的连续性。

在一份关于网上拍卖的初期研究中（Lucking-Reiley 等人，2000），实证经济学家发现竞价行为，尤其是在 eBay 上的竞价行为，通常与传统拍卖理论所预测的竞价行为有显著的差异。从那时起，在信息系统、营销学、计算机科学、统计学和其他相关领域内，涌现出大量使用网上拍卖数据进行研究的实证研究，这些研究从不同视角去探讨网络环境下的竞价行为。一类研究主要关注新竞价行为和现象的识别与定性，如狙击出价（bid sniping）（Roth 和 Ockenfels，2002）和竞价自抬（bid shilling）（Kauffman 和 Wood，2005）；竞拍者的分类（Bapna 等人，2004）；用于捕捉竞价活动以及竞拍者行为的描述性概率模型（Borle 等人，2006；Park 和 Bradlow，2005）；用于捕捉竞价时机和竞拍价的描述性概率模型的开发（Shmueli 等人，2007；Russo 等人，2008）。另一类研究主要关注网上拍卖的价格演化趋势，比如价格动态研究（Wang 等人，2008a，b；Bapna 等人，2008b；Dass 和 Reddy，2008；Reddy 和 Dass，2006；Jank 和 Shmueli，2006；Hyde 等人，2008；Jank 等人，2008b，2009）；动态预测拍卖价格的新模型研究（Wang 等人，2008a；Jank 和 Zhang，2009a，b；Zhang 等人，2010；Jank 和 Shmueli，2010；Jank 等人，2006；Dass 等人，2009）。进一步的研究课题包括诸如 eBay 的消费者剩余（Bapna 等人，2008a）之类的经济价值的量化问题。最近，网上拍卖数据被用于网络环境下的买卖双方的关系研究（Yao 和 Mela，2007；Dass 和 Reddy，2008；Jank 和 Yahav，2010），以及产品、拍卖形式、拍卖平台的竞争行为研究（Haruvy 等人，2008；Hyde 等人，2006；Jank 和 Shmueli，2007；Haruvy 和 Popkowski Leszczyc，2009）。总之，网上拍卖的实证研究正处在蓬勃发展阶段。

1.1　网上拍卖与电子商务

　　网上拍卖是电子商务的分支之一。电子商务通常是指任意形式的源于网络的交易活动。与十年前相比，电子商务对我们今天的生活方式产生了巨大的影响：它变革了经济、消除了障碍、为若干年前无法想象的创新敞开了大门，并产生了顾客与商人之间互动的全新方式。尽管在 20 世纪 90

年代末期，多数人曾预言电子商务会随着互联网泡沫的破裂而消失，但是电子商务却日益繁荣。电子商务包括在线购买、在线销售以及在线投资。举几个例子，比如人们在Amazon.com上购物或是在eBay.com上参与网上拍卖；在Craigslist.com上买卖二手物品；使用网络广告服务（比如Google、Yahoo!和Microsoft提供的广告服务）；在线预订和购买门票（比如旅行券和电影票）；发布和下载音乐、视频和其他在线内容；在Epinions或Aamzon等网站上发表产品意见或对产品评分；通过在线商店、在线拍卖购买或者提供服务（比如Amazon Mechanical Turk或者eLance）等等。

电子商务的实证研究包括了从宏观到微观的诸多问题。微观问题研究的例子有：网上二手市场对CD和DVD销售的影响问题（Telang和Smith，2008）、开源软件的演化问题（Stewart等人，2006）、软件行业网上价格偏差的最优化问题（Ghose和Sundararajan，2006）、互联网广告中的资源有效配置问题（Agarwal，2008）、广告客户的最优竞价策略问题（Matas和Schamroth，2008）、互联网公司的进入与退出问题（Kauffman和Wang，2008）、网上销售的地域影响问题（Jank和Kannan，2008）、虚拟股票市场的效率和有效性问题（Spann和Skiera，2003；Foutz和Jank，2009）以及网络百科全书（维基百科）的影响问题（Warren等人，2008）。

宏观问题的研究包括：电子商务交易中的私密性和可信性问题（Fienberg，2006，2008）、互联网交易的数据探索问题（Banks和Said，2006）、点击流数据的建模问题（Goldfarb和Lu，2006）以及电子商务数据间关系的时变性问题（Overby和Konsynski，2008）。除此之外，宏观问题的研究还涉及我们如何通过网络经验加深对于线上世界的理解问题（Forman和Goldfarb，2008），用户的网络行为对经济的影响问题（Ghose，2008），大规模电子商务数据的收集、验证和分析问题（Bapna等人，2006），如何评估市场干预的影响问题（Rubin和Waterman，

2006；Mithaset 等人，2006），社交网络和口头相传的影响问题（Hill 等人，2006；Dellarocas 和 Narayan，2006）。

互联网广告是实证研究迅速发展的另一个领域，但其研究更多局限于公司内部，学术界研究较少。诸如 Google、Yahoo!和 Microsoft 这类公司使用大规模的竞价行为数据和竞价结果数据库去研究网络广告客户的行为，从而实现资源（比如广告投放）的有效分配（Agarwal，2008）。网络广告客户和提供服务的广告公司也会对竞价数据进行研究。他们研究竞价和利润（或者其他代表成功的指标）之间的关系，以期实现广告客户竞价策略的最优化（Matas 和 Schamroth，2008）。

另一个实证研究迅速发展的领域与预测市场（prediction markets）问题有关，也被称为"信息市场"、"想法市场"或者"博彩市场（betting exchange）"。预测市场是在网络社区集合众人智慧（Surowieck，2005）预期未来事件的结果。这类研究的应用范围很广，从预测自然灾害造成的经济影响到电影票房的销量。尽管有一些实证研究（Spann 和 Skiera，2003；Forsythe 等人，1999；Pennock 等人，2001）表明了最终交易价格预测的精确性，但仍有证据表明预测市场并不是完全有效的，这给人们提出了新的统计学挑战（Foutz 和 Jank，2009）。

实证分析网上拍卖和电子商务时，人们面临的统计学挑战具有许多相似之处。接下来，我们将集中在网上拍卖领域讨论这些挑战。更多关于电子商务方面的研究，参见 Jank 等人（2008a）或者 Jank 和 Shmueli（2008a）。

1.2　网上拍卖和统计学挑战

海量数据的可得性是网上拍卖实证研究大量涌现的一个关键性因素。虽然海量数据为研究新型问题打开了一扇大门，但是同时也带来了新的挑战。其中一些挑战与数据量有关，一些与网络数据的全新结构有关。这些给实证研究人员提出了严峻的挑战。

本书中，我们提供了一些针对网上拍卖数据的独特结构的处理和建模方法。其中一个主要的方法就是将时间信息和截面信息相结合。网上拍卖（比如 eBay）就是一个很好的例子。网上拍卖数据从本质上来说有两种不同类型：竞拍历史数据和拍卖描述数据。竞拍历史数据是随时间变化的竞拍序列，通常被视作一个时间序列。而拍卖描述数据（如产品信息、卖家信息以及拍卖形式）在拍卖过程中并不变化，因而是截面信息。时间信息和截面信息的结合分析对研究人员提出了挑战，因为大多数统计方法只适用于其中一种类型的数据。此外，尽管面板数据研究方法可以解决其中一些问题，但是这些方法通常假定事件随时间均匀发生，而这一点不适用于网上拍卖数据。事实上，基于网络用户行为生成的时间数据并不是标准的时间序列数据，事件的发生并不是均匀的。因此，这些时间信息被描述为某种过程更好。由于网络环境的动态性，许多过程表现出随进程变化的动态性。比如，在 eBay 上，价格在初期增长得很快，然后增长速度放缓，只有到拍卖末期价格才再次迅速增长。经典的统计学方法并不适用于捕捉动态过程中的变动，也很难识别出成千上万（甚至上百万）个网络进程的相似和差异之处。

另一个与网上拍卖数据特殊性相关的挑战就是捕捉拍卖之间的竞争。让我们再次考虑 eBay 拍卖的例子。每天都有成千上万件相同（或相似）的商品被相同的竞拍者竞拍。比如，在本书的写作期间，以 "Apple iPod" 为关键词的一个搜索就得到了超过 10 000 个拍卖结果，它们为吸引感兴趣的竞拍者的注意而相互竞争。尽管这 10 000 个拍卖出售的商品并不完全相同，但考虑到产品特征，它们中的一些还是非常相似的。此外，即便出售的是完全相同的商品，它们对竞拍者的吸引程度也不尽相同。造成这一现象的原因是拍卖中买家感受到的卖家可信程度不同以及拍卖形式的不同。比如，对于想要立即获得满足感的竞拍者而言，5 天后才能完成的拍卖的吸引力肯定比不上 5 分钟后就结束的拍卖。对相似商品的差异程度及其对竞拍者产生影响的建模问题非常具有挑战性（Jank 和 Shmueli，2007）。同样，非一致性拍卖（比如不同的起始时间、不同的终止时间、不同的期限）对竞拍者的影响问题也极具挑战性（Hyde 等人，2006），而且利用经典统计工具很难得到结果。有关网上拍卖竞争的更多内容可以参看 Haruvy 等人（2008）。

网上拍卖统计建模所面临的另一个挑战是用户网络（user network）的存在性以及它们对交易结果的影响。用户网络正日益成为网络的一个重要组成部分，尤其是在"新网络"中，即 Web 2.0 和诸如 Fackbook、Myspace 和 LinkedIn 等网络公司。网络也存在于其他地方（虽然不那么明显）并影响交易结果。比如，来自网络的买卖双方在 eBay 上反复交易。而不同市场间网络的迁移性以及特质性会对电子商务的交易结果产生影响，要研究这些问题并不容易，需要使用新的方法和工具去刻画网络特征并捕捉它们对网上市场的影响。

1.3　网上拍卖研究的统计方法

在本书中，我们提供了解决上述挑战的一些实证研究方法。同其他书籍一样，我们同时给出相关问题的描述和可能的解决办法。需要牢记的是，我们关注的是统计学方面的研究。这就是说，我们讨论的是关于网上拍卖数据的收集、挖掘和建模的方法。我们的模型旨在捕捉数据中的实际现象、加深对买卖双方行为的认识以及预测网上拍卖的结果。我们所采用的方法是实用主义型和数据驱动型的统计方法。相较于传统拍卖文献，我们以一种并不太正式的方式将统计学知识和拍卖理论结合起来。研究中我们广泛使用非参数方法和数据驱动算法，这样不仅避免了过度严格的假设（很多假设都违背了网上拍卖的真实内容），同时保持了高度动态环境中必要的灵活性。网络环境为我们观察人类的行为和经济活动中的关系提供了新的机会。我们的目标是提供工具用以对这种关系进行探索、量化和建模。

我们的研究受到了Lucking-Reiley早期研究的启发（Lucking-Reiley等人，2000）。据我们所知，他们是最早进行网络拍卖实证研究的人员。事实上，他们的论文从1999年形成初稿到2007年论文正式发表（Lucking-Reiley等人，2007），总共经历了将近9年的时间。这表明这方面研究早期是被主流学界所怀疑的，但是我们相信现在这种怀疑已经消失了。

1.4 本书结构

本书的章节是按实证数据分析的步骤进行安排的，即数据收集、数据探索、建模和预测。

在第2章中，我们首先讨论了获取网上拍卖数据的不同方法。除了从互联网公司购买或收集数据这类标准方法之外，我们还讲述了当前最为流行的数据收集方法：网络爬虫和网络服务。这两种技术可以生成大量信息丰富的高质量网上拍卖数据。我们还从统计抽样的视角讨论了从网站上获取样本数据的各种方法，并指出如何判断样本与总体的关系。

第3章介绍的是数据分析中最重要的一步：数据探索。尽管海量的可用数据引诱着研究人员直接研究复杂的模型和方法，但本书的一个重要准则就是首先要了解数据、探索数据，弄清数据的类型和异常性。为了探索网上拍卖数据的特殊结构，我们在第3章中展示了一系列方法和工具。网上拍卖数据的特殊结构之一就是时间序列的不均匀间隔问题（比如竞拍历史数据）及其与截面信息的结合问题（比如拍卖细节）。因为下面章节中的许多模型都会使用竞拍的价格走势，所以我们介绍了用以展示和探索竞拍价格和其动态变化曲线的图像绘制方法。我们还介绍了曲线聚类

（curve clustering）方法，它允许研究人员根据不同的价格动态对拍卖进行分割。

另一个重要的方面是网上拍卖的并发性以及相互竞争性。我们展示了拍卖并发程度和内容（比如收集时期和数据量）的视觉化方法。我们还讨论了在网上拍卖中常见的特殊的数据结构：半连续数据。这些数据虽然是连续的，但是却有着几个异常频繁的数值。在第3章中，我们讨论了这种半连续数据是在什么地方、如何产生的，并介绍了一些用于展示和探索这些数据的方法。

接下来第3章中又讨论了网上拍卖数据的另一个显著特性：数据分层。层次的产生源于在线拍卖网站的结构。在网站上，列表常以类、子类、子类的子类等形式予以组织。这种组织形式在竞拍者定位信息并最终与他人竞价过程中均扮演着重要的角色。

第3章最后介绍了一些视觉化的交互性探索工具，这些工具可以使研究人员的数据探索工具变得更加简单和有效。

第4章先讨论了一些用于捕捉拍卖数据之间相互关系的统计模型。我们首先展示了较为正式的用于估计正在进行的拍卖的价格过程（或价格演变）的价格曲线表达式。价格过程可以捕捉到个人竞拍者的大部分活动以及竞拍者之间的互动行为，比如一个竞拍者和另一竞拍者之间的竞争，或者由于其他竞拍者的行为而使得竞拍者策略产生的变化。此外，价格过程允许我们以一种非常简单的方式通过价格动态去衡量这一变化。接下来，我们又讨论其他一些捕捉价格动态的方法，以及一些关于价格动量的不同模型。这部分，我们会介绍一些函数型回归模型（functional regression models），这些模型可以将价格动态与相关信息（比如，卖家信息、竞拍者信息和产品信息）联系起来。然后我们进一步讨论了一些泛函微分方程模型（functional differential equation models），这些模型可以捕捉除相关信息之外的过程本身的影响。

接下来我们讨论了拍卖竞争的统计模型。这里的竞争，我们指的是为竞拍者提供相似的（可替代的）商品的多个拍卖。对竞争进行建模是比较复杂的，因为这需要我们定义什么是相似品。我们借用空间模型的思想在相关特征空间中捕捉产品的相似性（或差异性）。但是，真是的竞争可能更加复杂。事实上，竞争也源自时间上的并发性：相较于不在同一日结束的拍卖，相差几分钟或几小时之内结束的拍卖会表现出更强的竞争性。对时间关系进行建模是极具有挑战性的，因为竞拍过程的分布极不均匀，因而需要对传统的时间滞后给出全新的定义。

第4章接着讨论了网上拍卖中竞拍者参与和竞拍参与的模型。我们对竞拍参与并没有直接建模，因为与传统拍卖相比，网上拍卖通常花费的时间更长，因此在一段爆发性竞拍之后，竞拍者会经历一段无所事事的时期。事实上，网上拍卖常常会出现"截止日效应"，即在拍卖结束前一刻，会出现许多竞拍。这些效应使得竞拍过程与标准随机模型所产生的过程并不相同。我们介绍了一类随机模型，它们可以充分捕捉竞拍参与过程。接下来，我们将这些模型应用于竞拍者参与过程和竞拍决策。对竞拍者参与建模比对竞拍参与建模更具挑战性，因为竞拍是可被观测的，而竞拍者的进入（或退出）却是不可观测的。

第4章最后讨论了拍卖网络。网络在我们的日常生活中已经变得无处不在，重要的原因便是诸如MySpace或Facebook这类社交网站的出现。尽管拍卖网络是一个比较新颖的、较少被探索的概念，人们还是会发现某些买卖双方间的联系要比其他人更为紧密。在第4章中，我们讨论了一些用于探索这种买卖双方网络的方法。

最后，我们在第5章讨论了一些预测方法。我们将"预测"从第4章中的"建模"中分离了出来，这是因为那些可以预测未来的模型（或方法）通常与那些通过回溯建立的描述或解释相关关系的模型有所不同。

在预测部分，我们考虑了三种模型，并逐步增加信息和复杂性。我们首先考虑的预测模型仅仅使用给定的正在进行的拍卖信息去预测最终价格。换句话说，最初也是最经典的模型仅仅使用拍卖自身的信息去预测拍卖结果。第二个模型建立在第一个模型的基础之上，考虑了同时发生的其他拍卖（并发拍卖）的有关信息，但是并没有对这些拍卖的信息进行精确建模。最后一个模型，同时也是最有力的模型，精确地衡量了竞争性拍卖所产生的影响，从而实现了更好的预测。

第5章的最后，我们讨论了拍卖预测的应用，比如基于竞拍预测的自动化出价决策规则系统。

1.5 数据和代码的获得

为了使大家可以免费获得信息，并通过第一手的创新性研究体验海量数据的巨大价值，我们将本书中涉及的大部分数据库放到了 http：//www.ModellingOnlineAuctions.com 网站上。网站上还有一些用于生成本书部分结果的计算机代码。我们希望读者可以使用这些资源，并贡献出更多有关网上拍卖研究的数据和代码。

第2章 网上拍卖数据的获取

2.1 从网络采集数据

　　研究人员从何处获取网上拍卖数据？除了向公司购买或借助与公司的合作关系而直接获得数据等传统渠道外，互联网还提供了采集数据的全新渠道。特别是相较于传统的线下拍卖数据，可获得的网上拍卖数据的范围更为广泛。于是出现了大量关于网上拍卖的研究文献。由于这些市场中的交易发生在网上，同时为了吸引买者和卖者，网上拍卖的数据通常是对公众开放的。此外，为了便于买卖双方研究市场以更新他们的策略，网上拍卖网站的历史拍卖数据也是对公众开放的。这就为人们提供了大量的可用数据。不同网站提供的拍卖历史记录和信息类型有所不同。比如，eBay（www.eBay.com）向公众开放正在进行的和近期结束的拍卖信息。针对每一场拍卖，eBay提供的拍卖信息包括完整的竞价历史记录（时间标识和竞拍价）、最高竞价、卖家信息、竞拍物品详情和拍卖形式。而印度艺术品拍卖网站SaffronArt（www.saffronart.com）提供的以往拍卖信息包括：成交价、艺术品详情和对已结束拍卖的最初估计，而竞价历史记录仅在拍卖进行期间可以获得。在这两个网站上，用户只有在登录之后才能查看历史数据。

如果网上拍卖网站的数据对公众开放，我们就可以使用人工或自动技术采集数据。人工采集需要我们找出感兴趣的网页，然后从每个页面中将数据复制到数据文件中。需要注意的是，每场拍卖都可能有多个相关的网页（比如，一个竞拍历史页面、一个物品详情页面以及一个卖家反馈信息的页面）。早期网上拍卖研究的数据通常是人工提取的。但是，人工采集过程相当枯燥、费时，也很容易出错。今天的电子商务研究人员常用的一个替代方法是使用自动采集系统，通常称之为网络代理或网络爬虫（web crawler）。网络代理程序是由研究人员编写的一段电脑程序，它可以自动采集网站上的信息。网络代理程序以一种更为程序化、更为快速的方式模仿人们操作电脑的行为。网络代理程序可以在短时间内采集大量数据。

另一种自动获得网上拍卖数据的方式是使用拍卖网站提供的网络服务。越来越多的电子商务网站开始直接向用户提供从它们数据库中下载数据的服务。这一过程通过两个计算机程序之间的"对话"得以实现，即研究人员的程序通过使用一致的命令从拍卖网站的服务器获取信息。

在我们进一步讨论获取网上拍卖数据的技术细节之前，需要指出的是，传统获取数据的方法仍旧存在。因此，我们首先介绍传统方法，然后再逐步过渡到更为流行的现代网络数据采集技术。

2.1.1 传统的数据采集方法

第一种方法是通过与公司的合作关系（比如顾问关系）采集数据。

第二种方法是直接从拍卖所购买数据。比如，eBay 通过诸如 AERS（www.researchadvanced.com）、Terapeak（www.terapeak.com）、HammerTap（www. hammertap.com）这样的第三方公司出售数据。这些出售的数据要比向公众开放的数据更为丰富，但是对于没有数据采集经费的学术研究人员来说，资金开销和针对商业用途的打包类型却常常是个重要的限制。此外，并非所有网上拍卖网站都会出售它们的数据。

第三种方法是直接从拍卖网站上下载数据，但现在这种方式已经不常见了。Prosper（www.prosper.com）是一个针对贷款的网上拍卖平台，它将个人借贷者和个人放贷者联系起来（通常称之为P2P借贷）。它提供了数据导入的选项，其中的数据包括曾经在Prosper上创建的所有项目、竞价、用户资料、群组和贷款的完整快照。这一记录每晚更新一次。网站提供原始的XML格式数据。此外，网站还提供了工具可以将XML格式数据导入你选择的数据库中（见www.prosper.com/tools）。

最后一种传统方法是使用其他研究人员分享的数据。本书提供了一些我们在不同研究中收集和使用的网上拍卖数据。我们还从其他合作伙伴那里分享了一些数据。网上拍卖数据并不需要保密，因此我们希望其他研究人员也可以分享他们收集的数据。

接下来，我们将介绍两种更为广泛使用的数据采集方法：网络爬虫和网络服务。

2.1.2　网络爬虫

网络爬虫是一种程序化的、自动运行的用来浏览互联网的计算机程序或脚本。网络爬虫（也被称作"屏幕爬虫"）是在网上拍卖研究人员中间非常流行的一种数据采集技术。研究人员编写计算机程序从相关网站采集数据并存储到本地。现在较为流行的用于编写网络爬虫的编程语言有PHP、Perl和Windows scripting语言。一般而言，任何一种可以联网的计算机语言都可以用来编写网络爬虫。无论在何种情况下，超文本标识语言（HTML）的基础知识都是必需的。HTML是网页编写的经典语言，也是出色的标识语言。通过网络爬虫采集数据的过程通常需要以下三步：

1.识别感兴趣的网页（创建URL列表）：浏览拍卖网站并识别感兴趣的URL（网络地址）结构。比如，为了搜索有关特定书籍的所有拍卖，可以使用网站的搜索功能去搜索所有感兴趣项目的结果页面。这一搜索结果的URL可以作为网络爬虫的出发点。需要注意的是，这一页面将包含跳转到每一场书籍拍卖单个页面的超链接。

2.收集并将网页保存到本地。拍卖网站是高度动态化的。常常会有新竞价、新发布的拍卖以及刚刚结束的拍卖，同时早期已结束的拍卖数据将不再对公众开放。甚至其他部分，比如竞拍或出售的规则，或是评级的确定都可能会发生变化。由于这一动态特性的存在，将所有我们感兴趣的页面保存在本地计算机就显得非常重要。同样的信息可能下一刻就不存在了，或者可能被再打包成一种不同的格式，这就需要编写新的程序。甚至在数据提取时期，信息就可能会发生变化，使得前后浏览的页面包含不同的数据。本地保存的页面的优势就在于不仅数据提取更为快捷，而且也使得将来从页面进一步提取数据和分享数据成为可能（比如，为了进一步研究或修改论文的目的）。

3.将从网页采集的信息导入数据库：最后一步是从本地存储页面提取数据。编写程序用以识别感兴趣的内容，并将所需信息提取到数据库或其他格式的文件中（比如，CSV 文件或 Excel 文件）。为了识别网页上感兴趣的信息及其定位的字符串格式，需要仔细检查它的 HTML 代码。正则表达式（Regular Expresssion（RegExp））是一种更为有效的方法。这种方法基于字符串匹配方法，用以从字符串中查找或提取数据。这种方法避免了循环语句的使用，而是一次性地直接提取出信息。更多关于 RegExp 的信息参见 Goyvaerts 和 Levithan（2009）或 www.regexp.info 等。

为了直观展示这三个步骤，我们举个例子，即从 eBay 采集有关 Amazon.com 礼品卡的已结束拍卖的信息。为了识别包含我们感兴趣的拍卖的列表和链接，我们在 eBay 的礼品卡分类下搜索关键词"Amazon"。图 2—1 给出了部分搜索结果。

该结果页面的 URL 为 http：//completed.shop.ebay.com/Gift- Certificates-/31411/i.html？LH_Complete=1&_nkw=Amazon&_dmpt=US_Gift_Certificates & pgn=1。URL 包括已结束拍卖的标识"completed"、礼品卡类别"US"以及关键词"Amazon"。URL 也表明它是第一个页面（pgn=1）。如

图 2-1　eBay上关于 Amazon.com 礼品卡的已结束拍卖的部分搜索结果

（截取时间：2009 年 12 月 15 日）

果你正在使用浏览器，那么你可以点击下一页或输入特定页码跳转到其他结果页面。需要注意的是，在本例和其他多数情况下，页码通常是 URL 的一部分，这使得我们可以比较容易地推断出下一个搜索页面的 URL，这种结构可以使网络爬虫更加快速地访问相关页面。下一步是将搜索结果页面保存到本地。然后使用本地搜索结果页面提取单个拍卖的 URL。下面我们展示提取（或解析）信息的方法，查看这一搜索结果页面的部分 HTML 代码[①]，如图 2-2 所示。

---

① 　使用浏览器的"查看源代码"选项查看页面的 HTML 代码。

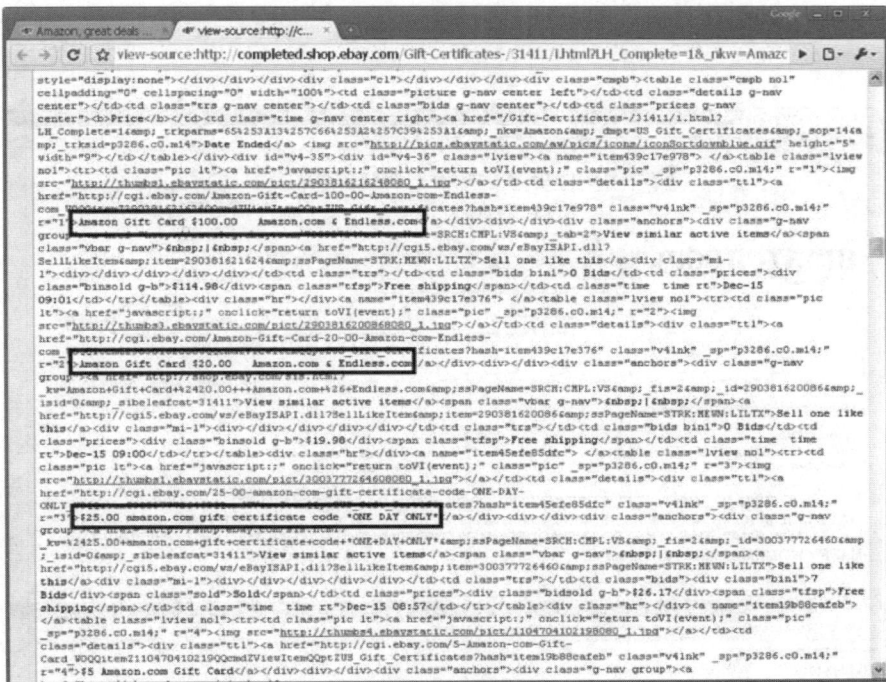

图 2－2　图 2－1 所示页面的部分 HTML 代码。最前面的三个拍卖已标注

　　图 2—2 中已经将最前面的三个拍卖信息的位置标注了出来，相应的 URL 在标注后面的两三行。这样我们就可以编写一个提取单个拍卖 URL 的程序了。

　　下一阶段，我们得到了所有的单个拍卖页面并将其保存在本地。在我们的这个例子中，我们感兴趣的拍卖至少有两个页面，如图 2—3 所示。第一个页面是常见的拍卖描述页面，上面包含了物品的信息、拍卖结束的时间和日期、卖家信息等。第二个页面是详细的竞拍历史，它可以从物品描述页面通过超链接跳转过来。需要注意的是，这两个页面的 URL（http：//cgi.ebay.com/ws/eBayISAPI.dll？ ViewItem&item=300377726460and http：//offer.ebay.com/ws/eBayISAPI.dll？　ViewBids&item=300377726460, respectively）都包含了丰富的信息，比如独特的拍卖 ID 号码。它们也可以同样用于网络爬虫脚本的编写。

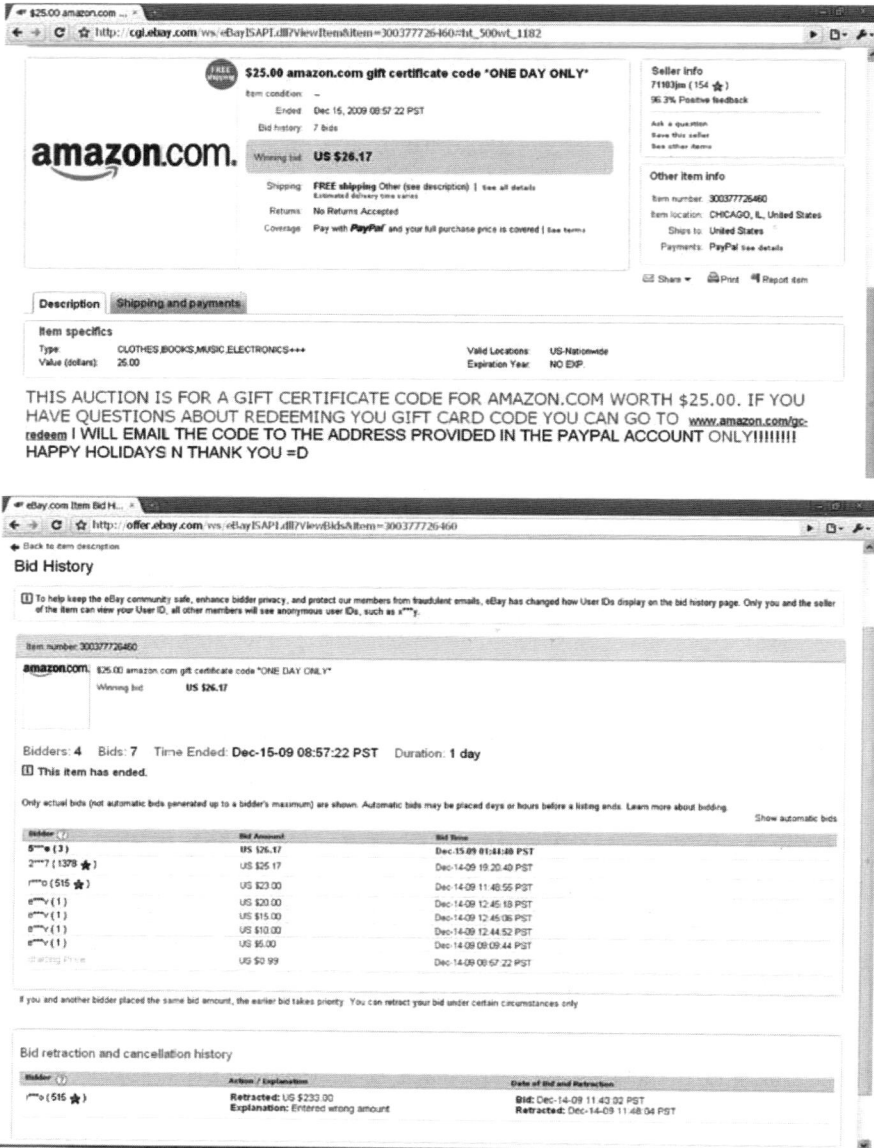

图2-3 图2-1中第三个拍卖的拍卖描述页面（上半部）和竞拍历史页面（下半部）

最后，在收集一系列拍卖页面并存储于本地之后，就可以从这些页面中提取信息来编写程序。比如，如果我们想要从竞拍历史页面中采集时间标识和竞拍价格数据，我们必须在HTML代码中识别出这些值的位置，然后相应地提取出来。图2—4展示了竞拍历史的部分HTML代码，其中三个竞拍价格和相应的日期时间已经被标注了出来。

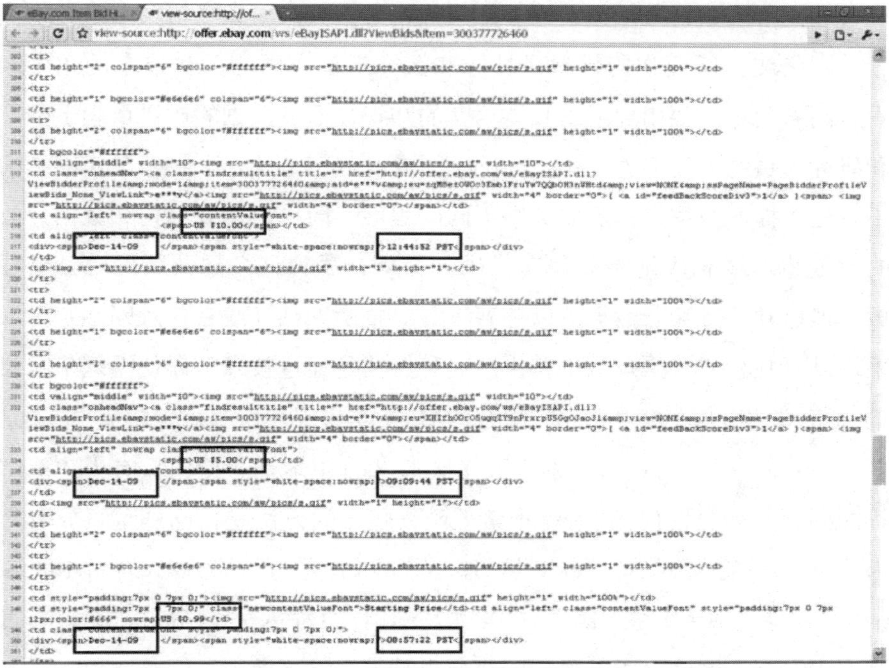

图2-4　图2-3下半部竞拍历史页面的部分HTML代码。

已经标注出了三个竞拍的竞拍价格、时间和日期

优势与挑战　网络爬虫是当前网上拍卖研究人员所使用的最为流行的一种方法。网络爬虫的巨大优势在于它的灵活性和自动执行特性。一旦研究人员编写好脚本并确保其正确运行，数据采集通常十分迅速，并且采集的数据质量也很高。使用网络爬虫的成本比购买数据或使用网络

服务要低。综合这些原因，网络爬虫在网上拍卖的实证研究中非常流行。

在某些情况下，网络爬虫是获取数据的唯一方法。比如，如果某个网站只显示当前正在进行中的拍卖的数据并且不提供直接获取数据的工具，就可以使用网络爬虫采集这些正在进行中的拍卖数据。Bapna 等人（2006）这样描述采集正在进行中拍卖信息的网络爬虫："为了跟踪拍卖的进程和竞价策略，必须频繁捕捉相同的超文本页面，直至拍卖结束。"

网络爬虫所面临的挑战是技术和法律道德方面的。从技术的角度来看，网络爬虫需要用到网络脚本语言的知识，而且数据的质量依赖于网站和研究人员的编程能力。从不同网站，有时甚至是从一个特定拍卖网站的不同位置提取数据，都需要编写不同的程序。同样，网站架构和数据开放的改变也需要相应地修改程序代码。另外，尽管许多网站数据对公众开放，但这并不意味着数据可以免费下载。拍卖网站（或者任意网站）可以采用以下几种方式禁止网络爬虫。一种办法是通过技术障碍使得网络爬虫难以正常工作。比如，要求用户登录或者从用户浏览器发送信息（"cookies"）、封锁那些发出过多次请求的IP地址、提出只有人才能解答的问题（如验证码）。另一种禁止网络爬虫的方法是在网站主页放置名为 robots.txt 的文件（以 eBay 为例，其 URL 为 http：//ebay.com/robots.txt），并且（或者）在网站的"条款及细则（Terms and Conditions）"页面声明限制。网站之所以限制网络爬虫是基于以下原因：网络爬虫占用了为买卖双方提供服务的资源。限制网络爬虫也是为了阻止网站的竞争者。这些竞争者可能出于竞争性目的使用数据。尽管网络爬虫限制不太可能是针对学术研究人员的，但仍然需要考虑道德和法律方面的问题。Allen 等人（2006）介绍了出于学术研究目的使用网络爬虫的一些相关问题，并提出一些如何合理使用网络爬虫的建议。其他一些有关建议可参看 Bapna 等人（2006）。

2.1.3　网络服务

现在越来越多的网站开始允许用户查询它们的数据库，为他们提供归档数据。在网上拍卖站点之中，eBay是提供数据查询服务的最大网站。Prosper.com也通过网络服务提供拍卖数据。其他网站，比如New Zealand's Sella（www.sella.co.nz），宣布将在近期提供这项服务。网络服务或应用程序接口（API，Application Programming Interface）是一种为支持机器与机器之间进行网络交互而设计的软件系统。在典型的网络服务中，研究人员的机器被称作"客户端"，它向网站数据库发出查询指令，与服务器端机器进行交互。大多数网络服务（包括eBay在内）使用XML语言，这是一种包含结构信息文档的标识语言。

本部分的目的并不是提供网络服务的技术性说明，而是描述网络服务这一采集网上拍卖数据的技术使用问题，并为研究人员讨论它的优缺点。

优势与挑战　网络服务采集拍卖数据（或者任意数据）的主要优势是：数据是由拍卖网站直接提供的，这使得数据更为可靠，结构也更为清晰。这些数据通常比网站页面上的数据更加丰富。网络服务为采集数据提供了结构更为清晰的平台，确保了数据需求和数据供给相匹配，从而避免了使用网络爬虫时对数据结构的分析过程。此外，它提供了更为稳定的环境，在网站格式变化时，也不需要修改软件程序。最后，通过API获取数据是合法的（通常会要求用户在网站注册以获得"钥匙"）。图2—5展示了eBay的"购物API"的屏幕截图。它提供了不同类型的查询方式（比如，通过卖家ID或者关键词），并给出了一些在eBay网站上无法得到的数据（比如，在eBay上查询更多的关键词）。

对那些赞成使用网络服务的研究人员来说，现实情况仍旧存在着一些挑战。首先，并非所有的网站都会提供这项服务。其次，这项服务需要为超过限制数量的数据付费。比如，eBay提供两种API（见http：//developer.ebay.com/products/research）：

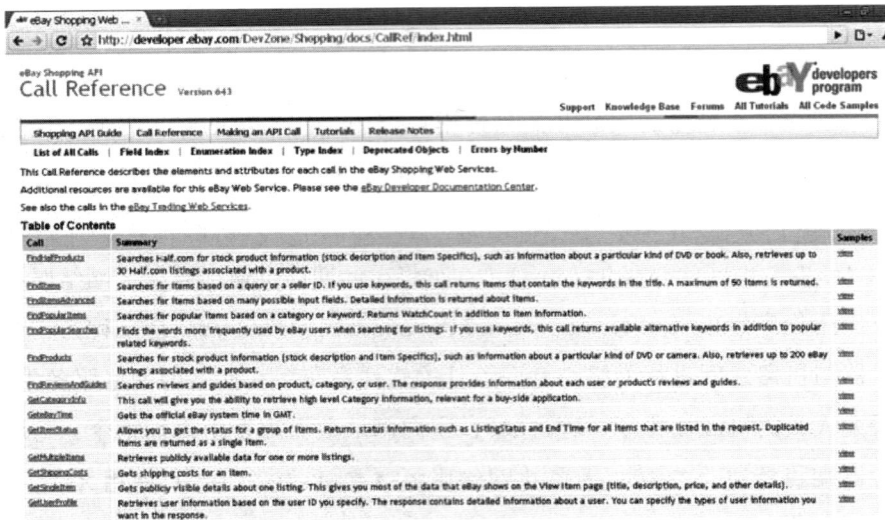

图2—5　eBay的"购物API",描述了通过这一网络服务可以得到的数据

1.一个非商业用途的"价格研究API"每月有1 000次免费查询限额,可以通过关键词、可变日期范围和可选择的每日统计量等几种方式查询30天的历史价格数据。

2.通过AERS(www.researchadvanced.com)授权的需要付费使用的"高级研究API"。

网络服务的另一个局限是人们可以获得的数据取决于网上拍卖网站所提供的数据。比如,eBay的网络服务提供卖家评级的总体信息,但并没有详细的评级(这些通常可以在eBay.com上获得,因此人们通常使用网络爬虫获得这些信息)。在图2—5中可以看到,点击GetSingleItem就可以得到这些公众可见的一系列详情,这里会提供拍卖详情的绝大部分数据。

最后,对于社交网络的研究正日益增多。研究人员将网上拍卖市场视为连接买卖双方的网络(见4.5节内容以及Jank和Yahav,2010),他们对于在完整的子网络中采集数据产生了兴趣。换句话说,我们从一个给定卖家开始,收集所有从这个卖家购买商品的买家清单(比如说在给定的一年里），然后对清单上的每一个买家，我们再收集卖给他们商品的所有卖家的清单，以此类推。出于这一目的，网络爬虫是最合适的方法（网络爬虫可以动态决定下一步的收集目标）。

综上所述，传统渠道、网络爬虫、网络服务等技术都是采集网上拍卖数据的主要方法，其中学术研究人员使用最广泛的还是网络爬虫。为了进行数据验证以及灵活地获取所需类型和数量的数据，能够从多种资源中采集数据对研究是非常有帮助的。由于对公众开放的网上拍卖数据（或其他网络数据）极具价值，因此对于实证研究人员而言，加强一些脚本语言编程方面的训练是极有好处的。

2.2　网络数据采集和统计抽样

在传统的数据采集过程中，研究设计是一个重要步骤。研究设计决定了采集数据的种类和数量、采集时间和采集顺序等。有大量文献介绍了统计抽样的方法（比如调查抽样），我们可以通过统计分析来回答我们所感兴趣的一些问题。

由于网上数据采集的可信性，统计抽样的方法与网上拍卖的研究（更广泛地说，对于电子商务实证研究）紧密相关。抽样包括定义观测对象、目标和抽样总体；确定抽样和非抽样误差的来源；选择合适抽样方案以及调整样本估计量从而减少偏差提高准确度。对拍卖网站的网上拍卖数据进行抽样与其他类型的抽样（比如，调查抽样）不仅具有相同点，也存在不同点。接下来，我们基于电子商务数据的实证研究的框架来讨论抽样问题。网上拍卖数据是电子商务数据的一个重要子集。我们还会给出一些其他电子商务方面的例子。

在几乎所有的实证研究中，从总体中抽取出代表性样本都是最为基本的工作。随后在样本设计中所面临的问题是"样本代表了怎样的总体？"

（就像 Rao（1985）的论文题目）。从样本推测总体的能力取决于这两者之间的关系。抽样方法就是要解决包括设计并抽取样本、从样本推测总体等等问题。经典的面板数据统计方法（比如 t 检验和回归模型）通常假定样本是"随机样本"。然而，这一假定不应该被过度重视，因为在许多情形下，这一假定是不成立的。举两个例子：一是总体太小（抽取一个样本会影响到抽取其他样本的概率），二是观测样本之间具有相关性。在这两种情形下，抽样设计时必须考虑这种特性，并对样本统计量进行修正使其能够代表总体。

关于网上拍卖的研究（更广泛地说，关于电子商务的研究）越来越多。这些研究重度依赖于网络上的数据抽样。但是，相关的抽样问题仍旧没有脱离会议论文以及 Shmueli 等人（2005）的范畴。在绝大多数依赖网上抽样数据的网络内容研究中，数据采集阶段主要关注的是采集机制的设计和如何采集数据的技术细节，但却忽略了许多重要的抽样问题，比如，研究总体的定义、研究目标（探索性、描述性或分析性）、总体子集的相对重要程度和代表性（Henry，1990，第47页）、可接受的错误率是多少、研究的主要变量是什么等。这些会反过来直接影响抽样的设计。比如，如果研究目标是探索性的，那么提高总体覆盖率，就比降低估计的错误率更为重要。然而，如果研究目标是分析性的，那么更为重要的则是确保样本具有拒绝零假设的充分效力。

在电子商务研究中，另一个常见的现象就是含糊地假设采集的数据包含整个总体，或者更为常见的是，含糊地假设采集的数据可以代表总体。假定样本包含整个总体通常是源于"我们抽取了上个星期的全部交易样本"这一想法。然而，在大多数情况下，我们的目的是得到更长时间范围内的结果，因此一个星期的样本仅仅是总体的一个子集。事实上，在大多数情况下，总体含有比样本所刻画的更长的时间结构。比如，Bapna 等人（2008a）使用3个月的 eBay 上的交易样本去估计整个年度的消费者剩余。类似的，在网上购买领域，Ghose 等人（2006）抽取180天内（2002年9

月到2003年3月）和下年的105天内（2004年4月到7月）在Amazon.com上百万种新书和二手书交易数据，估计二手书取代新书的比率（15%），并据此去推断那些年总体的取代率。第三个例子是Pan等人（2003）关于网上定价偏差的研究。作者采集了2000年10月、2001年10月和2003年2月8种商品的价格样本。他们用这三个样本代表电子商务的3个阶段：电子商务的膨胀期、衰落期和复苏期（Pan等人，2004），并且用这8种商品代表全球市场的连续性（基于它们的价格范围）。简而言之，从网络收集的一系列数据，无论其数量多么巨大，即便包含了一段时期内的全部数据，但也很有可能只是总体的一部分。网络代理设计的最新进展当属长期数据的采集问题（Kauffman等人，2000）。使用这一技术进行预抽样的定义和选择，可以显著提升样本的质量。

最后，对于抽样设计的考虑，在分析阶段对决定是否以及如何弥补偏差并减小抽样误差也是非常必要的。据我们所知，这种事后抽样问题并没有超出Shmueli等人（2005）所讨论的范围。接下来，我们要讨论几个重要问题，关于这些问题仍然存在进一步的研究空间。

2.2.1　抽样和非抽样误差

在最初设计抽样方法时需要回答以下几个问题：

1.我们感兴趣的研究对象是什么？我们进行实际抽样的对象是什么？

2.我们想要研究的目标总体是什么？我们要从中抽样的实际总体是什么？

回答这些问题对于正确的推断至关重要，直接关系到非抽样误差。非抽样误差源于抽样设计问题，与选取的样本无关，而与整个总体相关。非抽样误差有两种：选择偏差和测量偏差。

2.2.1.1　选择偏差

当目标总体与抽样总体不一致时，就会出现选择偏差。选择偏差包括目标总体遗漏、调查中的不回答以及目标总体的错误识别。虽然这些错误都可能发生在网络抽样数据之中，但它们的形式有所不同。下面给出几个例子：

- 网络拥挤时期的服务器问题和互联网阻塞问题可能会产生许多未被记录的交易（比如网上拍卖最后一分钟内发生的竞价）。

- 网站的数据刷新规则可能会产生目标总体和抽样总体之间的偏差：如果网站上所呈现的数据被兑现（比如Google或其他引擎的价格对比），那么抽样总体可能就已经过期了。

- 使用网站的搜索功能去采集数据时，选用最前面的一些返回结果可能会产生样本偏差。因为搜索引擎并没有对结果进行随机化处理，而是根据一些顺序呈现搜索结果（比如，相关性或频率）。

因此，在选择样本之前，仔细识别目标总体和样本总体并对这两者进行比较是非常重要的。跳过这一阶段可能会使得之后的工作变得异常复杂。比如，Venkatesan等人（2007）调查了互联网零售商的价格偏差。他们收集的 22 209 个价格报价数据表现出了由商品条件导致的异质性（之前并没有考虑）。研究人员接下来只保留了商品被标"新"的那些价格数据，从而减少了样本数量，缩小了目标总体。然而，这些被清除的数据并不是随机选取的，因为一部分零售商被完全剔除了，这就改变了样本设计。

最后，我们给出了通过比较不同来源的数据来估计潜在选择偏差的方法。比如，将网站的搜索结果与从公司购买或从网络服务所得到的数据进行比较，可以帮助我们估计基于搜索结果工作的网络爬虫所产生的总体遗漏程度。据我们所知，这种比较还未被公开。

2.2.1.2　测量偏差

测量偏差源于测量工具和方法，包括访谈员效应、不真实的回答、数据记录错误以及调查问卷中没有被很好设计的问题。尽管这种错误在网络数据中似乎并不是特别普遍，但是它们确实以不同的形式存在：

- 使用网络代理收集数据可能会使得网络拥挤，从而导致速度缓慢和其他外部效应。

- 虚拟用户或者用户的不真实记录会影响所收集的数据（比如，竞价自抬，卖家通过一些代理人（俗称"托"）竞拍他们自己的商品）。

- 网站设计槽糕使得用户输入错误的或根本不相关的信息。如果这一错误没有被发现，那么抽样总体就会包含错误。如果这一错误被发现，网站可能会舍弃这些记录或将它们都记录为遗漏值或错误值。

- 限制或阻碍自动采集数据的措施，不允许从某些板块收集数据或限制查询频率，比如，一天五次等。

2.2.1.3 抽样误差

抽样误差产生于抽取样本的过程而非记录总体的过程。尽管良好的样本可以准确呈现出整个总体的特征，但是由于观察值的选择问题仍然会使结果存在不准确的地方。在这一情况下，统计方法的目标是量化抽样误差，进而通过样本去推断总体。抽样误差有两种主要的衡量指标：偏差和波动。在最理想的情况下，我们得到无偏且波动非常低的样本估计量。这意味着估计量是准确的，或"符合目标的"，并且产生的准确估计并不会随样本的不同而发生较大的变化。然而，构建这种估计量需要相关的抽样方法基础知识。网络数据样本可能很大，但是对于巨大的目标总体来说可能还不够。这表明，需要对不同的抽样方法构建不同的估计量从而实现低偏差和波动。

回到观测对象的定义这一主题，确定它是否是一个交易、一种商品、一个用户、一个零售商或其他任一实体，都直接与抽样设计相关。网站通常按照跟潜在用户最为相关的方式来组织数据。然而，许多网站都有一个相关联的数据库，其中的数据关联多种观测对象。比如，eBay上的数据就是根据拍卖而组织的。然而，我们也可以根据一系列特定的竞拍者或卖家收集数据。在Barnes & Nobles网络书店网站（www.bn.com）上，原始的观测对象是按主题分类的书。但是，我们也可以很容易地将作者作为观测对象，并收集他们所著书籍的价格。

尽管存在大量关于网站原始观测对象的数据，但其他观测对象的数据可能非常稀少。回到 Barnes & Noble 网站的例子，某一天可能列有很多当代浪漫幻想类的书籍。然而，如果我们搜索著有多元统计教材的作者时，就可能会得到很少的观测值。此外，如果我们想比较某一总体的各个子集，但其中某一子集占总体的比重很小时，这一子集很可能不会出现在随机样本之中。

接下来，我们给出一些主要的概率抽样方法的简短描述，重点介绍与网络抽样相关的内容。对于一般的抽样（与调查相关），可以参看 Lohr（1999），Levy 和 Lemeshow（1999）。通常，我们会注意到不同的网络数据采集方法所花费的"成本"（包括时间、工作量、金钱或其他资源）。在网络爬虫和免费的网络服务中，通常大多数编程需要"固定的成本"（软件、硬件和时间），并且额外成本是可以忽略的。对于那些从付费的网络服务和从网上拍卖网站或第三方机构购买的数据来说，其成本结构可能会有所不同。

2.2.2　简单随机样本

相对于便利样本这类非概率样本而言，概率样本具有这样一种特性：总体中每个对象被选入样本的概率是确定的、非零的。目前依赖于网络数据采集的文献假定数据是从无限总体中抽取的概率随机样本（就像许多常用的分析方法（t 检验到回归模型）那样）。然而，当总体是有限的时候，从目标总体中不加替换地得到的简单随机样本（SRS）就与传统的从无限总体中得到的简单随机样本有所不同。简单随机样本的每一个观测值被从总体中抽取的概率相同。这是最简单的概率抽样机制。当总体相对于样本规模来说是无限时，一个随机样本恰好就是一个简单随机样本。

虽然简单随机样本一般来说易于分析，但对于网络数据抽样来说，它们并不总是正确的设计。主要原因是在抽取样本之前，需要识别并标记所有可能会被抽取的样本记录。在许多网络数据研究中，建立这样一个列表是非常困难甚至是不可能实现的。我们将在稍后进一步讨论其中的细节。

2.2.2.1 构建抽样框

抽样框（又叫抽样范围）就是一个要从中抽样的所有记录的列表，事实上就是目标总体的定义。常见的抽样框实例有电话簿、电子邮件列表和房屋地址等。网上的列表通常使用一系列数字作为标签，比如一个拍卖的ID、ISBN或一个卖家的用户名。构建抽样框需要在实施抽样之前识别被抽取总体中每一个可能的记录。在一些情况下，构建或获得这样的列表是可行的。比如，使用PriceGrabber.com和Shopping.com等价格对比引擎。Pan等人（2003）比较了多个价格对比网站的零售商列表的完整程度，发现BizRate.com的返回列表最为完整（除了一些不是所有零售商都包含在内的情形外）。然而，在2004年，我们在BizRate.com上搜索了广受欢迎的DVD播放器，发现居然没有Amazon.com这家主要的零售商！另一个例子是Expedia、Travelocity和Kayak这类的旅游比价网站。尽管它们比较了许多航空公司的航班，但是有一些航空公司（比如西南航空公司）就不允许这些比价网站收录它们的信息。因此，利用比价网站数据构建完整抽样框的方法应该谨慎。

在许多情况下，尤其是当列表有可能非常巨大时，枚举列表或获得它们的生成机制不是由网站披露的，构建抽样框就不切实际或不可能。如果网站允许查询，在多数情况下，查询结果将只返回列表的一部分，而且通常都不是随机的。而在其他情况下，我们不可能直接按照观测对象在网站上进行搜索（比如，在eBay上获得所有公开拍卖的ID列表）。当然，如果公司愿意分享它的数据（或者研究人员可以购买数据）就不存在这一问题。但是，公司通常不愿意与学术研究人员分享这种数据。

电子商务研究中无法构建抽样框的另一个原因是，目标总体和抽样总体在多数情况下是一直发展的，因此总体规模N在抽样时并不是一个固定的数值。比如，每时每刻都有新的拍卖进入eBay，因此获得当前公开拍卖的列表很可能只是一个幻觉。

如果抽样框并不存在，那么概率抽样将产生有偏差的结果，而且没有关于自身偏差的信息。在抽取样本前无法构建抽样框的情况在线下世界也是非常常见的。有许多替代性的办法处理这种情况，比如分层抽样、聚类抽样和系统抽样。我们将在下面讨论这些方法。

2.2.2.2　简单随机抽样的进一步讨论

假定我们的目标是估计总体均值（比如某星期特定型号相机的网上拍卖的平均价格）或总体比例 p（比如，过去 30 天中 eBay 上已交易的拍卖的比例）。如果我们从非常大（"无限"）的总体中抽取了样本规模为 n 的简单随机样本，那么样本均值是总体均值的最优无偏估计，即无偏差、波动最低。类似地，在一个二项观测值（0，1）样本中，1 所占的比例是总体中 1 所占比例的最优无偏估计。然而，如果总体规模 N 并不远大于样本规模 n，那么我们必须使用有限总体修正法（finite population correction，FPC），即乘以（$N-n$）/（$N-1$）以得到无偏估计量。由于在网上收集大量拍卖数据比较容易，因此在网上拍卖研究中经常出现这种情况。这也是比较常见的，因为研究经常只关注特定时期内的特定商品的一小部分拍卖（见 2.2 节分层抽样）。

当使用不均等概率抽样机制去替代简单随机抽样时，简单随机抽样会与传统估计量出现另一种偏差。当我们感兴趣的某一特定子类在总体中数量稀少时，通过设定不均等抽样概率对这一特定子类进行过度抽样就变得更为合理。Ghose 等人（2006）使用的不同抽样率就是其中一例。他们对于 Amazon.com 上出售量小的书籍每 2 小时取样，对于出售量大的书籍每 6 小时取样。在这类情况下，为了修正估计量偏差，可能会需要对观测值设置权重，其权重与它们被选择的概率成反比。比如，如果某些子类个体被抽取的概率是正常的 2 倍，那么它们的权重将被减半（Henry，1990，第 25 页）。

2.2.2.3　系统性抽样

系统性抽样是一种避免在抽样前构建抽样框的方法。其想法是随机选择一个起始点，然后每隔 $i-1$ 个数据抽样一次，从而获得所需数量样本，即 $i=N/n$。这意味着抽样框是"凭空"构建出来的。系统性抽样的主要风险在于数据记录的排列周期可能与抽样周期恰好吻合。在采集网络数据时，包括网上拍卖数据，这种机制并不吸引人，因为抽取剩余记录（在抽取记录之间的）的成本是可以忽略的。此外，如果网站回收标签，那么最后编制的样本列表也是暂时的。eBay 的拍卖 ID 和 UPS 的跟踪数字就是这样的例子。下面我们将讨论一些无需事先构建抽样框的抽样设计：分层抽样和聚类抽样。

2.2.2.4　分层抽样

分层抽样需要把总体分割成互相排斥的子总体，然后从每一个子总体中抽取简单随机样本。分层抽样是一种在线下世界非常流行并且非常实用的抽样方法。相较于简单随机样本估计，它可以得到更为准确的估计。相较于整个总体而言，子总体更为同质化，因此估计的准确度有所提升。

在一些为了估计全局总体参数而进行的拍卖研究中，通常倾向于使用网站的等级结构，甚至可能不考虑直接分层抽样。比如，Bapna 等人（2008b）对 eBay 的拍卖进行了抽样，并使用"分类指标值"去计算整体的消费者剩余；Ghose 等人（2006）根据书籍分类收集了 Amazon.com 的书籍销售数据。在这些例子中，相较于相同条件下的简单随机抽样，分层抽样可能会产生更为准确的整体估计。在那些为了获得分层水平估计或进行分层比较的研究中，分层抽样是不二选择，同时有许多统计文献介绍了基于不同目的的抽样分配方法。研究方面的例子有，比较 1999 年和 2000 年两个互不重叠的时期的拍卖数据，寻找策略性投标行为（Bapna 等人，2006）以及比较不同拍卖物品分类间的价格偏差（Pan 等人，2003；Benkatesan 等人，2007）。

分层不仅可以用来提升网上拍卖（以及电子商务）研究的准确性，提供分层水平估计，还可以用于更进一步的目标。我们将在下面探讨这个问题。

许多采集网络数据的过程，都依赖于查询网站上感兴趣的内容，并记录查询返回的结果。在大多数情况下，对查询结果进行排序的算法以及确定查询结果数目的算法，网站都不会公开。比如，查询 eBay 某一特定日期所有已结束的拍卖时，查询结果只是那些已结束拍卖的一部分。这一部分是如何选取的、这部分记录跟那些没有出现在查询结果里的拍卖有多大不同，这些都很难估计。之所以只显示一部分记录，原因在于满足查询条件的拍卖数量过于巨大。因此，如果使用查询结果这一子集，可能会产生选择偏差。

为了降低选择偏差、获得更具代表性的样本，我们可以使用反映物品分类的分层抽样。在这种方法中，由于查询指定了分类，这一限制大大减少了满足条件的记录的数量，应该会得到一个完整的分类水平列表（至少对于那个时间点——见 2.2.2.5 节相关内容）。在网上拍卖网站中，分层是自然而然的选择，因为层级结构非常普遍，并且层级分类对于一般问题的研究来说也是很实用的。一般的商业化拍卖通常都具有非常优秀的物品分类层级（有时也有额外的次类分级）。图 2—6 展示了两种常见的商业化网上拍卖网站的层级结构（eBay 和 uBid.com）。搜索功能也允许用户在特定类别中搜索某一关键词。更专业化的商业拍卖网站也将倾向于使用与拍卖物品相关的层级结构。比如，SaffronArt.com 这样的艺术拍卖网站支持按照艺术家进行搜索，甚至每个艺术家都拥有一个单独的页面，用以展示他们所有的拍卖作品。Prosper.com 允许按照贷款种类、贷款数额、贷款利率或贷款期限对贷款请求进行简单的排序。潜在的贷款人还可以通过 Prosper Rating（一种风险评定）来限制搜索。

总而言之，虽然网站层级是为了易于用户导航而设计的，但是它们也可以用来进行分层抽样。

我们注意到，分层抽样既可以通过事先的规划设计实现，也可以通过事后的分层实现。在前一种情况下，样本规模取决于基于分层规模的先验认识，以及比如波动性和抽样成本等额外的分层抽样信息。在后一种情况

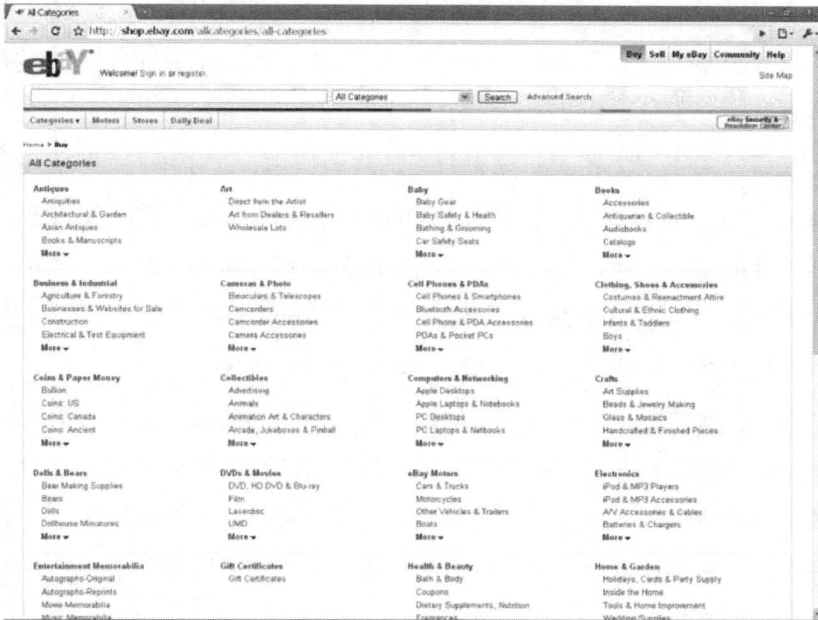

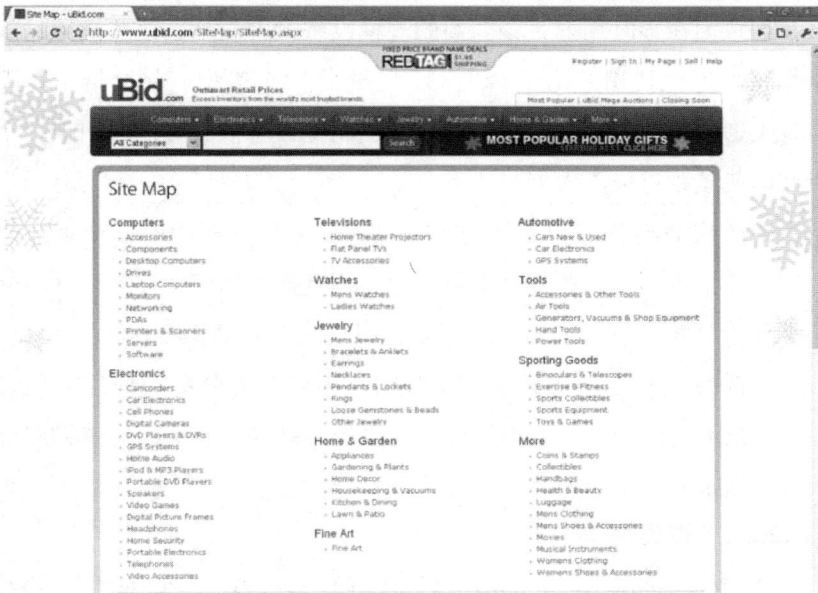

图2-6　一般商业拍卖网站中最为常见的层级是根据物品的类别进行分类

（上半部：eBay；下半部：uBid）

下（事后分层），可以使用简单随机抽样（或其他抽样），在数据采集之后，再分为不同层次。对于这两种情况，都有许多关于如何计算和调整样本估计的统计文献。

最后，关于网上拍卖研究中分层抽样的使用，对于不同的分层来说，数据采集方式也有所不同。比如，eBay上那些仅限成人的商业拍卖，就需要额外的密码登录，因此就需要不同的网络爬虫脚本。此外，研究人员可能购买了一些种类的数据（比如eBay按照分类或者子类出售的数据），可以使用API或网络爬虫得到其他种类数据用以补充。

网上拍卖数据采集中的分层抽样，存在两个主要的挑战：一个挑战是确定子总体的规模，从而确定抽取来自每一层的样本的规模。一些拍卖网站的子总体规模难以确定，所有网站的子总体规模都随着旧拍卖的结束和新拍卖的开启连续变动。由于许多实证研究使用即时快照样本去推断更长时期，因此在期间结束之前真实的分类规模都是未知的。在这种情况下，如果我们认为在该时期内，该分类的规模没有太大波动，这些快照的规模可以拿来作近似使用。比如，在eBay上选择一个类型，将会给出在那个时点该类别下当前的拍卖数量，刷新一下浏览器将很有可能会出现一个新的值（即使差距可能不太大）。

另一个挑战与各层级之间的关系有关。分层抽样中的一个主要假设是，记录属于不同子总体并且层与层之间不重叠。然而，许多网站的分类和子类并不是相互排斥的。这种重复更可能发生在更深层次的子类之中，其中的商品或记录之间的区别微乎其微。因此，为分层而使用的层级水平，应该是最有可能产生"可管理"规模的层级（那个层面的查询应该返回所有的记录）。

2.2.2.5　聚类抽样

聚类抽样（cluster sampling）是为了简化抽样过程并降低抽样成本而广泛使用的一种方法。聚类样本有时也被称为"层级数据"。其基本思想是将感兴趣的总体划分为成员相似的子总体（类），这意味着对所有成员进行抽样就变得更容易实现、成本更低、过程也更为迅速。随机选取一类样本，并将类中成员加入样本。一个常见的例子是，随机选择一个家庭对其进行调查，然后再分别调查该家庭中的每一个成员。因此，当对类内进行额外观测抽样时，比在另一类内进行抽样所占用的资源更少，所以使用聚类抽样是非常有效的。

聚类抽样的低成本通常降低了估计的精确程度。特别是，估计量的准确度（估计量的方差）与类内相关程度呈正比。如果类的平均规模为 M，类内相关系数为 ρ（其定义为类内的每一对记录之间的相关程度，范围是 $[-1/(M-1), 0]$），基于聚类的估计方差比基于简单随机样本的估计方差要大，大概要乘以 $1+(M-1)\rho$。这意味着，为了得到相同的准确度，聚类抽样中的样本规模通常要远大于简单随机样本的样本规模。唯一的例外是，如果类内成员之间是负相关的，那么聚类样本估计就比简单随机样本估计更为准确。

对网上拍卖数据（以及一般意义上的网络数据）进行聚类的最显著优点是时限性。通常，目标总体的时限比样本采集的时限更长。有时，需要在一段时间内采集多个快照（面板数据）。这一系列快照可被视为一个聚类抽样的设计，其中的类是时间点。然后，在每一个选择的时间点，或是记录整个观测结果，或是记录其中的一部分（见2.2.2.6节）。

网上拍卖中另一个使用聚类的原因是并发性（concurrency）。简单随机样本假定抽样对象（拍卖）是独立的。然而，拍卖常常会受到其他同时期的竞争型、补充型拍卖的影响，或反过来影响它们（更多关于并发性的内容见4.3节）。这在电子商务领域中经常发生：由于相同用户给多个相似的电影打分，以及网站中多个电影的并发式呈现，所以用户给相似电影的一系列评分很可能是相关的。从抽样的角度来看，我们可以将这样的并发数据当作类来对待。

网上拍卖中还有一个天然的分类是卖家。一个常见的研究课题是声誉和信任，通常使用卖家评分来进行研究。抽取一系列卖家样本，并记录每一个卖家的所有交易，这样我们就得到了一个聚类样本。

类似于系统性抽样，聚类抽样无需观测对象的完整列表，只需要类的列表。聚类抽样准确度的降低通常源自于高度的类内相关：类内数据通常比类间数据更为相似（比如，相同家庭的教育程度）。在推断性研究中，为了降低这一效应，分类的个数应该足够多，类的规模应该足够小。在网上拍卖中，这意味着如果我们的目的是推断总体的参数，那么我们应该努力获得许多无重叠的类（比如，时间点）。在以下两种情形下，抽样选择少数几个规模较大的类的反向策略是有所帮助的：一是类内相关程度低，二是研究的目的是获得准确的预测（Afshartous 和 de Leeuw，2005；Shmueli 和 Koppius，2008）。这里的要点是如果实际采用聚类抽样方法，那么抽样的设计和识别就应该积极地适应它。

其中隐含的意思就是，应该在采集数据之前指定类（比如，时间段），进而采用相应的聚类抽样。最简单的结构是一阶聚类抽样，即随机选择一部分类并记录类内所有交易。这一过程保证了每一条记录被选取的概率是相同的（被称为"自加权"性）。在网上拍卖中，这将意味着，指定一组时期，其中每段时期内的拍卖更可能会相互影响（比如，在2009年12月1日和7日之间一个特定DVD机型的拍卖）。

2.2.2.6 多阶段抽样

多阶段抽样是一种复杂的无需抽样框的聚类抽样。这种方法可以进一步降低对类内所有项目进行抽样的成本，并且适用于那些由于总体巨大通过层级选择可以更容易地对项目进行抽样的情形。多阶段抽样在最终随机抽样阶段使用聚类抽样。对于一个简单的两阶段抽样方法，首先是随机选择一组大类，然后在每个类内进行简单随机抽样。三阶段抽样方法意味着首先随机选择一组大类，然后在每个类中随机选择一组子类，最终在每个子类中进行简单随机抽样。一些观察时间变化的电子商务研究，本质上就是采用两阶段的抽样方法：在多个时期内采集简单随机样本，而目标总体是一个更长的时间段。比如，Pan等人（2003）关于价格偏差的研究，就收集了2000年10月、2001年10月和2003年2月的数据。在这些时期内，研究人员抽取了一部分商品的样本（作为大量商品总体的代表）。

高级的调查甚至可以包括6个以上的阶段。此外，研究者可以预先选择一些类，而不是随机选择类。预先选择类在网上拍卖数据的采集中非常普遍，研究者提前选择一部分类别或项目，用来代表类别或项目的总体。只要下一阶段的选择是随机的，偏差就可以被修正。确定多阶段样本的选择概率以及估计抽样的波动都比较复杂。常见的两种方法是线性化方法和重复抽样方法，这些方法可以使用SAS之类的软件包实现。

2.2.3 进一步的内容和结论

网上拍卖的公共开放性为新内容的研究打开了一扇大门。但是关于抽样框的一些问题还没有受到人们的太多关注。这意味着对网上抽样的研究以及数据采集方法的改进都存在着进一步研究的空间。

发展完善抽样框的创建方法、相较于样本估计总体的规模、确定聚类因素以及同质性的资源，都会有助于提升抽样的质量和统计效力。考虑到网上拍卖市场和网站规章的动态特性，如何确定目标总体成为我们研究中的另一个挑战。

最后，我们可以将技术和统计知识相结合，从而将网络爬虫、查询技术等与抽样知识有机结合。这种"智能网络爬虫"将会在理论研究和现实实践中发挥巨大作用。

第3章 网上拍卖数据的探索

在完成网上拍卖数据的整合及清理工作之后，为了进行数据分析并使数据可视化（visualization），我们还需要对数据进行一些预处理。根据研究目的和所用数据的不同，我们需要对原始拍卖数据进行特殊的变换或者与拍卖的其他数据进行整合。正如前面章节所提到的，单个拍卖的数据可能分布在多个网页上，这些网页还可能包含竞拍历史数据、商品描述、详细的卖家评级信息等。这些不同类型数据的结构通常也不相同，其中一些是截面数据（比如，对商品的描述），而另外一些则是时间序列数据（比如，出价的时间序列）。我们还可以得到各种感兴趣的信息：如拍卖的商品、卖家、竞买人、拍卖形式等。这些信息可能还会关联到项目的其他信息，从而形成信息网络（相似商品的拍卖，同一卖家的其他拍卖，竞买人之前参与的拍卖等）。

接下来，我们讨论一些在网上拍卖研究中用以探索、可视化和建模的操作过程。为了说明这些操作的用处，我们使用了数据可视化过程。我们开发并采用了一些新的可视化工具用以探索拍卖数据的特性。

虽然我们大多数讨论的数据是来自eBay网站的数据（这是当前网上拍卖研究中所用的最大的数据资源），但原理是相通的，研究方法同样适用于其他拍卖网站的数据。

3.1　竞拍历史：出价与"当前价格"

竞拍历史通常包含单个拍卖的出价（竞拍价格，bid amount）和时间信息。但竞拍历史经常不显示那些在拍卖进行期间可以观察到的竞拍信息，甚至可能没有完整的竞拍信息。这些差异源自拍卖网站所采取的政策的不同。然而，为了推断竞买人和（或）卖家或拍卖浏览者在拍卖期间的行为，获取那些在拍卖期间可得的信息是非常重要的。因此，我们讨论的第一个问题就是如何从竞拍历史记录中获得"当前价格"这一信息。

Prosper.com（P2P借贷拍卖网站）在拍卖进行时就不显示所有信息。因此，即使在竞买人被告知竞价失败以后，他们也不知道其他竞拍对手的出价。Prosper采取这一政策的原因是"这种隐藏竞拍者出价的拍卖形式可以保证每个拍卖的最佳竞拍比率"。

eBay上的大多数拍卖是第二价格拍卖（second-price auctions），其中出价最高者赢得拍品，并只需支付第二高价再加上一个加价幅度（因而他实际支付的不是他报出的那个最高出价）。eBay实行的政策是，在拍卖过程中不显示最高出价，而是将第二高出价作为当前价格展示出来。当竞买人出价低于未显示的最高出价时，eBay会通知竞买人。在拍卖结束时，eBay会给出出价序列，旁边注有时间、竞买人姓名以及他们的反馈分数[①]，但是并不会给出最高出价，这些数据就是我们能够收集的最终数据。图3-1展示了一个例子。

值得注意的是，竞拍历史页面所展示的序列并不是按时间顺序排列

---

① eBay有时候会做一些调整，比如在高价值物品的拍卖中不显示用户名称。这一改动旨在避免一些欺诈性的卖家联系竞拍失败的买家。

eb̲aY®

home | pay | register | sign in | services | site map | help ⑦

| Browse | Search | Sell | My eBay | Community | Powered By IBM |

[Search] tips
☐ Search titles and descriptions

eBay.com Bid History for
Palm Pilot m515 Color Handheld PDA 515 NEW NR (Item # 3074620884)

Currently   **US $200.50**   First Bid   **US $0.99**
Quantity   1   # of bids   17
Time left   Auction has ended.
Started   Jan-28-04 20:30:00 PST
Ends   Feb-02-04 20:30:00 PST
Seller (Rating) uscagent (121 ☆)

View page with email addresses (Accessible by Seller only) Learn more.

Bidding History (Highest bids first)

User ID	Bid Amount	Date of Bid
golspice (26 ☆)	US $200.50	Feb-02-04 20:28:02 PST
audent (1) ⑧	US $198.00	Feb-02-04 17:18:14 PST
jay4blues (0)	US $196.50	Feb-02-04 14:57:54 PST
audent (1) ⑧	US $193.00	Feb-02-04 17:17:59 PST
audent (1) ⑧	US $188.00	Feb-02-04 17:17:33 PST
eagle2sc (11 ☆)	US $180.25	Feb-02-04 11:48:20 PST
audent (1) ⑧	US $179.00	Jan-31-04 09:18:51 PST
istariken (38 ☆)	US $175.25	Jan-30-04 20:45:20 PST
audent (1) ⑧	US $175.00	Jan-31-04 09:18:37 PST
audent (1) ⑧	US $169.55	Jan-31-04 09:18:16 PST
audent (1) ⑧	US $159.00	Jan-31-04 09:17:40 PST
amanda_s_brooks (14 ☆)	US $150.00	Jan-30-04 09:12:58 PST
audent (1) ⑧	US $80.05	Jan-28-04 21:54:09 PST
cscott24 (23 ☆)	US $80.00	Jan-28-04 20:35:05 PST
powergerbil (3)	US $45.01	Jan-28-04 21:05:14 PST
powergerbil (3)	US $42.99	Jan-28-04 21:04:44 PST
powergerbil (3)	US $40.00	Jan-28-04 21:04:08 PST

图 3-1　eBay 网站上一个 M515 型掌上电脑拍卖的完整竞价历史
（此图彩色版见本书中间插页）

的，而是按照竞拍者出价的降序排列的。首先，我们可以从这样的排列方式中看出，按出价排序比按照时间排序更为平缓，集中程度更高。让我们首先来看看以时间顺序排列的历史出价。我们绘制以时间为 x 轴的数据散点图。图 3-2 是图 3-1 所示数据对应的时间散点图。我们将这种图称为某一竞拍的历史轮廓图（profile plot）。按时间排序的轮廓图揭示了 eBay 在拍卖中隐藏最高出价政策的效果。

单位：美元

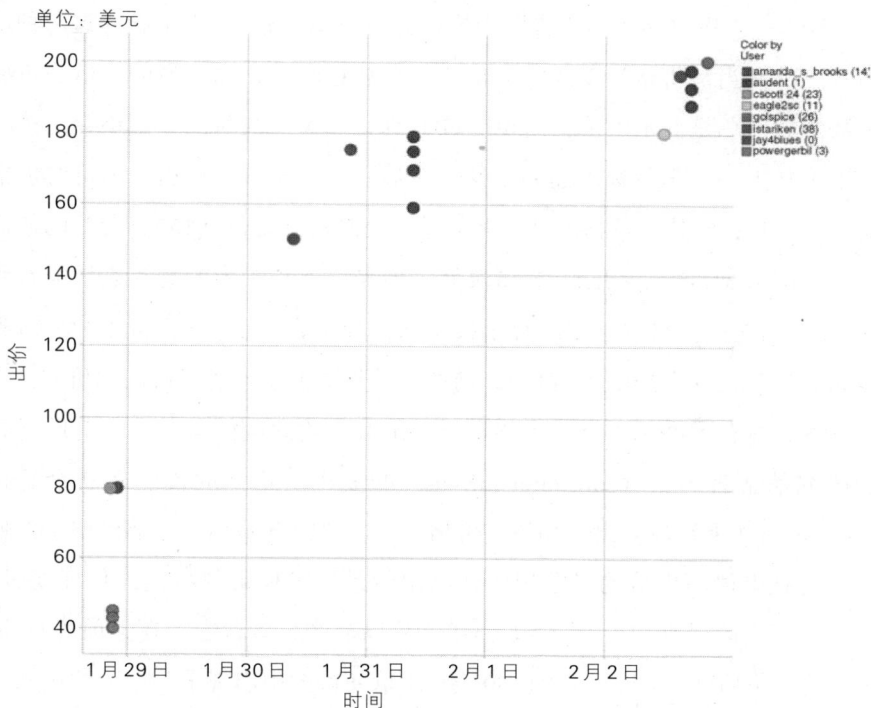

图3-2　图3-1中所示的竞价历史对应的轮廓图（此图彩色版见本书中间插页）

　　我们可以看到，在1月30日的175.25美元后面有三个较低的出价（159美元、169.55美元和175美元）。造成这一结果的原因是，在正在进行的拍卖中，175.25美元这一最高出价只有在被超越时才会显示出来。轮廓图也给出了随时间变化的出价集中程度的信息。如图3-2所示，拍卖在最开始、第二天和结束前各有一段激烈竞争时期。

　　为了观察正在进行中的拍卖的当前价格（或当前出价），并研究出价和当前价格之间的关系，我们基于eBay采用的代理出价机制和加价幅度规则（http：//pages.ebay.com/help/buy/bidincrements.html），使用函数从出价的历史记录中重建当前价格。究其本质而言，t时刻的当前价格等于当时的第二高出价减去一个加价幅度。

图 3-3 左图展示了前一幅图中描述的同一 M515 型掌上电脑的这两种价格（出价和当前价格）以及收盘价。值得注意的是，描绘当前价格的阶梯函数的数值总是低于出价，这说明 eBay 保证赢家所支付的金额不会比第二高出价加上一个加价幅度还高。这幅图展示了 175.25 美元这一出价对价格的直接影响：它使得价格上升，并超过了当时最高出价（150 美元）的加价幅度，即从 81.05 美元升到 152.5 美元。但是，参与拍卖的竞买人只能看到 152.5 美元这一价格，这就解释了接下来为什么会出现 159 美元、169.55 美元和 175 美元这三个出价。其中，前两个价格均低于当时的最高出价。

图 3-3 右图展示了当前价格和当前最高出价之间的差异，这有助于我们研究消费者剩余（consumer surplus）的变化。这里的消费者剩余是指（在一定条件下）最高出价和最终价格之差。这幅图展示了当前价格是如何迅速地赶上最高出价的（这里的最高出价是用阶梯函数构造的代理变量，而不是真正的最高出价）。例如，我们可以从图 3-3 看出，在之前的 80.05 美元的出价后面，1 月 30 日的 150 美元出价使得图中出现了一个大的矩阵区域，横跨了将近 12 个小时，直到 159 美元这一更高的出价出现才结束。这幅 eBay 数据图目前的一个缺陷在于，它无法显示拍卖结束时的消费者剩余，因为目前 eBay 只披露除赢家出价（最高出价）之外的所有出价数据。

我们注意到 Bapna 等人（2008a）在这一领域内的研究。他们使用自己的监测网站（用以记录 eBay 最后时刻的出价），从而获得包括最高出价在内的完整的 eBay 竞价历史。随后，他们使用这些数据去测量网上拍卖的消费者剩余。

3.2   竞价历史数据与截面拍卖信息数据的整合

在许多情况下，我们想要将竞价历史的时间序列与拍卖的其他截面信息数据进行整合。比如，当研究人员想要研究竞价策略时。在接下来的章

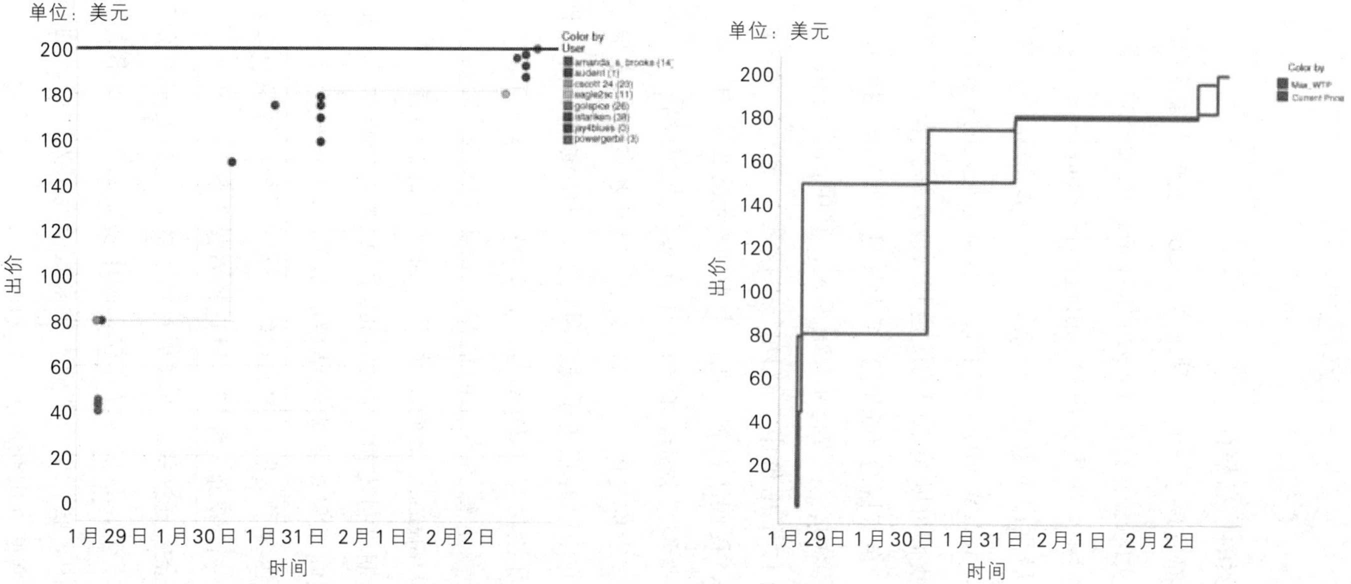

图3-3 左图：轮廓图和当前价格梯阶函数（正如在进行中的拍卖见到的那样）。水平线标记出了最终价格。右图：当前价格函数和当前最高出价的比较（此图彩色版见本书中间插页）

节中，我们会讨论一些用于整合信息的方法。

3.2.1 单个拍卖的信息整合

许多学者都发现了这样一种现象：eBay上单个拍卖的竞买人数量要远远小于该拍卖的出价数量（Bajari 和 Hortacsu，2003）。换句话说，一部分竞买人在拍卖中多次提交出价。出价修正（bid revision）行为表明，出价（至少除了最高出价之外的价格）并不能反映竞买人真实的购买意愿（willingness-to-pay，WTP）。为了看清不同竞买人的行为，我们必须设置竞买人标识。我们可以用不同的颜色和（或）形状表示不同的竞买人。图3-3就是使用颜色来区分不同的竞买人（见中间彩图图例）。

在这个拍卖中，一共有8个竞买人，其中两个竞买人提交了多次出价。在全部的17个出价中，这两个"持续"竞买人一共提交了11个出价。有趣的是，我们注意到，在这个为期5天的拍卖中，其中一人只在拍卖最开始的时候参与竞拍，而另一个在第三天和最后一天进行了多次出价。最终，赢家出价是由一个只提交了一次出价的竞买人报出的。在网上拍卖的相关研究中已经报告了这三种出价行为，通常将这三种人归类为估价者、参与者和投机者（Bapna等人，2003）。

另一类与竞价行为有关的信息是竞买人反馈（也被称作竞买人评级）。Bajari 和 Hortacsu（2003）发现，相对于新手而言，行家里手更倾向于在拍卖的后期进行出价。Ockenfels 和 Roth（2002）进一步设想，有经验的竞买人倾向于只在拍卖快结束的最后一分钟内进行一次出价。eBay的竞价历史还包含了这些用户的评级，这一评级通常作为行家里手的衡量标准。如果这一评级确实能够衡量竞拍者是否是行家里手，那么在拍卖结束时我们可能会看到这些高级（更有经验的）竞买人的出价，并且这些出价倾向于单次出价。我们可以在轮廓图中使用颜色、大小去表示竞买人评级。在图3-4中，我们使用圆圈大小来表示竞买人评级，圆圈的大小对应竞拍者评级的高低（因此形成了气泡图）。

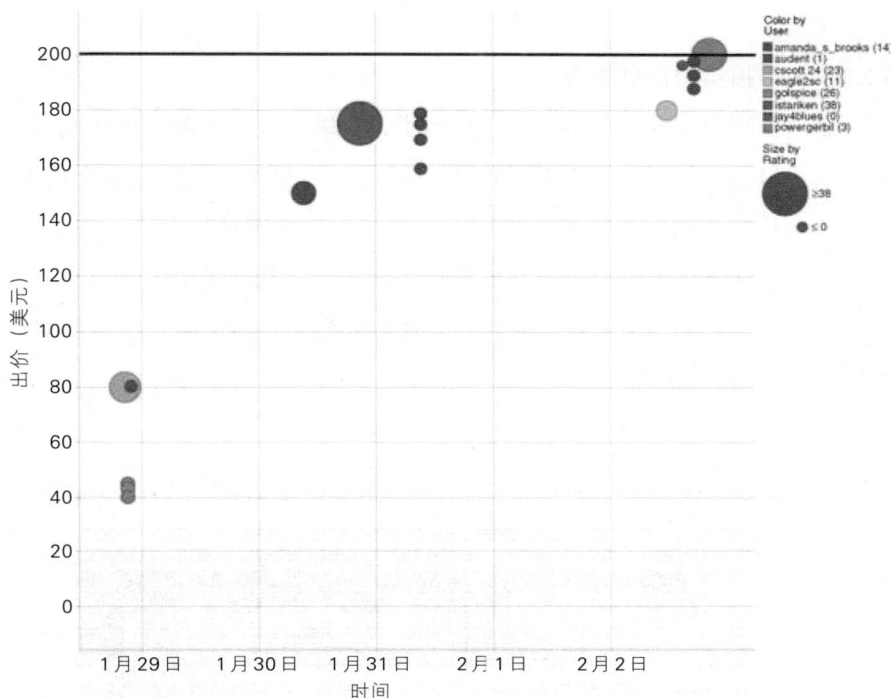

图3-4　包含竞买人评级信息的轮廓图，以圆圈大小表示竞买人评级的高低。
水平线标记出的是最终价格（此图彩色版见本书中间插页）

如果我们忽略同一竞买人（这里用颜色区分不同用户）的多次出价，那么这幅图表现了高级竞买人与初级竞买人的出价时间区别。可以看到，在这一场拍卖中，两个"持续"竞买人（powergerbil和audent）的评级都很低，而高级竞买人倾向于在整场拍卖中只进行一次出价。

这里，我们展示了如何将竞买人等级信息轻松地整合到竞价历史中。竞买人的ID和评级都可以在竞价历史页面看到。一个更为复杂的任务是如何从竞买人参与的其他拍卖中提取他们的信息。比如，在竞买人之前参与的所有拍卖中，该竞买人获胜的比例。

综上所述，轮廓图适用于许多问题的研究。许多我们感兴趣的因素都可以被整合到轮廓图中。

3.2.2 多个拍卖的信息整合

通过轮廓图研究单个拍卖的竞价历史，有助于我们理解竞价机制以及识别用户行为。然而，在多数情况下，研究人员想要研究的是多个拍卖。我们可以将多个拍卖绘制在一幅图中，这样的重叠图会显示出一些信息，同时因为难以辨别哪些出价究竟属于哪一场拍卖，从而丢失一些信息。如图3-5所示，我们将158场为期7天的拍卖描绘在一幅图中。水平线对应的是每一场拍卖的收盘价。

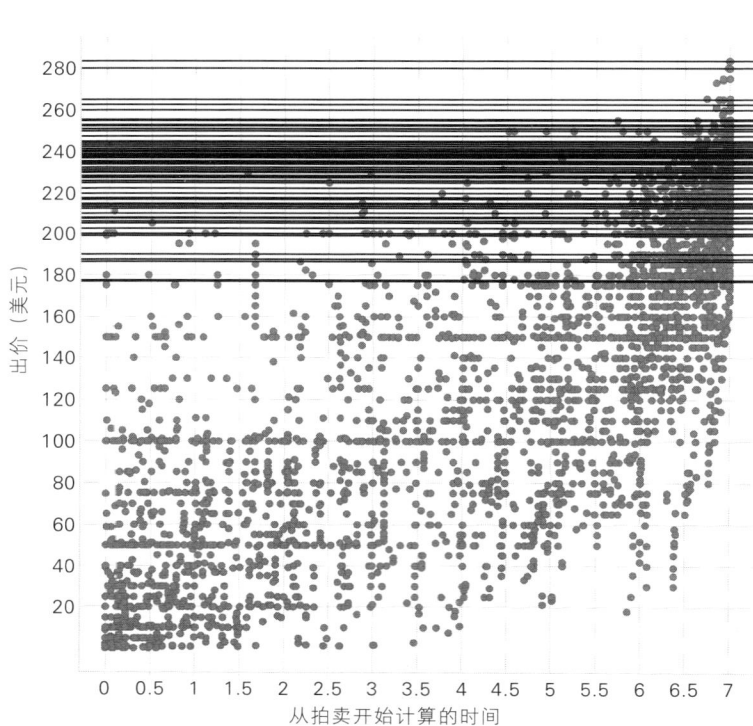

图3-5　158场为期7天的拍卖的轮廓图。水平线标记的是拍卖的最终价格

（此图彩色版见本书中间插页）

这幅图为我们揭示出了一些与拍卖相关的有用信息：

●出价密度随时间变化：在拍卖开始时（起始日和第1日）和结束时（第7日），有两个出价聚集处，拍卖中期的出价活跃程度要远远低于这两处。

●收盘价在230美元和280美元之间，280美元是一个相当高的价格。

●许多出价都在其他多次拍卖的收盘价之上。考虑到这些拍卖的标的物都是同一款M515型掌上电脑，这意味着这一商品的价值是高度可变的：有许多人愿意为它支付比其他人更高的价格。

如果我们使用出价和当前价格之间区域的阴影来表示一系列拍卖的分布情况，那么之前展示的"当前拍卖的消费者剩余"图可以拓展到一系列拍卖中。更多细节和案例见Shmueli和Jank（2005）。

对于多个拍卖而言，我们在使用轮廓图时会面临一些难题。如果多个拍卖的持续时间不同，那么只有将不同拍卖的持续时间标准化（比如，将时间表示成拍卖持续时间的百分比）之后，才可以使用轮廓图。根据我们的经验，轮廓图适用于描绘单个或少数几个（<30）拍卖的情形。当被研究的多个拍卖具有相同起始价格、相同持续期并在短期内相继发生时，轮廓图的描绘作用更加明显。总的来说，任何影响轮廓图的因素，都应该可以用于分离轮廓图面板中的多个拍卖。Aris等人（2005）从可视化的视角，以竞价历史为例，探索了一系列具有不同持续期、时间分布不均匀的序列的多种表示方法。他们提出的每一种表示方法在交互性方面都存在各自的优缺点，比如屏幕解析度、动态查询响应时间和易学习性等方面。在3.4节以及第3章开头处，我们讨论了一种价格曲线表示法，该方法解决了这些问题，并且为数据的可视化和建模提供了支持。

为了研究某一商品的拍卖特征，竞买人和卖家可以利用已结束的相同商品拍卖的历史数据进行研究。诸如Hammertap.com和之前的Andale.com（现在更名为Vendio.com）这一类旨在帮助竞买人的网络工具，为用户提供了eBay过去拍卖的整合信息。其提供了诸如平均销售价格和这些拍卖的出价次数等统计信息。换句话说，其根据时间和拍卖汇总了出价信息。我们从轮廓图中（如图3-5）可以清楚地看出，这一汇总使我们丢失了重要的信息。

然而，随着拍卖数量和单个拍卖当中竞价次数的增加，人们想要查看海量的单一拍卖竞价和（或）当前价格轮廓图几乎不可能。这时我们所需要解决的问题是，如何在不丢失重要信息的前提下，汇总某一商品的多个拍卖的完整信息。有一种解决方法，就是不在拍卖的整个时间段汇总出价数值，而是观察拍卖中特定时段的出价分布。我们根据所研究的问题和出价密集程度的不同，选取时间间隔（比如，在出价密集时段选择使用更小的时间间隔）。特别地，我们可以使用分层汇总法查看不同时间间隔的出价。Shmueli 和 Jank（2005）为这一操作提出了 STAT-zoom（统计缩放后汇总）这一术语。图 3-6 展示了按照三种不同时间间隔汇总的出价分布：最上面的是日汇总（158 场 7 日拍卖的每日汇总），中间的是拍卖最后一日的每小时汇总，最下面的是最后一小时的每分钟汇总。

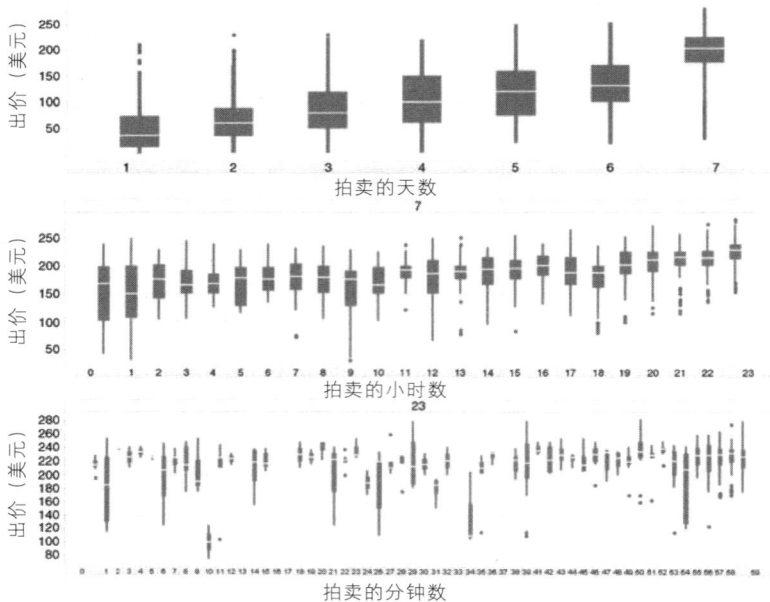

图 3-6　按不同时间间隔汇总的出价分布图。最上面的是拍卖出价的日分布图。中间的是拍卖最后一日的每小时出价分布图。最下面的是拍卖最后一小时的每分钟出价分布图（此图彩色版见本书中间插页）

我们还可以使用网格图（多个面板图）展示多日的小时汇总数据、多个小时的分钟汇总数据等（比如图3-7右上方的图）。

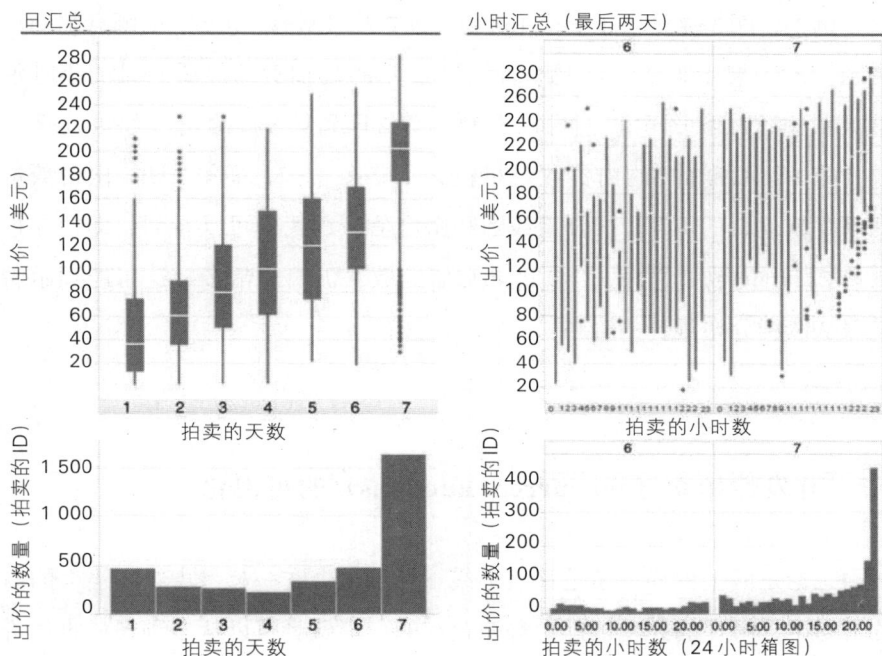

图3-7 不同时间间隔的出价分布和密集程度。左图：日汇总。右图：拍卖最后两日的小时汇总（此图彩色版见本书中间插页）

为了帮助我们确定出价的密集程度，我们补充了箱线图和柱状图，用以展示汇总期间内的出价密度，因为出价密度会反过来影响我们对时间间隔的选择。箱线图和柱状图有着紧密联系，柱状图的每个柱与箱线图的每个汇总相对应。在使用并排的箱线图与柱状图展示这一关系时，传统方法是设定柱状图的高度与 $\sqrt{n}$ 成比例，这里的 n 是汇总记录的数量（McGill等人，1978）。然而，在我们看来，传统方法具有两个缺陷：首先，成比例的高度对于比较出价数量的多少更有用

（出价数量越多，柱越高），但是我们感兴趣的是出价的实际数量；其次，由于这种展示可能含有多个柱状图，不同高度的柱状图可能会使信息显得更为混乱。

例如，图3-7给出了一个158场为期7天的M515型掌上电脑竞拍的汇总图。左图展示拍卖日汇总，而右图展示的是拍卖的最后两日的小时汇总。从出价柱状图中我们可以看到，第2日到第5日的出价数量几乎一致，第1日和第6日的出价数量相较之下略多一些，而第7日的出价数量几乎是其他日的4倍。结合箱线图和密度信息，我们可以看到，即便在控制第7日出价数量之后，第7日异常值的数量仍旧非常多，这可能预示着其服从两种分布混合的分布。

3.3 并发性拍卖（concurrent auctions）的可视化

无论是网上世界，还是将线上线下领域结合在一起考虑，在当今的商务贸易中，事件的并发性都是普遍存在的。消费者可以从多种渠道收集价格信息：连锁店、网络零售商网站（比如，Amazon.com）、商品比较网站（比如，Bizrate.comindexwebsite!Bizrate.com）、报纸和线上个人广告（比如，craigslist.com）、网上拍卖网站等。对于消费者来说，商品可以通过多种渠道获得，这给予了消费者比较价格和其他相关信息的权利（比如商品质量、运送时间和成本、卖家信用程度以及检查实物等）。这也意味着商家之间的竞争，他们之间应该会产生相互影响。在这一部分中，我们关注在网上拍卖渠道内的并发性问题。网上拍卖区别于传统实体拍卖的一点就是多个网上拍卖可以同时或在相近时段内发生。相较于传统拍卖的较短持续期，网上拍卖的持续期更长，通常可以持续几天。同时，网上拍卖也不受地域的限制。位于不同省份，甚至不同国家的买卖双方仍旧可以进行交易。网上拍卖群体的广泛性和不断增长的形势使得并发性问题成为研究人员感兴趣的重要课题之一。

拍卖理论主要关注的是单个拍卖。即使是线下拍卖研究中也少有关于并发拍卖的理论研究。Guerre 等人（2000）考虑了同时拍卖（simutaneous auction）这一问题。他们研究了在线下的首价密封投标拍卖中竞买人私人价值（private value）的潜在分布。早期有关拍卖之间相互作用的实证研究，主要关注的是线下的连续拍卖（sequential auction），即拍卖是一个接一个地发生而非同时发生。连续拍卖研究距离并发性研究仅差一步之遥，它研究的是连续拍卖中价格和质量的选择问题。比如，Allen 和 Swisher（2000）的研究发现，拍卖序列中靠后的拍卖通常会得到比之前拍卖更高的价格。造成这一现象的可能原因是：在连续拍卖的后期供给是有限的。Deltas（1999）研究了大量有关牛的拍卖序列，发现这样一个特点：在拍卖初期，通常具有较高价值的牛被卖掉。他发现价格随拍卖的进行不断降低，但下降速度取决于被拍卖的牛的数量多少，在数量少的拍卖中价格下降得较快。

尽管从这些研究中得到的启发对于传统拍卖设定很有帮助，但很少适用于网上拍卖领域。由于并发拍卖普遍存在，网上拍卖给人们提出了新的难题。绝大部分研究网上拍卖数据的文献均假定拍卖之间是独立的。这一假定通常是出于简捷的目的，但是在现实中，相同商品、竞争性商品甚至是相关品（替代品）的拍卖都存在潜在的互相影响，尤其是当这些拍卖发生在相近的一段时间内的时候。在 eBay 上，相同的商品常常出现为数众多的同时拍卖。虽然每一个拍卖的拍卖品都是这一商品的一个"复制品"，但这些拍卖最后的销量、价格，甚至是进行过程中的出价数量和出价水平都不可能是相互独立的。

相关的实证研究大多数研究的是在某特定时段（通常是几个月）内结束的相同商品的拍卖。比如，硬币拍卖（Lucking-Reiley 等人，2007；Bajari 和 Hortacsu，2003；Kauffman 和 Wood，2005）和掌上电脑拍卖（Shmueli 和 Jank，2005；Ghani 和 Simmons，2004；Jank 和 Shmueli，

2009）。在这些情形下，拍卖之间很有可能存在相互影响，因为买家拥有这些相互竞争的商品的选择权，而卖家也可以使用之前所出售的相似商品的信息来决定何时推出他们的商品拍卖。因此，在网上拍卖领域，并发性也是普遍存在的。如何度量并发性的效力和影响是一个难题。

研究者尝试了许多方法去量化或处理网上拍卖的并发性。Snir（2006）表明，在 S 个连续拍卖中，预期售价等于第 S 个顺序统计量。Zeithammer（2006）研究了 eBay 上的连续拍卖序列，发现竞买人会根据未来预期的消费者剩余调低他们的出价。Anwar 等人（2006）发现，eBay 上的竞买人通常会在多个竞争性拍卖中出价。最后，Kauffman 和Wood（2005）研究了大量并发拍卖，并使用依附结构（dependence structure）去检测串谋（collusion）现象（即卖家在他自己的拍卖中哄抬价格）。

在本节和 3.4 节中，我们关注的是并发性拍卖的有效可视化方法（在4.3 节中，我们展示了描述并发性的正式模型）。对于并发性效应，我们所感兴趣的不仅仅是其对于拍卖最终价格的影响，还有其对于同时进行拍卖中的当前出价水平和高出价的关系的影响。虽然我们关注的是网上拍卖，但是我们所使用的方法同样适用于研究并发性对最终结果以及事件演变过程的影响。

3.3.1 拍卖日期图（auction calendar）

在介绍并发性拍卖的可视化过程中，我们给出的第一张图是拍卖日期图。这一可视化方法将每一场拍卖表示为从开始到结束的一段水平线，线的长度表示拍卖的持续期。拍卖日期图可以很容易地表现不同持续期的拍卖（比如，eBay 上为期 3 天、5 天、7 天和 10 天的拍卖）。图 3-8 展示了477 场 M515 型掌上电脑拍卖的拍卖日期图（包括之前绘制的 155 场为期 7天的拍卖）。

为了将截面信息整合到拍卖日期图中，我们可以用颜色表示分类的信息（比如，全新品与二手品），Y轴表示数字信息（比如图3-8中的最终价格）。在图3-8中，我们加入了一条表示每日收盘价中位数的黑色线（由在该日结束的所有拍卖的收盘价计算得到），两条分别表示每天上下四分位数的灰色线。我们还在图中的下半部分给出了进行中的（公开）拍卖的每日数量。该图揭示了以下信息：

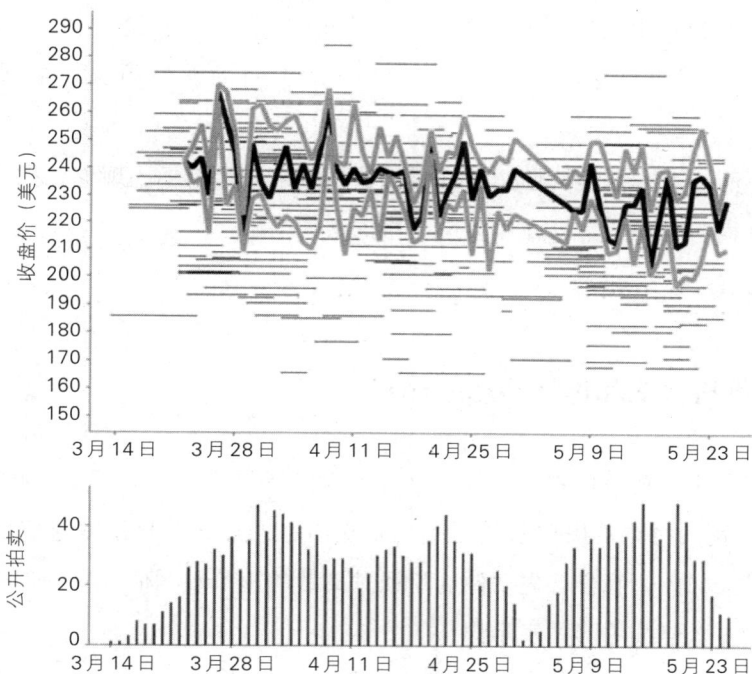

图3-8　上半部分：eBay的拍卖日期图。每条线对应一场拍卖，从拍卖开始延续到拍卖结束。Y轴代表最终价格。下半部分：每日正在进行中的拍卖数量

●收集的数据区间从2003年3月中旬到2003年5月。在5月1日附近的一段时间，拍卖活动大幅度减少（不到10个拍卖活动）。进一步调查揭示，这一减少是由于数据收集人员在休春假（因此，与eBay无关）。

●此外，我们还注意到掌上电脑收盘价中位数从3月到5月一直在降低，并且每日的收盘价出现波动的现象。

总的来说，拍卖数量和收盘价中位数的峰值可能与节假日、工作日或周末等季节性因素有关。值得注意的是，拍卖日期图可以在无需汇总数据的前提下展示给人们直观的时间效应（比如，工作日/周末或者季节性效应）。这些效应常常引起研究人员的兴趣。比如，Lucking-Reiley等人（2007）用条线图分析了拍卖结束的时间。他们发现，大多数拍卖倾向于在周末结束。在拍卖日期图中，我们可以使用颜色展示这一问题。

总而言之，拍卖日期图可以展示数据之中一些有趣的现象，揭示数据收集过程的有关信息，并作为进一步探索的基础。

3.4 价格演变和价格动态的探索

为了研究竞争性拍卖中的价格并发性以及建模、预测（见第4章和第5章），我们将竞价历史看作是每场拍卖潜在的连续价格演变过程的可观测记录。因此，我们首先要做的是通过离散的出价数据估计这一连续演变过程，并以连续的形式表示出来。

网上拍卖的出价出现在竞买人选择的时间点。在固定截止时间型拍卖（hard-close auction）中，通常在拍卖开始时有一些出价，接下来的一段时间内很少有出价，而在拍卖末期出现大量出价（见4.4节）。最后时刻的出价通常被称为"狙击出价（bid sniping）"（Bajari和Hortacsu，2003；Roth和Ockenfels，2002）。因此我们得到的竞价历史是分布不均匀的时间序列，有的时段稀疏，有的时段密集。虽然我们可以直接连接各个出价点，得到任意时刻的拍卖价格（"当前价格"的阶梯函数），但是这样做会出现数据的过度拟合现象，并不能很好地表现潜在的价格演变过程。

从可视化的观点来看，相较于一系列离散的分布不均匀的出价，平滑的曲线可以更好地展示连续过程的时间性。此外，轮廓图之类的图并不能保持多个拍卖的时间信息。最后，用平滑曲线表示连续的潜在过程确实更吸引人。甚至是在没有出价记录的时期，也可能会有用户正在观察当前的拍卖（和其他的拍卖），也可能会有竞买人正在思考他们的竞价策略，从而影响价格过程。

替代阶梯函数展示价格过程的一个方法是将其表示成一条连续的平滑曲线。这种曲线表示法在函数型数据分析（functional data analysis）中比较常见，用该方法研究的观测数据可以是任意一种连续型数据（Ramsay 和 Silverman，2005）。我们在 3.4.1 节将简要介绍如何将出价历史数据转换成价格曲线，更为详尽的推导过程参看 4.1 节。在本章我们关注的主要是如何使用价格曲线进行数据探索。

3.4.1　通过出价历史数据构建价格曲线

通常人们从离散数据获得连续曲线的做法是使用平滑技术。在将出价历史数据中的价格变换成当前价格之后，我们可以获得一系列带有时间标识的价格，也可能获得一个阶梯函数。接下来，我们可以使用非参数方法（比如，惩罚样条法（penalized splines）、平滑样条法（smoothing splines））或者参数模型（见第 4 章中关于应用于拍卖领域的单调参数曲线族的有关内容）去拟合这些数值（或者是从阶梯函数得到的一系列数值），从而得到平滑曲线。图 3-9 展示了三个为期 7 天的拍卖拟合曲线，所用的方法是平滑样条法（进一步的细节见第 4 章。这个例子见 Hyde 等人（2006））。

曲线表示法的优势在于，它以一种比原始出价数据或阶梯函数更为简洁、更容易实现可视化过程的方式，捕捉到了完整的价格演变过程。此

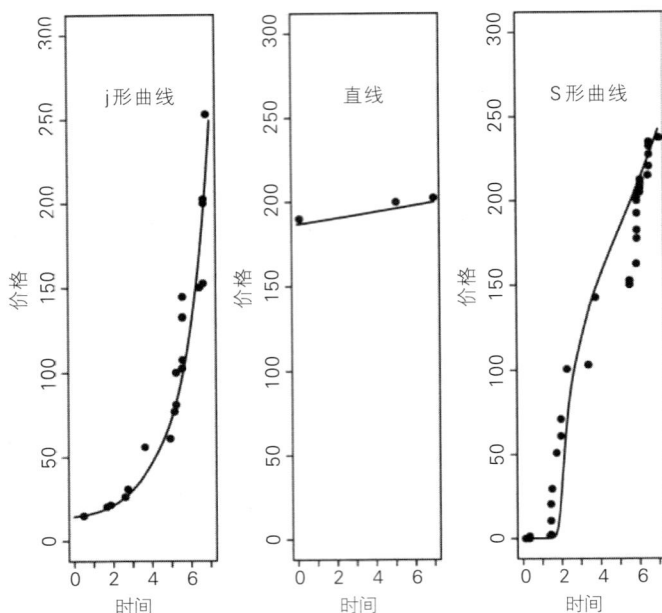

图 3-9　三个为期 7 天拍卖的"当前价格"与拟合的价格曲线。
拟合曲线使用的是平滑样条法（单位：美元）

外，平滑的价格曲线另一个吸引人的特点在于，我们可以计算它的衍生变量去评价价格动态（price dynamics）。第一个衍生变量是价格速度（price velocity）（拍卖中的价格变化有多快）。第二个衍生变量是价格加速度（price acceleration）（拍卖中的价格速度的变化率）。我们还可以计算更多的衍生变量，但是在拍卖领域可能很难加以解释。图 3-10 展示了两个单独拍卖的价格曲线、价格速度曲线和价格加速度曲线。图 3-11 展示了eBay 上的 187 场为期 7 天的 M515 型掌上电脑拍卖的三类曲线（价格、价格速度和价格加速度）。尽管所有拍卖的标的物都是同样的商品、持续期都很短、市场价格已知，但我们可以看到它们价格动态是各式各样的。

在对网上拍卖数据的研究中，我们常常会发现价格动态是并发性效应和竞争的一个重要表现，同时价格动态的异质性常常含有丰富的信息。因此，我们也赞同对价格动态进行探索。

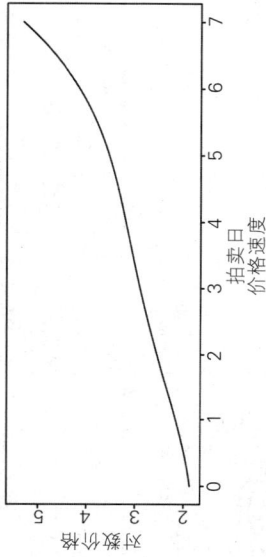

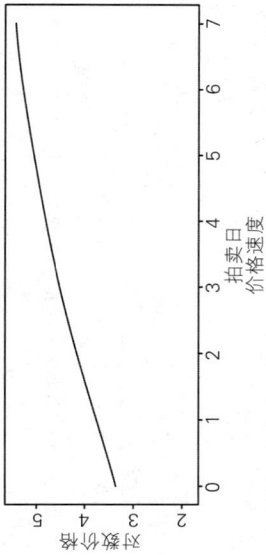

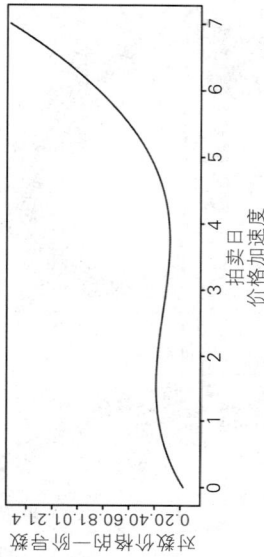

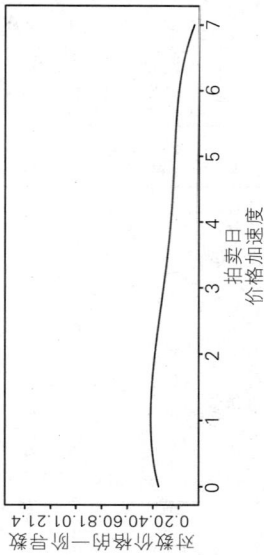

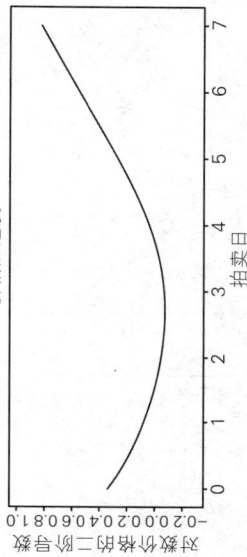

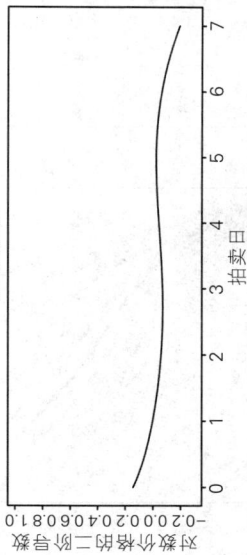

图3-10　两个拍卖样本的价格曲线和价格动态。上部是拟合的价格曲线（$f(t)$），中部是价格速度曲线（$f(t)$的一阶导数 $f'(t)$），底部是价格加速度曲线（$f(t)$的二阶导数 $f''(t)$）

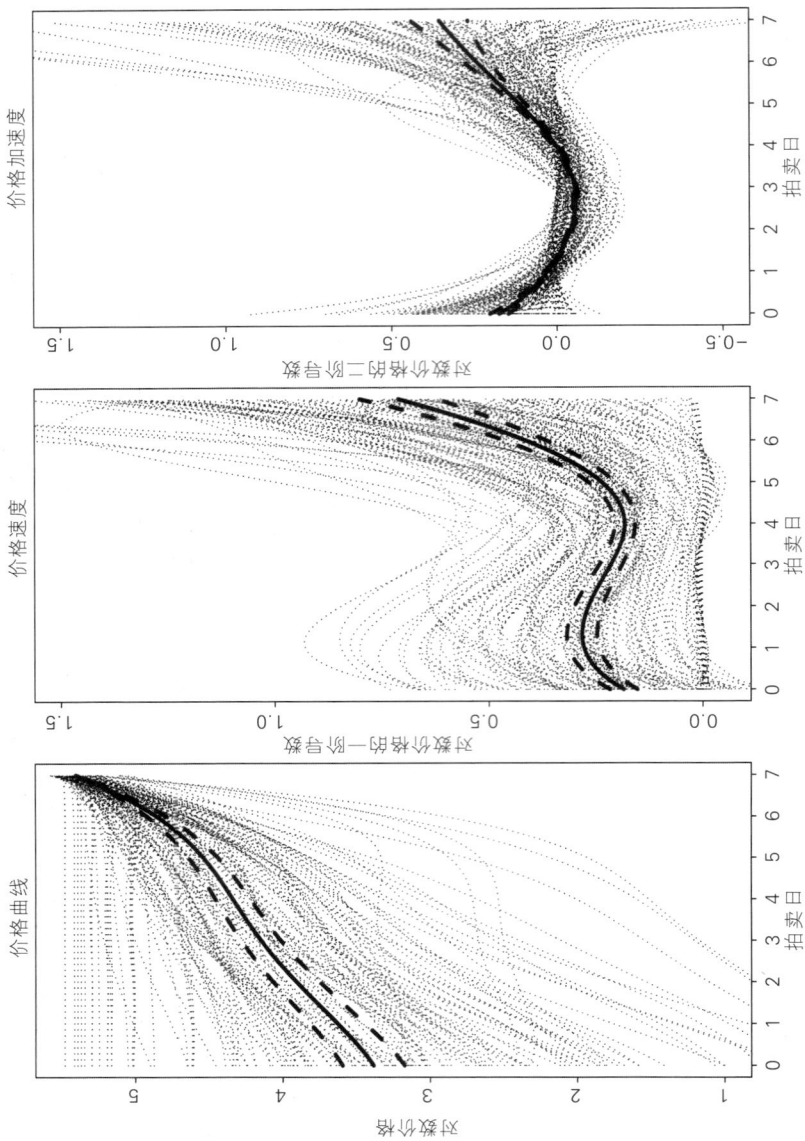

图 3-11 为期 7 天的 M515 型掌上电脑拍卖样本的价格曲线（左）、速度曲线（中）、加速度曲线（右）。
实线和虚线分别表示均值曲线和其±两个标准差的曲线。

3.4.2 相位平面图（phase-plane plot，PPP）

相位平面图是一种用于探索价格动态之间相互作用（比如价格速度和加速度之间）的可视化方法。在相位平面图中，两个价格动态可以作为两个坐标轴，被绘制在同一张图中。比如，图3-12展示的是价格平均速度与平均加速度图。曲线上的数字代表拍卖日。我们可以看到，在开始时（第0天），速度（值）大，但加速度（值）很小且为负数。加速度作用于速度，负的加速度会造成未来速度的降低，因此第一天速度降低到0.5以下。这一过程一直持续到加速度变为正数（在第4天和第5天之间）。正的加速度使得速度一直提高，直至拍卖结束。当我们想判断价格动态的相互作用是否表明可以使用合适的微分方程进行建模时，可以利用相位平面图进行分析（见4.2节）。

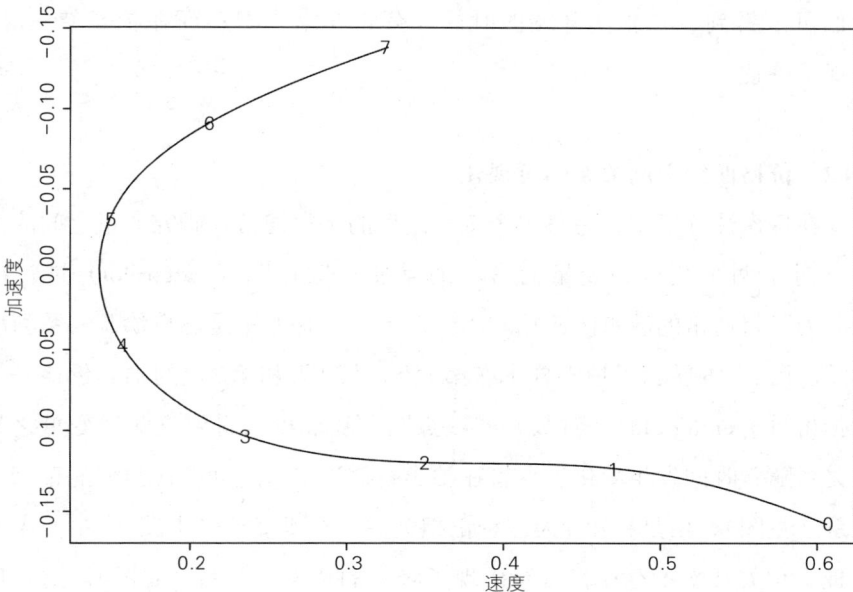

图3-12　一系列拍卖的平均速度与平均加速度的相位平面图。
曲线上的数字表示拍卖日

数据探索的另一部分内容是考察单个变量的分布。由于大多数参数模型要求变量服从特定分布（通常是正态分布），因此这一步对于我们选择正确的模型以及确保选择模型的适用程度有着重要意义。考察一个数值型变量分布的一个标准方法是绘制柱状图（histogram）。然而，在函数领域生成柱状图是一个难题，因为输入变量是一个连续的函数。一种解决方法是只在几个选择的时点上绘制函数对象的分布。我们可以通过在每一时点离散化对象并绘制各点的柱状图（或者概率图之类）实现这一步。图 3-13 展示了为期 7 天的 eBay 拍卖价格曲线在第 1 天、第 4 天、第 7 天的分布快照。我们从这些快照可以得出整条曲线的分布情况。值得注意的是，图 3-13 也展示了分布的核密度（kernel density）估计，并从而得到第 1 天、第 4 天、第 7 天函数密度的演变情况。我们可以按照这个思路获得整个曲线的连续密度，而不仅仅是在离散的时间点上，尤其是图 3-14 展示了从特定的日期获得以及从随后的插值获得的密度估计。我们可以看到，在拍卖开始的时候，分布非常平坦；而在拍卖结束时，出现了峰值。

3.4.3　价格曲线之间关系的可视化

在探索性分析中，考察单个变量之后的步骤通常是研究变量之间的关系。对于两个数值型变量而言，通常使用散点图（scatterplot）进行研究。为了将通常的散点图应用到函数对象，一种方法是逐点绘制一系列散点图。图 3-15 展示了拍卖样本在第 1 天、第 4 天和第 7 天的拍卖价格——起拍价（opening bid）（对数）的散点图。我们可以看到这两个变量之间的关系随着时间发生变化。尽管在拍卖初期这二者之间存在强烈的正相关关系（左图），但是在第 4 天这种正相关关系有所降低（中图），拍卖末期这种正相关几乎不存在，甚至出现了轻微的负相关关系（右图）。这一现象表明起拍价和拍卖价格之间的关系可以使用时变系数模型拟合。当然，使用这种逐点绘制的方法仍不能探查起拍价、价格和时间之间的三者交互

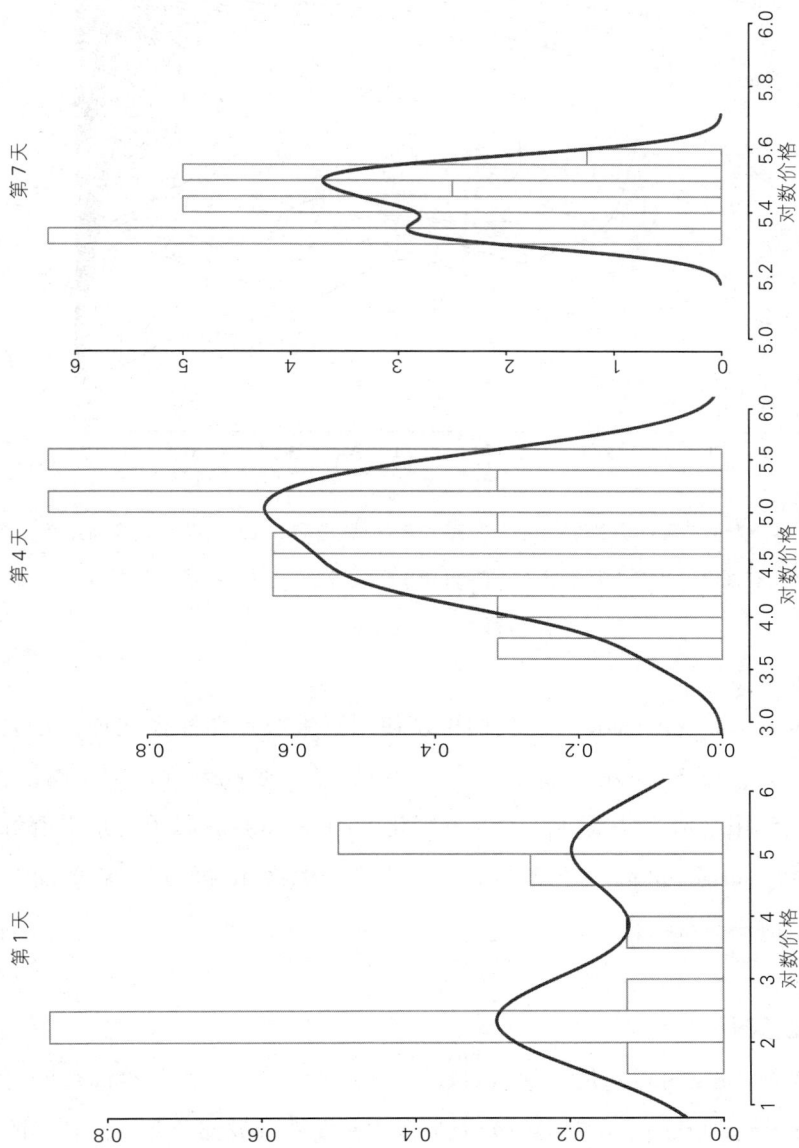

图 3-13 函数对象的分布：为期 7 天的拍卖在第 1 天、第 4 天和第 7 天的价格（对数）柱状图。灰色线为高斯核密度估计

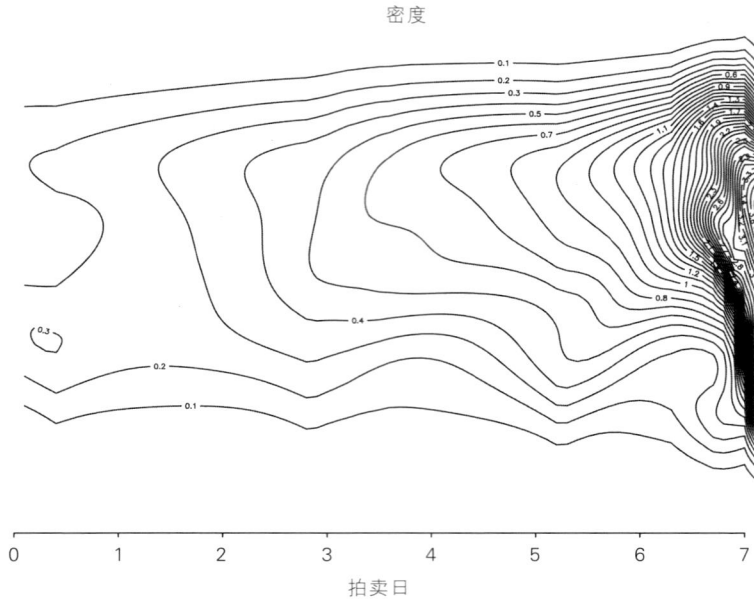

密度

拍卖日

图3-14　为期7天拍卖的价格曲线密度的等高线图（contour plot）。等高线图
包含了在图3-13中计算的几个日期（第1、4、7天）的核密度估计并通过
插值得到7天的数据

关系（three-way interaction）。我们可以使用三维散点图探查这种交互关系。然而，如图3-16左半部分所示，三维图常常杂乱无章，不易阅读。我们可以使用平滑方法提高图形的可视化。图3-16右图展示的是平滑价格曲面图（surface plot）。不难看出，起拍价、价格和时间这三者的交互关系比之前更易观察。

3.4.4　地毯图

　　地毯图（rug plots）是一种有效展示一系列拍卖的全体价格演变的可视化方法。这种方法可以帮助研究人员探索并发性（或部分并发）拍卖的价格演变的相似点及类型。地毯图是拍卖日期图的拓展，它不再用水平线表示一场拍卖，而是用该拍卖的价格曲线或者其他衍生变量曲线来表示。

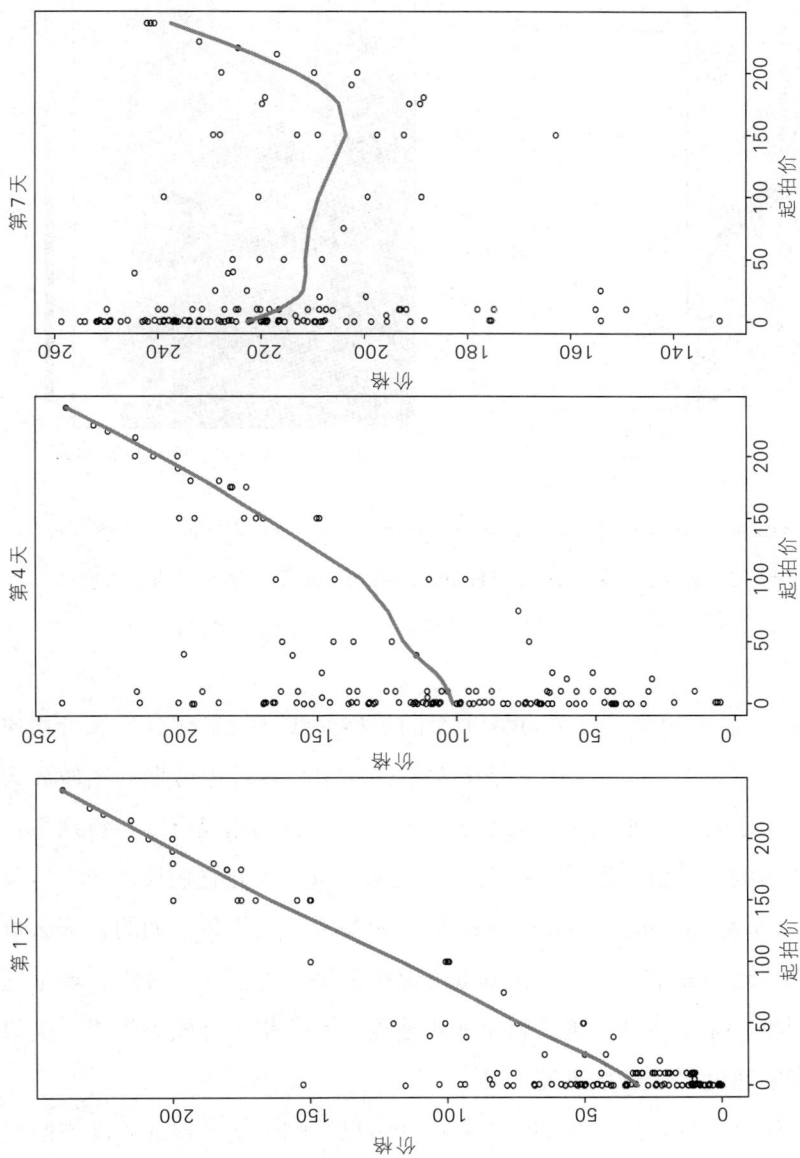

图3-15 价格曲线之间的关系：eBay拍卖样本在第1天、第4天和第7天的价格。灰色实线表示三个自由度的三次样条平滑
——起拍价（对数）的散点图。灰色实线表示三个自由度的三次样条平滑

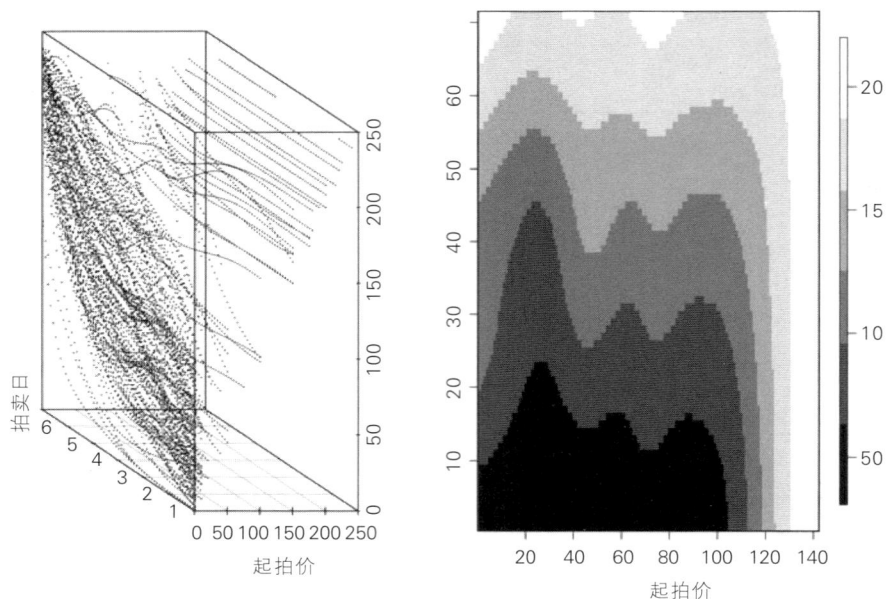

图 3-16　价格曲线之间的关系。左图：起拍价（x）、拍卖日（y）、价格（z）

这三者的 3D 散点图。右图：使用 Nadaraya-Watson 平滑法得到的平滑价格

曲面图（x 轴表示的是起拍价，y 轴表示的是拍卖日）

图 3-17 展示的是一系列 eBay 拍卖的价格曲线（上半部分）和价格速度曲线（下半部分）。右半部分是将左半部分中一段较短时期的图像放大得到的。由于我们对拍卖末期特别感兴趣，所以我们用黑色圆点特别标记了每条曲线的末端值。因为这些图像跟地毯类似，因此它们被命名为地毯图（Hyde 等人，2006）。值得注意的是，如果价格曲线是单调的，那么价格速度曲线通常是非负的。速度 0 点出现在价格不再上升的时点，表示这一段时间没有竞价活动出现。较小的正速度表示价格上升较为缓慢。类似的，较高的速度表示价格迅速上升。

为了研究并发效应，我们假定并发性可以影响价格曲线或者动态曲线的形状。这是因为不同的曲线形状捕捉的是不同的竞价类型（比如，渐进竞价与突发竞价，初期竞价与后期竞价）。因此，地毯图可以用来检验某

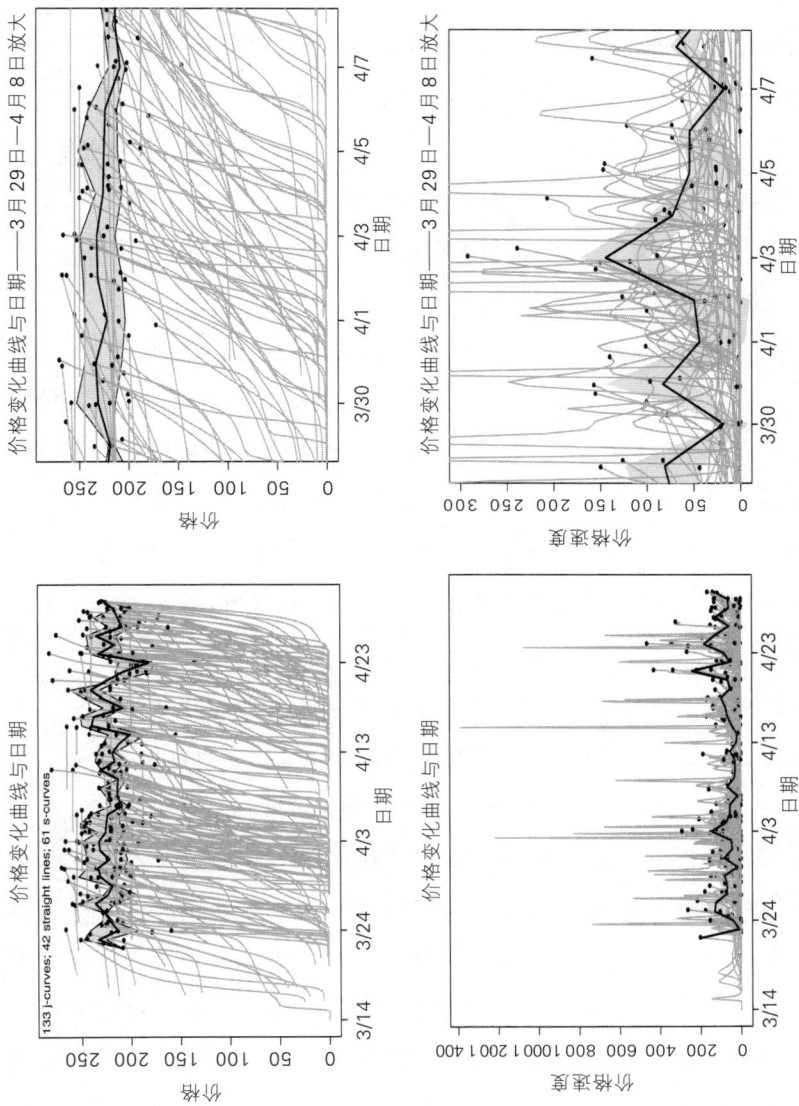

图 3-17　eBay 上一系列掌上电脑拍卖的价格曲线地毯图（上半部分）和价格速度曲线地毯图（下半部分）。
右半部分是将左半部分中一段较短时期的图像放大得到的

些特殊的曲线类型，以及多类曲线间的时间形态差异。Hyde（2006）提出了以下三种价格曲线形状：

J形曲线。这种曲线形状说明，拍卖价格在拍卖中期之前缓慢地逐渐上升，而在拍卖末期急剧上升（可能表明出现了哄抬价格现象）。相应的价格速度曲线缓慢上升，最后出现一个峰值（图3-9的左图）。

直线。这种曲线形状说明，在拍卖中期几乎没有出价。直线的角度取决于起拍价和结束价格之间的比率，相应的速度曲线是一个常数。当我们观察拍卖时，直线型价格曲线表明卖家设置的起拍价比较高，因此很少有买家出价（图3-9的中图）。

S形曲线。这种曲线形状说明，拍卖开始时价格缓慢上升，在拍卖中期价格迅速上升，而在拍卖末期价格再次回到缓慢上升的状态。相应的速度曲线峰值出现在价格迅速上升的时刻，随着价格上升速度降低而逐渐减小，最终形成一条单峰曲线。这可能表明在拍卖中期出现了跳跃报价（jump bidding）现象，即单一竞买人骤然抬高价格（图3-9的右图）。

大家可以数一下图3-17右上角图展示的eBay拍卖的地毯图中这三种曲线的数量。

当我们在拍卖网站上搜索特定商品的拍卖时，这些网站通常会给用户展示所有正在进行中的该商品的拍卖信息，有时还会给出该商品的历史拍卖信息。用户通常会查看每一个正在进行中的拍卖信息（当前价格、出价的数量以及结束时间），也可能查看已结束的拍卖去研究收盘价。这些信息很有可能会影响竞买人的竞价行为。此外，卖家也可以参考这些信息去设定拍卖的日程表、起拍价等。因此，我们希望发现并发性拍卖中竞价（或者公告）行为的时间类型。这些时间类型可能会显示出竞价行为的共性。比如，竞买人模仿狙击竞价行为，或者这些时间类型也可能显示出某种差异。比如，如果前面拍卖的收盘价较低，就会使新卖家改变拍卖策略。从图3-17地毯图的例子可以看出，在一段时期内曲线形状出现了聚集，而在其他时间段则没有这种聚集现象。从全局来看，不难发现直线型价格曲线在数据期间内是比较分散的。这些拍卖大多起拍价很高（有时甚至超过了四分位距（interquartile range）），这种现象很难解释。

尽管我们可以通过地毯图研究曲线类型以及它们的时间形态，但是当这些曲线是通过非参数方法拟合的时候（如本例），这种做法是相当枯燥、乏味的。确定曲线的类型需要对每一条曲线进行肉眼观察，即便是对于数据量适中的数据集来说，这也是一项令人望而生畏的任务。Hyde等人（2008）提出了一种可以提升地毯图展示能力和解释能力的方法。他们不再使用非参数平滑方法推导价格曲线，而是使用四个双参数的分布，结果得到的曲线是单调曲线而且具有良好的性质（见4.1节）。使用增长模型的概念更容易解释下面四类曲线：

指数型增长。表示价格增长率与价格水平成比例。与J型曲线类似，这种拍卖价格在前中期缓慢地逐渐上升，在后期迅速攀升。

对数型增长。表示初期竞价抬高了拍卖的价格，但由于存在市场价值（比如，Amazon.com上的价格），价格逐渐呈水平态势发展。因为大多数竞买人不愿意在拍卖初期就亮出他们的底价，所以这种价格行为通常较少，大多出现在初级竞买人身上。

逻辑曲线型增长。产生s形价格曲线。与人口增长类似，这种情况表明存在市场价值的限制。

反逻辑曲线型增长。表示初期竞价使得价格上涨，随后的中期很少甚至没有人出价，直到拍卖末期才出现价格的再次上涨。

图3-18展示的是与图3-17相同数据的价格曲线地毯图，不过这次使用的是参数方法。

最后，与拍卖日期图类似，我们还可以使用颜色、阴影或者多个面板（网格图）将额外的（或者其他的）拍卖信息整合到地毯图中。比如，我们所感兴趣的变量有卖家评级、拍卖时限以及竞买人数量等。这些图的样例见Hyde等人（2008）的研究。

价格变化曲线与日期的地毯图

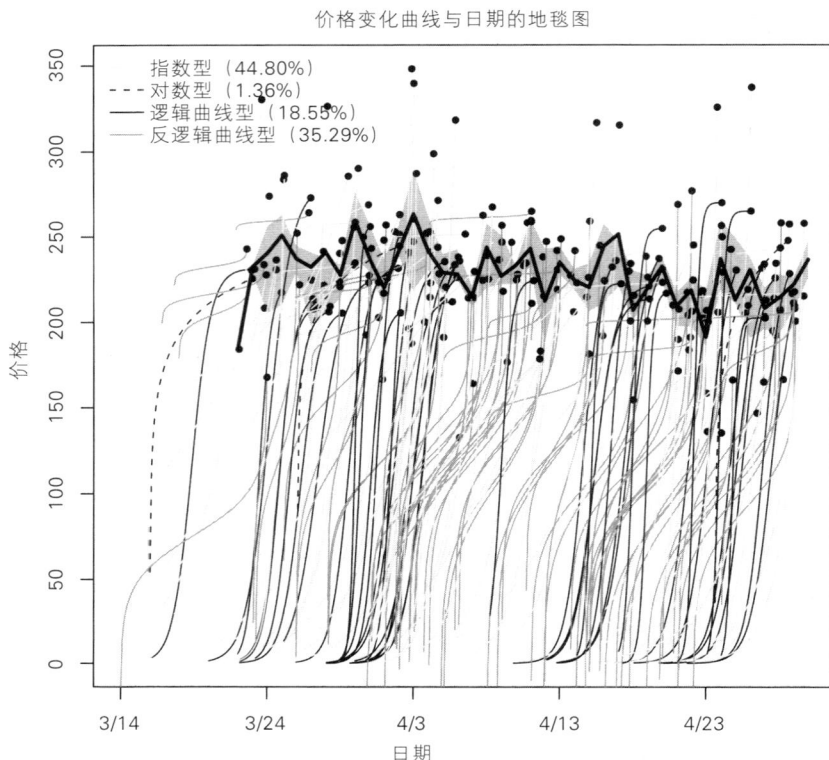

图3-18　使用参数方法拟合图3-17左上图的相应数据，得到价格曲线地毯图。

黑点代表每一场拍卖的最终价格

3.4.5　时间盒状图和移动统计

我们可以使用分层盒状图研究并发性拍卖。特别是我们可以绘制多组并发（或者部分并发）性拍卖最终价格的分布，并研究它们的形态。Hyde 等人（2006）使用了槽口型盒状图（notched boxplot），这种图在比较邻近数据的中位数时非常好用。图 3-19 展示了掌上电脑拍卖几周数据的槽口型盒状图。我们可以看到虽然每日收盘价的中位数在变化，但是大多数情况下，其差异在统计上不显著。

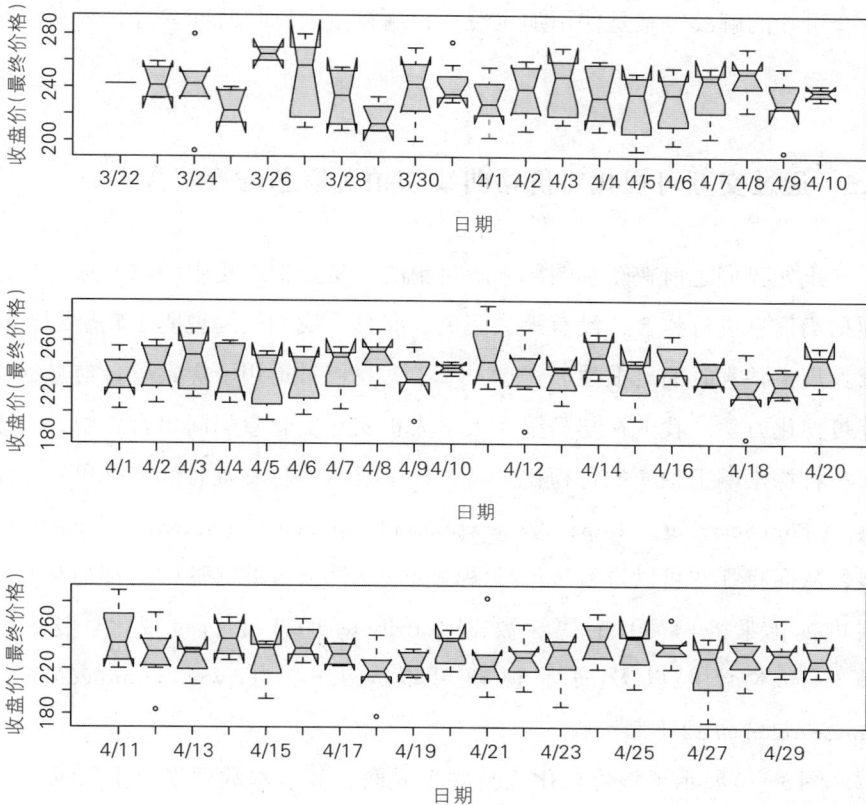

图 3-19 每日汇总的 eBay 掌上电脑拍卖槽口型盒状图。

相互覆盖的槽口表明临近中位数的差异不显著

另一种将价格（或者其他感兴趣的变量）的时间趋势进行可视化的方法是研究移动统计图。比如，绘制移动平均数图或者移动中位数图。移动统计图有助于我们理解数据的时间趋势。与并排的盒状图有所不同，移动统计图表现的是在数据期间内更为平滑的变化。虽然移动平均数图应用范围非常广泛，但是在将其应用于拍卖领域时，要注意这一点：因为每个拍卖的起始日期间并不具有相等的时间间隔，所以移动统计并未考虑拍卖之间的时间差异。这意味着移动统计不能区分立即结束和结束尚早的拍卖。

一个可能的解决方案是使用加权统计，用权重来反映时间差异。

3.5 通过交互可视化对价格曲线和拍卖信息进行整合

正如我们之前在轮廓图部分所讨论的，将竞拍历史中的时间信息与截面拍卖信息进行整合并没有那么简单。而且，我们已经说明了轮廓图在探索大规模拍卖时的局限性。在这一节中，我们讨论用于探索整合信息的交互可视化方法。我们在与马里兰大学人机交互实验室的同事合作中，开发了一种探索网上拍卖的可视化工具，该工具将一种交互时间序列可视化工具（TimeSearcher，http：//www.cs.umd.edu/hcil/timesearcher）进行拓展，从而将那些可以进行表格视图浏览和属性值过滤（这两者都与时间序列可视化紧密相关）的属性数据（attribute data）进行可视化。这一工具、样本数据以及演示视频可以从 http：//www.cs.umd.edu/hcil/timesearcher/#ts2 下载。

图 3-20 展示了该可视化工具的主界面，其样本数据来自于 eBay 上有关杂志的 34 个拍卖数据。左侧面板展示的是时间数据。每一个拍卖有三个时间序列，它们分别是位于顶部的价格序列、位于中部的速度序列以及位于底部的加速度序列，分别对应价格曲线、价格的一阶导数曲线和价格的二阶导数曲线。界面的底部给出了整个时期的拍卖概览，并且允许用户指定感兴趣的时期，在左侧面板展示更为详细的信息。右侧属性面板展示了拍卖属性表。每行对应一个拍卖，每列对应一种属性，第一列是拍卖的 ID。这个数据集中共有 21 个属性。用户可以滚动鼠标滚轮找到当前屏幕没有显示的属性信息，也可以通过拖拽面板之间的分割线，放大一些面板，缩小其他面板，从而分配各个面板所占的屏幕空间。这三个面板都是相互关联的，某面板的变化会立即反映在其他面板上。属性和时间序列的匹配是通过拍卖的 ID 连接的。

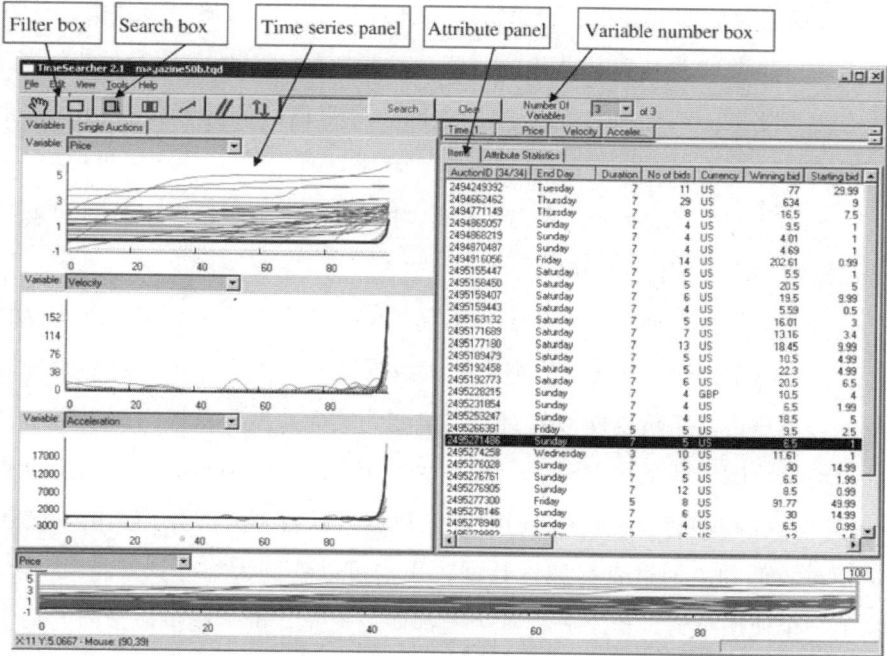

图3-20　可视化工具的主界面。样本数据来自于一组杂志拍卖

　　交互可视化操作可以分为两部分：时间序列（竞价历史）操作和属性（拍卖信息）操作。时间序列操作包括：时间维度的放缩，一个或多个价格曲线、价格速度曲线和价格加速度曲线的展示，拖拽 TimeBox 组件过滤曲线，在曲线中搜索各种类型。属性操作包括：根据属性对拍卖进行排序，高亮显示一组拍卖，获得属性的统计汇总。

　　Shemueli 等人（2006）使用交互工具提出了一种半结构化过程，用于拍卖数据的可视化探索。该过程的第一步是为了让用户熟悉数据集的特征。然后，用户可以开始研究拍卖价格、拍卖动态和拍卖属性之间更为复杂的关系。这些关系可能是由假设提出的，或者是探索性的。

　　用户熟悉数据集的特征，包括以下几个步骤：

　　1. 观察主界面，从而得知数据规模、数据结构以及数据维度。

2.探索时间序列面板：通过放缩、选择、反选、过滤、寻找类型等方法比较价格曲线及其导数曲线的异同。这种比较可以使我们对拍卖之间、状态类型之间、各拍卖的活跃时期之间、异常值之间的差异有一个感性认识。

3.研究属性面板：检查统计汇总，对属性进行排序，重排各列的顺序从而比较拍卖子集的多个属性。

接下来，我们通过一个例子来阐释我们在数据熟悉过程中可以获得的信息。对于图3-20所展示的杂志拍卖数据集，主界面展示了商品的价格范围。用户可以将价格曲线的对数尺度变为美元尺度，从而得到以货币表示的价格范围。我们可以看到，有一些拍卖在临结束前具有非常高的价格动态（速度和加速度）。我们通过放大数据可以看到大部分拍卖的动态还是相对较低的。通过查看属性数据，用户可以看到大部分拍卖持续7天，除了一个使用英镑计价之外，其余的都使用美元计价。竞争最激烈的拍卖共有29次竞价，而竞争最不激烈的拍卖仅有4次竞价。所有的拍卖都没有底价（保留价格，reserve price）。从结束时间来看，仅有一个异常值，并且恰好是那个以英镑计价的拍卖（这正好解释了为什么结束时间不同，因为卖家处在不同的时区）。将近一半的拍卖没有运输费用的规定。用户还可以看到这些拍卖不存在缺失值（missing value）。

在完成了最初的数据熟悉过程之后，用户可以通过视觉探索拍卖子集的类型与关系。这一步就是探索时间序列数据和属性数据之间的关系。这里有两种不同的策略：第一种策略是从属性到曲线，即将属性数据合并到价格曲线和动态曲线之中再观察。特别是，当用户想要比较拍卖属性并观察价格曲线和附属动态之间的异同时，适合使用这种策略。这是一种探索性的回归型操作，输出变量是曲线（见第5章）。第二种策略是从曲线到属性，即将价格曲线和动态曲线合并到属性数据之中再观察。特别是，当用户想要比较价格曲线和（或）动态曲线，然后在具有相似曲线的拍卖中寻找相同属性时，适合使用这种策略。这是一种探索性的曲线聚类方法

（见3.7节）。我们并不是说要用这两种交互技术来替代函数式回归和曲线聚类，但是将它们与第5章和3.7节所讨论的分析方法结合使用时可能会大有帮助。这种探索完全与模型无关，无需做出分布的假设，也不能估计抽样误差。因此，与正统的统计模型不同，视觉探索不能评估抽样数据是否具有指定的关系或者其关系是否适用于总体。

这两种方法也可以用于检验有关变量类型的假设或者变量间关系的假设，此时的时间序列和截面属性数据既可以假定为输入变量，也可以假定为输出变量。比如，为了检验"参与量的增加导致周末结束的拍卖的收盘价格（成交价）较高"这一假设，用户可以通过检查结束日属性寻找相应的证据。我们可以根据这一属性对拍卖进行排序。其结果显示，在杂志拍卖数据集中，大部分拍卖是在周末结束的，只有8个拍卖是在工作日结束的，即支持了这一假设。然而，为了找出坚信这种假设的理由，我们比较在工作日结束的拍卖和在周日结束的拍卖的价格曲线。我们发现最高的收盘价格出现在工作日结束的拍卖之中！这当然并不能证明因果关系，也并非在统计上显著，但是这引出了一个惊人的发现，我们应该使用分析模型去更进一步地调查。有关探索性假设检验的更多案例，见 Shmueli 等人（2006）的研究。

Buono 等人（2008）为了预测进行中的拍卖价格，将这种交互方法及其界面进行了拓展。

3.6 探索层次信息

通过典型的网上拍卖网站的导航，我们可以很容易地看出网上拍卖数据是根据属性划分层次的。一般的商业拍卖网站通常有商品的分类，然后有一级或多级子类别。更为专业的拍卖网站使用的是与拍卖商品相关的信息进行分层（比如，艺术品拍卖中艺术家的名字或者贷款拍卖中的贷款类型）。为了在保持拍卖的层次和聚类信息的前提下探索拍卖之间的异同，我们可以采用树状图（treemap）。树状图（Sheriderman，1992；Bederson 等人，2002）是一种在受限空间（space-constrained）内可视化层次结构的方法。树状图可以帮助用户比较树中不同颜色深度的节点和子树，以区分类别和异常。树状图具有可交互性，允许用户进行动态查询。SmartMoney（http：//www. smartmoney.ccm/map-of-the-market）的"map of the market"就是一个著名的树状图应用的例子。它用可交互的树状图展示了股票市场的信息。

图 3-21 展示了发生在 2001 年 8 月到 2002 年之间的近 11 000 场 eBay 拍卖样本的树状图。有关这些数据更进一步的信息，见 Borle 等人（2006）。这幅图根据 eBay 的商品类别（比如，珠宝与手表）将区域划分为矩形，然后再根据 eBay 的子类别（比如，高档腕表）将每个矩形进一步划分，最后根据品牌（比如，劳力士和卡地亚）进行再次划分。这个例子中每个单一的小矩形就是一个品牌。我们可以使用颜色、大小和标签去展示我们感兴趣的三个变量。在这幅图中，首先，我们用阴影表示卖家负面评价所占的比例（卖家反馈取决于之前交易中买家的评分），其中阴影颜色越深表示负面评价比例越高。其次，我们用矩形大小表示平均的商品价格（平均最终价格）。不难看出，负面评价比例最高的卖家集中于最昂贵的商品卖家（劳力士和卡地亚的腕表）！这是非常有意思的一点，因为卖家的负面评价是一种欺诈的象征。考虑一下商品价值，我们就不难发现低评级卖家集中于奢饰品的原因（比如，劳力士手表的售价将近 2 000 美元）。

我们可以使用树状图探索其他有趣的变量间关系。图 3-22 展示了拍卖中出价数量与起拍价（起拍价是由卖家设定的）之间的关系。数据还是根据商品类别、子类别、品牌归类的。在这里我们用矩形大小代表起拍价的中位数高低，用阴影颜色代表出价数量的中位数大小（颜色越深表示出价越高）。可以看到，起拍价低（较大的矩形）通常伴随着较多的竞价数量（较深的阴影）。这种关系在理论和实践中是一致的：低起拍价吸引了更多的竞拍者，出现了更多的出价。

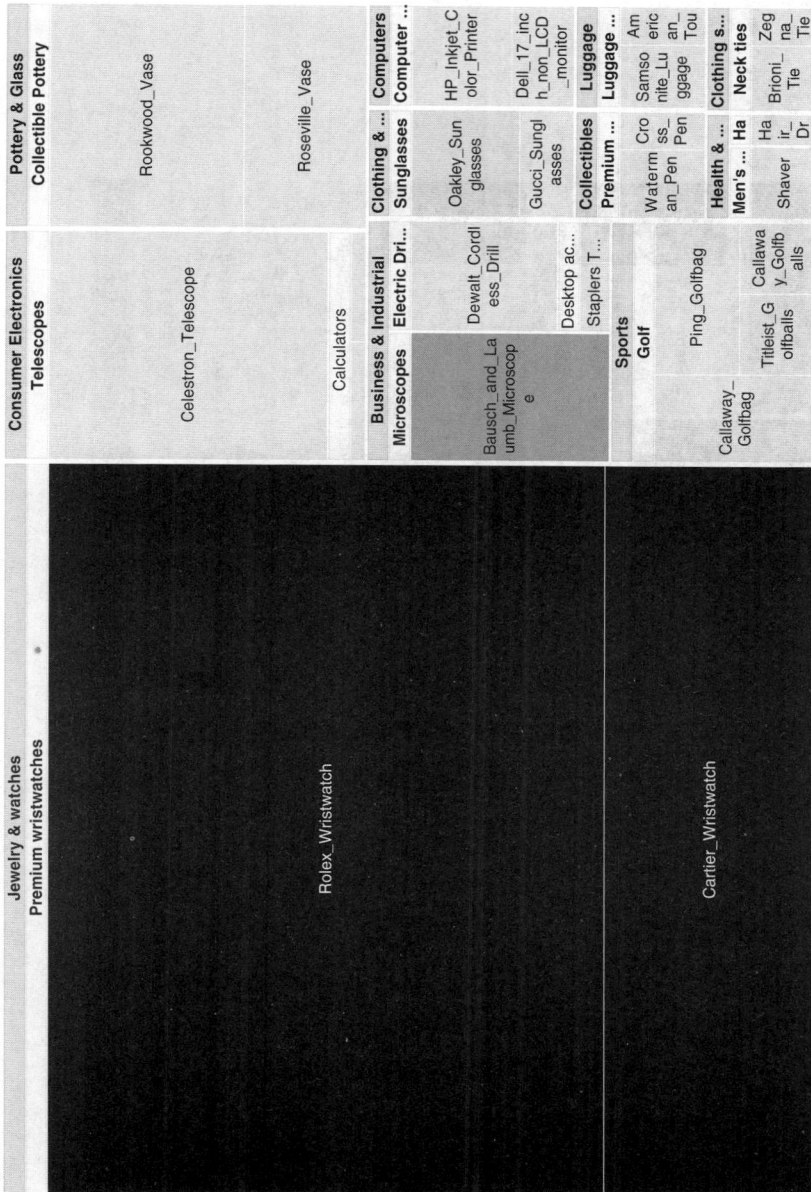

图3-21　根据类别、子类别和品牌归类的上千个eBay拍卖的树状图。矩形大小表示

平均收盘价高低，阴影表示卖家负面评价的比例（颜色越深表示比例越高）

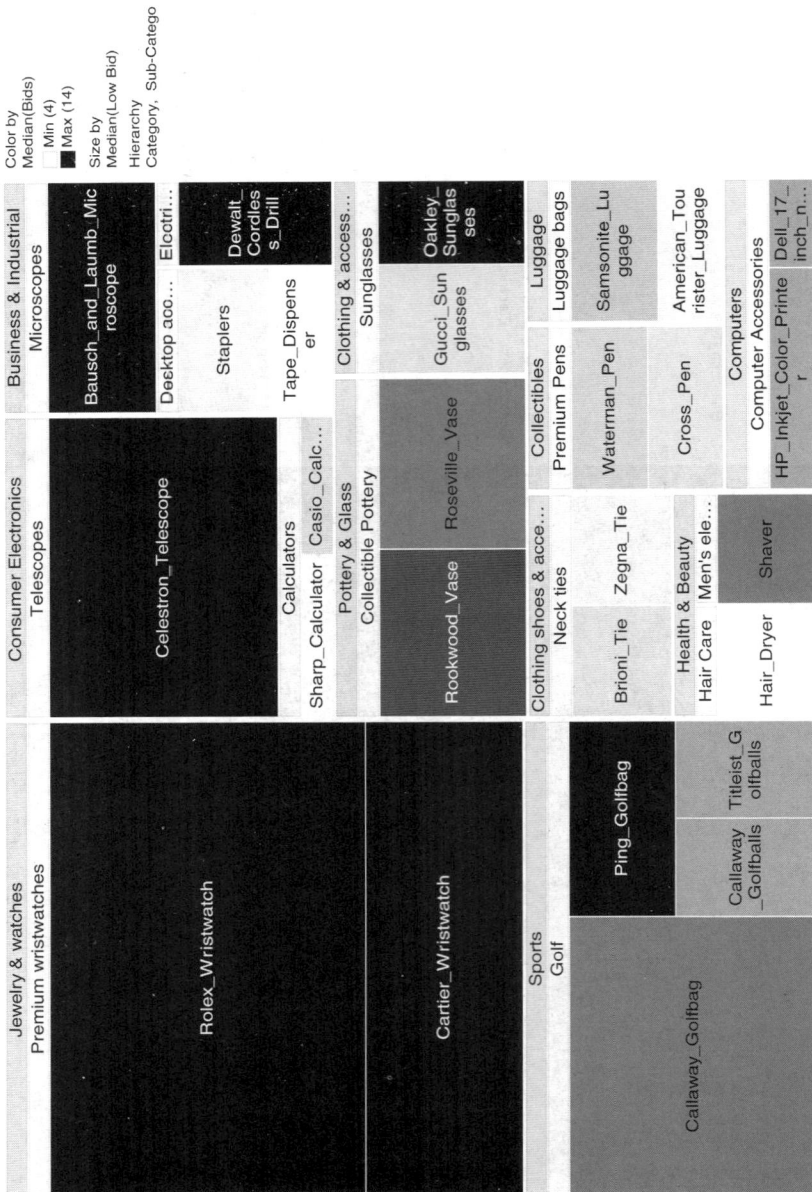

Color by
Median(Bids)
▢ Min (4)
■ Max (14)

Size by
Median(Low Bid)

Hierarchy
Category, Sub-Catego

Jewelry & watches — Premium wristwatches — Rolex_Wristwatch — Cartier_Wristwatch

Consumer Electronics — Telescopes — Celestron_Telescope — Calculators — Casio_Calc... — Sharp_Calculator — Pottery & Glass — Collectible Pottery — Rookwood_Vase — Roseville_Vase

Business & Industrial — Microscopes — Bausch_and_Laumb_Microscope — Elcctri... — Desktop aoo... — Staplers — Tape_Dispenser — Dewalt_Cordless_Drill

Clothing & access... — Sunglasses — Gucci_Sunglasses — Oakley_Sunglasses

Clothing shoes & acce... — Neck ties — Brioni_Tie — Zegna_Tie — Health & Beauty — Hair Care — Men's ele... — Hair_Dryer — Shaver

Collectibles — Premium Pens — Waterman_Pen — Cross_Pen

Luggage — Luggage bags — Samsonite_Luggage — American_Tourister_Luggage

Computers — Computer Accessories — HP_Inkjet_Color_Printer — Dell_17-inch_n...

Sports — Golf — Callaway_Golfbag — Ping_Golfbag — Callaway_Golfballs — Titleist_Golfballs

图3-22 根据类别、子类别和品牌归类的上千个 eBay 拍卖的树状图。每个单一的小矩形代表一个品牌。
矩形大小代表起拍价的数量的中位数高低。阴影代表出价数量的中位数大小

树状图还可以用于探索许多因素，这些因素可以在网上拍卖中测量。人们不仅可以利用这种工具去探查变量间的关系，还可以用它探查某些异常和意料之外的类型。此外，它还为规模较大的拍卖样本提供了概览，并从一个其他展示方法不能实现的角度展示了拍卖样本。

3.7　通过曲线聚类方法探索价格动态

在前面的一些例子中，我们通过不同的可视化方法观察到（见图3-11），价格动态可能是不同的：一些拍卖一直加速到最后，而另一些则一直减速（价格增加的速度降低）到最后。在拍卖的最初同样也存在着类似的差异：一些拍卖中的价格在初期迅速增加（随后增加速度有所降低），而另一些则是在初期缓慢增加，随后其增加的速度才有所提升。因此，作为探索过程中的一步，我们着手将价格动态进一步分割成不同的子类别。在我们的例子中，由于我们是对曲线（而非数值向量数据）进行聚类，因此从概念上看这种划分是比较复杂的。所以，我们首先描述一下进行曲线聚类的机制。与通常的聚类过程一样，进行实际的划分仅仅是整个任务中的一部分。对聚类结果的理解（即便不是更为重要）是同样重要的一步。因此，我们在讨论曲线聚类算法的同时，还要将其结果与传统聚类方法的结果进行比较。

3.7.1　曲线聚类原理

与通常的聚类分析一样，我们的目标是将数据划分为具有相同性质的聚类数据。聚类为我们提供了探索性信息，并支持我们进一步的研究，可以帮助我们理解导致数据异质性的特征或者因素。由于例子中的数据是曲线，所以我们要使用曲线聚类去寻找众多拍卖价格轮廓中更为相似的部分。

我们可以采用几种方法进行曲线聚类。一种是在有限网格内对每一条曲线进行抽样，然后对这些抽样数据进行聚类。然而，这种做法可能会导致估计不稳健（Hastie 等人，1995）。在相关文献中提出的另一种方法是，当曲线是由平滑样条得到的时候，对曲线系数进行聚类，而不是对曲线函数本身进行聚类（Abraham 等人，2003；James 和 Sugar，2003）。为了展示这一方法，我们令 $B = \{\beta_1, \ldots, \beta_N\}$ 表示 N 次多项式光滑样条的系数集合。因为 N 次多项式曲线的每一条都是基于同样的结点集和相同的平滑参数，所以捕捉系数之间的不同，就可以捕捉曲线之间的不同。因此，我们不是对原始曲线进行聚类，而是对系数 B 的集合进行聚类。

基于上面的方法，我们采用 K-Medoids 算法去测量两条曲线之间的距离（使用的是曼哈顿距离（Manhattan distance）），因为 K-Medoids 算法比 K-Means 算法（Cuesta-Albertos 等人，1997）在处理极端值方面更胜一筹。K-Medoids 算法通过迭代来最小化聚类内部的差异。

$$W_K = \sum_{k=1}^{K} \sum_{j,j' \in I_k} D(\beta_j, \beta_{j'}) \qquad (3.1)$$

其中，$D(\beta_j, \beta_{j'})$ 表示系数 j 和 j' 之间的差异，I_k 表示有关第 k 个聚类元素的标记集，$k = 1, \cdots, K$（Kaufman 和 Rousseeuw，1987；Hastie 等人，2001）。

我们来看一下 eBay 上关于新的 M515 型掌上电脑拍卖的曲线聚类结果。因为我们使用非分层式聚类方法，所以我们必须首先确定聚类的类数 K。为此，我们使用了不同的准则。第一种比较流行的准则是将聚类内部差异的降低程度作为聚类类数的一个函数。如图 3-23（左图）所示，我们可以看到，在聚类类数由 1 到 2、由 2 到 3 的过程中，聚类内部差异度降低了 2 左右。然而，随着聚类类数继续增加，差异度的减少却小于 0.5。这种方法的危险之处在于，即使数据中并不存在聚类，这种方法还是会非常容易得出可以聚类的结论（Tibshirani 等人，2001；Sugar 和 James，2003）。

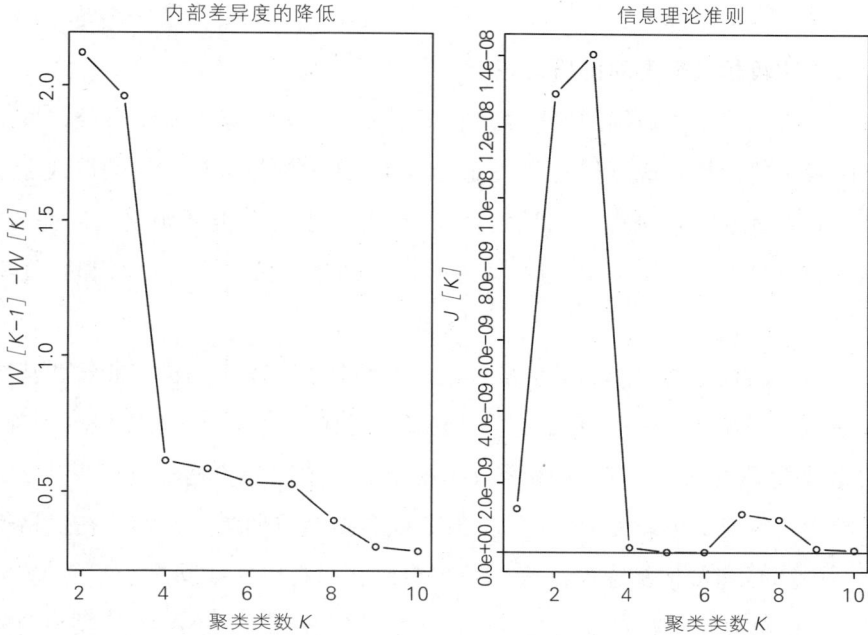

图3-23 选择聚类类数：左图展示了随着聚类类数的增加，聚类内部差异程度
降低的情况。右图展示了失真度的跳跃

    为了避开聚类内部差异度的局限性，Sugar和James（2003）引入了一种基于信息理论的替代方法。d_K是聚类内部分散度的非参数测量，也被称为失真（distortion），它是指每个维度上每个观察点和最近的聚类中心的马氏距离（Mahalanobis distance）。Sugar和James（2003）并没有使用原始的失真定义，而是建议使用"跳跃统计量"$J_K = d_K^{-Y} - d_{K-1}^{-Y}$，其中$Y = \dim/2$，dim表示数据的维度。$J_K$ - K图（横轴为K，纵轴为J_K）的峰值所对应的聚类类数K是最优值。图3-23的右图给出了数据的跳跃图。其中最大跳跃值出现在$K = 3$处，为数据中存在三个聚类的说法提供了额外的证据。[①]

———————————

① 我们还可以使用主成分分析得到样条系数的低维度表达式，并得出类似的结果。更多关于三个聚类的证据来自于函数型主成分分析（Ramsay和Silverman，2005）。

3.7.2 比较拍卖聚类的价格动态

在我们确定了数据的聚类类数之后，我们分别考察每一个聚类，推出不同聚类的价格生成过程差异。对我们所使用的数据而言，我们得到了三个容量分别为90、47、46的聚类。我们首先比较聚类动态之间的差异，然后在动态特征中加入静态拍卖特征，比如起拍价、卖方声誉和获胜者经验。

为了比较聚类之间的价格动态，我们绘制了各聚类的价格曲线和其导数曲线，并附上了95%置信区间的边界（见图3-24）。价格曲线（顶部）的比较结果表明，聚类1和聚类2中拍卖的平均起始价格要高于聚类3中的拍卖。聚类2和聚类3的平均价格曲线在拍卖末期更为陡峭。在价格速度（中部）和价格加速度（底部）图中更容易看出曲线动态之间的差异：聚类1在拍卖初期有着很高的价格加速度，然后在中期维持了一段平稳或下降的价格动态。在拍卖快结束时，价格才再一次加速上涨。相比来看，聚类2则在前5日价格动态几乎不变，而在拍卖末期速度快速增加。实际上，最大加速度出现在结束时刻。由于加速度先于速度，所以在结束时的最大加速度并没有转化成最大速度。换句话说，聚类2中的拍卖在达到最大速度之前就已经结束了。聚类3的图像有所不同：与聚类1类似，聚类3在初期加速增加，但其程度更为剧烈。与聚类2类似，聚类3在拍卖中期减速，在拍卖末期加速。然而，聚类2中的拍卖价格在拍卖结束之前并没有达到最大速度，而聚类3中的拍卖达到了。值得注意的是，聚类3的加速度在拍卖结束前一天达到了最大值，然后下降。这意味着聚类3中的价格速度在拍卖结束时达到了最大值。

3.7.3 通过相位平面图分析拍卖聚类的特征

正如在3.4节中所展示的那样，相位平面图是一种展示动态系统中动态交互（如加速度对速度的作用）的常用方法。图3-25展示了每一个聚

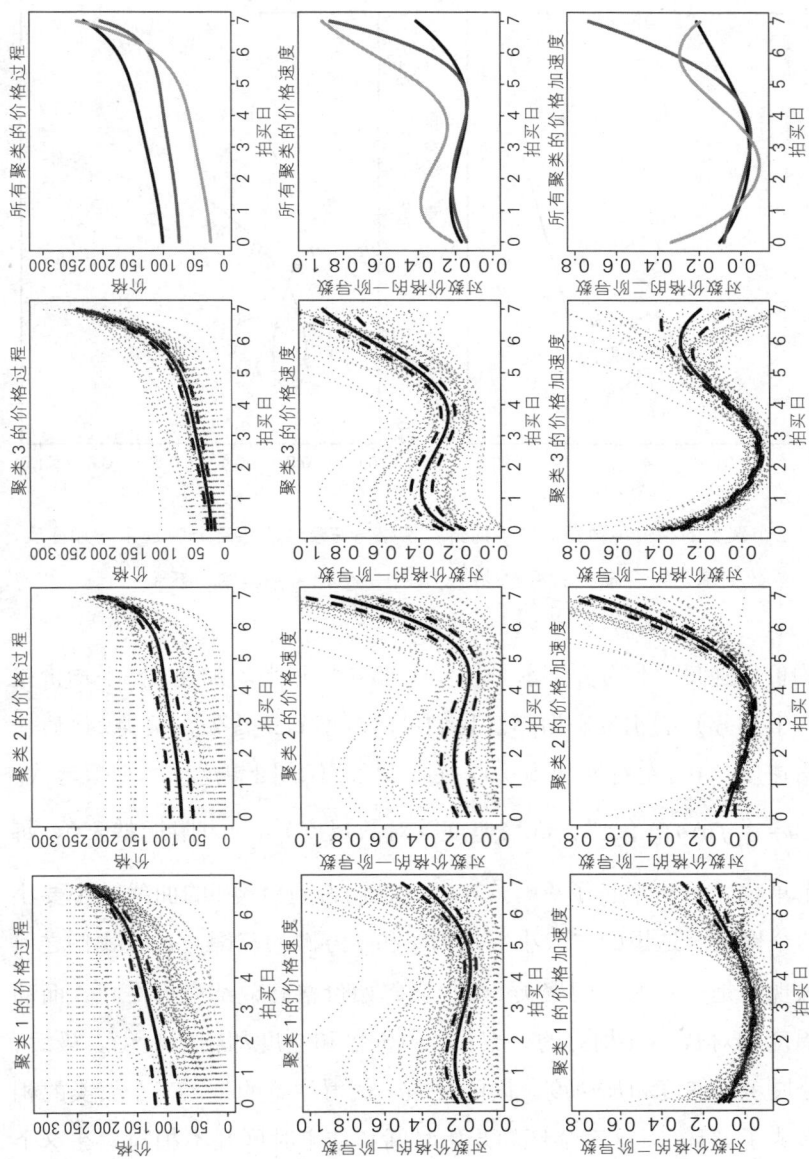

图 3-24　价格动态轮廓图：该图展示了每一个聚类的价格曲线（第一行）、一阶导数（价格速度，第二行）和二阶导数（价格加速度，第三行）。最后一列是三个聚类平均曲线的重叠图（价格加速度，第三行）。细实线表示平均曲线，细虚线对应 95% 置信区间的边界。

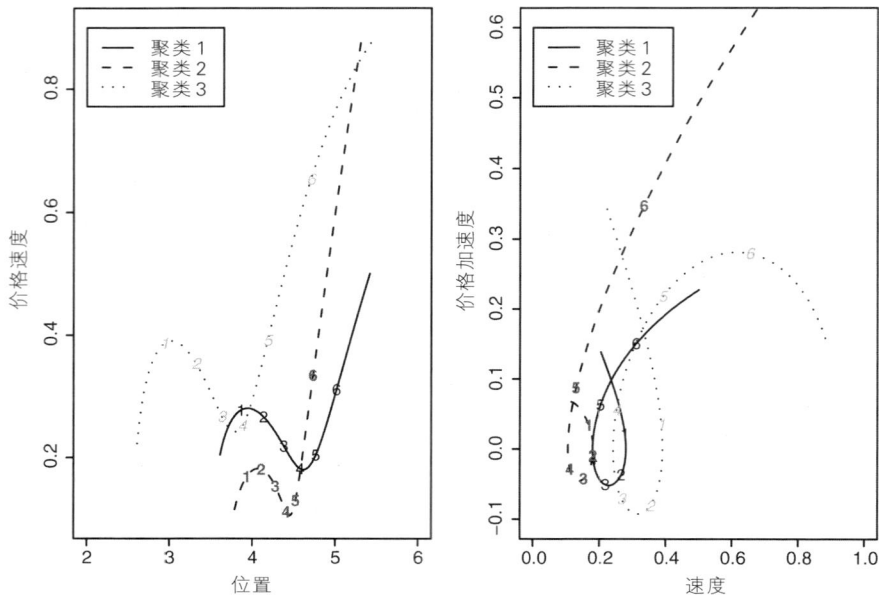

图3-25　三个聚类的相位平面图。左半部分：价格与速度，右半部分：速度与加速度，数据基于每个聚类的平均动态。图中的标记为拍卖的1~6天

类的平均价格速度－平均价格水平（左半部分）和平均加速度－平均价格速度（右半部分）的相位平面图。我们可以观察到：首先，聚类2最后一天的价格速度从0.3左右增加到0.9左右。我们不妨回想这样一个恒等式：$\partial \log f(t)/\partial t = \frac{\partial}{\partial t} f(t)/f(t)$，那么价格速度（对数尺度）在0.9附近就表示 t 每增加一个单位，价格增长了90%。其次，我们看到聚类1的曲线大小要小于其余两个聚类。这里的"大小"是指 x 和 y 方向的范围。这跟我们之前所描述的现象是一致的，即聚类1中拍卖起始价格高，结束价格高，而动态变化幅度相对较小。相对的，聚类3的价格和速度却剧烈变化。最后，右半部分展示了速度和加速度之间的关系。值得注意的是，三个聚类的相位图都形成了"环"。这三个环的开始时间和结束时间并不相同。在这个环中，拍卖达到了"零加速度"点。在这个驻点（stationary point），速度几乎不变。不同聚类离开这一点的拍卖阶段有所不同。聚类3最先离开这

一点。这再一次说明了这三个聚类之间动态的不同。聚类2和聚类3也在另一重要方面有所区别：在拍卖的末期，聚类3中的拍卖速度增加、加速度降低，而聚类2中拍卖的速度和加速度均增加。

3.7.4　比较拍卖的动态特征和静态特征

为了了解价格动态和其他拍卖信息之间的关系，我们比较这三个聚类的一些关键性拍卖特征。首先，我们比较这三个聚类的起拍价和结束价格。虽然价格曲线在拍卖期间与实际价格相差不大，但是拍卖开始和结束时的实际价格有着特别的经济学意义，其包含了价格形成的额外信息。就这个例子中的数据而言，我们确实发现这三个聚类在起拍价和结束价格方面存在着差异。

我们考察了与价格形成有关的其他拍卖特征：拍卖结束日是一周中的哪天、卖家评级（代表声誉）、中标者评级（代表经验）、出价数量以及参与拍卖的竞拍者数量（代表竞争程度）。表3–1给出了每个聚类的数值变量汇总统计。图3–26比较了这三个聚类的结束日，并且 χ^2 检验（ p 值为0.02）进一步证明聚类和结束日是统计相关的。

表3–1　　　　　　聚类分组的参数平均值和标准差（对数尺度）

聚类序号	起拍价（美元）	收盘价	卖家评级	中标者评级	出价数量	竞拍者数量	聚类容量
1	6.98	234.86	40.70	34.04	10.79	6.19	90
	(1.43)	(1.01)	(1.13)	(1.19)	(1.13)	(1.10)	
2	6.18	216.30	26.43	32.13	17.16	8.27	47
	(1.66)	(1.02)	(1.20)	(1.28)	(1.10)	(1.10)	
3	0.17	233.04	20.52	22.41	24.87	12.53	46
	(1.63)	(1.01)	(1.15)	(1.29)	(1.06)	(1.05)	

表3–1和图3–26暗示了一些可能的拍卖竞价策略。以聚类2中的拍卖为例。这些拍卖的特征是：较高的起拍价、大部分在星期二结束、较低的最终价。而在周六或周日结束的拍卖更倾向于来自聚类1，并且其最终价格较高。

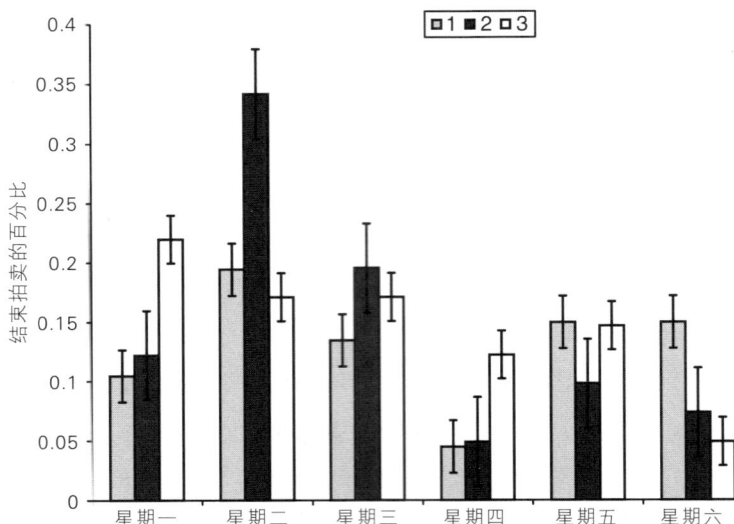

图3-26　根据聚类分组的每天结束的拍卖所占比例。图中小竖条表示标准误

根据以上观察结果，基于三个聚类及其动态，我们可以将它们的特征归纳为三种类型：

平稳型拍卖（聚类1）。这个聚类中的拍卖有着较高的起拍价、竞争程度较低，但结束价格比较高。卖家非常有经验是出现平稳型拍卖的一个合理解释。网络环境中的高评级卖家通常被认为是值得信任的。这样的卖家已经进行了很多次交易（拍卖），从而收获了信任与经验。他们对拍卖进行了更好的设计，比如将拍卖结束日定在周末（那时可能会有更多用户登录）。拍卖的中标者也是经验相对丰富的人，这表明有经验的竞拍者更倾向于给值得信任的卖家支付溢价。

低竞争、最后加速型拍卖（聚类2）。这个聚类中的拍卖有着最高的平均起拍价和最低的收盘价。在中期，价格几乎不变。直到最后一天，价格突然加速上涨，并在拍卖结束时还保持着较高的加速度。另外，高起拍价阻碍了一些潜在竞拍者参与拍卖。反过来，较低的竞争程度又使得最后的价格也较低。或者，可能有其他原因使得这些拍卖的吸引力不足（比如，在工作日结束）。

集市型拍卖（bazaar auction）（聚类 3）。这个聚类中的拍卖是最有活力的：价格迅速上涨，加速度在初期达到峰值。然后，价格在结束前还会再一次迅速上涨。平均来看，这些拍卖的起拍价最低，竞争程度最高，同时收盘价最高。低起拍价可能是这些拍卖唯一吸引人的地方，因为这些拍卖的卖家评级较低，拍卖结束日也大多在工作日。我们将这种拍卖称为"集市"拍卖，是因为在集市中，通过动态竞争似乎可以有效地达成最终价格。

与"传统"聚类方法的比较 为了说明对价格曲线和动态曲线进行聚类的用处大于通常的属性数据聚类，我们继续探索数据，并展示如果不采用函数式方法而采用传统聚类分析所丢失的信息量。

价格曲线描述了拍卖期间的竞价过程。而传统方法忽略了价格曲线，仅关注过程的始末，也就是说，只关注起拍价和最终价格。因为传统方法忽略了所有的动态价格信息，因此我们可以将其视为一种静态方法。

表 3-2 展示了这种静态聚类方法的结果。我们采用同样的方法（使用同样的 *K*-medoids 算法）得到了三个聚类。虽然聚类容量与表 3-1 中的结果相差无几（表 3-1 是 90、47、46，表 3-2 是 93、45、45），但三个聚类事实上却与表 3-1 中的聚类大为不同。传统聚类划分大多是根据拍卖的起拍价将样本分为三组，即 eBay 默认起拍价 0.01 的拍卖、中等起拍价的拍卖以及高起拍价的拍卖。这三个聚类几乎不包含任何其他特征。事实上，若是考虑卖家评级、中标者评级以及竞争程度（竞拍者数量和出价的数量），聚类 1 和聚类 2 几乎完全相同。此外，聚类的方差也更大。我们可以看到静态聚类方法并不能捕捉到竞争程度。因为竞争在是拍卖过程中发生的，所以我们只能通过价格曲线捕捉到这一信息。而起拍价完全忽略了竞争，而最终价格只能微弱地捕捉到竞争的部分信息，因此丢失了有价值的

拍卖信息。

表3-2 仅根据起拍价和最终价格聚类的统计汇总（与表3-1类似）

聚类序号	起拍价（美元）	收盘价	卖家评级	中标者评级	出价数量	竞拍者数量	聚类容量
1	20.24	201.16	46.74	35.59	12.73	6.83	93
	(1.35)	(1.01)	(1.18)	(1.29)	(1.15)	(1.12)	
2	15.14	240.53	40.86	41.45	12.22	6.52	45
	(1.4)	(1.01)	(1.20)	(1.25)	(1.17)	(1.14)	
3	0.01	238.18	11.23	13.38	26.78	13.94	45
	(1.00)	(1.01)	(1.01)	(1.20)	(1.03)	(1.02)	

另一种评估信息丢失程度的方法是查看动态价格轮廓图。图3-27展示了静态聚类法（仅根据起拍价和最终价格进行聚类）得到的价格曲线及其动态（与图3-24类似）。曲线的平均趋势与曲线聚类结果（右上部）相差不大，但是聚类内部的差异却非常大。这一效应在速度曲线和加速度曲线中显得尤为突出（右边的中部和底部）。因此我们可以得出结论：拍卖的价格动态存在显著的变动。为了使得某方法（比如，聚类）可以捕捉这一变动，我们有必要使用动态数据，而非仅仅考虑静态测量值。

3.7.5 价格动态聚类：结论

拍卖类型以及拍卖特征之间的关系对于网络市场中的卖家、竞拍者、拍卖行以及一般意义下的决策者都非常有用。比如，我们案例中的研究结果表明，如果低评级卖家能在拍卖设计中引入低起拍价、周末结束拍卖或者其他一些能够提高竞争并导致末期较高价格速度的因素，拍卖的结果可能会更好。此外，比如eBay允许卖家在首次出价提交之前更改起拍价和其他设定。因比，我们可以想象这样一种系统：卖家可以根据拍卖初期的动态（比如价格速度和加速度）评估其拍卖的类型，并动态地改变拍卖设定，从而提升其拍卖的动态。

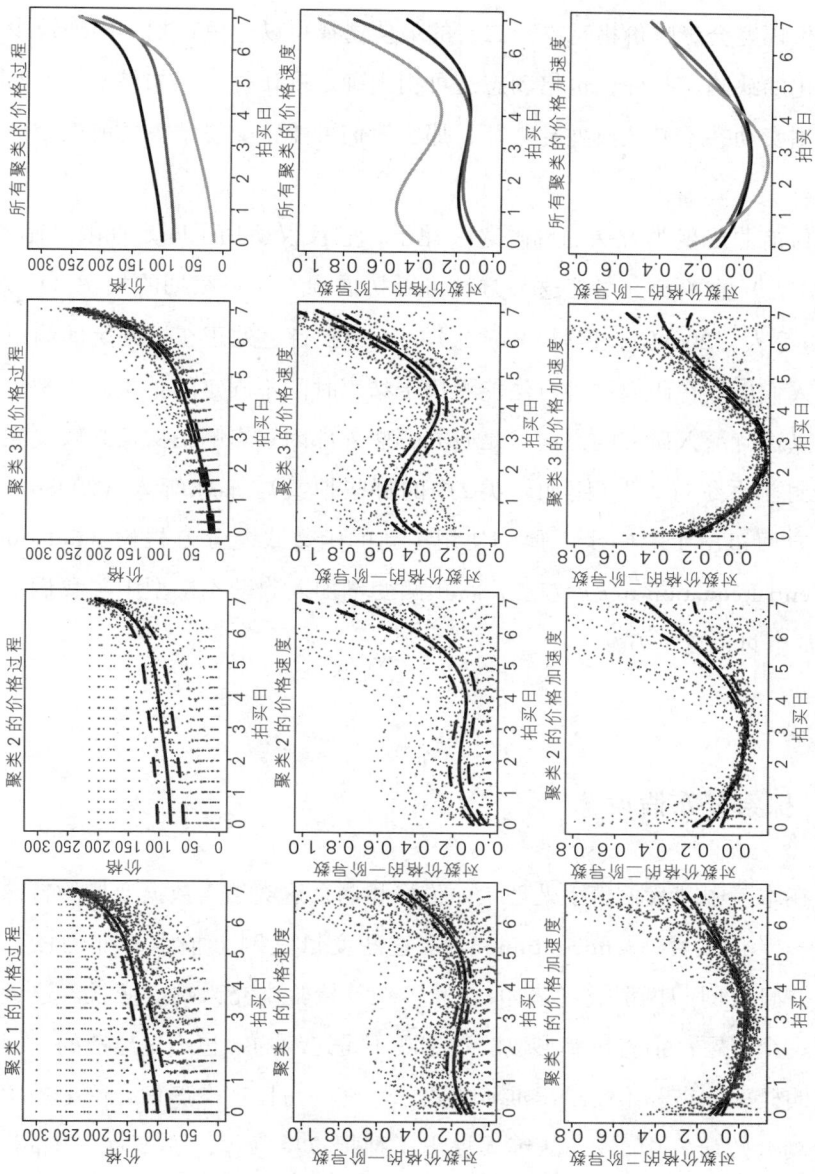

图 3-27　仅根据起拍价和最终价进行聚类的价格轮廓图

像 eBay 这样的拍卖行可以使用不同类型的拍卖动态信息去决定定价策略（pricing strategy）以及最佳的加价幅度（bid increment）。定价策略和加价幅度会影响价格动态。二者的最佳选择可以避免在拍卖中期缺少价格变化的缺陷。此外，价格动态还可用于确定欺诈行为。如果不诚实的卖家的拍卖动态不遵从典型的特征，那么他们可能在交易结束之前就会遭到怀疑。

目前曲线聚类方法的局限之一在于，它仅仅适用于固定期限（比如，为期 7 天）的拍卖。尽管这一方法可以拓展到不同持续期的拍卖（比如，Bapna 等人，2008b），但是 eBay 拍卖的一个独特之处正在于固定的结束时间。人们仍然在研究这种方法能否用于结束时间不固定的拍卖。未来另一个可以进行深入研究的方向，是研究哪些外部因素影响拍卖使其较少表现出"封闭系统行为"（比如聚类 2 中的哪些拍卖）。Jank 等人（2008b）在这个方面迈出了第一步。他们使用了新的函数式差分方程树（functional differential equation tree）方法，将预测变量加入到动态模型中。我们将在第 4 章中讨论这一方法。

3.8　探索分布假设

在本节中，我们着手处理诸如价格和剩余这类拍卖数据变量的特殊性质——半连续性（semicontinuous）。这些变量是网上拍卖研究的核心所在，并且在回归模型或者诸如 t 检验等统计检验中充当响应变量。这就引出了一个问题：拍卖机制形成的数据既不是连续的，也不是离散的。因此标准的概率分布并不能给出准确的表示。在一份旨在准确估计网上拍卖消费者剩余的研究中，Bapna 等人提出了捕捉这些数据的必要性（Bapna 等人，2008a）。我们初步的研究结果表明，标准的统计分布并不能很好地捕捉消费者剩余（通常定义为拍卖价格和第二高出价之间的差）。其原因如下：消费者剩余数据是由用户生成的，并且与网上拍卖机制结合在一起，其产生的数据具有特殊的结构。这一结构被证实是十分重要的，错误假定正态分布（或者任何其他连续参数分布）使得我们得到的消费者剩余低估了数百万美元。因此，为了获得更为准确的估计，我们开始寻找一种最能捕捉手头数据特征的分布（或者一种变换）。就网上拍卖而言，一个人可能会看到诸如5美元、205美元这样的出价，但几乎很难看到诸如5.91美元、205.63美元这样的连续分布型出价。其结果就是出价数据（因此消费者剩余数据）也是半连续的（Shmueli等人，2008）。这些半连续数据本来应该是连续的，但是却被这种非均匀的离散机制给污染了。这一数据失去了基本的连续结构，而且有一系列高频数值出现。一般而言，半连续数据产生的原因有很多。比如，人们倾向于输入取整值，或者汇报那些符合规定的值（比如，汇报符合规定的质量水平），或是与数据输入有关的污染机制，或是任何将离散要素引入连续型数据的操作。这样的例子不计其数，并且其应用领域非常广泛。比如，在会计中，寻找高频出现的数字就是一个检测财务报告欺诈的方法，比如以99结尾或者"过于取整"。在质量控制中，人们有时会操纵数据使之达到一定的标准。比如，Bzik（2005）讲述了半导体行业数据处理的惯例，这会破坏统计监控的作用。还有就是将数据替换为"物理极限（physical limit）"：在报告污染程度时，负值通常用零代替，大于100%的值用100%代替。然而，负值和大于100%的值可能是由于测量误差、尺度误差等产生的。另一个可疑的惯例是，对实际测量进行取整，从而得到符合标准的理想数值。这导致数据中多次出现一个或多个值。我们用术语"高频"描述这种数值。

在上述Bapna等人（2008a）的研究中，他们观察到eBay的消费者剩余值里包含几个高频数值，很可能是因为eBay使用了一系列离散的加价幅度并且用户倾向于输入整数的出价。图3-28展示了消费者剩余数据中所有值的次数：0美元占全部的6.35%，而0.01美元、0.50美元、1.00美元、1.01美元、1.50美元、2.00美元、2.01美元、3.00美元这类值比其相

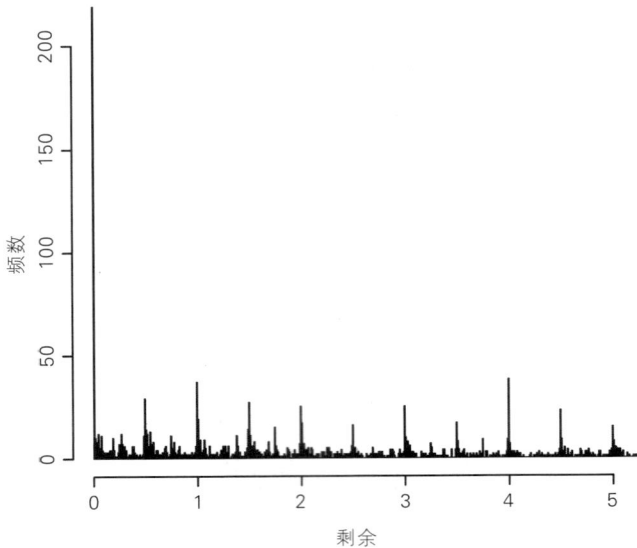

图3-28　eBay 消费者剩余数据的频数（范围从 0 美元到 5 美元）

邻值出现得更为频繁。

由于我们将在本节中使用消费者剩余数据解释并引出我们所要提出的变换，所以我们会介绍数据生成机制的更多细节。消费者剩余通常被经济学家们用来衡量消费者福利。消费者剩余指的是消费者为商品或服务最终支付价格和消费者愿意支付价格之间的差额。在第二价格拍卖中，比如 eBay 上的那些拍卖，中标者是出价最高的人。然而，他只用支付第二高的出价。第二价格拍卖中的消费者剩余因此定义为（在一定条件下）支付价格和最高出价之间的差额。Bapna 等人（2008a）发现，虽然消费者剩余本身应该是连续的，但是观察到的消费者剩余数据却包含高频数值，如图 3-28 所示。

半连续数据的主要问题是，很多标准统计方法并不适用于此类数据。半连续数据可以被认为是来自一个离散和连续混合的总体。诸如散点图或者频率图这些图可能会出现分离的区域或部分。在上面我们介绍了消费者剩余数据带来的难题。图 3-29 展示了两幅消费者剩余数据的概率图：对数正态拟合和韦布尔（Weibull）拟合。显然二者均不能很好地拟合数据，而且其他分布拟合的结果可能更糟。其原因就在于数据中的0值过多。此外，使用log（surplus+1）作为线性回归模型的响应变量得到残差图也存在异常，这表明总体是混合型的。图3-30展示了两幅揭示残差图，揭示了这个问题。这些图清楚地表明，其违反了线性回归模型的假定。

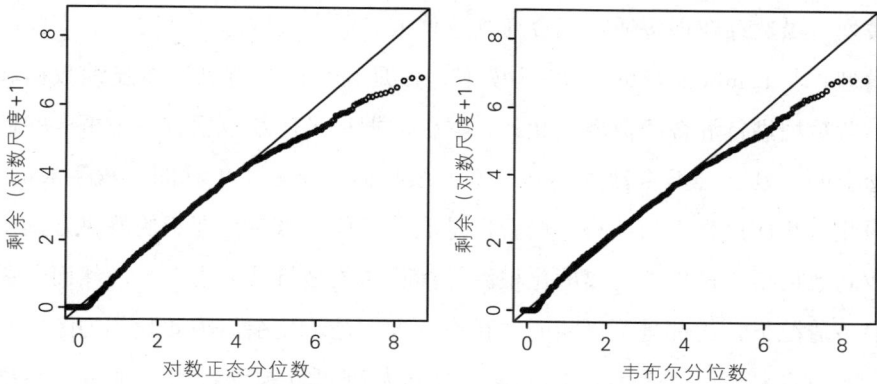

图3-29　log（剩余+1）的概率图：对数正态拟合（左半部分），韦布尔拟合（右半部分）

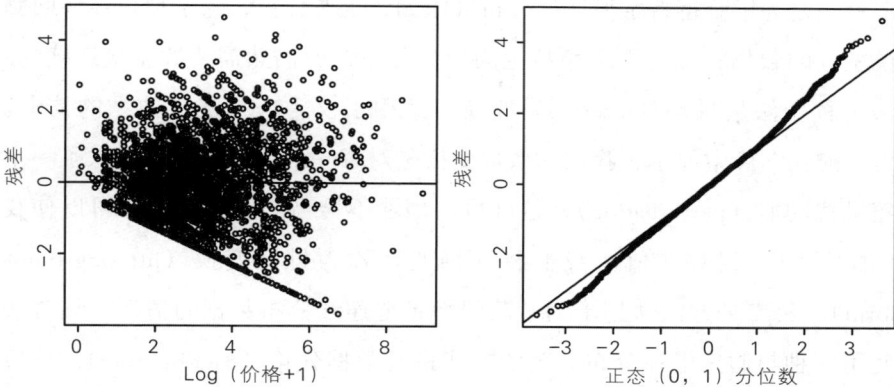

图3-30　log（价格+1）对log（剩余+1）线性回归模型的残差（左半部分）以及残差的正态概率图（右半部分）

一种可能的解决方法是将数据分为连续部分和离散部分，分别针对这两个部分进行建模，然后再将模型进行整合。比如，数据集中有太多的 0（又称零膨胀），但别的值都是连续的正值，我们可以在第一阶段建立分类模型来区分零与非零的值，然后在第二阶段针对正值数据建立预测模型。这种方法在实际中存在两处缺陷：首先，区分数据将会失去一定的统计效力（statistical power）；其次，这种方法要求高频数值集中于有限的区域或者集中在一些有意义的位置上。为了解决第一个缺陷，我们可以提出混合模型。虽然存在很多适合混合连续总体或者混合离散总体（比如，零膨胀模型，见 Lambert（1992））的模型，但是我们还没有见过将连续数据和离散数据进行混合的模型。此外，混合数据和半连续数据有一个重要的概念上的区别：与混合数据不同，半连续数据本身是由单独的过程生成的。因此，我们只是人为地将它们看作是混合总体。当然，理想的解决方案是找到数据生成过程中的离散化根源并消除它或是将其考虑在内。然而，在很多情况下，这都是不可能的，花费巨大，过于复杂。因此我们力图找到一种可以结合"子总体"的方法，使得数据可以被整合到一个单一模型中，并像对待连续数据那样使用通常的模型。

我们提出的解决方法是通过两种变换产生连续数据。我们区分两种情形：一是为了获得特定型连续分布（比如，正态分布，为了拟合线性回归模型）的数据；二是不考虑特定的参数分布，但仍然需要数据是连续的。第一种方法是抖动（jittering）变换，适用于仅为获得连续数据的情形。为了能在图像中展示，我们的数据变换是对每一个高频数值都加入了一个随机扰动值（perturbation），这样可以消除不恰当的高频数值，可以使我们更好地看到观测值。我们将这种变换称为抖动变换（jittering transform）。第二和方法适用于为了获得特定型连续分布数据的情形，该方法使用一种与假定潜在分布有关的方式进行数据分箱（data binning），然后将高频数值替换为由箱中随机生成的观察值。我们将这种变换称为局部再生变换（local regeneration transform）。

抖动变换不仅用于图像展示，也可用于数据隐私保护。这种方法比较常见，对于待进行统计推断的样本，这种方法在保持分布性质的同时，对敏感的连续数据进行了伪装。隐私保护与我们应用的区别是，与前者不同，我们并不是对所有观测值进行抖动变换，而仅仅是对那些高频数值进行变换。

局部再生变换与柱状图的平滑和再分箱有关。然而，还是有两个根本性区别。第一个区别是数据来源的假设不同：在柱状图平滑和分箱过程中，潜在的假设是柱状图中极端的峰值和谷值源于抽样误差。因此，增加样本容量可以改善此类现象，并且这样的峰值也不再出现在总体中（Good 和 Gaskins，1980）。而在半连续数据中，峰值并不是源于抽样误差而是源于数据生成机制的结构性失真。这意味着即便是规模巨大的样本也还会存在同样的半连续性。第二个区别是目标不同：柱状图平滑和分箱主要是用于密度估计（不会尝试修改数据），而局部再生的目的在于将半连续数据变换成符合特定连续参数分布的数据，类似于著名的 Box-Cox 变换。

局部再生和分箱都试图使用柱状图对数据进行最佳展示。有关最优分箱容量的文献关注的是柱状图函数 $\hat{f}(x)$ 和实际密度函数 $f(x)$ 之间的差异，比如，均方误差（MISE）。在实践中，我们假定 $f(x)$ 为特定的密度函数（比如，Scott，1979）或者使用具有更小均方误差的估计量（比如，核估计量）进行估计。这些方法既有经验法则（rule of thumb），也有理论的（渐近）最优组距（bin width）公式。在计算复杂度和计算性能方面，这些方法也各有千秋。许多软件包（比如，Minitab 和 S-Plus）所使用的简单组距公式，比如 Sturge 规则和 Doane 改进，因为会产生过度平滑而遭受非议（Wand，1997）。同时，具有更好渐近最优特征的方法可能计算量过大，并且在实践中很少能被直接应用。在半连续数据的例子中，我们假定不可能得到未失真的数据集。因此，我们的目标函数是一个参数分布。

3.8.1　半连续数据的识别

为了识别连续数据集是否受到了半连续性的污染，我们对每一个值进行检查并观察其出现是否过于频繁。一种方法是检查单向的数据透视表（pivot table），为数据集中的每一个值计数。降序排列计数可以简化搜索过程。然而，由于数据透视表可能会丢失各值出现次序的信息，所以在更为稀疏区域出现的高频数值仍然有可能会检测不出来。另一种在保留数据区间规模的同时提升高频数值检查效率的方法，是一种条线图和柱状图的混合图：最大分箱柱状图（max-bin histogram）（Shmueli等人，2008）。最大分箱柱状图本质上其实是组距等于数据中最小单位的柱状图。因此，除了x轴带有连续的意思而非标签之外，最大分箱柱状图可以等价于这样一个条线图，该条线图的非零条和数据中的唯一值一样多。在原始数据的最大分箱柱状图上，频数用条来表示，对于连续数据来说，如果某数值的频数显著高于临近数值的频数，则表明这个值很可能是高频数值。图3-28展示eBay的消费者剩余数据的最大分箱柱状图，我们可以从图中看出那些高频数值。使用连续数据图像还可以帮助我们识别半连续数据。比如，概率图可能会显示出混合总体的"分界线"或者包含混合总体的其他指标。被怀疑值和其他感兴趣值的散点图也可以揭示数据的群集现象。然而，标准的分析图并不能依赖高频数值的位置和普遍性提升对这些值的检测效率（比如，当高频数值出现在分布的高频区域内时）。因此，最大分箱柱状图是一种有效的、独特的、合理的展示方法。

3.8.2　半连续数据的变换

给定一个半连续数据集，高频数值可以使用下列方法之一去"消除（iron out）"（该术语由Good和Gaskins（1980）提出）：第一种方法是对每一个高频数值进行抖动变换，即对每一个这样的观测值加入一个随机扰动值。第二种方法是先通过数据分箱定义局部邻域，然后用各自邻域内随机产生的观测值来代替那些高频数值。这两种方法在许多方面都有着共同之处。首先，二者均假定高频数值是临近值的失真。其次，二者均为高频数值定义了局部邻域，变换后数据实际上是这个邻域内随机生成的观测值。再次，在这两种方法中，只有高频数据被替换，而其他数据则保持了初始的形式。最后，在这两种方法中，局部邻域的定义必须是确定的。接下来，我们依次详细介绍这两种方法。

3.8.2.1 抖动变换

虽然有很多统计方法都假定数据的参数分布，但是仍然存在许多仅仅假定数据连续这一性质的非参数方法。只要数据是连续的，这一点同样适用于多种数据结构展示图（比如，散点图）。在识别出高频数据之后，我们通过加入一个随机噪声进行抖动变换操作。如果我们将第 i 个原始观测值记为 X_i，变换后观测值记为 $\widetilde{X}_i$，那么抖动变换可以表示为：

$$\widetilde{X}_i = \begin{cases} X_i + \epsilon, & \text{如果 } X_i \text{ 是高频数值} \\ X_i, & \text{否则} \end{cases} \tag{3.2}$$

其中，ϵ 是均值为 0 方差为 σ_ϵ 的随机变量。ϵ 的分布选择取决于产生高频数据的潜在过程。如果没有理由使我们相信高频数据是由非对称分布产生的，那么选择对称分布（比如，正态分布或者均匀分布）就是适合的。如果有信息表明某一定向失真产生了高频数据，那么我们就需要考虑扰动的分布。总之，分布的选择类似于核估计中的核选择，应该基于相关知识、试错以及稳健性。

第二个选择是 σ_ϵ 的值，它依赖于数据的规模及其在特定应用中的实际意义。特别是，我们应该运用相关知识确定高频数值的最大距离，使其合理。比如，如果数据是以英寸衡量的商品长度，而且目标值就在 10 以内，并且偏差超过 1 就认为是很大了，那么 σ_ϵ 的选择应使得抖动在 1 以内。这反过来定义了 σ_{max}，即 σ_ϵ 的上限。σ_ϵ 的一系列增加值就应该从 $(0，\sigma_{max})$ 中选择，我们可以评估这些值的变换效果，从而确定 σ_ϵ 的适当水平。

令 2δ 表示抖动邻域的宽度（以高频数值为中心的对称区域）。δ 和 σ_ϵ 之间的关系取决于抖动的分布。如果 ϵ 的扰动分布是正态分布的话，那么 σ_ϵ 的选择应满足 $3\sigma_\epsilon = \delta$，因为几乎 100% 的数据位于均值左右 3 个标准差的区间内。如果潜在分布是均匀分布，那么 $2\delta = b - a$，因此 $\sqrt{3}\sigma_\epsilon = \delta$。

因为抖动是（反向地）模拟高频数据的生成机制，那么变换后的数据应该和未观测到、连续的数据相近，从这个意义上说它们是来自同一分布的样本。事实上，由于我们只对高频数据进行了变换，所以原始数据和变换后的数据大部分都是相同的。

3.8.2.2　局部再生变换

许多标准统计方法假定数据服从某个特定参数分布。在那种情形下，我们仍然可以使用抖动变换，但是为了取得令人满意的参数拟合效果，还需要一些额外的调整（选择扰动分布和 σ_ϵ）。其原因在于抖动操作是固定了高频数据的位置，而这些值的位置与不可观测的、潜在的连续分布无关。

因此，一个更为直接的变换做法是固定感兴趣的参数分布，而不是固定高频数据。为了实现这个做法，我们首先对观测数据分箱，使这些箱对应分布的百分数。特别地，如果我们创建 k 个箱，上限分别对应第 $\frac{100}{k}, 2\frac{100}{k}, \ldots, k\frac{100}{k}$ 个百分位数。比如，$k = 10$，我们将数据划分为 10 箱，每个箱的宽度对应分布的两个十分位数之间的概率。每个箱定义一个局部邻域，即箱内数值具有相同的密度。这使得分布中的窄箱具有很高的密度，而像尾部那样的宽箱的密度就低。可变的邻域宽度使这种变换区别于固定邻域宽度的抖动变换。这意味着两种变换之间的主要区别在于那些包含高频数据的低密度区域。

我们使用原始数据去估计分布的百分位数。如果连续分布是指数型的，那么我们可以使用从原始数据计算的充分统计量（sufficient statistics）

去估计分布的参数，然后计算百分位数。因为我们假定高频数值与那些对应的不可观测值相邻，所以基于观测数据的汇总统计应该能够满足我们初步估计的需求。接下来，我们将每一个高频数值替换为其箱内随机生成的观测值。像在抖动变换中那样，生成分布的选择需要考虑高频数值生成机制的相关知识（比如高频数值与不可观测值之间对称的、合理的距离）。

第 i 个观测值的局部再生变换可以记为

$$\widetilde{X}_i = \begin{cases} l_j + \epsilon, & \text{如果 } X_i \text{ 是高频数值} \\ X_i, & \text{否则} \end{cases} \tag{3.3}$$

其中，l_j 是从下面（即箱的下界）最接近 X_i 的第 j 个百分位数，$j = 1, 2, ..., k, \epsilon$ 是使再生值落入 $[l_j, l_{j+1})$ 区间的随机变量。

因此我们需要设定参数分布和分箱数量（k）。对于分布，我们可以尝试根据一些常见的分布进行变换，并选出最适合的分布（可以根据拟合优度）。分箱数量也可以用同样的方法进行选择：先进行一些尝试，然后选择拟合程度最好的分箱数量。当然，在决定时，还需要考虑实际情况和相关知识。

3.8.2.3 拟合优度和偏离

我们的目标是找到一个抖动或分箱水平，使其能够充分消除数据中离散的高频数值，创建连续的数据集，并可能服从某种参数分布。在参数拟合（使用局部再生变换）中，我们可以衡量每种分箱水平下，数据拟合特定分布的程度。比如，作为统计分析的基础，有三种最常见的拟合数据的分布：正态分布、对数正态分布以及韦布尔分布。为了评估每种分布的数据拟合程度，我们可以使用诸如概率图这样的图像工具，也可以使用诸如 Anderson-Darling 统计量、Kolmogorov-Smirnov 统计量、卡方统计量以及基于概率图的相关系数等拟合优度指标。

在非参数的情形中，其目标是在不指定参数分布的情况下获得连续数据，我们可以使用局部平滑的想法。为了使最大分箱柱状图可以作为连续密度函数的估计，我们需要相邻箱内的频数比较近似。一种找寻最大分箱柱状图中异常现象的方法，就是比较相邻箱内的频数。Shekhar等人（2003）将异常点定义为与相邻点高度相关的点（而不是与整个数据集相关）。他们构建了如下的偏离测度 α_i：

$$\alpha_i = p_i - E_{j \in N_i}(p_j) \tag{3.4}$$

其中，$p_i = f_i / \sum_j f_j$ 是值 i 的相对观察频数，N_i 是 p_i 的相邻值集合，$E_{j \in N_i}(p_j)$ 是邻值的平均比率。接下来，他们假定数据的先验分布或者数据的柱状图，允许其决定 α_i 的异常值。在我们这里，假定数据的潜在分布是未知的。因此我们使用特设的阈值：拥有大于三个标准差的 α_i 的值 i，被认为是异常值（假定偏差在0附近近似正态）。

另一种衡量最大分箱柱状图平滑度的方法，是查看每一对连续频数的差 $(f_i - f_{i+1})$。我们可以使用这些成对的偏差得到各种距离指标，比如绝对离差和或离差平方和。我们这里使用相邻频数的绝对离差和：

$$SANDBNF = \sum_i |f_i - f_{i+1}| \tag{3.5}$$

第三种方法是用一条非参数曲线拟合最大分箱柱状图，然后衡量所得曲线的平滑程度或者曲线与高的差距。

除了衡量分布的拟合程度之外，我们还通过计算每个分箱或抖动水平的汇总统计，衡量与原始数据的偏差，并将其与原始数据的汇总统计进行比较。

3.8.3　模拟数据的表现

为了评估抖动变化和局部再生变换在实践中的表现，我们从已知分布模拟得到了数据，然后将它们污染成类似现实世界的半连续数据。特别地，我们模仿消费者剩余的数据选择参数和污染方法。我们对数据进行变换，选择参数（抖动变化中的 δ，局部再生变换中的 k），从而最好地靠近潜在（不可观测的）分布或者至少得到连续分布（应该正好是潜在的生成分布）。

3.8.3.1 数据模拟

我们根据三种连续分布模拟不可观测的数据，即对数正态分布、韦布尔分布和正态分布。接下来，我们模仿消费者剩余的数据来污染每一个数据集。我们将之后得到的三个数据集称为受污染的对数正态（CL-Norm）数据、受污染的韦布尔（CWeibull）数据和受污染的正态（CNorm）数据。除了最初的潜在分布、高频数值和污染扩散程度有所不同之外，这三个模拟过程的步骤是一样的。无论是对数正态分布、韦布尔分布还是正态分布，最初数据都应该被视为自然产生的不可观测数据。然而，一种机制污染了观测数据，便会引入一些高频数值。数据中的一些原始特征仍然存在，但是污染使这些特征很难在现在的形式下发挥作用，影响观测数据。接下来，我们讨论一些细节，使用的符号是针对 CLNorm 数据。当然，我们可以采用相同的步骤去研究 CWeibull 模拟数据和 CNorm 模拟数据。

我们从参数为 $\mu = 0$，$\sigma = i$ 的对数正态分布生成了 3 000 个观测 $(Y_i, i = 1, ..., 3\,000)$。我们选取高频数值 $\{s_j\} = \{0, 0.25, 0.50, 0.75, 1.00, 1.50, 2.00, 3.00, 5.00, 10.00\}$，通过将落在高频数值附近 $v = 0.10$ 区间内的值替换为高频值的方法，污染了 750 个观测值（换句话说，v 是污染邻域的宽度）。因此，受污染数据的操作公式如下：

$$X_i = \begin{cases} s_j, \text{如果 } Y_i \in [s_j - v, s_j + v], \text{ 并且 } i = 1, ..., 750 \\ Y_i, \text{ 否则} \end{cases} \quad (3.6)$$

我们对韦布尔模拟数据和正态模拟数据进行同样的操作。对于 CWeibull 数据，韦布尔分布参数为（$\gamma = shape = 0.5$，$\beta = scale = 10$），高频数值为 $\{s_j\} = \{0, 0.25, 0.50, 0.75, 1.00, 1.50, 2.00, 3.00, 5.00, 10.00\}$，污染邻域宽度为 $v = 0.12$。对于 CNorm 数据，正态分布参数为 N（$\mu = 4$，$\sigma = 1$），高频数值为 $\{s_j\} = \{2.00, 3.00, 3.50, 3.75, 4.00, 4.25, 4.50, 5.00, 6.00\}$，污染邻域

宽度为 $v = 0.05$。

图 3-31 至图 3-33 的上两个部分分别展示了不可观测数据和受污染数据的最大分箱柱状图。对数正态图和韦布尔图都做了放大处理，这样可以更好地观察大多数数据所在的区域（不在尾部）。灰色实线表示的是理论密度。我们可以看到，受污染数据和原始分布具有同样的形状，但是在高频数值处出现了尖峰。对于对数正态数据和韦布尔分布数据，总体来看，只有高密度的高频数据才可以被识别出来。对于 CLNorm 来说，这些值是 0，0.25，0.50，0.75，1.00，1.50，2.00；对于 CWeibull 来说，这些值是 0，0.25，0.50，0.75，1.00，1.50。对于 CNorm 来说，高频值 2.00，3.00，3.50，3.75，4.00，4.25，5.00 比较突出。值 1.80 和 5.12 也比较突出，然而这是随机噪声的产物。

表 3-3 提供了各数据集的样本均值、标准差、中位数。原始数据和受污染数据的汇总统计非常相近。这表明我们可以使用从受污染数据得出的汇总统计去估计参数。作为变换统计量的比较基准，这些统计量证明我们所选择的变换保留了分布的主要特征。

3.8.3.2 受污染数据的抖动变换

我们首先选择抖动邻域 δ 值的范围。我们选择 6 个值 6δ = 0.01，0.02，0.05，0.08，0.010 和 0.12，并将每一个值所对应的均匀分布和正态分布进行比较。值得注意的是，我们使用了观察到的高频数值使得变换可以更好地模拟实际运行情况。

每个 δ 和扰动分布都会生成最大分箱柱状图。为简洁起见，我们只在图 3-31 到图 3-33 的第三部分只展示每种潜在分布的最佳抖动水平/抖动分布（如何确定，见 3.8.3.3 小节）。我们看到抖动确实消除了高频数值，并且使得变换后数据的分布更加接近原始数据的分布。此外，对这三个分布而言，抖动变换几乎没有对汇总统计量造成影响，如表 3-3 所示。

表3-3   对数正态分布模拟数据（顶部）、韦布尔分布模拟数据（中部）、

正态分布模拟数据（底部）的汇总统计

对数正态（$\mu=0$，$\sigma=2$）	均值（标准差）	中位数
原始	8.1494（63.8572）	1.040
受污染	8.1482（63.8574）	1.010
抖动变换（均匀扰动分布，$\delta=0.07$）	8.1489（63.8573）	1.030
局部再生变换（$k=5$）	8.1532（63.8572）	1.050
韦布尔（$\gamma=$shape=0.5，$\beta=$scale=10）	均值（标准差）	中位数
原始	19.7319（44.5956）	4.465
受污染	19.7313（44.5956）	4.465
抖动变换（均匀扰动分布，$\delta=0.02$）	19.7316（44.5955）	4.465
局部再生变换（$k=16$）	19.7351（44.5941）	4.465
正态（$\mu=4$，$\sigma=1$）	均值（标准差）	中位数
原始	3.9759（1.0227）	3.990
受污染	3.9759（1.0227）	4.000
抖动变换（均匀扰动分布，$\delta=0.07$）	3.9763（1.0229）	3.980
局部再生变换（$k=20$）	3.9783（1.0208）	3.990

注：这些汇总分别针对原始数据、受污染数据、抖动变换数据（最优参数）和局部再生变换数据（最优参数）。

3.8.3.3　受污染数据的局部再生变换

我们首先选择分箱水平、再生分布以及感兴趣的参数分布。至于箱的数目，我们有7个选择：$k=4$，5，8，10，16，20，25。取这些值都可以轻易地得到百分位数。对于CLNorm数据，我们根据相应的对数正态分布LNorm（$\hat{\mu}$，$\hat{\sigma}$）（$\hat{\mu}$和$\hat{\sigma}$是由CLNorm数据估计的）的百分位数，对观察到的高频数值进行分箱操作，然后使用高频数值相应的百分位数组消除高频数值。类似的做法也可以运用到CWeibull数据和CNorm数据。

我们对每个k值生成最大分箱柱状图，但仅仅将每种潜在分布的最

优 k 值（如何确定，见 3.8.3.4 小节）对应的最大分箱柱状图展示在图 3-31 到图 3-33 的底部。从最大分箱柱状图中，我们可以看到，局部再生变换产生的数据与原始数据非常相近。对于韦布尔分布的例子，局部再生变换的效果明显好于抖动变换的效果，这可能是因为高频数值处于分布的低密度区域。在此情况下，局部再生使高频数值延展到更广的领域（因为分布百分位数之间的距离逐渐变大）。和抖动变换一样，在这三种分布下，变换后数据的汇总统计量非常接近原始数据的汇总统计量，如表 3-3 所示。

3.8.3.4 最佳变换参数的选择

尽管通过视觉观察变换过程，可以帮助我们确定变换参数（抖动变换中的 δ 和扰动分布、局部再生变换中的 k），但那些用于评估数据拟合程度的数量化工具同样对我们大有帮助，尤其是出于自动化的目的。为了确定消除高频数值后数据拟合潜在分布的程度，我们使用三种参数拟合优度统计量：Anderson-Darling（AD）统计量，Cramer von Mises（CvM）统计量和 Kolmogorov（K）统计量。对每一种分布与抖动变换参数 δ 的组合，以及每一种分布与局部再生变换参数 k 的组合，我们都可以计算出这些统计量的值。

我们对于"好"参数的定义是，在尽可能少改变数据的同时，捕捉到潜在（不可观测的）分布的参数。换句话说，我们试图找到一个合理的分布拟合，使得原始值与经过变换后的数据（高频数值被替代）之间差异最小。

抖动变换：表 3-4 提供了这三个模拟数据集抖动变换的拟合优度检验统计量和相应的 p 值（括号内）。我们尝试了两种扰动分布（均匀分布和正态分布）和 6 个 δ 值。值得注意的是，如果我们的目标是拟合一个参数分布，那么相较于抖动变换，我们更建议使用局部再生变换，但是，在这里我们展示这些抖动变换结果的目的是为了比较，同时也是为了评估抖动变换还原原始分布的能力。

表3-4 原始数据、受污染数据和抖动变换数据的拟合优度统计量

对数正态 （$\mu=0$, $\sigma=2$）	AD	CvM	K	SADBNF
原始	1.07（0.25）	0.15（0.25）	0.02（0.25）	1997
受污染	15.66（0.00）	0.33（0.11）	0.04（0.00）	2523
均匀扰动分布，$\delta=0.01$	7.40（0.00）	0.30（0.14）	0.04（0.00）	2224
均匀扰动分布，$\delta=0.02$	4.15（0.01）	0.27（0.17）	0.03（0.00）	2264
均匀扰动分布，$\delta=0.05$	1.52（0.18）	0.18（0.25）	0.02（0.15）	2128
均匀扰动分布，$\delta=0.07$	**1.16（0.25）**	**0.15（0.25）**	**0.02（0.25）**	**2102**
均匀扰动分布，$\delta=0.10$	1.12（0.25）	0.16（0.25）	0.02（0.25）	2131
均匀扰动分布，$\delta=0.12$	1.52（0.18）	0.18（0.25）	0.02（0.18）	2119
正态，$\delta=0.01$	13.85（0.00）	0.33（0.12）	0.04（0.00）	2415
正态，$\delta=0.02$	8.54（0.00）	0.30（0.14）	0.04（0.00）	2211
正态，$\delta=0.05$	3.75（0.01）	0.25（0.20）	0.03（0.02）	2158
正态，$\delta=0.07$	2.27（0.07）	0.20（0.25）	0.02（0.08）	2140
正态，$\delta=0.10$	1.60（0.15）	0.18（0.25）	0.02（0.19）	2089
正态，$\delta=0.12$	1.24（0.25）	0.17（0.25）	0.02（0.25）	2106

韦布尔 （$\gamma=0.5$, $\beta=10$）	AD	CvM	K	SADBNF
原始	1.18（0.25）	0.17（0.25）	0.02（0.25）	3119
受污染	3.92（0.01）	0.23（0.22）	0.03（0.00）	3442
均匀扰动分布，$\delta=0.01$	1.62（0.15）	0.19（0.25）	0.02（0.01）	3259
均匀扰动分布，$\delta=0.02$	**1.44（0.20）**	**0.19（0.25）**	**0.02（0.25）**	**3233**
均匀扰动分布，$\delta=0.05$	2.21（0.08）	0.20（0.25）	0.03（0.02）	3149

韦布尔	AD	CvM	K	SADBNF
($\gamma=0.5$, $\beta=10$)				
均匀扰动分布，$\delta=0.07$	2.70（0.04）	0.22（0.24）	0.03（0.01）	3166
均匀扰动分布，$\delta=0.10$	3.53（0.02）	0.26（0.18）	0.03（0.01）	3165
均匀扰动分布，$\delta=0.12$	4.29（0.01）	0.29（0.14）	0.03（0.00）	3125
正态，$\delta=0.01$	2.81（0.03）	0.21（0.25）	0.03（0.02）	3357
正态，$\delta=0.02$	1.68（0.14）	0.19（0.25）	0.02（0.11）	3209
正态，$\delta=0.05$	1.57（0.16）	0.19（0.25）	0.02（0.09）	3324
正态，$\delta=0.07$	1.67（0.14）	0.19（0.25）	0.02（0.05）	3183
正态，$\delta=0.10$	2.08（0.09）	0.20（0.25）	0.03（0.02）	3149
正态，$\delta=0.12$	2.35（0.06）	0.21（0.25）	0.03（0.01）	3180
正态	AD	CvM	K	SADBNF
($\mu=4$, $\sigma=1$)				
原始	1.50（0.18）	0.26（0.18）	0.02（0.10）	1358
受污染	1.52（0.17）	0.27（0.17）	0.02（0.10）	1710
均匀扰动分布，$\delta=0.01$	1.51（0.18）	0.26（0.18）	0.02（0.10）	1442
均匀扰动分布，$\delta=0.02$	1.50（0.18）	0.26（0.18）	0.02（0.10）	1470
均匀扰动分布，$\delta=0.05$	1.51（0.18）	0.26（0.18）	0.02（0.10）	1462
均匀扰动分布，$\delta=0.07$	1.47（0.19）	0.26（0.19）	0.02（0.10）	1378
均匀扰动分布，$\delta=0.10$	1.50（0.18）	0.26（0.18）	0.02（0.10）	1398
均匀扰动分布，$\delta=0.12$	1.59（0.16）	0.28（0.15）	0.02（0.10）	1422
正态，$\delta=0.01$	1.52（0.18）	0.27（0.17）	0.02（0.10）	1592
正态，$\delta=0.02$	1.51（0.18）	0.26（0.18）	0.02（0.10）	1408
正态，$\delta=0.05$	1.50（0.18）	0.26（0.18）	0.02（0.10）	1410

正态 （$\mu=4$，$\sigma=1$）	AD	CvM	K	SADBNF
正态，$\delta=0.07$	1.50（0.18）	0.26（0.18）	0.02（0.10）	1406
正态，$\delta=0.10$	1.49（0.18）	0.26（0.18）	0.02（0.10）	1428
正态，$\delta=0.12$	1.51（0.18）	0.26（0.18）	0.02（0.10）	1420

为了简单起见，我们只讨论使用均匀扰动分布（其结果要好于正态扰动分布）的结果。我们的选择标准是选择检验统计量最小（和最不显著）值所对应的参数值。对于对数正态数据，AD统计量表明$\delta=0.10$，而CvM统计量表明$\delta=0.07$（k统计量表明δ介于0.05和0.12之间）。再看p值，$\delta=0.07$或0.10时达到最不显著。由于我们的目标是尽可能少地对数据进行操作，所以选择$\delta=0.07$。韦布尔分布数据有着更为直接的结果，其中这三种拟合优度统计量的最不显著处均出现在$\delta=0.02$。然而，正态分布数据的结果却非常模糊，哪种变换拟合得最好，并没有出现明显的证据。这一结果展示了正态性检验的稳健性，但是其对我们的应用而言是十分不利。

我们还可以使用核平滑或者相邻箱频数偏差（比如，SADBNF）去估计最大分箱柱状图的平滑程度。更多细节见Shmueli等人（2008）。

局部再生变换：表3-5给出了局部再生变换的拟合优度统计量（以及括号内的p值）。在这个例子中，我们选择了从4到25中的7个值作为箱数k的值。对数正态数据拟合程度最优值出现在$k=5$时（值得注意的是，$k=8$明显比$k=5$和$k=10$的情况要差，但这很有可能是由数据的人为性造成的）。对于韦布尔分布数据，最优拟合出现在$k=16$。最后，对于正态分布数据，图像结果再一次显得模糊，这可能是由于这些检验偏离正态的统计量稳健性比较高。

图3-31到图3-33给出了变换后数据的最大分箱柱状图（最优参数）。我们可以看到在这三种情况下，变换后数据不再出现高频数值，并且它们看起来与原始的不可观测数据非常相似。

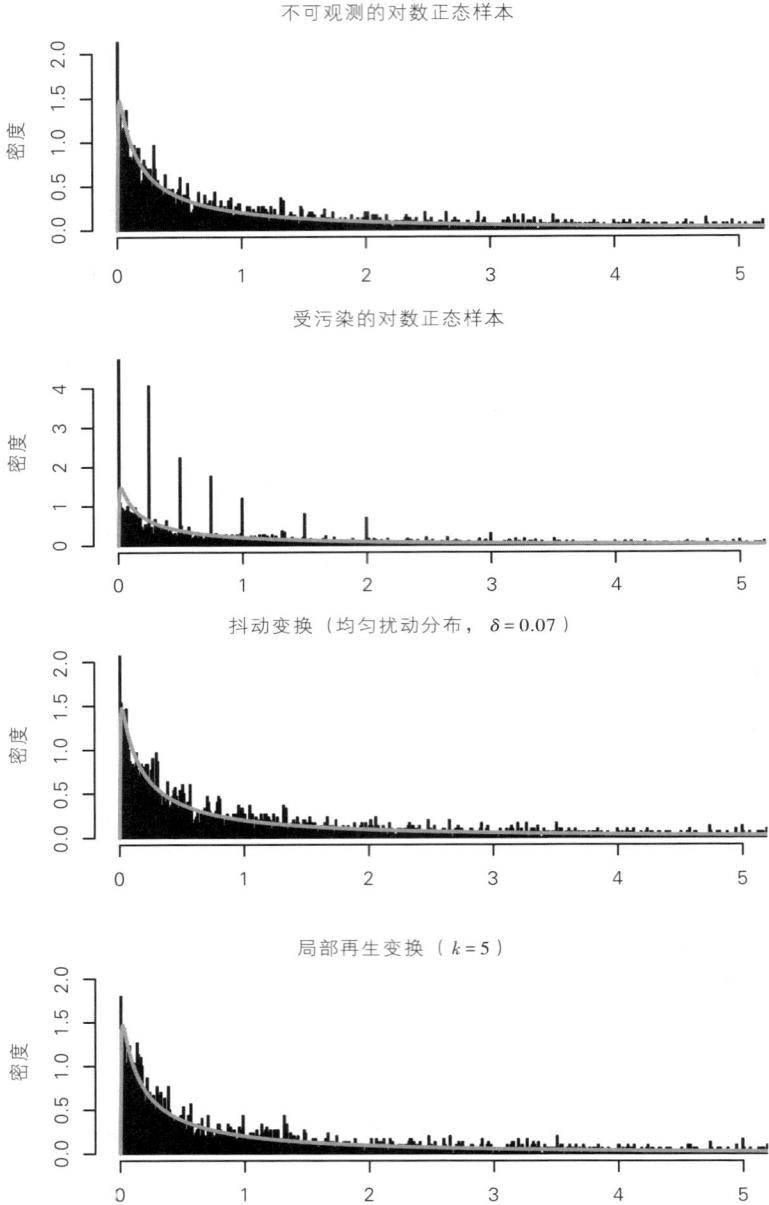

不可观测的对数正态样本

受污染的对数正态样本

抖动变换（均匀扰动分布，$\delta = 0.07$）

局部再生变换（$k = 5$）

图3-31　对数正态分布模拟数据的原始数据、受污染数据、抖动变换（均匀扰动
分布，$\delta = 0.07$）数据、局部再生变换（$k=5$）数据的柱状图。灰色实线是对数
正态密度。值得注意的是，对于受污染数据而言，y轴的尺度与其他的不同

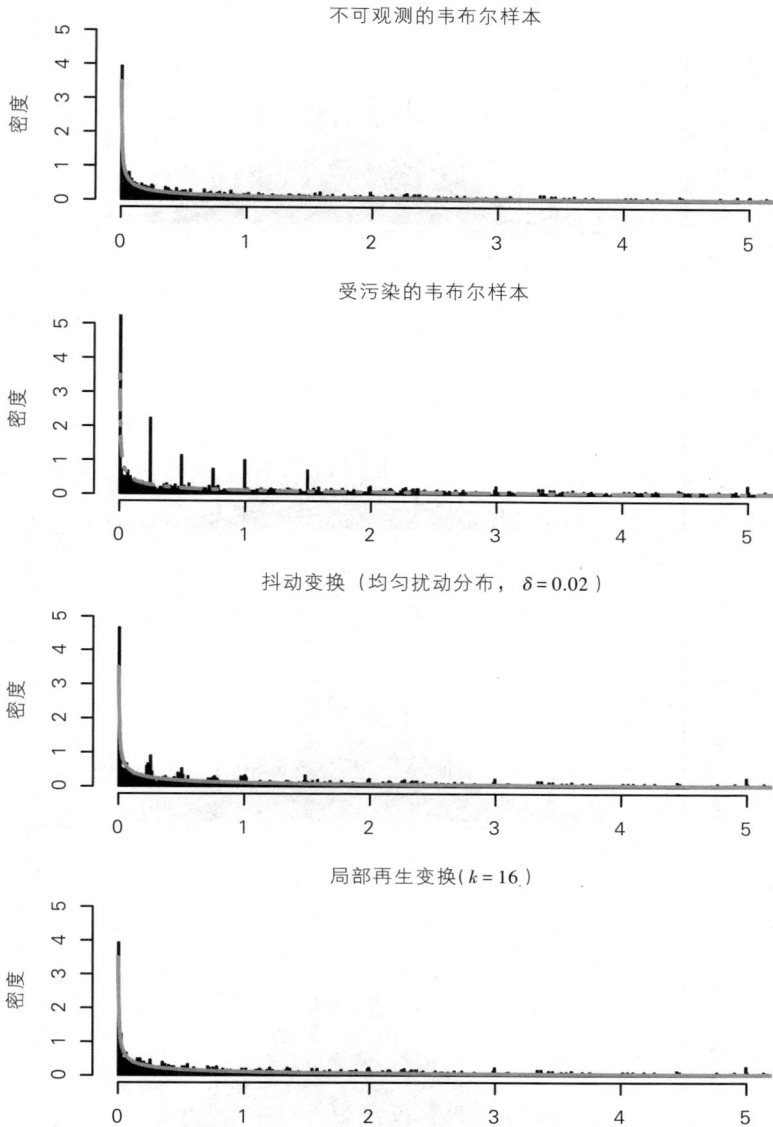

图3-32 韦布尔分布模拟数据的原始数据、受污染数据、抖动变换数据（均匀扰动分布，δ =0.07）、局部再生变换（k=16）数据的柱状图。灰色实线是韦布尔密度

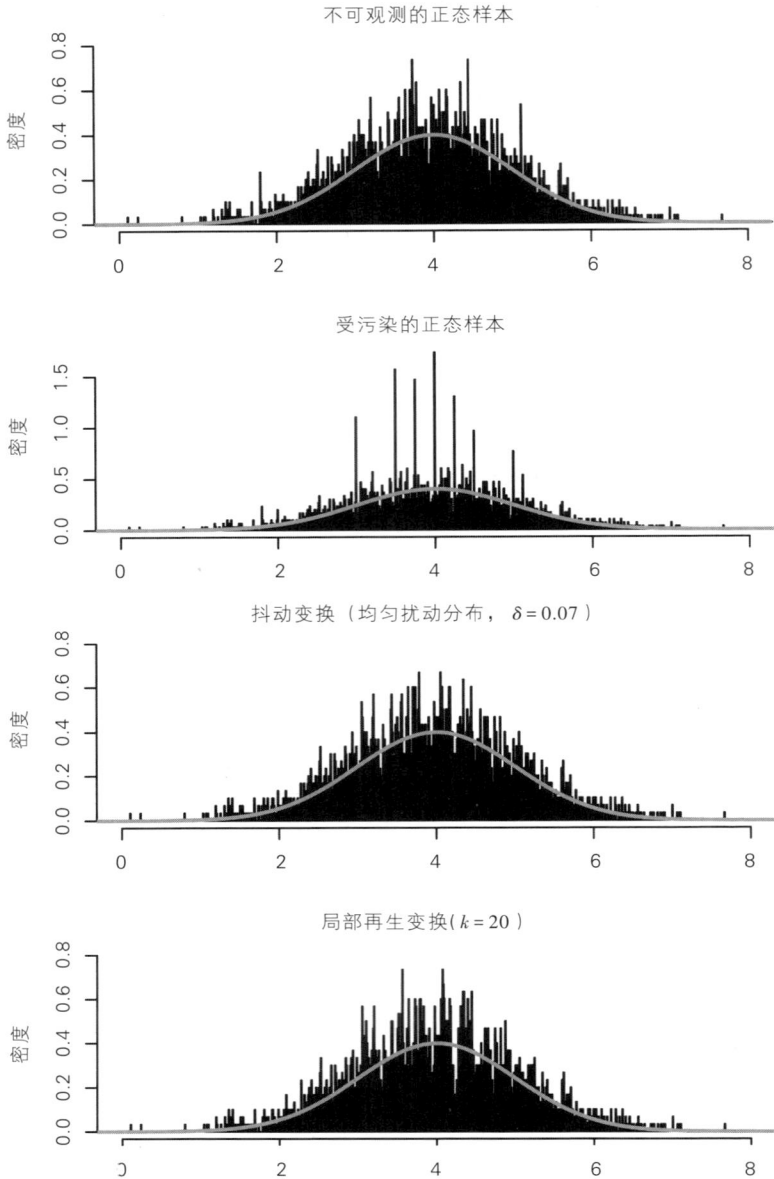

图 3-33　正态分布模拟数据的原始数据、受污染数据、抖动变换数据（均匀扰动分布，

$\delta = 0.07$）、局部再生变换（$k = 20$）数据的柱状图。灰色实线是正态密度。

值得注意的是，对于受污染数据而言，y 轴的尺度与其他的不同

表3-5　原始数据、受污染数据和局部再生数据的拟合优度统计量

对数正态 ($\mu = 0$，$\sigma = 2$)	AD	CvM	K
原始	1.08（0.25）	0.15（0.25）	0.02（0.25）
受污染	15.66（0.00）	0.33（0.11）	0.04（0.00）
$k = 25$	4.36（0.01）	0.29（0.15）	0.03（0.00）
$k = 20$	3.24（0.02）	0.23（0.23）	0.03（0.00）
$k = 16$	2.83（0.04）	0.23（0.22）	0.03（0.02）
$k = 10$	1.38（0.21）	0.12（0.25）	0.02（0.16）
$k = 8$	1.77（0.12）	0.29（0.14）	0.02（0.06）
$k = 5$	**0.90（0.25）**	**0.10（0.25）**	**0.02（0.25）**
$k = 4$	2.48（0.05）	0.38（0.09）	0.03（0.02）

韦布尔 ($\gamma = 0.5$，$\beta = 10$)	AD	CvM	K
原始	1.18（0.25）	0.17（0.25）	0.02（0.25）
受污染	3.92（0.01）	0.23（0.22）	0.03（0.00）
$k = 25$	2.03（0.09）	0.19（0.25）	0.02（0.10）
$k = 20$	1.37（0.22）	0.18（0.25）	0.02（0.25）
$k = 16$	**1.46（0.25）**	**0.16（0.25）**	**0.02（0.25）**
$k = 10$	1.55（0.17）	0.19（0.25）	0.02（0.12）
$k = 8$	1.83（0.12）	0.18（0.25）	0.02（0.07）
$k = 5$	2.37（0.06）	0.20（0.25）	0.03（0.03）
$k = 4$	2.33（0.06）	0.18（0.25）	0.02（0.05）

正态 ($\mu = 4$，$\sigma = 1$)	AD	CvM	K
原始	1.50（0.18）	0.26（0.18）	0.02（0.10）
受污染	1.52（0.17）	0.27（0.17）	0.02（0.10）
$k = 25$	1.42（0.20）	0.24（0.21）	0.02（0.10）
$k = 20$	1.35（0.22）	0.24（0.22）	0.02（0.10）
$k = 16$	1.45（0.19）	0.25（0.20）	0.02（0.10）
$k = 10$	1.34（0.23）	0.22（0.24）	0.02（0.10）
$k = 8$	1.41（0.21）	0.25（0.20）	0.02（0.10）
$k = 5$	1.60（0.15）	0.24（0.21）	0.03（0.04）
$k = 4$	1.40（0.21）	0.21（0.24）	0.02（0.10）

3.8.4 拍卖数据的变换

为了得到那些可以用参数型连续分布很好描述的数据，我们现在对拍卖的消费者剩余数据使用局部再生变换。由于数据是真实数据（不是模拟的），所以其潜在分布是未知的。最优的数据拟合由三参数的韦布尔分布（使用对数尺度+1）给出，我们可以从图3-29的概率图看出这一点。不进行对数变换，数据就不适合任一分布。

通过查看图3-28中的最大分箱柱状图，我们可以看出高频数据出现在 {0, 0.01, 0.50, 0.51, 1.00, 1.01, 1.49, 1.50, 1.75, 2.00, 2.01, 2.50, 3.00, 3.50, 4.00, 4.50, 5.00}。这些值也出现在使用对数变换数据的最大分箱柱状图中（图3-34顶部）。

第一步是从观测（受污染的）数据中估计韦布尔分布的三个参数。估计结果是 $\gamma=\text{shape}=1.403793$，$\beta=\text{scale}=2.129899$，$\tau=\text{threshold}=-0.10379$。然后对估计的韦布尔分布，我们使用 k 个箱的局部再生变换，其中 $k=4$，5，8，10，16，20，25（表3-6）。在图3-34中我们展示了变换后数据的最大分箱柱状图，仅仅是为了 k 值的选择。我们加入的灰色线对应三个参数的韦布尔分布估计。值得注意的是，原始数据的 y 轴明显大于变换后的数据。这强调了零值的极端频数。对于 $k=20$ 和 $k=10$ 的情况，同（理论的）韦布尔分布相比，变换后的数据仍然存在太多的零值与零附近的值。然而，$k=5$ 明显很好地"消除"了这样的数据，我们也可以通过图3-35对应的概率图看出这个问题。图中还显示，除了 $k=5$ 的变换之外，在其他情况下，我们可以看到一个小"阶梯"（位于零的附近）。此外，$k=5$ 的概率图也更接近于直线，甚至在右尾也是这样。因此，$k=5$ 是最优选择，这也被表3-6的拟合优度统计量所支持。

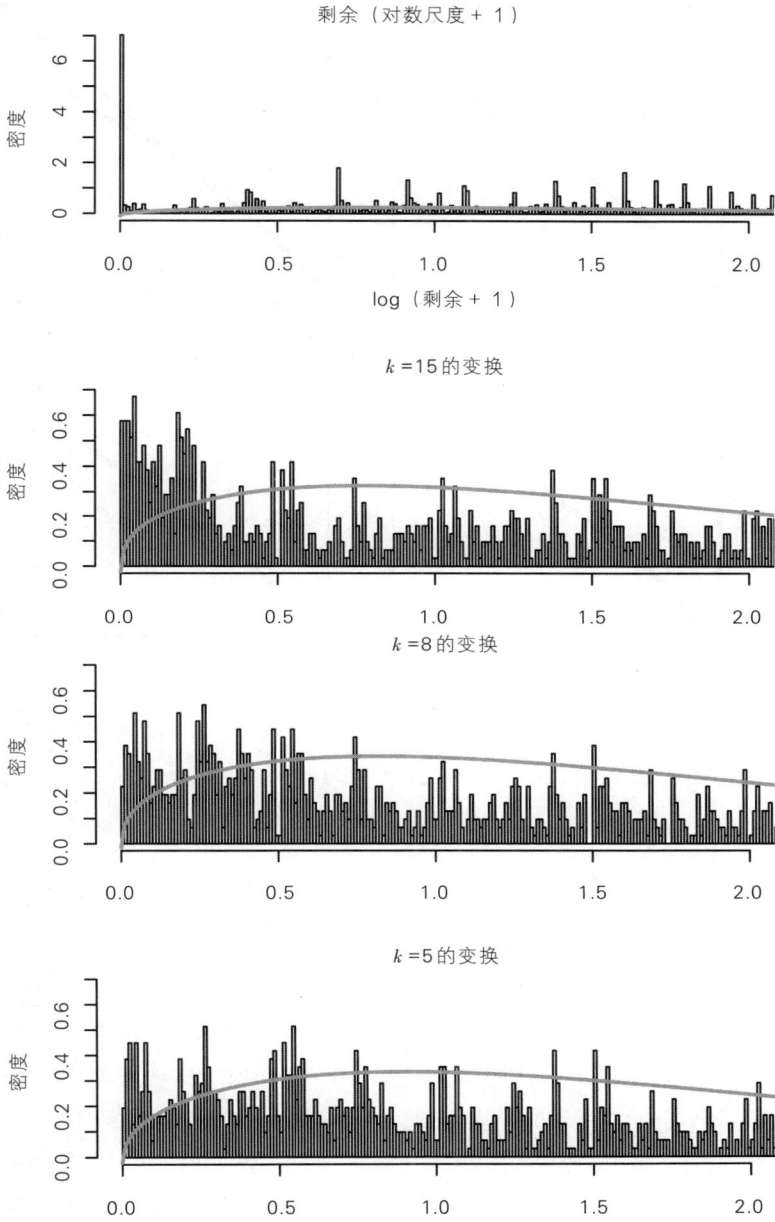

图 3-34　消费者剩余原始数据和变换后数据的柱状图。

图中灰色实线是韦布尔分布密度

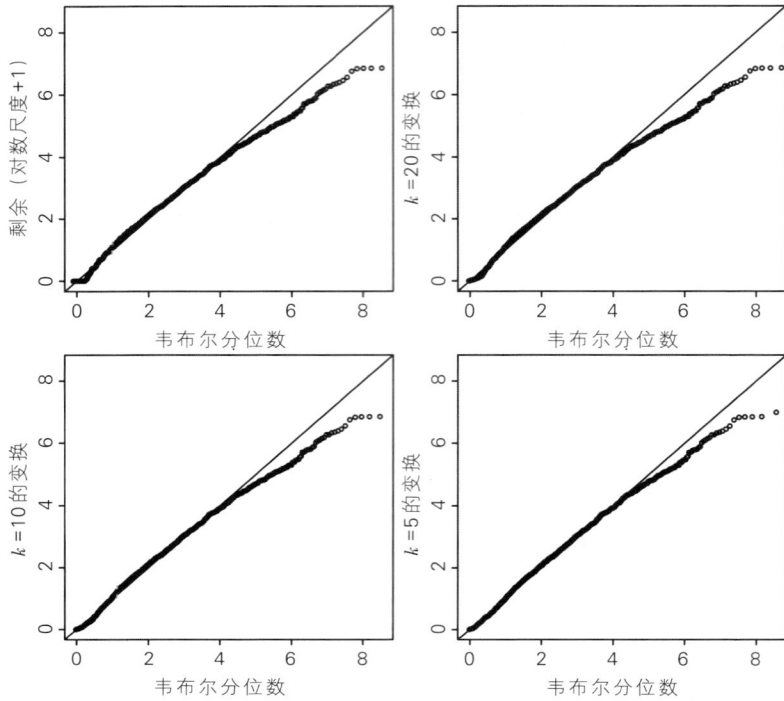

图 3-35　消费者剩余原始数据韦布尔概率图（左上），转变后数据的韦布尔
概率图（右上是 $k=20$，左下是 $k=10$，右下是 $k=5$）

表 3-6　　　消费者剩余原始数据和变换后数据（对数尺度+1）
拟合韦布尔分布的拟合优度（和 p 值）

	AD	CvM	K
剩余	23.4733（0.0010）	2.4524（0.0010）	0.0567（0.0010）
$k=25$	22.4062（0.0010）	2.7194（0.0010）	0.0589（0.0010）
$k=20$	20.9232（0.0010）	2.6829（0.0010）	0.0591（0.0010）
$k=16$	18.3008（0.0010）	2.4052（0.0010）	0.0536（0.0010）
$k=10$	12.2451（0.0010）	1.8150（0.0010）	0.0474（0.0010）
$k=8$	9.7820（0.0010）	1.5658（0.0010）	0.0466（0.0010）
$k=5$	**5.2922（0.0029）**	**0.8394（0.0062）**	**0.0352（0.0010）**
$k=4$	6.5514（0.0010）	1.0882（0.0021）	0.0402（0.0010）

为了评价观测数据和变换数据之间的偏差，我们注意到将近17%的原始数据出现得过于频繁。我们比较变换前后的汇总统计量（表3-7）可以看到，对所有k值，二者的检验统计量值几乎一模一样。这再一次使我们确信，变换并未改变分布的主要特性。

表3-7　　　消费者剩余原始数据和变换后数据的汇总统计

韦布尔拟合	均值（标准差）	中位数
剩余	19.1882（64.7689）	4.49
$k=25$	19.2020（64.7653）	4.48
$k=20$	19.1941（64.7672）	4.40
$k=16$	19.1957（64.7668）	4.45
$k=10$	19.2061（64.7640）	4.49
$k=8$	19.2149（64.7619）	4.52
$k=5$	19.2228（64.7589）	4.49
$k=4$	19.2732（64.7450）	4.54

现在我们可以使用变换后的数据进行更为深入的统计分析。比如，图3-36比较了使用原始数据（顶部）和$k=5$的变换后数据（底部）消费者剩余对价格（均为对数尺度）线性回归的残差。对原始数据进行变换消除了残差中一些不想要的形态，使该模型成为更适合研究网上拍卖消费者剩余的模型。

3.8.5　数据变换的结论

标准分布不能轻易捕捉到网上拍卖数据的结构。其中一个原因就是网上拍卖数据是由用户生成的。其中我们关注的一个结果便是数据的半连续性，即数据由于一些高频离散值而被认为不够连续。对于这种半连续数

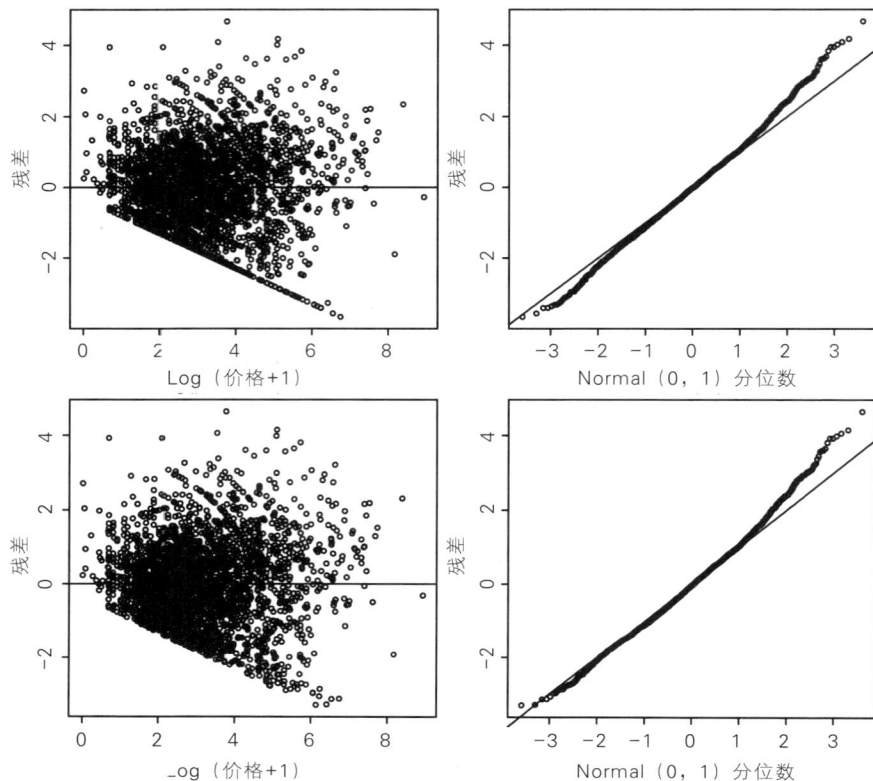

图 3-36　变换前（上部）与变换后（下部）。左边：log（价格+1）对 log（剩余+1）
线性回归模型的残差。右边：残差的正态概率图

据，我们讨论了两种方法——抖动和局部再生。这两种方法都旨在生成比
原始（观测）数据更为连续的数据。一种方法是为了直接拟合一个参数型
连续分布，而另一种方法则是非参数的，并产生未指定参数形式的连续数
据。这两种变换背后的想法都是要将高频数据替换为在其邻域内随机生成
的值。二者区别则在于邻域的定义。抖动变换定义的邻域大小固定，并且
以高频数值为中心，在高频数值附近。而局部再生变换使用拟合的参数分
布的百分位数去定义邻域。在后一种方法中，邻域大小取决于拟合分布的
形状、尾部更宽的邻域或者其他低密度区域。因此，当高频数值出现在低

频区域时，经过这两种变换之后的数据就会有差异。

我们推荐的变换（尤其是局部再生变换）和知名的被广泛使用的Box-Cox变换的风格比较相似。在这两种变换中，目标都是将数据转换成标准统计方法可以处理的形式。与Box-Cox变换类似，我们都是使用迭代方法寻找最优变换水平（Box-Cox变换中的λ，抖动变换中的δ，局部再生变换中的k）。

尽管我们只是说明了一元数据集的变换方法，但我们可以按照同样的想法去考虑多元半连续数据集。为了对多元半连续数据集进行变换，我们需要对每一个变量单独进行抖动变换或局部再生变换，使用相关性（或另外的依赖性度量指标）选择参数k或δ。对于用特定的多元参数分布拟合数据（最常见的选择是多元正态分布）的情况而言，分箱过程应该在多元空间上进行。然而，这可能会需要对污染机制影响变量的程度以及污染过程是否与变量相关这两点做出确切的假定。

3.9　网上拍卖探索：未来研究方向

我们在这里讨论的可视化工具和探索工具都是为了展示或研究已经收集的或储存的数据。这些历史数据通常可以用来研究许多不同的现象，比如竞价策略以及卖家可信度等。下一步我们要做的工作之一就是观察和处理实时数据。我们提出的一些可视化工具在轻微改动之后（甚至不做修改）可以直接用于实时数据的可视化：只要当前拍卖仍然在进行，那么我们就可以使用拍卖轮廓图监视进行中的拍卖。比如，在eBay上，出价只有在被超越之后才会显示出来，所以在任意时点，我们都可以得到那时的出价序列（除了最高竞价之外）。

因为拍卖期限在拍卖开始时就已经知道了，所以我们可以相应地修改各种视图的横轴。比如，对于实时更新的拍卖日期图，需要稍微修改的地方，就是在其右侧加入新开始的拍卖。

而基于分层汇总（统计缩放后汇总）的方法则需要更大幅度的修改。最后，实时数据及其可用性，也要求新的可视化工具可以直接定位数据的结构以及分析目标。

对于我们所介绍的可视化工具的实施问题，大部分需要使用标准软件编写代码。我们所有的图都是使用 Matlab，R 和 TIBCO Spotfire 生成。后者用于所有的交互可视化。类似地，时间序列、截面数据和网络数据的结合则需要合适的数据库结构。

本章我们讨论的另外一个问题，是由网上拍卖机制产生的不同寻常的数据结构，为了展示、绘制、探索这类数据，需要调整和开发适当的统计方法和可视化方法。进一步发展这些方法、探索其他不同寻常的数据结构，都有进一步研究的空间。网络结构就是其中的一个难题。

第4章　网上拍卖数据建模

　　本章我们将讨论不同的网上拍卖数据模型。我们首先介绍与竞拍历史有关的"建模基础"。特别是我们会展示将价格路径（price path）表现为连续曲线（函数对象）的多种方法。相较于仅考虑起拍价格和收盘价格，考虑整条价格路径具有以下几点优势：首先，价格路径简洁概括了整个拍卖过程。当然，如果我们仅仅是对某几个竞买者感兴趣，那么我们可以对单个竞买者的出价采用同样的方法进行研究。查看价格路径可以帮助我们量化价格动态（在第3章有所提及并在4.2节中详细讨论）。"动态"一词的意思是价格的速度以及速度的变化率。价格动态是拍卖研究中的一个全新概念。它使得我们可以对拍卖结果进行更为精确的预测（见第5章）。此外，我们还会看到，动态可以衡量一些不可观测的竞价特征，比如竞买者之间的竞争、拍卖"狂热"（见第5章）。

　　在4.3节，我们将讨论几种竞争拍卖的建模方法。这里的"竞争拍卖"是指一系列在同一时间内出售相同（或近似）商品从而与同一竞买者竞争的拍卖。竞争拍卖之间的相互关系十分重要，需要我们在建模过程中仔细考虑。

　　在4.4节，我们将讨论对拍卖中出价出现和竞买者到达进行建模的几种不同方法。尽管我们通常使用泊松分布描述到达过程，但是我们的结果表明，简单的泊松模型并不能捕捉拍卖的不同阶段。

　　最后，我们将在4.5节中讨论网上拍卖的一个新的研究领域：竞买者和卖家形成的网络。特别是，我们受到了拍卖网络的启发，提出了一种全新的函数型数据分析方法，去捕捉买卖双方对拍卖最终结果的影响。

4.1 建模基础（价格过程的表示）

图 4-1 展示了原始竞价信息（竞价历史）的一个例子。我们可以在许多网上拍卖网站（这个例子来自于 eBay）上找到这种图。该图上部展示的是该拍卖总体情况的截面信息：所售商品、当前出价、起拍价格、已出价个数、拍卖起始时间和结束时间、卖家用户名和评级。在这一部分中，我们将关注页面的下半部，即详细的竞价历史信息。它展示一系列出价以及对应的时间标记。（需要注意的是，在这个例子中，出价是按照高低排序的，而不是按照时间排序的）

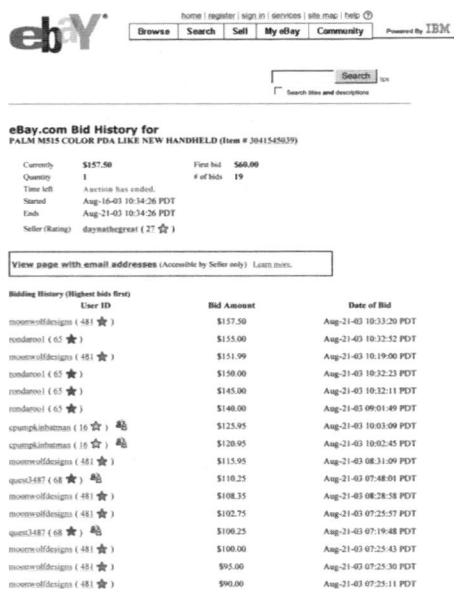

图 4-1　eBay 上一场拍卖的部分竞价历史

一个使建模过程复杂化的因素在于，拍卖结束前后所展示的信息通常不一样。比如在 eBay 上，尽管竞买者可以在拍卖进行期间看到当前价格（第二高的代理出价加上一个加价幅度），但是图 4-1 显示的仅仅是代理出价。为了还原即时价格，我们必须对代理出价进行转化（在 eBay 的例子中，我们可以用公布的出价（代理出价）减去一个加价幅度进行转化，见 3.1 节）。图 4-2 展示了两个拍卖样本的即时价格阶梯函数。从图 4-2 可以看出的重要一点是阶梯函数的形状。左右两个图像曲线有所不同：左边函数中的价格在初期迅速上涨，然后平稳上涨直至拍卖结束；而右边函数的价格在初期缓慢上涨，只是在拍卖末期才急剧上涨。从建模的角度看，找到一个适合所有可能形状的模型是比较困难的。此外，我们还可以看到出价的分布非常不均匀。在左边的价格函数中，大多数出价出现在拍卖初期，但在结束前几乎没有出价出现。事实上，拍卖中期出价非常稀疏，只能偶尔看到几个出价。要找到可以处理这种出价分布极端不均匀的模型并不容易。事实上，许多平滑方法也会遇到像左边函数这样中间存在稀疏数据的问题。另外，尽管通常来说过多的数据点并不是个问题，但是仍旧存在着平滑方法不能充分表现单个出价的风险。

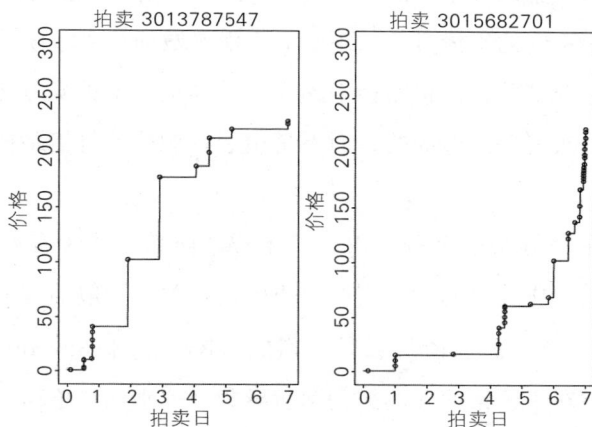

图 4-2　两个拍卖样本的即时价格及其阶梯函数

4.1.1 惩罚平滑样条（penalized smoothing splines）

惩罚平滑样条是一种（计算上和概念上）最简单也是使用最为广泛的平滑方法（Ruppert 等人，2003；Ramsay 和 Silverman，2005）。令 $\tau_1, ..., \tau_L$ 表示结点集。 p 阶多项式样条函数可以表示为：

$$f(t) = \beta_3 + \beta_1 t + \beta_2 t^2 + \cdots + \beta_p t^p + \sum_{l=1}^{L} \beta_{pl(t-\tau_l)^p_+} \qquad (4.1)$$

其中， $u_+ = u I_{[u \geq 0]}$ 表示函数 u 正的部分。定义粗糙惩罚（roughness penalty）为：

$$\text{PEN}_m(t) = \int \{D^m f(t)\}^2 dt \qquad (4.2)$$

其中， $D^m f, m = 1, 2, 3, ...,$ 表示函数 f 的 m 阶导数。惩罚平滑样条函数 f 最小化惩罚误差平方：

$$\text{PENSS}_{\lambda, m} = \int \{y(t) - f(t)\}^2 dt + \lambda PEN_m(t) \qquad (4.3)$$

其中， $y(t)$ 表示 t 时刻的观测值，平滑参数 λ 在数据拟合程度与函数 f 的平滑程度之间做出权衡。如果令（4.3）式中的 $m = 2$ ，我们就得到了通常所见的三次平滑样条。

我们在所有的拍卖中使用相同的平滑族，即我们使用相同的样条阶数、相同的结点集以及相同的平滑参数。之所以这样做的原因在于，我们不想因为使用不同的平滑方法、不同的平滑参数而引入系统性误差。我们的最终目标是要证明，价格路径中的观测差异是由于拍卖差异、卖家差异或者仅仅是竞买者差异造成的，而不是由于我们估计价格路径的方式不同造成的。

在惩罚平滑样条这个例子中，对于样条阶数、平滑参数和结点的选择，都与我们的研究目的和数据的性质紧密相关。一般而言，选择 p 阶样条可以保证最初的 $p-2$ 阶导数是平滑的（Ramsay 和 Silverman）。由于我们的研究兴趣在于价格曲线的最初两阶导数（分别描绘价格速度和价格加速度），因此我们使用了 5 阶样条。结点位置是根据曲线中的预期转折点选择的。在我们的这个例子中，结点的选择基于实际的出价频数，特别考虑了"狙击出价"和"最后时刻出价"这两种现象（Roth 和 Ockenfels，2002；Shmueli 等人，2007）。为了捕捉最后时刻逐渐增加的出价活动，我们在拍卖末期增加了结点的数量。比如，对于为期 7 日的拍卖，我们在拍卖前 6 天每 24 小时平均放置结点，即 $\tau_l = 0, ..., 6$，$l = 1, ..., 7$。然后，在最后一天的前 18 个小时，每 6 个小时放置一个结点，即 $\tau_8 = 6.25$，$\tau_9 = 6.5$，$\tau_{10} = 6.75$。最后，我们在拍卖的最后 6 小时中每 1.5 小时放置一个结点，即 $\tau_{11} = 6.8125$，$\tau_{12} = 6.8750$, $\tau_{13} = 6.9375$, $\tau_{14} = 7.0000$。

尽管结点数量和结点位置对生成的曲线有强烈影响，但是平滑参数 λ 和样条阶数 p 的选择也同样重要。图 4-3 的四个拍卖样例说明了这一点。请注意，对于这四个拍卖来说，我们保持结点数量和结点位置不变，仅仅改变 λ 和 p。

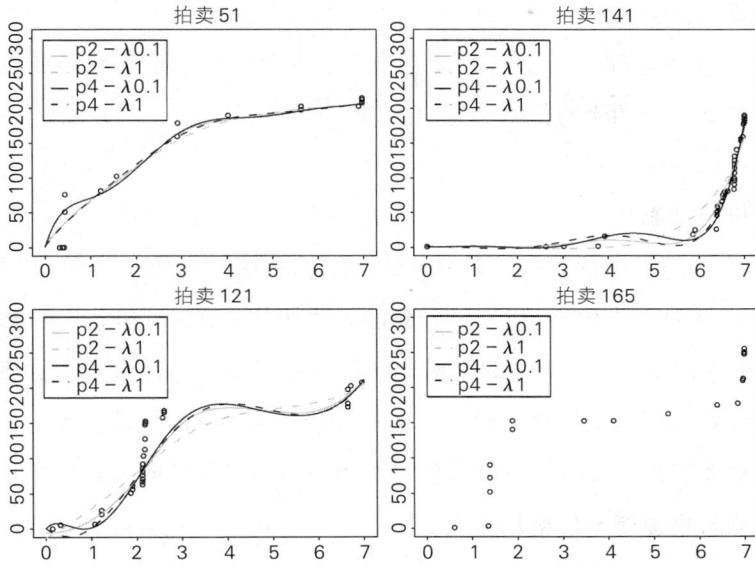

图 4-3　四个拍卖样本的平滑样条

我们可以看到有一些 λ 和 p 组合的效果要比其他组合更好。然而，对于一个拍卖来说比较好的组合，可能不适用于另一个拍卖。比如，$\lambda = 1$、$p = 2$ 组合的样条（图中灰色虚线）对于 51 号拍卖来说拟合效果很好，但是对于 165 号拍卖来说却非常糟糕。一般而言，如果我们选择较小的惩罚项（和/或更高阶的样条），那么生成的样条可能会很好地拟合数据，但是其效果不是单调增加的——这一点对于一个价格上涨的拍卖的价格过程来说，在概念上是说不通的。另外，如果我们设置的惩罚项太大（使得样条几乎线性从而实现单调），那么所产生的函数可能不能很好地拟合数据。数据拟合程度与单调性之间的此消彼长是惩罚平滑样条的一个最大缺陷，至少在网上拍卖领域是这样。因此，我们在后面章节中将讨论替代惩罚平滑样条的方法。我们主要关注那些可以保持价格过程单调性的替代方法。我们将看到一个经常会遇到的问题，即在维持单调性、保持模型灵活性以及计算效率之间如何权衡。

在接下来的章节，我们将讨论使用平滑方式展示价格路径的主要优势，即估计一个拍卖的价格动态的能力。

4.1.2 价格动态

等式（4.1）中的平滑函数 $f(t)$ 估计了拍卖期间内任意时刻 t 的价格。我们将该函数作为价格路径，有时也称之为价格演化（price evolution）。虽然 $f(t)$ 给出了任意时刻 t 的价格的准确位置，但是它并未揭示价格变化的速度。我们通常使用速度和加速度来描述移动物体的属性。因为我们使用平滑样条得到了 $f(t)$，所以我们可以通过对 $f(t)$ 分别取一阶导数和二阶导数得到价格速度与价格加速度。[1]

---

① 当数据稀疏时，计算导数必须谨慎，这点在网络拍卖中常常出现。参见 Liu 和 Müller（2008，2009）。

图 4-4 展示了两个拍卖样本的价格曲线 $f(t)$ 及其一阶导数和二阶导数。虽然两个拍卖的价格路径有些相似之处（比如，都是单调递增），但是价格动态却有着显著不同：在第一个拍卖（左半部）的末期，价格速度和加速度都在下降，而在第二个拍卖（右半部）的末期，价格速度和加速度却在上升。这表明不同拍卖的价格形成过程可能会存在显著差异，甚至在非常类似的拍卖中也会存在差异（拍卖商品相同、拍卖发生在同一时期、拍卖时限（auction duration）相同，正如我们这里的例子）。由此，我们可以看出，价格动态可以比价格路径捕捉到更多的信息。

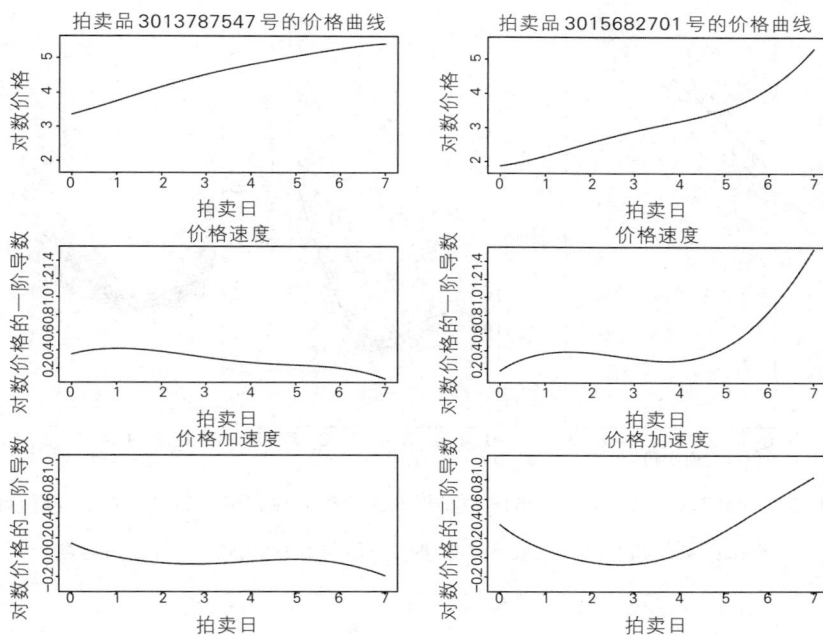

图 4-4　两个拍卖样本的价格动态。上半部分展示的是平滑样条拟合的 $f(t)$。中部和下半部分别是其一阶导数 $f'(t)$ 和二阶导数 $f''(t)$

图 4-5 展示的是 183 个拍卖样本（均在同样的时间内出售相同的商

品）的价格曲线和价格动态。这些价格形成过程有着明显的不同：一些拍卖起初价格较低，但在快结束时迅速上涨；另一些拍卖则在整个拍卖期间内保持了相对较高的价格。在价格动态图中我们更容易发现它们价格形成机制的差异：价格曲线的一阶导数表明，平均来看，价格在拍卖的第一阶段迅速上涨，然后价格速度降低，在第5天之后价格速度才再一次迅速上升。我们在平均价格加速度图中也能看到同样的情形：加速度在拍卖开始时很高，然后降到0以下（"减速"），在拍卖末期才再一次急剧上升。

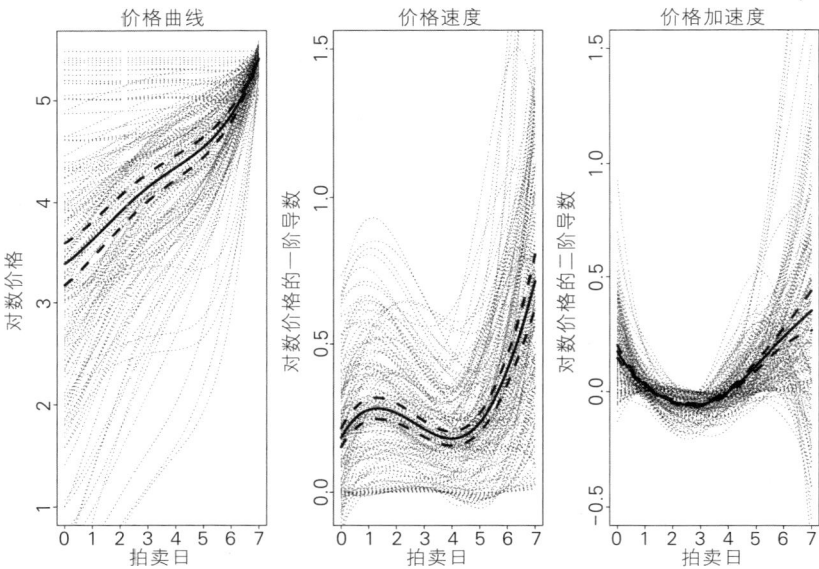

图4-5　为期7天的掌上电脑M515拍卖样本的价格曲线和价格动态。左部分展示的是价格；中部和右部分别展示了速度（一阶导数）和加速度（二阶导数）

　　虽然我们尝试讨论这些数据的"典型"动态，但是我们注意到曲线之间存在显著差异。比如，并非所有拍卖的价格加速度都在末期增加。事实上，一些拍卖价格减速并在拍卖结束时有着很大的负的加速度。类似地，许多拍卖的价格速度在第一阶段并未增加。以上这些均表明相同拍卖商品的价格形成过程并未表现出预期的同质性（Jank 和 Shmueli，2008b；Jank 等人，2008b；Shmueli 和 Jank，2008；Wang 等人，2008a，b）。正因为这种现象的存在，在下面章节中，我们将分别研究可以解释价格路径以及价格动态（更为重要）差异的模型。

4.1.3 单调样条

我们之前已经指出，在网上拍卖领域内使用惩罚平滑样条可能会带来一些难题。首先，非常不利的一点是，惩罚平滑样条产生的函数并不一定是单调非递减的——这与 eBay 的递增的拍卖范例相悖。其次，函数通常扭动（或变动）剧烈，尤其是在拍卖结束时。这一点在网上拍卖领域中尤为不利，因为拍卖的起始与结束是我们主要的关注点（比如，预测拍卖结果）。最后，还要事先确定许多平滑的参数：结点数目与位置、多项式阶数以及粗糙惩罚参数 λ。

由于竞价过程本质上是非递减的，因此 Hyde 等人（2006）提出使用单调平滑样条表示价格过程。单调平滑（Ramsay，1998）背后的思想是单调递增函数具有正的一阶导数。指数函数具有这个性质，而且可以用微分方程 $f'(t) = w(t)f(t)$ 来描绘。这意味着函数的变化率与函数值的大小成比例。考虑如下线性微分方程：

$$D^2 f(t) = w(t)Df(t) \tag{4.4}$$

其中，$w(t) = \dfrac{D^2 f(t)}{Df(t)}$ 是加速度和速度的比率。它也是价格对数的导数，而且总是存在的（因为我们定义速度为正）。微分方程具有如下解：

$$f(t) = \beta_0 + \beta_1 \int_{t_0}^{t} \exp\left(\int_{t_0}^{v} w(v)dv\right)du \tag{4.5}$$

其中，t_0 是平滑的下界。在进行一些替换后（见 Ramsay 和 Silverman，2005），我们可以记为：

$$f(t) = \beta_0 + \beta_1 e^{wt} \tag{4.6}$$

我们可以通过数据估计 β_0, β_1 和 $w(t)$。由于 $w(t)$ 没有条件限制，所以它可以定义为 K 个已知的基础函数的线性组合（$w(t) = \sum_k c_k \phi_k(t)$）。比如基础函数可以是 $\phi_k(t) = t$（表示线性模型）或者 $\phi_k(t) = \log(t)$（表示非线性变换）。因此，惩罚最小误差平方就是：

$$\text{PENSSE}_\lambda = \sum_i \left[y_i - f(t) \right]^2 + \lambda \int_0^T \left[w^2(t) \right]^2 dt \tag{4.7}$$

虽然单调样条解决了惩罚平滑样条的扭动问题，但是仍然存在一些难题没有解决，并且又带来了新的难题。首先，单调样条需要大量的计算。出价数目越大，拟合过程的时间越长。在我们的经验中，单调样条的拟合时间要比惩罚平滑样条多将近 100 倍（Jank 等人，2009）。此外，和惩罚平滑样条一样，研究者也必须事先确定结点的数目、位置以及粗糙参数 $r < 0$，从而得到合理的数据拟合。

4.1.4　四类增长型参数模型

一种取代单纯使用非参数平滑样条或单调样条的方法，是找到一种可以捕捉拍卖价格路径的参数模型。Hyde 等人（2008）提出了这一想法。他们提出的参数模型是基于四类增长模型，该些模型可以捕捉到拍卖中出现的最常见的价格演化类型。它们分别是指数增长模型、对数增长模型、Logistic 增长模型以及反 Logistic 增长模型。这种方法简洁，计算迅速，成本低。它允许自动拟合，并且无需事先指定任何参数。这些模型在理论上是相关的（保持单调性），并且可以帮助我们认识网上拍卖价格形成机制。接下来，我们依次详细介绍这些模型。

4.1.4.1　指数模型

指数模型已经被用于描述包括信息传播、疾病扩散、培养皿中的细胞繁殖在内的一系列自然现象。在金融领域中，指数模型被用来计算连续复利下的附息价值。指数增长背后的思想是增长率与函数当前大小成正比例。也就是说，指数增长遵循微分方程：

$$Y'(t) = rY(t) \tag{4.8}$$

或等价方程：

$$Y(t) = Ae^{rt} \tag{4.9}$$

其中，t 是时间，$r > 0$ 是增长常数。同样，指数式衰减（当 $r < 0$ 时）可以对诸如事物半衰期这类现象进行建模。

从理论的角度来看，指数增长可以描述下述类型拍卖的价格过程：价格在前期缓慢上涨，并在拍卖末期急剧上涨。这令我们想起由 Hyde 等人（2006）发现的 j 形价格曲线（见 3.4 节）。图 4-6 的左上部分（黑线）展示了一个可以被指数增长模型很好捕捉的拍卖样例。

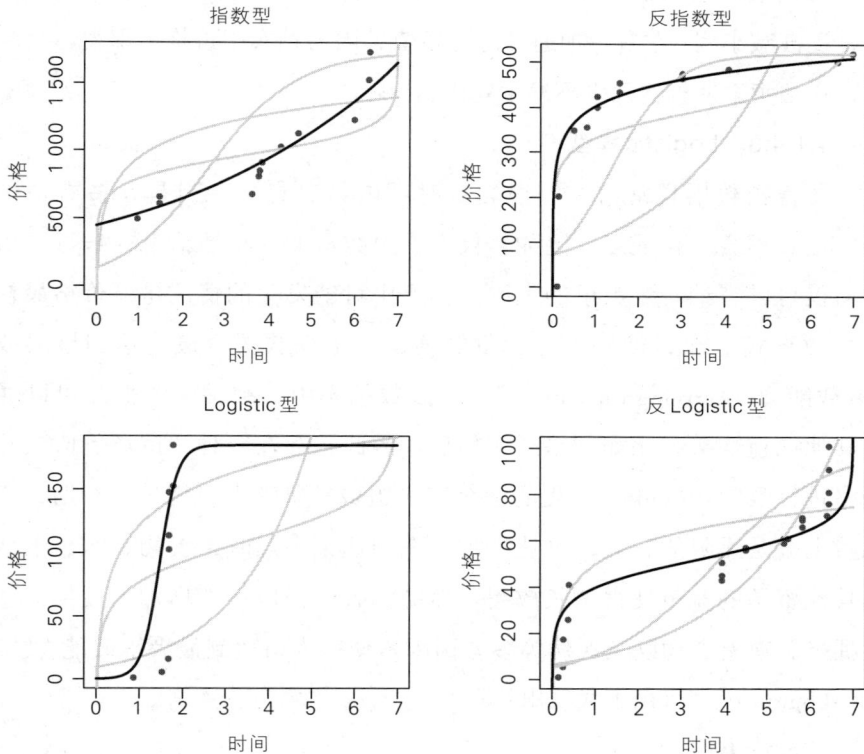

图 4-6　增长曲线举例。黑线是数据的最佳拟合模型。灰线是其余三个增长模型

4.1.4.2 对数模型

Hyde 等人（2006）提出的指数函数的逆函数：

$$Y(t) = \frac{\ln(t/A)}{r} \qquad (4.10)$$

被称为对数增长模型，同样可以很好地拟合价格过程。他们选择的对数模型是将原始指数模型直接根据 $y = x$ 进行映射。这种类型的价格上涨机制为：在拍卖初期，价格被抬升，但由于存在市场价值，价格在余下期间内停止上涨，见图 4-6 的右上部分。这种价格行为通常很少，因为大多数竞买者并不希望在拍卖初期就表明他们的竞买意图。然而，Bapna 等人（2004）发现，那些不理解 eBay 上代理出价机制的初级竞买者会在拍卖初期就报出很高的出价。在这个模型中，速度一开始最大，随着拍卖的进行，逐渐减小到 0 左右。加速度总是负值，因为拍卖中价格上涨得越来越慢，在拍卖末期价格几乎不发生变化。

4.1.4.3 Logistic 模型

尽管指数增长常常在一段固定时期内具有意义，但是在多数情形下，增长不会一直继续。比如，仅有有限数量的人传播信息或病毒；培养皿仅可以容纳一定数量的细胞。拍卖中可能发生的情况是：价格最初以指数形式上涨，然后由于竞争的增加，上涨放缓，最终达到极限或"承载能力（carrying capacity）"。在多数拍卖中，被拍卖的商品可以通过其他渠道购买，比如网络或实体店。因此，存在一种"市场价值"对价格进行限制。Logistic 方程的一个应用领域是研究人口增长。初期，资源看上去是无限的，人口迅速增加。在到达某个点时，食物、水、土地和其他资源的竞争使得增长放缓。然而，人口仍旧持续增加。最终，过度拥挤、缺乏食物以及疾病等多方面因素使得人口达到最大承载能力。

Logistic 模型可由下式给出：

$$Y(t) = \frac{L}{1 + Ce^{rt}} \qquad (4.11)$$

其微分方程为：

$$Y'(t) = rY(t)\left(\frac{Y(t)}{L} - 1\right) \tag{4.12}$$

其中，L 表示承载能力，t 表示时间，r 表示增长率，C 是常数。Logistic 增长模型也可以用来解释拍卖领域的内容。它形成了 Hyde 等人（2006）讨论的 S 型曲线，即价格最初缓慢上涨，在拍卖中期急剧上涨，最终在拍卖末期停止上涨（见第 3.4 节）。收盘价格近似出现于 Logistic 增长函数的承载能力 L 处。拍卖末期的价格呈水平形态，因为价格在拍卖中期跃升到市场价值附近，聪明的竞买者将会确保他们不会超额支付。我们可以从图 4-6 的左下部看到这一价格过程。

4.1.4.4　反 Logistic 模型

网上拍卖中另一类常见的价格过程是 Logistic 增长的反转形态，也被称为反 Logistic 增长，由以下函数给出：

$$Y(t) = \frac{\ln\left(\frac{L}{t} - 1\right) - \ln(C)}{r} \tag{4.13}$$

这种价格上涨的机制是：拍卖初期的竞价使得价格上涨，拍卖中期很少甚至几乎没有出价出现，直到拍卖结束才出现另一轮价格上涨。初期价格的上涨预示着初级竞买者的初期出价（Bapna 等人，2004），末期出现的价格快速上涨可能是由于狙击出价造成（Bajari 和 Hortacsu，2003；Roth 和 Ockenfels，2002）。图 4-6 的右下部分展示了一个反 Logistic 型增长的例子。

4.1.4.5　增长模型的拟合

将函数线性化继而进行最小二乘拟合，是一种简单并且计算高效的增长模型拟合方法。由于我们对得到拍卖初期和末期的精确拟合尤其感兴趣，因此我们通常需要在每一个拍卖的数据序列中增加两个额外的点：拍卖初始价格和拍卖结束价格。对于 Logistic 增长模型而言，我们并不需要增加这两个额外点，其中最大价格已经通过定义 $L = \max(y_j)$ 加入到函数之中。此外，实证结果表明潜在价格过程是 Logistic 型的拍卖可能价格从 0

左右开始，而 Logistic 增长模型必须从 0 开始。

4.1.4.6　指数增长模型的拟合

方程（4.9）中的指数增长模型可以通过线性化过程得到：

$$\ln(Y) = \ln A + rt \tag{4.14}$$

加入两个额外的点（目的是限制拍卖起始和结束的价格）后，我们可以直接使用这一模型对当前竞价（live bid）进行拟合。在此情形下，我们需要估计两个参数：A 和 r。虽然我们将 A 定位初始价格（因为 $Y(t=0) = Ae^{0r} = A$），但是我们更喜欢估计所有参数，这是因为：首先，实证结果表明两参数估计对于拍卖结束时的拟合效果更好；其次，其他三个模型都需要估计两个参数。因此，我们更容易对各模型的拟合程度进行比较。

4.1.4.7　对数增长模型的拟合

对数增长模型由方程（4.10）给出。和指数增长一样，我们也要将两个额外点加入当前竞价序列，从而确保对拍卖起拍价格和拍卖结束价格的拟合。需要注意的是，我们不能将这个函数的参数个数降为一个，因为 $t=0$ 时，$\ln(0)$ 不存在。同样，我们也不能对该函数进行线性化。因此，我们并不使用猜测初始值的最优化方法去估计参数，而是先拟合 $T(y) = Ae^{ry}$，然后像指数增长模型那样进行线性化过程。这一次是对时间进行最小二乘而不是价格。

4.1.4.8　Logistic 增长模型的拟合

方程（4.11）的 Logistic 增长模型，可以通过线性化表示为：

$$\ln\left(\frac{L}{y} - 1\right) = \ln(C) + rt \tag{4.15}$$

其中，L 是分布的渐近线。我们知道，$\lim_{t \to l} = L$（因为对于 Logistic 增长模型，$r < 0$ 并且 $L > 0$）。定义 $L = \max(\text{price}) + \delta$，其中令 $\delta = 0.01$，这是必要的，这样才能保证方程左边对于所有出价 y 都有意义。在这一情形下，无需将起拍价格和结束价格这两个点加入当前竞价，因为定义渐近线考虑了末端的拟合。可以用 Logistic 增长模型描述潜在价格过程的拍卖倾向于低开，因此也无需设置起始价值。

4.1.4.9 反 Logistic 增长模型的拟合

方程（4.13）给出了反 Logistic 函数。和对数增长一样，我们也不能对该函数进行线性化。我们可以拟合 $T(y) = L/(1 + Ce^{ry})$（其中，$L = l + \epsilon(\epsilon = 0.00001)$），从而得到系数 C 和 r。因为时间范围要远小于价格范围，所以我们需要令 $\epsilon \ll \delta$。和对数增长模型一样，最小二乘是针对时间而非价格。这里需要注意的是，额外添加的点是 $\left(t = 0.000001, y = \min\left(y_j\right)\right)$ 和 $\left(t = l, y = \max\left(y_j\right)\right)$，从而使得方程左边对于所有出价时间均有意义。

4.1.4.10 最佳增长模型的选择

虽然我们可以用上述任一模型进行拍卖数据的拟合，但是我们并不知道哪一个模型拟合效果最好。选择最合适的模型一般是比较复杂的，因为我们的一部分模型拟合是对价格进行最小二乘，而另外的则对时间进行最小二乘。接下来我们讨论一个过程，这个过程可以对每一个拍卖从这四种增长模型中自动选择最优模型。该过程使用了特殊的相似性度量指标，在时间和价格两个维度内度量出价曲线与拟合曲线之间的距离。这种度量让我们想起了马氏距离（Mahalanobis distance）。大部分模型选择标准只衡量 y（本例中为价格）的残差距离，而我们感兴趣的是捕捉价格和时间两个维度的最佳拟合，因为出价时间这个随机变量也含有信息（也见第 4.4 节）。此外，对于对数增长模型和反 Logistic 增长模型，拟合是对 x（时间）维度进行最小化。如果我们仅仅基于价格维度选择模型，那么即便反 Logistic 模型可能对于价格过程的解释程度更好（比如用视觉确定），我们也可能更倾向于选择指数增长模型和 Logistic 增长模型。

4.1.4.11 模型选择标准

对于第 i 个拍卖来说，令 $\{\mathbf{t}_i, \mathbf{y}_i\}$ 是当前出价 (t_{ij}, y_{ij}) 的集合，其中出价

y_{ij} 发生在 t_{ij} 时刻，拍卖中的出价数量为 n_i。加入起始价和收盘价 $\{\mathbf{t}_i^*, \mathbf{y}_i^*\} = \{(t=0, y=\min(y_{ij})), \{\mathbf{t}_i, \mathbf{y}_i\}, (t=l, y=\max(y_{ij}))\}$（其中 l 是拍卖时长）这两个额外价格点，形成一个新集合，$n_i^* = n_i + 2$。检查拍卖起始和结束的拟合情况非常重要，因为那是竞价活动发生最为频繁的时期。它们在理论上也很重要，因为那里正是建模不足的地方。

我们提出了两种拟合度衡量指标：范围标准化加权残差平方和（WSSER）以及方差标准化加权残差平方和（WSSEV）。这两种方法均对 y 轴和 x 轴的拟合进行加权平均，权重分别为 w_y 和 w_x，并且满足 $w_y + w_x = 1$。第 i 个拍卖的 WSSER 定义为：

$$\text{WSSER}_i = \frac{w_y \sum_{j=1}^{n_i}(y_{ij}^* - \hat{y}_{ij}^*)^2}{(\max_j(y_{ij}^*) - \min_j(\hat{y}_{ij}^*))^2} + \frac{w_x \sum_{j=1}^{n_i}(x_{ij}^* - \hat{x}_{ij}^*)^2}{(\max_j(x_{ij}^*) - \min_j(\hat{x}_{ij}^*))^2} \tag{4.16}$$

值得注意的是，分母是 y 轴价格范围的平方以及 x 轴时间范围（在我们的这个例子中，即拍卖时长 l）的平方。第 i 个拍卖的 WSSEV 定义为：

$$\text{WSSEV} = \frac{w_y \sum_{j=1}^{n_i}(y_{ij}^* - \hat{y}_{ij}^*)^2}{\text{variance}_j(y_{ij}^*)} + \frac{w_x \sum_{j=1}^{n_i}(x_{ij}^* - \hat{x}_{ij}^*)^2}{\text{variance}_j(x_{ij}^*)} \tag{4.17}$$

4.1.4.12　模型选择过程

使用上述指标，我们可以给出如下模型选择过程：

1.选择权重 w_y 和 w_x 分别表示价格和时间维度的拟合重要性。

2.对拍卖当前竞价用四种增长模型进行拟合。

3.计算模型选择指标。

4.选择最佳拟合模型（WSSE 最小）。

通常，我们令权重 $w_y = w_x = \frac{1}{2}$，因为我们对价格维度和时间维度同样感兴趣。如果研究者对捕捉出价时间特别感兴趣，可以对时间设置较大的权重（w_x 大）。自抬出价（bid shilling）便是其中一个例子，即如果价格没有在特定时间达到一定水平时，卖家取消拍卖或者违规竞拍他们自己的商品（Kauffman 和 Wood，2005）。当研究人员关注的是价格水平本身时，他可能会对价格设置较大权重（w_y 大）。比如，使用这一信息做出更多有情报依据的竞价决定。值得注意的是，如果价格权重大，人们倾向于选择指数增长模型和 Logistic 增长模型；如果时间权重大，则倾向于选择对数增长模型和反 Logistic 增长模型。实证结果也表明，两种 WSSE 度量指标给出的结果非常相似，WSSER 稍占优势。

图 4-6 展示了四个不同拍卖的最佳价格曲线（使用相等权重和 WSSER）。每幅图都展示了根据模型选择过程得到的最佳拟合（黑线）以及用于比较的其余三个模型。我们可以看到，至少从视觉上比较，该过程产生了非常合理的结果。

4.1.4.13 优缺点

使用上述四种增长型参数模型进行拟合，存在一些优缺点。由于这类模型完全是参数化的，所以不需要确定额外的参数。此外，由于它们是单调的，所以从原理上看也适合捕捉拍卖的价格过程。因为估计是基于传统最小二乘，所以这类模型在计算上相较于单调样条来说也更有效率。其主要缺陷在于，这类模型仅有四种基本形状：指数、对数、Logistic、反 Logistic，这对于某些拍卖来说可能过于简化。此外，因为这四种模型不是嵌套在单一模型中，因此比较拟合优度（选择最佳模型）也是比较麻烦的。最后，当拟合指数模型或 Logistic 模型时，模型在竞拍价格空间内最小化误差。相反地，在拟合对数模型和反 Logistic 增长模型时，是在出价时间空间内最小化误差。因此，比较起来更为复杂。在下面章节中，我们将讨论另一种参数模型：Beta 模型。这一模型弥补了上述缺陷。事实上，四种增长型参数模型只是它的一个特例。

4.1.5　Beta模型

根据上述缺陷，现在我们来讨论一下能够灵活估计价格路径及其动态并依然简捷的单一参数模型。Jank等人（2009）介绍了了这一模型，它是基于Beta累积分布函数（CDF）。Beta分布是一种定义在区间[0,1]上的、由两个形状参数（α 和 β）完全决定的连续概率分布。其CDF可写成：

$$F(x,\alpha,\beta) = \frac{\int_0^x u^{\alpha-1}(1-u)^{\beta-1}du}{B(\alpha,\beta)} \tag{4.18}$$

其中，$B(\alpha,\beta)$ 是 Beta 函数（$B(\alpha,\beta) = \int_0^1 u^{\alpha-1}(1-u)^{\beta-1}du$）。它作为CDF中的标准化常数（normalization constant），确保 $F(1,\alpha,\beta) = 1$。

Beta模型可以生成多种曲线。前面讨论的四类增长模型只是它的特例。图4-7展示了不同 α 和 β 值的Beta模型曲线。实线表现的情形是：价格在拍卖开始和拍卖结束时快速上涨，但中期则不同，对应Logistic增长模型。长虚线表现的情形是：价格的快速上涨仅发生在拍卖结束，对应指数增长模型。短虚线表现的情形是：价格在拍卖初期快速上涨，对应对数增长模型。点虚线表现的情形是：价格在拍卖中期快速上涨，对应反Logistic增长模型。

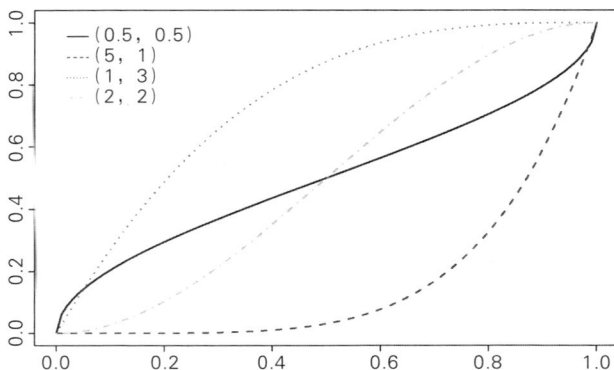

图4-7　不同形状参数 α 和 β 的 Beta 模型的 CDF

4.1.5.1　Beta模型的拟合

用Beta模型对拍卖数据进行拟合，可以得到在出价时间和竞拍价格两个维度拟合效果都很好的曲线。正如之前所指出的，在拍卖领域内这两个维度都很重要。特别是，对出价时间的良好拟合，对于精确捕捉不同竞拍活动的时间点非常重要。不同的竞拍活动时期已经在拍卖文献中大量记载（比如，Shmueli等人，2007；Ockenfels和Roth，2002），比如拍卖初期竞价或者最后一分钟竞价，对它们的准确捕捉对于建模来说非常重要。在竞拍价格方面，准确捕捉竞拍价格的模型对于精确预测拍卖最终价格来说非常重要。预测拍卖价格是出于实践中的兴趣，大量文献已经提出了多种预测模型（Ghani和Simmons，2004；Wang等人，2008a；Jap和Naik，2008；Jank和Zhang，2009a；Jank和Shmueli，2007；Dass等人，2009；Zhang等人，2010）。我们将在第5章讨论有关预测的内容。

Beta CDF的拟合仅需要给出观测的出价和相应的时间。所产生的价格路径表达式仅由两个参数刻画。Beta模型的简单性和低成本使其从其他备选方法中脱颖而出。接下来，我们讨论Beta CDF拟合的算法，该算法再一次同时在竞拍价格和出价时间这两个维度最小化残差。

4.1.5.2　Beta拟合算法

对于给定的拍卖，我们按照以下步骤通过观测的竞拍数据估计 α 和 β：

第一步：标准化竞拍价格和出价时间。由于Beta CDF的值域（y）和定义域（x）均为 $[0,1]$ 区间，所以我们首先按照以下两个转换标准化竞拍价格和出价时间：

$$y \leftarrow \frac{\text{bid} - \min(\text{bid})}{\max(\text{bid}) - \min(\text{bid})}$$

$$x \leftarrow \frac{\text{time} - \min(\text{time})}{\max(\text{time}) - \min(\text{time})}$$

x 和 y 分别是标准化后的出价时间和竞拍价格。

第二步：计算 α_0 和 β_0，即 $\hat{\alpha}$ 和 $\hat{\beta}$ 的初始值。因为我们将 x 视为Beta

分布的随机变量，因此假设 x 的经验均值和方差接近理论均值和方差是合理的。也就是说，$\mathrm{mean}(x) \simeq \dfrac{\alpha}{\alpha + \beta}$，$\mathrm{var}(x) \simeq \dfrac{\alpha\beta}{(\alpha + \beta)^2(\alpha + \beta + 1)}$。因此，$\alpha$ 和 β 的初始值可以通过解下面的最小化问题得出：

$$(\alpha_0, \beta_0) = \left\{(\alpha^*, \beta^*) \middle| \mathrm{DIST}^A(\alpha^*, \beta^*) = \min(\mathrm{DIST}^A(\alpha, \beta))\right\}$$

其中，$\mathrm{DIST}^A(\alpha, \beta) = \left(\mathrm{mean}(x) - \dfrac{\alpha}{\alpha + \beta}\right)^2 + \left(\mathrm{var}(x) - \dfrac{\alpha\beta}{(\alpha + \beta)^2(\alpha + \beta + 1)}\right)^2$。

第三步：计算 $\hat{\alpha}$ 和 $\hat{\beta}$。为了同时捕捉竞价水平和出价时间，该模型同时在 y 轴和 x 轴最小化误差。特别地，我们选择了在 y 轴和 x 轴最小化残差的平方和。再加上第二步得到的初始值算 α_0 和 β_0，我们通过解下面这个最小化问题得出 $\hat{\alpha}$ 和 $\hat{\beta}$：

$$(\hat{\alpha}, \hat{\beta}) = \left\{(\alpha^*, \beta^*) \middle| \mathrm{DIST}^B(\alpha^*, \beta^*) = \min(\mathrm{DIST}^B(\alpha, \beta))\right\}$$

其中，$\mathrm{DIST}^B(\alpha, \beta) = \sum (y - \mathrm{pbeta}(x, \alpha, \beta))^2 + \sum (x - \mathrm{qbeta}(y, \alpha, \beta))^2$，pbeta 和 qbeta 分别代表 Beta 分布的累积分布函数和逆累积分布函数。

上述算法计算效率很高。平均来看，一个拍卖的 Beta 模型拟合需要花费 0.0329 秒，四类增长模型则需要 0.0305 秒。惩罚样条仅需要 0.0184 秒，这并不令人感到奇怪，因为这种方法不需要任何迭代过程。而需要进行数据迭代的单调样条拟合则需要 50 倍的时间（平均每个拍卖需要花费 1.7049 秒）。这些计算使用的都是 2GB 内存、四核 2.26GHz 处理器的 IBM 联想 T400 型手提电脑。

4.1.5.3 Beta 模型的性质

Beta 模型除了具有其他方法（p 样条、单调样条和四类增长模型）的主要性质之外，还具有一些额外的性质。与其他方法一样，连续 Beta 曲线的导数可用于捕捉价格动态。Beta 模型产生单调的非递减的曲线，计算迅速。与非参数方法有所不同，Beta 模型拟合无需多余参数。

Beta 模型具有两个独特性质，这使其在网上拍卖研究领域内尤为有利：第一，因为从概率函数得到两个维度（竞拍价格和出价时间），所以Beta汇总统计可以用于研究出价时间分布；第二，存在一种简单直接的方法去衡量价格路径之间的成对距离。后者在成对比较和动态预测领域尤其有用。特别是，Zhang等人（2010）利用这一性质，使用函数型K最邻近（K-nearest neighbor，KNN）预测，产生了更为精确的价格预测（见第5章）。接下来我们逐一讨论Beta模型的这些性质。

（1）表现价格动态

价格路径的Beta CDF表现指的是，价格速度（价格曲线的一阶导数）由Beta概率密度函数（probability density function，PDF）给出。特别是，在任意给定的时间 T，形状参数为 α 和 β 的拍卖的价格速度可通过下式计算得出：

$$\mathrm{Vel}(t,\alpha,\beta) = \frac{t^{\alpha-1}(1-t)^{\beta-1}}{B(\alpha,\beta)} \tag{4.19}$$

其中，t 是 T 的标准化，其范围是 $[0,1]$（$t = T$ /持续期），$B(\alpha,\beta)$ 是Beta函数。

高阶价格动态可以通过求高阶导数轻易得到。比如，价格加速度可以按下式计算：

$$\mathrm{Acc}(t,\alpha,\beta) = \frac{t^{\alpha-1}(1-t)^{\beta-1}}{B(\alpha,\beta)}\left(\frac{\alpha-1}{t} - \frac{\beta-1}{1-t}\right)$$

正如我们之前指出的那样，价格动态含有拍卖过程的重要信息。因此，精确模拟价格动态对于许多方面的应用都有好处。

（2）增长类型的特征化

与四类增长模型类似，Beta模型提供也是特征化价格过程类型的工具。事实上，四类增长模型是Beta模型的特例。比如，如果 α 和 β 都小于1，那么Beta模型价格曲线与反Logistic模型相类似。表4-1列出了Beta模型参数和四类增长模型之间的关系。这种关系意味着，我们无需使用函数聚类（比如，Jank 和 Shmueli，2008b；本书3.7节）等更为专业的技术方法或者费力的视觉检验（比如，Hyde等人，2006），就可以轻易地按照拍卖的动态类型对拍卖进行特征化。

表4-1　　　　　　　　　Beta模型和四类增长模型之间的关系

增长模型	Beta 模型	
指数模型	$\alpha = 1$	$\beta < 1$
	$\alpha > 1$	$\beta \leqslant 1$
对数模型	$\alpha < 1$	$\beta \geqslant 1$
	$\alpha = 1$	$\beta > 1$
Logistic 模型	$\alpha > 1$	$\beta > 1$
反 Logistic 模型	$\alpha < 1$	$\beta < 1$

（3）出价时间的特征化

对 Beta 模型参数 α 和 β 的估计，可以用于计算那些捕捉出价时间的汇总统计量。表4-2给出了方差、众数和偏度的公式。方差给出了竞拍的分散程度，众数（价格速度曲线的峰值）给出了拍卖价格变动最快的时间，偏度给出了出价时间的非对称程度。网上拍卖倾向于在开始和结束时出现较为活跃的竞拍活动。

表4-2　　　　　　　　　Beta分布汇总统计量及其拍卖意义

	公式	解释
方差	$\dfrac{\alpha\beta}{(\alpha+\beta)^2(\alpha+\beta+1)}$	竞拍的分散程度
众数	$\dfrac{\alpha-1}{\alpha+\beta-2}$	速度曲线的峰值，价格在这个点增长最快
偏度	$\dfrac{2(\beta-\alpha)\sqrt{\alpha+\beta+1}}{(\alpha+\beta+2)\sqrt{\alpha\beta}}$	竞拍的非对称程度

（4）衡量价格路径之间的距离

与其他价格路径模型有所不同，Beta 模型可以让我们轻松地衡量两条价格路径之间的距离。如果两条价格曲线都是Beta曲线，那么它们之间的距离可以使用KL（Kullback-Leibler）距离衡量（Kullback和Leibler，1951）。KL距离是两个概率分布之间差异的一种非交换测量。对于分布X和Y来说，KL距离测量了Y与X的差异程度。KL距离广泛应用于出于特征选择目的的模式识别（pattern recognition）（Basseville，1989）以及物理学中原子或其他粒子状态的确定（Nalewajski和Parr，2000）。

使用Beta模型，KL距离尤为简单。考虑参数分别为(α,β)和(α',β')的Beta分布X和Y。X和Y之间的KL距离可由Beta参数的简单函数得出（Raubera等人，2008）：

$$D_{KL}(X,Y) = \ln\frac{B(\alpha',\beta')}{B(\alpha,\beta)} - (\alpha'-\alpha)\psi(\alpha) - (\beta'-\beta)\psi(\beta) + (\alpha'-\alpha+\beta'-\beta)\psi(\alpha+\beta) \quad (4.20)$$

其中，B和ψ分别是Beta函数和Digamma函数。

这一性质的重要性在于，它允许我们将价格动态加入基于距离的预测模型之中，比如KNN方法。事实上，Zhang等人（2010）使用这一性质开发出一种函数型KNN算法，并证明，在被研究的拍卖非常繁杂时，这种算法可以提高预测精度（见第5章）。

4.1.6 价格路径模型的实证比较

在这一部分，我们将对Beta模型和其他三种方法（惩罚样条、单调样条以及四类增长模型）进行比较。比较基于两个方面：（1）拟合程度，我们比较不同模型所生成的价格曲线表现拍卖观测数据的准确性；（2）预测能力，我们比较四种方法在预测一系列拍卖的最终价格的准确程度。在预测部分我们将看到，对拍卖价格路径和价格动态的准确估计尤为重要。

4.1.6.1 模型拟合程度比较

为了评价模型的拟合优度（goodness of fit），我们同时查看竞拍价格（y）和出价时间（x）的残差。为此，我们定义共有n次出价的第i个拍卖的残差为：

$$\text{resid}_i = \frac{1}{n} \sum_{k=1}^{n} \left[0.5(y_k - \hat{y}_k)^2 + 0.5(x_k - \hat{x}_k)^2 \right]$$

其中，(x_k, y_k) 和 $(\hat{x}_k, \hat{y}_k)$ 分别为观测值和拟合值。需要注意的是，由于惩罚样条和单调样条仅仅对竞拍价格（y）最小化误差，因此我们令 $x_k = \hat{x}_k$，当然这可能会高估这两种方法的拟合优度。

我们将上述四种方法应用于拍卖数据集。对每一个拍卖，我们分别估计 p 样条、单调样条、四类增长模型中的最佳拟合模型以及 Beta 模型。首先将出价 p 和时间 t 进行标准化，使其落入 [0, 1] 区间。然后用每一种模型[①]对标准化数据进行拟合。标准化使得出价时间残差和竞拍价格残差权重相等，因为二者的度量刻度是相等的。

残差绝对值的分布见图 4-8。我们可以看到 Beta 模型的拟合残差（左上角，平均残差为 0.0125）稍微超过了单调样条拟合残差（右下角，平均残差为 0.0112），拟合效果居于次席。p 样条和四类增长模型拟合结果较差（平均残差分别为 0.0326，0.0434）。但是，回想一下，单调样条估计需要花费更多的时间：为了拟合我们数据中的 380 个拍卖，它总共花费了2 650 秒（44 分钟），而 Beta 模型仅用时 19 秒。

4.1.6.2　预测准确程度比较

现在，我们来比较四种模型预测拍卖最终价格的准确程度。预先获得最终价格信息对于所有拍卖参与者来说都是有利的。竞买者可以利用这一信息做出更为英明的竞买决定（Jank 和 Zhang，2009a）。卖家利用预测判断更为有利的出售时机（比如，市场需求旺盛、供给不足）。我们尤其关注价格动态在拍卖过程中所扮演的角色：尽管最近研究表明，将价格动态

---

① 对于 p 样条和单调样条，我们使用留-交叉验证（leave-one-out cross-validation，LOO-CV）确定平滑参数。

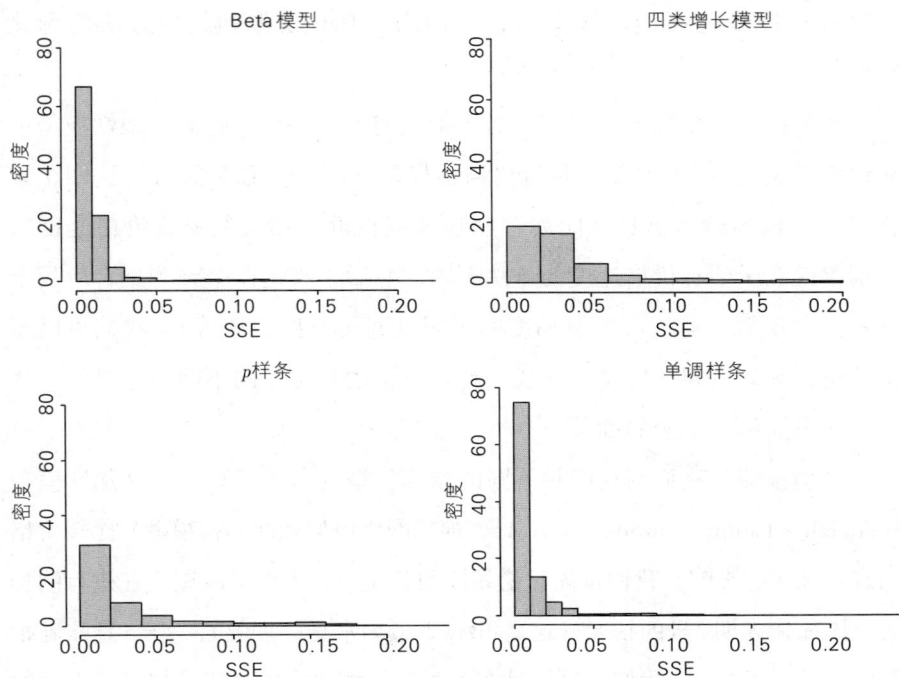

图4-8 模型残差: Beta 模型 (左上部分), 四类增长模型 (右上部分),
p 样条 (左下部分), 单调样条 (右下部分)

加入网上拍卖价格的实时预测模型可以极大提升预测精度, 但是人们尚未研究这些用于预测价格动态的方法是否会影响预测精度。不同的价格曲线估计产生了不同的价格动态估计, 从而产生了不同的预测表现, 这一点听上去貌似合理, 接下来让我们仔细研究一下这个问题。

我们已经展示了 Beta 模型计算的速度非常快, 显著快于单调样条, 和 p 样条速度几乎一样。因此, Beta 模型适合实时预测, 因为实时预测需要在瞬间完成计算成百上千个拍卖数据的更新计算。还需要展示在这些快速计算时间内是否会产生精确的预测。我们已经证明, 尽管 p 样条计算快速, 但并不适合捕捉单调拍卖过程, 因此不适合拍卖预测。相反, 尽管单调样条是预测拍卖过程延续性的必然选择 (至少在理论上是这样), 但是其计算速度太过缓慢。接下来，我们比较 Beta 模型和其他方法的预测精度。

我们按以下步骤进行研究。对于给定的预测模型（比如，线性模型或非线性模型），我们对每一种价格路径模型分配一组预测集合。这四个集合包含同样的输入信息（比如，都包含起拍价、拍卖期限或价格速度），区别仅仅在于估计价格速度的方法不同。然后，将这四个预测集合应用于同一预测模型，再观察预测精度的不同（利用对照组评价）。我们可以得出结论，观测差异一定是由于我们计算价格动态方式的不同所造成的。我们将在下面给出更多的细节。

模型预测：我们利用四种不同的预测模型（线性模型、广义加性模型（generalized additive model，GAM）、神经网络模型和回归树模型）比较价格动态对预测的影响。我们首先讨论线性预测模型。考虑 T 时刻正在进行的拍卖。比如，为期 7 日的拍卖（这是 eBay 上最为常见的期限），$T = 5$ 意味着拍卖已经进行了 5 天。我们的目标是在 T 时刻预测拍卖的最终价格。在上面的例子中，我们的目标是在第 5 日预测拍卖的最终价格。线性预测方程为：

$$\text{FinalPrice}_i = \beta'_1 \mathbf{X} + \beta'_2 \text{Price}_{T_i} + \beta'_3 \text{Velocity}_{T_i} \tag{4.21}$$

其中，矩阵 $\mathbf{X}$ 为包括卖家、拍卖品和拍卖特点等特征的控制变量。这些拍卖特征变量包括起拍价、拍卖时限、运费、卖家评分、拍卖是否有图片、卖家是否有 eBay 商店、卖家是否为超级卖家、拍卖的竞拍次数以及竞买者的平均等级等（均为 T 时刻的值）。需要注意的是，对于所有预测模型，$\mathbf{X}$ 中的信息都是相同的。

虽然 $\mathbf{X}$ 是相同的、始终不变的，但是我们可以改变 Price_{T_i} 和 Velocity_{T_i}（分别表示 T 时刻价格路径 i 的价格和价格速度的预测值，其中 $i\epsilon$ {Beta 模型、四类增长模型、惩罚样条模型，单调样条模型}）。因此，我们得到最终价格的四个预测，每一个预测都是基于不同的价格路径模型。

接下来就应该讨论价格动态的估计问题。值得注意的是，Price_{T_i} 和

Velocity$_{T_i}$ 表示 T 时刻的当前价格和价格速度，更确切地说，是拍卖进行期内的 T 时刻。为了得到这些估计，我们仅使用截止到 T 时刻的竞价去估计价格路径模型。

除了方程（4.21）的线性模型以外，我们还研究了三种非线性预测模型。它们是广义加性模型（GAM）、神经网络模型以及回归树模型。这些加性模型背后的原理是，预测精度的差异可能是由于价格动态和预测价格之间的非线性关系或高阶相关造成的。通过研究更为灵活的建模方法，我们可以量化这一差异。有关预测方法的更多细节，见第 5 章。

结果：所有预测的预测表现均是利用对照组进行评价。特别地，我们随机将拍卖集合划分为各占 50% 的实验组和对照组。我们利用实验组估计模型参数，然后通过计算对照组的平均绝对百分比误差（mean absolute percentage error，MAPE）度量预测精度：

$$\text{MAPE} = \frac{1}{N}\sum_{i=1}^{N}\left|\frac{y_i - \hat{y}_i}{y_i}\right| \tag{4.22}$$

其中，y_i 和 $\hat{y}_i$ 分别表示对照组中第 i 个拍卖最终价格的真实值和预测值。

图 4-9 展示了这一结果。上半部分对应线性模型（左）和广义加性模型（右）；下半部分对应神经网络模型（左）和回归树模型（右）。y 轴为预测误差，x 轴为预测窗口。这里的"预测窗口"是指我们进行预测时距离拍卖结束的时间。比如，$T = -2$ 小时意味着我们在拍卖结束前两小时进行的价格预测。如我们所愿，我们看到，等待的时间越长（即 T 越接近 0，距离拍卖结束越近），我们的预测越好。我们还可以看到，无论是何种预测模型，从预测精度来看，使用 Beta 模型和单调样条估计的价格动态总是好于使用惩罚样条和四类增长模型估计的价格动态。尽管这一区别在线性预测模型（左上角）上表现最为显著，但是对于神经网络模型（左下角）而言在统计上也是显著的，这表明价格动态和预测价格之间的关系是高度非线性的。同样请记住，尽管 Beta 模型和单调样条的表现看上去非常近似，但是估计单调样条时会花费超过 50 倍的计算时间。比

如，在我们的698个拍卖数据中，拟合所有Beta模型共花费了23秒，但是拟合所有单调样条的时间超过了1 190秒（将近20分钟）。考虑到我们的目标是进行实时预测，并且预测需要在拍卖结束前5分钟（有时甚至是1分钟）内进行更新，20分钟的计算时间是不切实际的。因此，我们可以得出结论：当目标是为了快速获得准确的价格路径估计时，Beta模型是现有方法中非常好的一种方法。

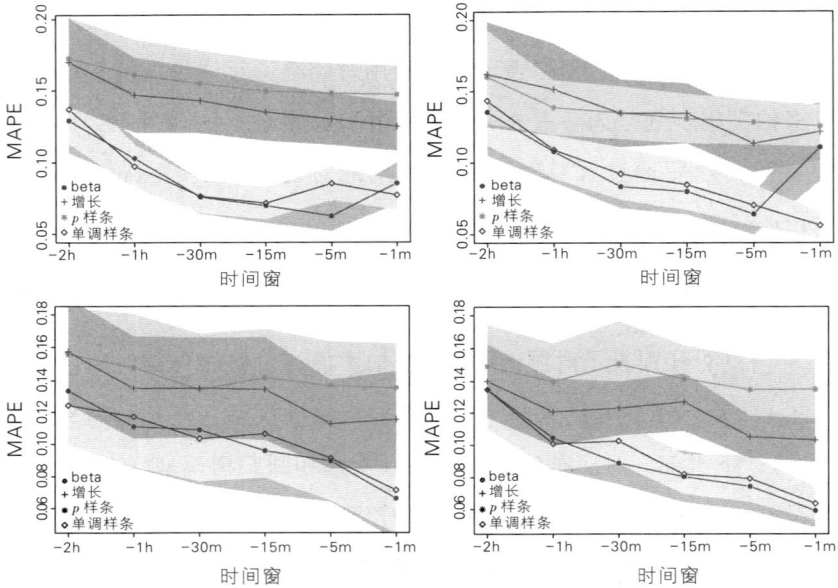

图4-9　不同价格路径模型的预测精度对比。上半部分对应线性模型（左）和广义加性模型（右）；下半部分对应神经网络模型（左）和回归树模型（右）。X 轴为预测窗口。灰色带对应95%误差置信带

4.1.7　案例研究：赢者诅咒

在本节中，我们将举例说明度量价格速度和加速度的作用，以便我们从一个全新的角度去审视核心的经济原理。特别是我们采用函数的方法，

通过对价格速度建模，提出了一种量化拍卖中价值附加程度和方向的全新方法。为此，我们采用了本章节介绍过的一些价格过程表示方法。事实上，尽管我们采用了相同的方法论原理，但是我们并未随时间捕捉价格过程，而是将价格过程视为竞拍者数量的函数。这种区别从本质上来说是很自然的：尽管我们将再次使用平滑方法对价格动态进行估计，但对价格动态的理解与之前的理解有所不同。比如价格速度，这里我们将其作为竞拍者数量的函数进行平滑。我们将会在后面介绍更多的细节。

4.1.7.1 引言和动机

拍卖的特点在于信息的非对称性，因此在建立拍卖模型时，首先要做的是确定合适的信息结构。人们通常使用的信息结构设定有两种：共有价值（common value）和私人价值（private value）。更为普遍的是第三种，即在竞拍者信息中同时存在共有价值部分和私人价值部分（更为一般的设定见 Klempere（1999，第58页）和 Krishna（2002，第6.1节））。众所周知，这些信息结构可能会产生非常不同的竞拍类型以及相应的拍卖结果（Milgrom 和 Weber，1982）。然而，一场拍卖究竟是建立在私人价值还是共有价值的设定下，人们对此莫衷一是，并通常将这一问题归于研究人员的主观判断。一个最新的研究，Borle 等人（2003）对一些拍卖专家进行了调查，研究表明，对于给定的拍卖，人们在将其设定为共有价值还是私人价值的问题上存在显著分歧。考虑到这是任何有关拍卖数据的理论研究或实证研究的基石，我们提出了一种经验做法，它仅仅基于对速度和加速度估计的有效性，可以作为检测私人价值或附加价值设定的理论前检验。

目前检测私人价值还是共有价值设定的方法是利用现实网上拍卖数据进行赢者诅咒检验（Bajari 和 Hortacsu，2003）。他们寻找隐匿竞价（bid shading）这一现象，并将其存在视为共有价值拍卖的特征。这一方法有赖于这种事实，即在共有价值设定下，竞拍者会实施理论上预期的最优竞价行为——隐藏他们的竞价从而避免出现赢者诅咒。为了检测隐匿竞价是否存在，他们依赖的是 Milgrom 和 Weber 的构想：

……Milgrom 和 Weber（1982）提出了赢者诅咒检验模型……在一个 N 人参与的拍卖中，赢者诅咒出现的概率要高于 $N-1$ 人参与的拍卖。因此，经验预期应该是：N 人参与的第二价格拍卖或增价拍卖的平均出价要低于 $N-1$ 人参与的拍卖。

我们在这里提出了另一种剔除竞拍者数量对出价上涨率影响的方法。我们的兴趣点在于确定拍卖进程中是否存在竞价的附加价值。特别地，我们采用了一种方法去估计这一关系，同时捕捉网上拍卖的动态本质，拍卖中未知的、变化的竞拍者数量以及出价时间。不存在这种附加价值则意味着私人价值设定成立，即竞拍者不受其他竞拍者行为的影响。相对地，如果存在这种附加价值，则根据这种关系的方向有多种不同的解释。正向的附加价值表明竞拍者针对其他竞拍者的出价向上修正他们的价值，这可能是由于非最优竞价造成的（从理性效用最大化贝叶斯–纳什均衡策略预期的角度来看）。这可能会产生赢者诅咒。负向关系则意味着在共有价值拍卖中，人们面对可预期的赢者诅咒，出现了隐匿竞价行为。

4.1.7.2 隐匿竞价和赢者诅咒

隐匿竞价，是指竞买者的出价低于他对于拍卖品的实际估值。根据拍卖理论，策略地隐匿竞价的一个主要原因是为了避免赢者诅咒。赢者诅咒，是一种发生在共有价值商品拍卖中的现象。在这种拍卖中，拍卖品的价值对于每一位参与者来说都是相同的，虽然参与者可能并不知道它的确切价值。在这一设定下，每一个出价都被视为来自于同一价值分布的一个实现，平均出价被视为参与者对共有价值的估计。如果竞拍者按照他们对拍卖品的估值进行出价，那么最高出价就会高估共有价值，从而产生赢者诅咒现象。为了避免赢者诅咒，这种拍卖中的竞拍者必须隐藏他们的竞价，换句话说，降低他们对拍卖品价值的估计。根据拍卖理论，降低幅度取决于拍卖中竞拍者的数量：竞拍者越多，需要的隐藏就越大。下面我们来证明这一点，考虑一个来自于 F 分布的 n 个出价随机样本，$X_1, X_2, ..., X_n$。最高出价

$\text{Max}_n = \text{Max}(X_1, X_2, ..., X_n)$ 的分布就是 F^n，期望值为：

$$E\{\text{Max}(X_1, X_2, ..., X_n)\} = \int_x x n F^{n-1}(x) f(x) \mathrm{d}x \qquad (4.23)$$

其中，$f(x) = F'(x)$。因此，$E(\text{Max}_n) - E(X)$ 之差与 n 成比例。为了解释这一点，考虑拍卖理论中常见的两种出价分布：均匀分布和正态分布。我选择两种具有相同期望值 $E(X) = 50$ 和相似范围的分布：$X \sim U(0, 100)$ 和 $Y \sim N(50, 17^2)$。对于均匀分布，式（4.23）存在封闭形式（closed form），即 $E(\text{Max}_n) = 100n/(n+1)$。对于正态分布，我们使用基于数值积分的 Harter 表（Harter，1961）。$E(\text{Max}_n) - E(X)$ 之差作为 n 的一个函数，展示在图 4-10 中。在上述两种分布中，这种关系都是单调非线性的。

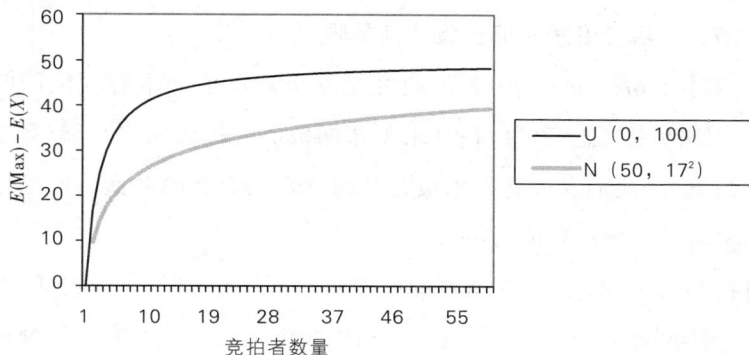

图 4-10　均匀分布和正态分布下的 $E(\text{Max}_n) - E(X)$ 之差是竞拍者数量 n 的函数

4.1.7.3　竞拍者数量的影响

根据拍卖理论，在一个私人价值拍卖中，即每位竞拍者对于拍卖品都有自己的估值，并且不关心其他竞拍者的估值，我们预期出价与竞拍者数量之间不存在关系。相反地，如果竞拍者数量影响了出价，那么这就意味着竞拍者确实关心竞争者的数量。如果我们再一次考虑赢者诅咒，那么我们预期理性竞拍者会根据竞拍者数量成比例地降低他们的出价（隐匿竞价）。因此，隐匿竞价就可以作为竞拍者估值之间附加价值的指示器。当然，如果这种设定下隐匿竞价并未出现，那么我们将会观察到赢者诅咒！然而，存在另一种联系出价和竞拍者数量的可能性，即出价随竞拍者数量增加而提高。虽然这并未出现在拍卖理论中，但是却常见于网上拍卖之中（Salls，2005）。与隐匿竞价相反，出价会随着更多竞拍者的出现而提高。同隐匿竞价一样，这表明竞拍者估值存在附加价值。

我们所提出的方法，其主要目的是评价竞拍者数量是否影响出价。如果不存在这种关系，意味着该拍卖的估值为不附加私人价值型。如果存在这种关系，则意味着竞价隐匿（如果竞买者数量从负向影响出价）或者"激烈竞拍"（随着竞买者数量的增加，实际出价暴涨）的反向效应。

4.1.7.4　赢者诅咒实证检验及其局限

Bajari 和 Hortacsu（2003）的研究是基于对竞价样本的线性回归进行的，其中响应变量是竞价价格（根据账面价值进行标准化），解释变量是竞拍者数量。[①]他们发现斜率为负，并将其作为存在隐匿竞价的证据，并因此推断这是一场共有价值拍卖。

当我们采用 Milgrom 和 Weber 模型对隐匿出价问题进行实证检验时，会存在一些问题。首先，网上拍卖（比如 eBay）中的竞拍者数量通常在拍卖结束前都是未知的，并且会随着拍卖的进行而发生变化。这意味着我们不能在模型中使用竞拍者总数，因为竞拍者无法在拍卖期间得知这一信息。然而，如果我们假定每一位竞拍者出价时，就好像他（她）是拍卖中的最后一位竞拍者（相应地隐匿或提高出价），那么我们可以比较同一次序竞拍者的出价（例如，所有第五位竞拍者的出价）。换句话说，我们观察的是竞拍者的当前人数而非总数。图 4-11 通过一场进行中的拍卖的竞

---

①　在实践中,他们使用了一个竞买人数量的代理指标,即根据账面价值进行标准化后的开盘价。

价历史解释了这一点。在拍卖的这个时点上，有三位竞拍者出价，最后一次出价是Glaciafury。①这位竞拍者会将他自己视为这场3人拍卖的第三位竞拍者。如果不考虑出价时间这一因素，这种假设是合理的。在网上拍卖中，拍卖通常会持续几天，那么出价时间就是一个重要因素。我们上面假定第 n 位竞拍者将自己视为这场 n 人拍卖的最后竞拍者。然而，在拍卖中初期就出价的竞拍者比拍卖末期才出价的竞拍者更可能被其他竞拍者追随。比如，初期出价的第五位竞拍者比拍卖最后5分钟才出价的第五位竞拍者更有可能被其他竞拍者追随。因此，我们必须将出价时间考虑在内。Bajari和Hortacsu（2003）通过仅使用拍卖最后几分钟数据解决了这一问题。我们的方法允许人们使用整个拍卖过程中的出价，同时提取出价时间这一因素。

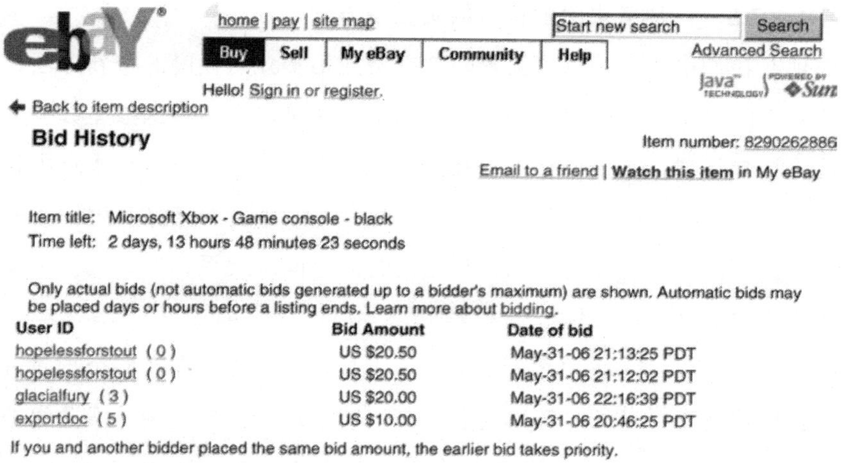
home | pay | site map
Start new search Search
Buy Sell My eBay Community Help
Advanced Search
Hello! Sign in or register.
Back to item description

Bid History

Item number: 8290262886

Email to a friend | Watch this item in My eBay

Item title: Microsoft Xbox - Game console - black
Time left: 2 days, 13 hours 48 minutes 23 seconds

Only actual bids (not automatic bids generated up to a bidder's maximum) are shown. Automatic bids may be placed days or hours before a listing ends. Learn more about bidding.

User ID	Bid Amount	Date of bid
hopelessforstout (0)	US $20.50	May-31-06 21:13:25 PDT
hopelessforstout (0)	US $20.50	May-31-06 21:12:02 PDT
glacialfury (3)	US $20.00	May-31-06 22:16:39 PDT
exportdoc (5)	US $10.00	May-31-06 20:46:25 PDT

If you and another bidder placed the same bid amount, the earlier bid takes priority.

图4-11　一台Xbox游戏主机公开拍卖的竞价历史记录

另一项挑战是为了观察出价是否随竞拍者数量的增加而被隐匿，需要把

① 需要注意的是，20美元的最后出价要低于之前竞买人20.50美元的出价。这可能是因为eBay仅仅显示当前的第二高价格。

来自一系列拍卖的多个出价视为一个随机样本。显然，相同拍卖的出价是时间相关的。因此，拟合一个假定了独立性的回归模型，可能会产生有偏估计。我们提出的解决办法是将每一场拍卖而非每一个出价视为一个观测点。

最后，我们更喜欢避免假设出价与竞拍者数量之间存在线性关系，因为没有理论表明存在这样一个线性形式。事实上，图4-10表明最高出价的期望值和出价的预期值之间的距离与竞拍者数量之间的关系倾向于非线性的，因此隐匿竞价的幅度应该是以一个递减的速度而递增的。为了避免在估值分布中假定任何参数（不能使用标准的、公开的竞拍数据检验和证实），我们提出了一种不同的方法。我们认为隐匿竞价降低了价格上涨的速度，而拍卖狂热（auction fever）加快了价格上涨的速度。换句话说，我们观察的是竞拍者数量对出价变化率的影响。因此，我们感兴趣的点是价格速度。

4.1.7.5 一种量化附加价值的函数型方法

现在我们引入一种直接衡量隐匿竞价或拍卖狂热程度的全新方法，该方法考虑的是网上拍卖的动态特性。这一方法是基于一种函数型数据分析方法，换句话说，基于价格过程及其动态的表现方法（我们在本章中讨论过的）。该方法的优点是：使用了整个出价集合，而不仅仅使用拍卖的最后几分钟的出价；它保持了出价与出价时间之间的关系；并且捕捉了同一拍卖中出价的时间相关性。

我们首先将每一场拍卖表示为一个函数型观测点，即在整个拍卖过程中将其出价与当前竞拍者数量关联起来。特别地，我们使用平滑曲线拟合出价时间序列，其中 x 轴代表当前竞拍者数量。图4-12展示了这一点。这里，我们使用惩罚平滑样条进行了曲线的拟合。事实上，在这个例子中使用惩罚平滑样条（而非单调样条或者Beta模型）具有一定优势，因为在我们对代理出价（与当前出价不同）建模时并不需要单调递增的限制。此外，如前所述，与前面章节内容有所不同，我们现在是对当天竞拍者数量进行平滑处理，而非时间。这种区别是本质上的，对当天竞拍者数量进行平滑处理的结果的解释与对时间进行平滑处理的结果的解释是不同的，比如价格速度的解释。

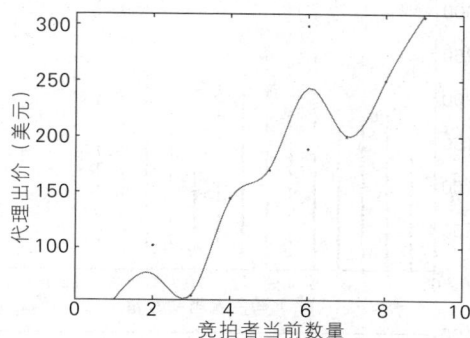

图4-12　一个拍卖出价序列的曲线表示

　　图4-13的中间部分展示了92场微软Xbox游戏主机7天拍卖的拟合曲
线样本。我们没有将所有92场拍卖的1 852个出价作为一个样本（如图4-13
的上半部分），我们的样本包含了92个函数型观测点，其中的每一条曲线
均被视为一个观测点。粗线是逐点的平均曲线，表示"典型"出价曲线。
可以看出，平均曲线近似与当前竞拍者数量呈线性关系，但还是受到了多
竞拍者参与的拍卖数量减少的显著影响。特别是那些以非常高的竞价结束
的拍卖。然而，我们感兴趣的并不是出价曲线，而是出价曲线的变化率。
它反映了每增加一个竞拍者，价格上涨的幅度。我们可以使用出价曲线的
一阶导数来捕捉这一点，我们称之为出价速度曲线。图4-13的下半部分
展示了92场拍卖相应的出价速度曲线。虽然单条曲线不够稳定，但是从
平均出价速度曲线（粗线）可以看出，这种关系是比较稳定的。事实上，
平均出价曲线不受到竞拍者数量的影响，几乎是一个常数。因此，我们可
以得出结论：出价上涨率不受竞拍者数量的影响（竞拍者的估值并没有附
加价值）。然而，回想出价时间的影响，即初期出价更有可能被其他出价
跟随。因此，在进行函数型拍卖曲线拟合和审视出价速度曲线之前，我们
下一步的目标是剔除出价时间这一因素。

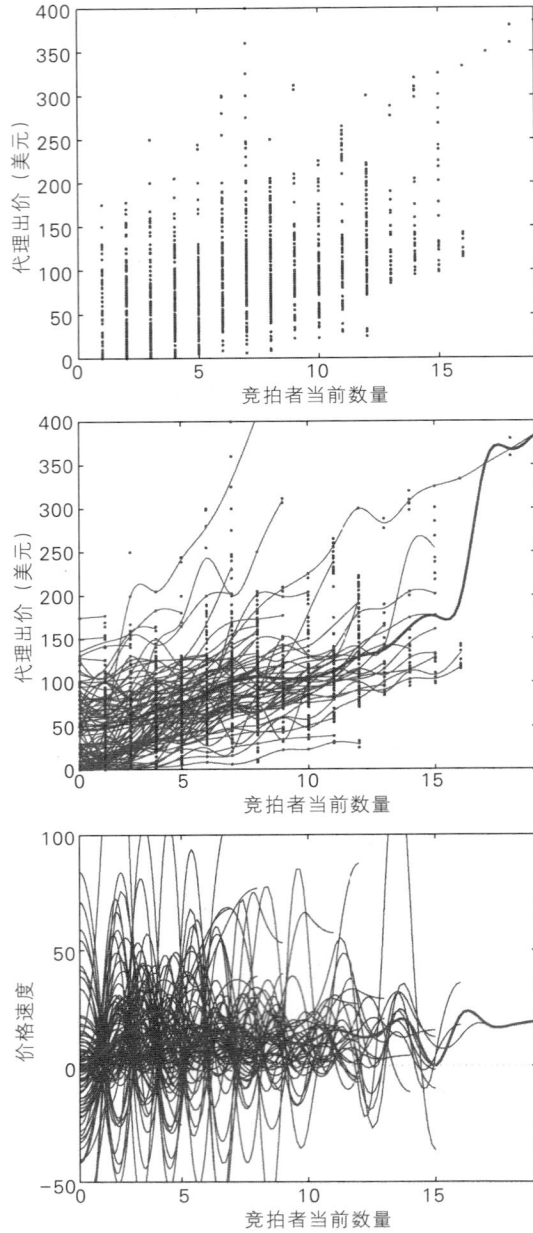

图 4-13　92 场微软 Xbox 游戏主机拍卖的出价与当前竞拍者数量的竞价散点图
（上半部分）、拟合拍卖曲线（中部）、出价速度曲线（下半部分）

4.1.7.6 考虑出价时间

为了考虑出价时间对于出价的影响，我们通过用出价对出价时间做回归拟合了二者之间的关系。然后，我们将残差作为剔除出价时间后的数值。为此，我们对出价和出价时间这两个变量的样本进行了非线性回归拟合。考虑到这些点的分布非常不均匀，特别是拍卖末期的高密度区域，我们使用了核平滑因子。图4-14展示了出价-出价时间的散点图以及拟合的核平滑因子。与我们的预期一样，后期的出价比初期的出价更高。用实际出价减去预期的出价（基于出价时间）就得到了剔除时间因素后的出价残差。在我们使用之前讨论的平滑方法之前，这只是个准备阶段。换句话说，我们还要对每一场拍卖的出价残差进行曲线拟合，然后观察这些曲线的导数。图4-15展示了92场拍卖的出价残差曲线（上半部分）和出价残差速度曲线（下半部分）。与之前未考虑出价时间因素的平坦平均速度曲线相比，考虑出价时间因素的平均出价残差速度曲线随竞拍者数量增加轻微上升。这种正向关系可被视为拍卖狂热或竞价膨胀的标志。

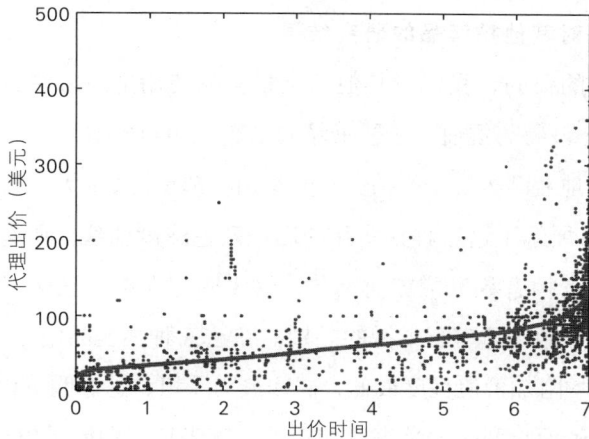

图4-14 使用核平滑因子的出价对出价时间的非线性回归

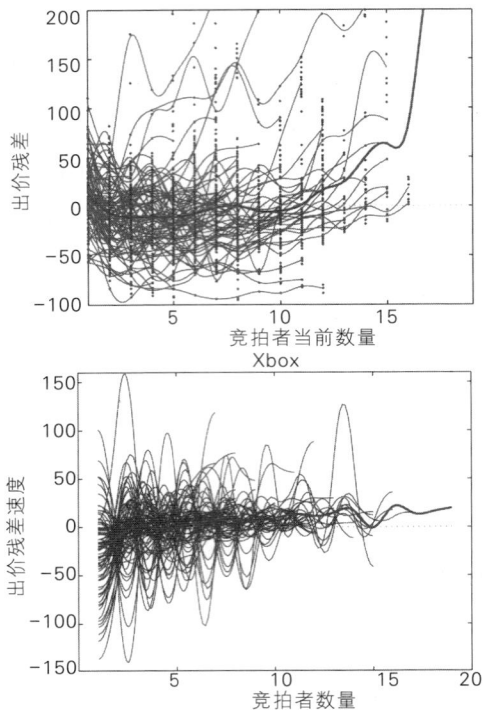

图4-15 出价残差曲线（上半部分）和出价残差速度曲线（下半部分）

4.1.7.7 对其他拍卖品的研究结果

出于比较的目的，我们对其他三类拍卖品使用上述方法进行研究，即116场《哈利·波特与混血王子》书籍的拍卖、194场M515型掌上电脑的拍卖以及97场卡地亚高级腕表的拍卖。所有拍卖都是持续7天、在eBay平台上进行。图4-16展示了这三种拍卖品的出价残差速度曲线。所有拍卖的平均速度曲线均随竞拍者数量增加而上升，这表明存在拍卖狂热（竞价膨胀）。然而，曲线上升的本质有着细微的差别。在这三种拍卖品中，M515型掌上电脑的拍卖平均附加价值程度最低，曲线最为平坦，这表明竞价行为更接近私人价值设定。而哈利·波特书籍和卡地亚腕表拍卖则展示出显著偏离0的附加价值，表明竞拍者受到了其他竞拍者出价的影响。

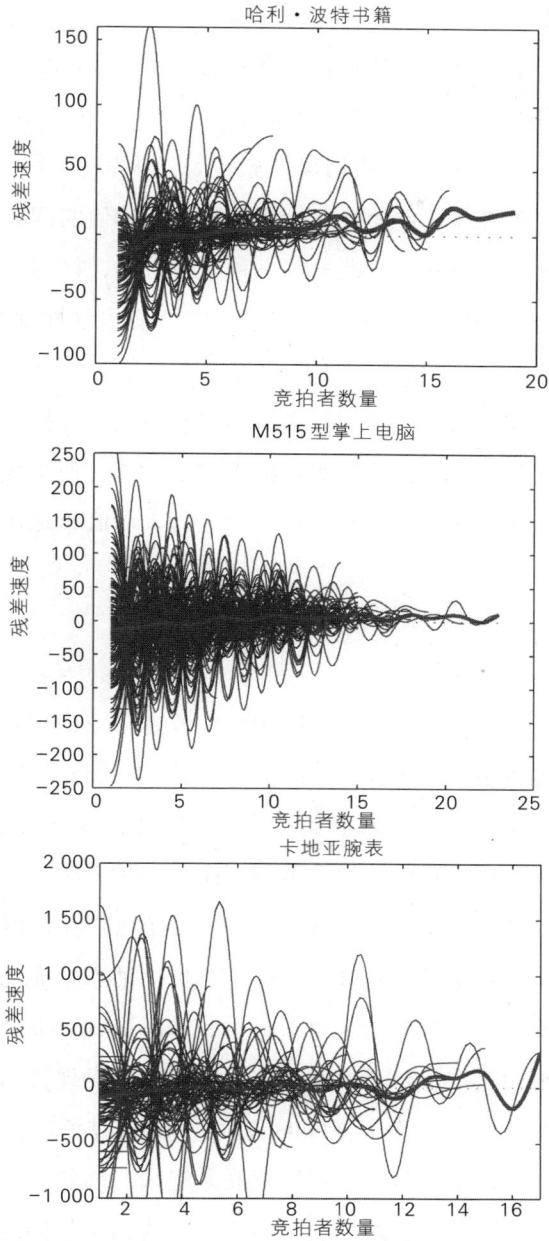

图 4-16　哈利·波特书籍（上半部分）、M515掌上电脑（中部）、卡地亚腕表

（下半部分）的出价残差速度曲线

4.1.7.8 小结

信息设定（私人价值还是共有价值）的识别是大量拍卖理论文献的关键基石。传统的拍卖理论将这一问题归于研究人员的判断。让人担忧的是，Borle 等人（2003）对一些拍卖专家进行了调查，研究表明，对于给定的拍卖，人们在将其设定为共有价值还是私人价值的问题上存在显著分歧。我们基于函数型数据分析提出了一种全新方法，检测并量化出价数据中的附加价值程度与方向。我们的方法克服了使用线性回归模型（Bajari和 Hortacsu，2003）进行赢者诅咒检验的局限。这些局限包括未考虑竞拍者数量的内生性（特别是在网上拍卖环境中）以及同样拍卖中出价的非独立性。我们建议研究人员在分析实际拍卖数据之前，使用我们提出的基于FDA（functional data analysis）的检验去确定私人价值设定还是共有价值设定更为合适。

4.1.8 结论

价格路径及其动态，以及那些影响它们或者与它们相互作用的不同因素，不仅对于实时预测，而且对于研究竞价轮廓都大有帮助。对于影响价格动态的不同因素，如何理解拍卖品特征（比如，规格或者型号）、卖家特征（比如，卖家声誉）以及拍卖特征（比如，拍卖时限或起拍价）等因素对拍卖结果（最终价格）的影响，有许多有趣的问题值得研究。然而，这些因素在影响拍卖结果的同时，也会影响价格动态，而动态反过来又会影响最终价格（Bapna 等人，2008b）。比如，Shmueli 和 Jank（2008）解释了拍卖特征（比如起拍价）对拍卖动态的影响，并发现更高的起拍价会导致更低的价格动态。Jank 等人（2008b）进一步拓展了这一发现，并提出回归树模型将拍卖特性与微分方程模型联系起来。因此，对于价格动态的更好理解，可以帮助我们更好地理解拍卖特征或拍卖品描述的作用及其对网上拍卖结果的影响。

另一个令人感兴趣的问题是竞争（Haruvy 等人，2008）。这里的竞争是指竞拍者的竞争，这种竞争存在于同一个网上拍卖之中、多个网上拍卖之间，甚至是多个网上拍卖市场之间。价格路径及其动态可以反映出一些未被观测到的拍卖行为，比如同一拍卖或不同拍卖之间竞拍者的竞争程度（Dass 等人，2009）。因此，适当对价格路径进行捕捉和建模有助于我们理解竞争的作用。

还有一些捕捉拍卖价格路径的其他方法。其中，Reithinger 等人（2008）提出了一种半参数化的混合模型。假定价格曲线模型为

$$\text{Price}(t) = \alpha_0 + \alpha(t) + b_{i0} + \epsilon_i(t) \tag{4.24}$$

其中，b_{i0} 是一个随机效应，并且满足 $b_{i0} \sim N(0, \sigma_b^2)$，$\alpha_0$ 是模型的（固定的）截距项。值得注意的是，在式（4.24）中，我们假定所有拍卖具有共同的斜率函数 $\alpha(t)$。我们还假定所有拍卖的截距均值为 α_0，方差为 σ_b^2。假定残差项 ϵ_i 服从 $N(0, \sigma_\epsilon^2 R)$，其中 R 是已知的残差结构，比如一阶自回归结构。这意味着，在给定水平（随机截距）下，所有拍卖是有条件独立的。按照这种方式，我们可以使用一个低成本的模型对所有拍卖进行建模，并得到每一场拍卖的价格曲线估计。Reithinger 等人（2008）通过自动估计平滑参数的 Boosting 方法对这一模型进行了估计。

图 4-17 展示了 7 日拍卖样本估计的平均斜率函数 $\alpha(t)$（及其逐点的置信带）。其中在第一日和第五日出现了两个拐点（inflection point），并且是单调递增的，与增价拍卖的预期相同。此外，曲线在拍卖的开始和结束阶段非常陡峭，这与在网上拍卖文献（Bapna 等人，2003；Shmueli 等人，2007）中观测到的初期竞价和狙击出价（bid sniping）现象一致。并且，奇妙的是，与大多数平滑因子相反，置信区间的宽度在拍卖结束前减小。这是由于大多数出价在拍卖末期出现，因此为总体趋势提供了更为精确的估计。

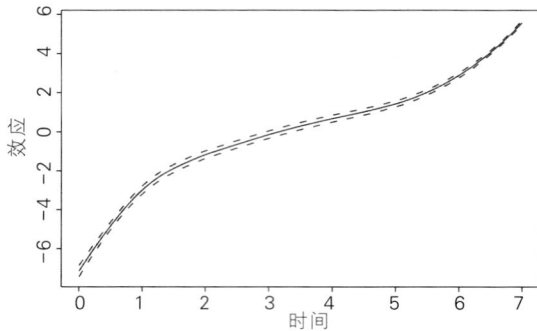

图4-17　根据拍卖样本估计的平均斜率函数 $\alpha(t)$ （实线）

以及1个标准差宽度的置信带（虚线）

图4-18展示了根据12个拍卖样本估计的单个曲线。实线对应于混合模型的拟合。出于比较的目的，我们还展示了传统惩罚平滑样条的拟合（虚线）。可以看到，惩罚平滑样条的效果比较差：在一些拍卖中，曲率不足（比如，第27号拍卖）；而在另一些拍卖中，曲率过大（比如，第23号、24号、34号拍卖）；不能生成由于数据稀疏所导致的估计（比如，第35号拍卖），或是由于数据稀疏导致生成不具代表性的曲线（比如，第23号、24号、34号拍卖）。此外，许多由惩罚样条生成的曲线与概念相悖。比如，第24号和34号拍卖中，由惩罚样条产生的价格路径估计并不是严格递增的，这违背了增价拍卖形式的潜在假设。

相比之下，混合模型方法产生的估计更好一些。混合模型平滑以平均斜率作为所有拍卖的基础，并允许通过随机影响 b 偏离均值。比如，图4-18中的所有实线都有着相似的平均斜率，但它们的倾斜程度以及初期末期的出价时间都有所不同。这些与均值的偏差源于观测数据的数值（和分布）。比如，第27号拍卖的出价均匀分布于整个拍卖过程，因此估计的曲线与平均斜率函数有着明显的不同。另外，第35号拍卖只有两个观测值。尽管惩罚平滑因子由于信息过少失败了（根本不能产生任何曲线估计），但是混合模型方法仍然能够通过平均斜率所携带的信息，产生概念上和意义上可信的结果。

有趣的是，我们注意到所有由混合模型方法生成的价格曲线都是单调递增的。这很奇妙，因为（4.24）式的混合模型并没有加入任何单调限制。然而，这一模型显然从收集的数据中学习到了这一特性。这使得它成为一种适合处理许多不同数据情景的灵活有力的方法。

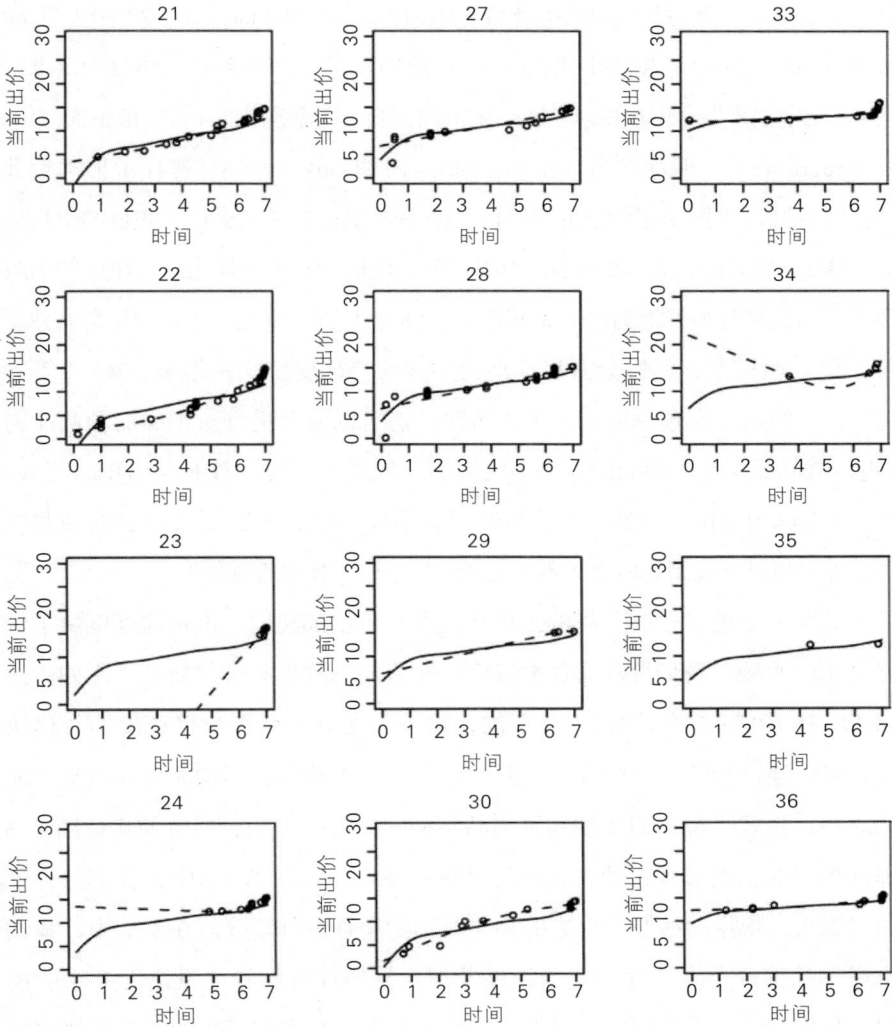

图4-18　12个拍卖样本的混合模型拟合曲线（实线）以及惩罚样条拟合曲线（虚线）

4.2　价格动态和拍卖信息之间关系的建模

在本节中，我们将关注产生于网上拍卖期间的动态及不同的建模方法。直到最近，人们才通过研究发现动态会影响拍卖结果（Bapna等人，2008b）。Jank和Shmueli（2008b）发现出售相同商品的拍卖，根据其动态表现可分为以下三类："稳定拍卖"，即动态为常数；"低能拍卖"，即动态靠后；"集市拍卖（ba-zaar auction）"，即动态最大推动。Shmueli和Jank（2008）解释了拍卖参数（比如起拍价）对于拍卖动态的影响，并发现更高的起拍价会产生更低的价格动态。Wang等人的研究（2008b）表明，拍卖价格动态可以使用一类单一的函数型微分方程模型很好地刻画。Jank等人（2008b）进一步拓展了这一思想，并发展了回归树模型，将微分方程模型与拍卖的特征变量联系起来。Wang等人（2008a）展示了在预测模型中加入价格动态可以显著提升对拍卖的预测能力（也见Bapna等人，2002b）。更多的最新研究关注了竞争性拍卖（Dass等人，2009；Jank和Zhang，2009a），发现动态不仅能够显著提升对拍卖的预测能力，而且可以捕捉到其他方式不可观测的信息，比如出价竞争等。

我们所说的"动态"指的是价格速度和价格加速度。价格速度度量了价格变化的快慢，我们可以通过相应价格曲线的一阶导数进行估计（比如，式（4.1）中 $f(t)$ 的一阶导数）。类似的，价格加速度度量了价格速度的变化快慢，可以通过计算价格曲线的二阶导数得出。本节中，我们的出发点是之前的观察，也就是说，即使相同拍卖品在相同的时间拍卖，并且使用如图4-5那样相同的拍卖形式，动态也可能是多种多样的。在第3章中，我们讨论了曲线聚类，根据曲线及其动态的种类对拍卖集合进行划分。在本节中，我们将展示捕捉这种异质性的模型，以及拟合异质性与解释变量之间关系的模型。我们将讨论函数型回归模型，它允许我们将拍卖中产生的动态与诸如拍卖形式、卖家声誉等解释变量联系起来。我们还会讨论微分方程模型，它是一种拟合过程动态的自然建模方法。在这一框架下，我们首先介绍一类用以捕捉大范围拍卖动态的微分方程模型。微分方程模型的一个难点在于如何包含解释变量并不明显。对此，我们使用微分方程树这种新方法予以解决。

4.2.1　价格动态的回归模型

在第3章我们已经展示了拍卖动态确实存在，并且在不同拍卖期间动态可能会非常不同。但目前我们不知道的是，为什么一些拍卖具有和其他拍卖完全不同的价格动态。换句话说，尽管我们已经发现这种差异确实存在，但我们仍旧不能解释它们存在的原因或者将它们与其他拍卖信息联系起来。为此，我们现在来讨论函数型回归模型。它允许我们研究拍卖动态与相关解释变量之间的关系。我们首先讨论函数型回归分析的主要原理，然后在一个案例研究中解释这一方法。需要注意的是，Yang等人（2010）最近关于量化成对函数观测点依赖性的研究，也可以用到我们的模型当中。此外，尽管我们仅仅在连续响应曲线框架下讨论函数型回归分析，但是这种方法同样适用于不同种类的响应（比如，James和Hastie，2001；James，2002；Spitzner等人，2003），并且稍加修改后可以帮助解释一些问题（James等人，2009）。

4.2.1.1　函数型回归分析

统计建模的一个目的在于研究响应变量在解释变量变动时的响应变动。在传统统计学模型中，响应变量和解释变量可以是标量或者向量，分别代表单变量数据或者多变量数据。然而，在函数型建模中，这些变量可以是更一般的东西（函数）。在拍卖建模中，响应变量可以是描绘价格随时间变化的价格过程，即价格演变 $f(t)$。解释变量可以是诸如拍卖期间、拍卖品种类、卖家评级或竞拍者评级之类的拍卖特征。函数型方法除了允许我们对价格路径进行建模之外，同样允许我们对价格动态进行建模。这种模型使得我们可以研究那些影响价格速度 $f'(t)$ 和价格加速度 $f''(t)$ 的因素，从而加深对价格形成过程的理解。

我们首先介绍一般的函数型回归模型及其估计过程。我们采用与传统最小二乘法相似的向量记法。令 $\mathbf{Y}(t) = (y_1(t), y_2(t), ..., y_J(t))$ 是函数型对象的 $J \times 1$ 维向量，其中 J 代表拍卖的数量。比如，我们对当前价格建模，那么我们可以令 $y_j(t) = f_j(t)$。如果想对价格速度进行建模，那么可以令 $y_j(t) = f'_j(t)$。令 $\mathbf{Z}$ 代表 $J \times (q + 1)$ 维设计矩阵（design matrix）：

$$\mathbf{Z} = \begin{pmatrix} 1 & z_{11} & \cdots & z_{1q} \\ \vdots & \vdots & \cdots & \vdots \\ 1 & z_{J1} & \cdots & z_{Jq} \end{pmatrix} \tag{4.25}$$

比如，如果首个相关变量是拍卖的起拍价，那么我们令 $z_{j1} = $ 第 j 个拍卖的起拍价。如果第二个相关变量是卖家评级，那么我们令 $z_{j2} = $ 第 j 个拍卖的卖家评级。尽管模型公式与传统的最小二乘极其相似，但是其中的主要区别在于，我们使用的是参数曲线而非参数向量。定义一个 q 维的参数曲线向量 $\boldsymbol{\beta}(t) = (\beta_0(t), \beta_1(t), \beta_2(t), ..., \beta_q(t))$。在每个时刻 t 上，$\beta_1(t)$ 度量了第一个相关变量对平均响应曲线 $y(t)$ 的影响。比如，如果我们令 $y(t) = f''(t)$，从而对出价加速度进行建模（其中 t 是拍卖进行的天数），并且 $\beta_1(t)$ 表示响应起拍价的参数曲线，那么 $\beta_1(2)$ 则度量了（在保持其他因素不变的情况下）拍卖第二天起拍价 1 单位的上涨所引起的价格加速度的平均单位变动。类似地，$\beta_1(6)$ 度量了拍卖第六天的单位变动。因此，函数型方法的灵活性源于函数型回归可以随时间捕捉相关变量对响应变量的影响。这与传统的令参数保持不变的模型有所不同。这些可以变动的参数模型在网上拍卖中大有用处，因为人们预期起拍价和当前价格之间的关系会随着拍卖的进行而变化。

函数型回归模型除了能够令我们更好地理解价格形成过程（及其动态）的变化，也允许我们从新的角度去研究那些引发变动的因素。考虑一下诸如竞拍者评级或竞拍者数量这类变量，这些变量都是动态的。也就是说，它们与那些诸如起拍价或卖家评级这一类静态变量有所不同，它们会随着每一个新出价的出现而发生变化。图 4-19 展示了一个拍卖样本的当前竞拍者平均评级。函数型回归模型可以通过引入动态相关变量来考虑变量的变化特性。

动态相关变量也可以揭示其他方法所丢失的竞价形成过程的深层含义。

当前竞拍者平均评级

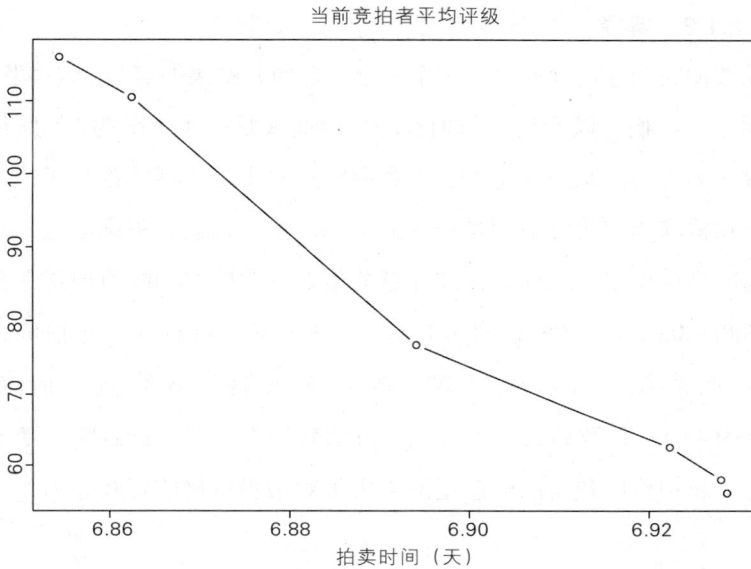

图 4-19　一个 7 日拍卖的竞拍者平均评级变动。第一个竞拍者的评级为 116（最左边圆点），第二个竞拍者的评级为 105，因此平均评级为（116+105）/2=110.5（左数第二个圆点）。为了得到连续的曲线，我们将点与点之间用直线连接（实线）

我们按如下步骤对参数曲线进行估计。我们试图找到 $\boldsymbol{\beta}(t)$，使得对于每一个 t 值而言，$\mathbf{Y}(t)$ 的期望值等于 $\mathbf{Z}\boldsymbol{\beta}(t)$。这个问题可以写成类似传统回归中最小二乘的形式。定义目标函数

$$\text{ISSE}(\boldsymbol{\beta}) = \int \| \mathbf{Y}(t) - \mathbf{Z}\boldsymbol{\beta}(t) \|^2 \, dt \tag{4.26}$$

为积分误差平方和（integrated error sum of squares，ISSE），其中，$\|\cdot\|$ 表示欧几里得范数。目标是找到使 ISSE 最小的 $\boldsymbol{\beta}(t)$。Ramsay 和 Siverman（2005）指出，$\boldsymbol{\beta}(t)$ 作为 t 的函数，由于没有限制它的变动方式，所以我们可以通过对一系列适当的 $t_1, t_2, ..., t_n$ 最小化 $\| \mathbf{Y}(t) - \mathbf{Z}\boldsymbol{\beta}(t) \|^2$，从而实现 ISSE

的最小化。这产生了一系列参数估计值 $\hat{\boldsymbol{\beta}}(t_1),...,\hat{\boldsymbol{\beta}}(t_n)$。然后，通过简单地连接 $\hat{\boldsymbol{\beta}}(t_1),...,\hat{\boldsymbol{\beta}}(t_n)$ 这些点，重新构建连续的参数向量 $\hat{\boldsymbol{\beta}}(t)$。

4.2.1.2 解释

函数型回归建模要面对的一个问题是对回归结果的解释。考虑图4-20中的例子。我们可以看到，起拍价的参数曲线是一条下降的S形路径。这里有很多的含义。从总体上看，参数曲线在整个拍卖期间都是正的，这意味着起拍价和当前价格之间是正向的关系。换句话说，更高的起拍价意味着更高的当前价格。然而，需要注意的是，参数曲线的峰值出现在拍卖起点（$\hat{\beta}(0) \approx 0.62$），然后直到第7天一直在下降。这意味着起拍价和当前价格之间的关系在持续减弱。在拍卖末期，参数估计值降低到（$\hat{\beta}(7) \approx 0.43$）。系数的剧烈下降一直持续到拍卖末期，这意味着随着拍卖的进行，起拍价所包含的信息逐渐失去了对拍卖价格的解释能力。

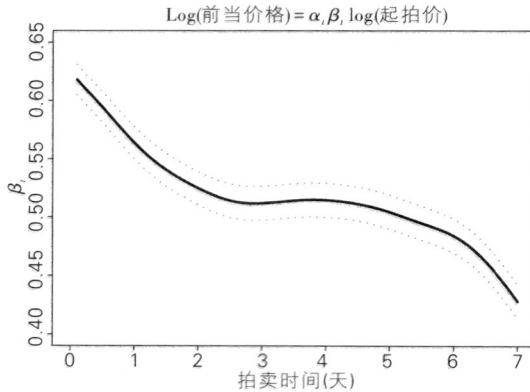

图4-20　一个价格路径对起拍价回归的函数型回归模型的参数估计曲线（实线）。虚线代表95%置信带

4.2.1.3 案例研究

我们使用eBay拍卖页面上一天内发生的1 009场拍卖的随机样本来说

明函数型回归分析方法（Bapna等人，2008b）。首先为我们的函数型回归模型定义如下相关变量：

z_{j1} = 第 j 场拍卖的起拍价的对数。

z_{j2} = 第 j 场拍卖的最终价格（或出售价格）的对数。

z_{j3} = 第 j 场拍卖的卖家声誉（+5）的对数。

z_{j4} = 第 j 场拍卖的当前竞拍者平均等级（+5）的对数。

z_{j5} = 第 j 场拍卖当前竞拍者数量的对数。

z_{j6} = 第 j 场拍卖中表示美国货币的哑变量。

z_{j7} = 第 j 场拍卖中表示未公开的底价的哑变量。

z_{j8} = 第 j 场拍卖的持续期（以天为单位）。

z_{j9} = 第 j 场拍卖中表示拍卖品种类的哑变量。

相关变量 z_{j1} = 仅仅是第 j 场拍卖的起拍价的自然对数。类似地，z_{j2} = 表示第 j 场拍卖的最终价格[1]对数。相关变量 z_{j3} = 表示卖家评级[2]的对数。由于一些卖家的评级处于 $(-4,...,-1)$ 的范围内，因此我们在取对数之前对每个卖家评级加上 5，从而确保对数变换具有意义。

我们还包含了竞拍者等级的信息。和卖家评级一样，我们也是加 5 之后再计算竞拍者平均等级的对数。然而，需要注意的是，与卖家评价有所不同，竞拍者平均评级在整个拍卖期间并不是固定不变的。事实上，当前参与的竞拍者的平均评级更有可能会随着新的出价的出现而发生变化。因此，我们使用了动态相关变量，从而将这一因素考虑在内。通过使用拍卖期间内的非均匀分布点 $t_1, t_2, ..., t_n$，当前竞拍者平均评级可以通过计算 t_i 时刻或 t_i 之前时刻的所有竞拍者的平均评级而得到。取对数后，我们将这一

---

① 这里的最终价格指的是出售价格，即最高出价人支付的实际价格。

② 我们使用正面反馈总数减去负面反馈总数来度量卖家声誉。另一种方法是用正面反馈占反馈总数的比例进行度量。

相关变量记为 z_{j4}。因此，z_{j4} 度量了当前参与竞拍的竞拍者的平均等级。

与竞拍者评级一样，竞拍者数量也会随每个新的出价的出现而发生变化。为了度量当前竞拍者数量对价格形成的影响，我们设置了另一个动态的相关变量 z_{j5}。使用上面相同的方法，z_{j5} 代表了在 t_i 时刻或 t_i 之前时刻竞拍者总数的对数。在此意义之下，z_{j5} 度量了当前竞争水平的影响。

为了捕捉计价货币对拍卖结果的影响，我们加入了哑变量 z_{j6}，拍卖计价货币是美元时设为 1，非美元（英镑或欧元）时设为 0。因此，z_{j6} 度量了美国和欧洲竞价动态之间的地域市场区别。类似地，我们还设定了一个哑变量 z_{j7} 用以度量未公布的底价的影响，如果卖家使用这个选项，设为 1。

价格形成的另一个重要因素是拍卖的持续期。相关变量 z_{j8} 度量了这一点。eBay 上的大多数拍卖持续期都在 1 到 10 天之内。为了度量持续期的影响，我们需要将持续不同时间的拍卖加入到同一个函数型回归模型中。不同持续期的拍卖产生不同长度的平滑样条 $f(t)$。为了排列不同长度的样条，我们将拍卖持续期标准化为单位时间间隔。在标准化之后，每一个拍卖在 0 时刻开始，在 1 时刻结束。

我们使用在第 3 章中讨论过的曲线聚类方法将 eBay 的种类分成两类（分别记为 A 和 B），每一类均由具有相同特征的价格动态所构成。表 4-3 给出了分类的明细。如果拍卖品属于 B 类，那么哑变量 z_{j9} 设定为 1。

表 4-3   eBay 分类中的两个不同聚类

分类 A	分类 B
收藏品	计算机
玩具	首饰
硬币、邮票	电子消费品
书籍	古董
体育用品	服饰
陶瓷、玻璃制品	汽车
音像、游戏	
旅行	
家居	
健康、美容	
商务	

最后，我们还研究了这些变量之间的交叉项。虽然人们很容易理解传统回归模型中的交叉项的使用，但是在函数型数据分析框架下，交叉项并没有太多应用。将交叉项概念一般化到函数型建模领域并不那么直观，部分原因是交叉项可能会使问题变得复杂。但下面的结果显示，函数型交叉项大有用处，特别是在拍卖设定之中。

估计结果：使用上述模型拟合我们的数据之后，得到了图4-21至图4-23描绘的参数估计。我们根据它们传达的信息类型讨论这些估计。

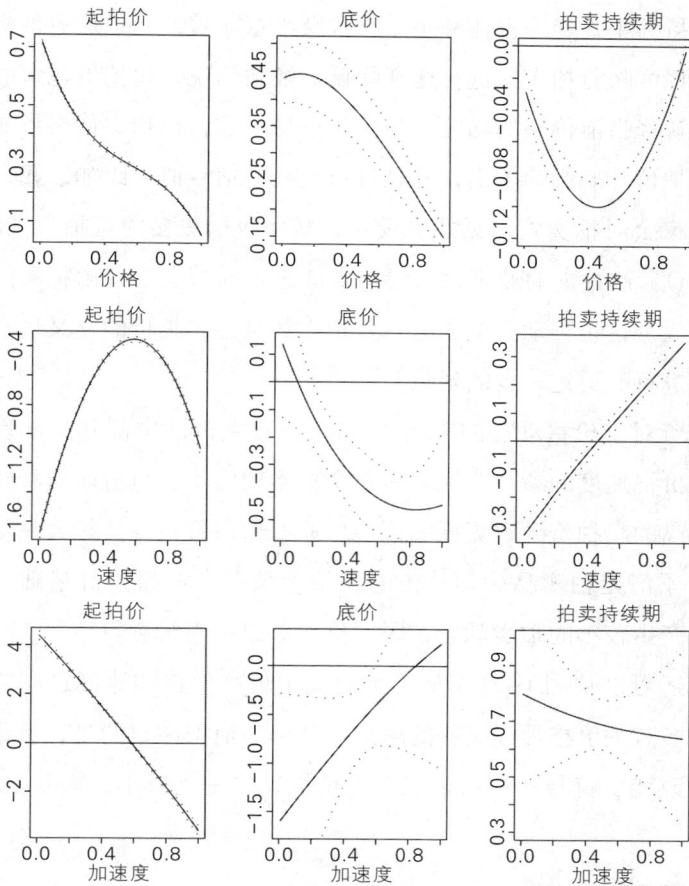

图4-21　起拍价、（未公开的）底价以及拍卖持续期的参数估计曲线

（1）卖家机制的设定选择——起拍价、底价和持续期

图 4-21 的最左边展示了对数起拍价的参数估计曲线。上部展示的是对于当前价格 $f(t)$ 进行回归得到的参数曲线，中部和下部分别展示的是对相应的价格速度 $f'(t)$ 和价格加速度 $f''(t)$ 进行回归得到的参数曲线。

上部的参数曲线在整个拍卖期间均为正值，开始是 0.7 左右，最后刚刚小于 0.1。正的参数表示起拍价和当前价格的正相关关系。需要注意的是，这种关系在统计上是显著的，非常窄的置信带（虚线）始终处于 0 之上说明了这一点。[①]这意味着，起拍价越高，当前价格就越高。然而，尽管参数保持为正，却一直在减小。这种减小意味着，起拍价对价格形成过程的影响程度随着拍卖的进行逐渐降低。换句话说，起拍价包含的信息逐渐失去了解释当前价格的功能。与拍卖理论一致，在拍卖价格形成过程的初期，起拍价开始影响拍卖，并且具有更高的信号值。比如，我们知道有经验的卖家会对拍卖做出更好的设计，从而吸引更多的竞拍者（Bapna 等人，2008a）。这种影响通常会随着拍卖的进行而减弱，并由拍卖的竞争性因素所取代。这也推动我们去考虑竞拍者数量与起拍价的交叉项，正如我们后面要进行的更进一步的讨论。

起拍价对于价格动态的影响可从图 4-21 左侧的中部和下部看出。中部展示了价格速度的参数曲线，在整个拍卖期间均为负值。这种负向关系意味着更高的起拍价导致更低的价格增速。起拍价越高，拍卖品估值的差异越小。不清楚拍卖品确切估值的竞拍者预期会在起拍价基础上稍微加价，从而产生较小的拍卖动态，因而价格形成更为缓慢。

我们还可以从图 4-21 左侧下部的起拍价和价格加速度之间的关系中提取出更多有关价格形成过程的信息。其中最值得注意的是，参数曲线在拍卖中期改变了符号——由正值变为负值，并一直减小，直到拍卖末期。

---

① 我们使用的是置信度为 95% 的置信带。

拍卖末期的负的参数估计意味着更高的起拍价伴随着更高的负的价格加速度。换句话说,起拍价高的拍卖在末期的价格增速下降,反之亦然。鉴于我们常常见到狙击出价的现象,这一发现非常有趣(Roth 和 Ockenfels,2002)。

我们还可以观察到,未公开的底价对价格水平具有正向的影响。但是在拍卖的后半阶段,卖家使用这一工具可能会产生比无底价拍卖更低的价格增速。

至于拍卖持续期与价格形成的关系,在拍卖中期表现出非常强烈的负向关系。尽管 eBay 的拍卖通常在初期和末期会有大量参与者加入,但是拍卖中期通常是只有少数几个出价的"旱季"。我们的分析表明,这种"旱季"在持续期更长的拍卖中表现更为突出。同时,参与者通常在拍卖末期大量参与,并且我们对于价格速度的研究表明,在拍卖末期,持续时间越长的拍卖的动态值越大。

(2)竞争——竞拍者数量及其与起拍价的交叉项

图 4-22 的第一部分(最左边)展示了当前竞拍者数量对当前价格和价格动态的影响。上部表明竞拍者数量与当前价格呈现出意料之中的正相关关系。竞拍者越多导致拍卖竞争越剧烈,因此产生越高的(最终)价格。有趣的是这种关系在拍卖中期最为强烈(注意图中的倒 U 形状)。拍卖中期通常只有少数几个竞拍参与者,人们通常称他们为"抬价人"。他们只出价一次,并且在拍卖结束之前都不会再次出价(Bapna 等人,2003)。这些抬价人通常出价高于平均出价,使得每个竞拍者的出价出现大幅上涨。

图 4-22 的第一部分(最左边)的中部和下部揭示了竞争对价格动态的影响。值得注意的是,价格速度和价格加速度的参数曲线都在下降。eBay 上的拍卖通常在末期出现最多的出价行为。这通常被描述为狙击出价,即在最后时刻,竞拍者激烈竞争,因为赢家将会得到拍卖品。因此,相对于拍卖初期来说,拍卖末期的激烈竞争现象并不罕见。价格动态的系

数表明，对于竞争水平相同的拍卖，拍卖初期要比末期产生更大的价格速度和价格加速度。

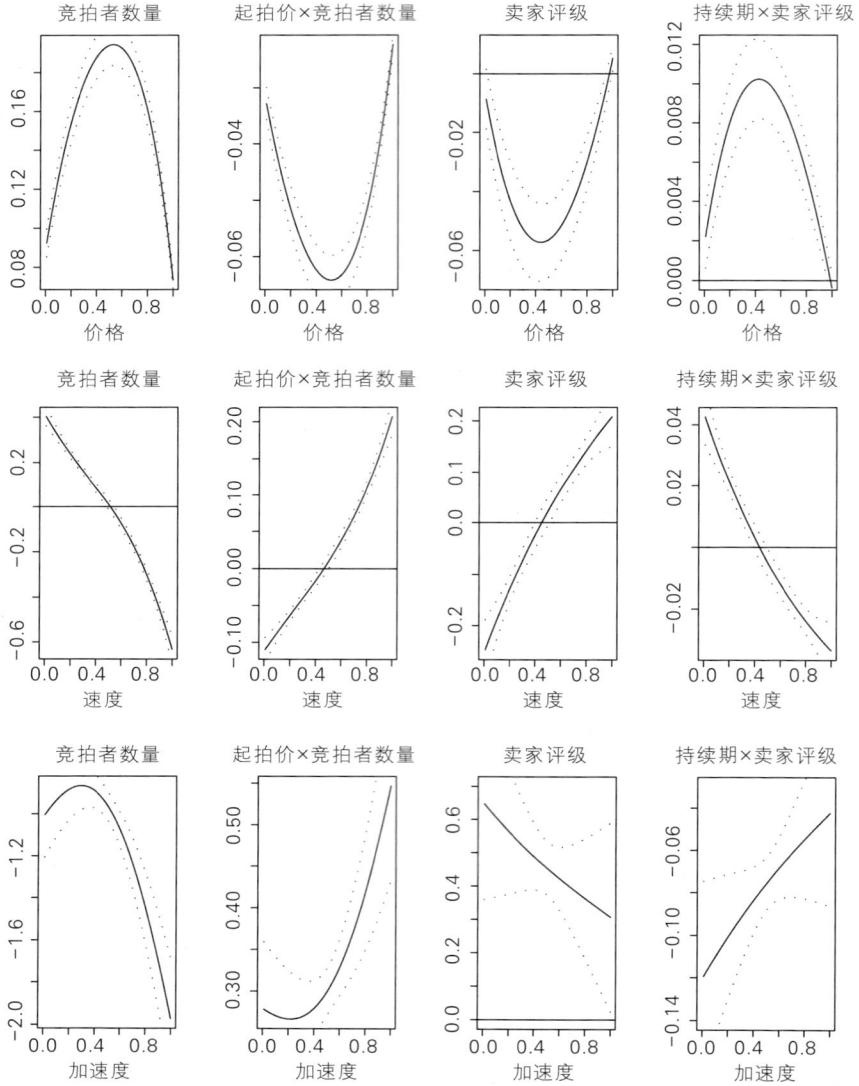

图 4-22　竞拍者数量及其与起拍价的交叉项、卖家评级

及其与拍卖持续期的交叉项的参数估计曲线

仔细考察竞买者数量与起拍价交叉项的作用，是非常有用的。参数曲线的形状恰好与竞买者数量的主要影响相反，即与当前竞拍者数量对当前价格和价格动态的影响相反。特别地，对于价格演进（当前价格）的作用是负的！这意味着，虽然竞买者的当前数量对价格形成过程有正向影响，但是较高的初始价格使这种影响被减小了，对于价格动态的影响也被类似地减小了。

（3）卖家评级及其与拍卖持续期的交叉项

我们再来观察卖家评级（卖家经验的代理变量），它与价格水平负相关，而且这种相关程度随拍卖持续期的增加而减弱。由于我们观察到负的主要影响以及正的交叉项影响，我们得出结论：在持续时间更长的拍卖中，更高的卖家评级导致更高的价格水平。通过观察动态，我们可以看出这种影响随着持续期的增加而减弱。

（4）市场特征——拍卖品价值、货币、分类

图4-23的最左边展示了拍卖品价值的影响。与起拍价类似，拍卖品价值和当前价格（图最左边的上部）在整个拍卖期间都是正相关关系。这意味着更高价值的拍卖品吸引了更高的出价。然而，和起拍价有所不同的是，这种关系的稳定性逐渐加强。这并不奇怪：在拍卖的初期，显然竞拍者还未形成对拍卖品价值的明确概念或者不想公布他们的估值。无论是哪种情况，价格形成与拍卖品价值之间的关系都没有那么强烈。在拍卖末期，这种情况发生了变化。在拍卖末期，竞拍者从其他参与者和外部环境中接收了大量的信息。当拍卖将要结束时，他们也更愿意为了最终赢得拍卖品而公开他们的真实估值。我们有理由相信，eBay的第二高价格机制使得人们最终会报出顶价（他们的估值）。根据 William Vickrey（1961）的分类模型，eBay的拍卖机制介于英式公开增价拍卖与第二价格密封拍卖之间。这种混合机制可能存在多重均衡，目前人们正探索这一问题（Bajari 和 Hortacsu，2003）。我们可以直接证明：在拍卖末期，竞拍者由于缺乏足够的时间去对其他竞拍者的出价做出反应，报出顶价的狙击策略

是一个弱占优策略，eBay的拍卖更像是第二价格密封拍卖。因此，拍卖品价值和当前价格的正相关关系逐渐增强。

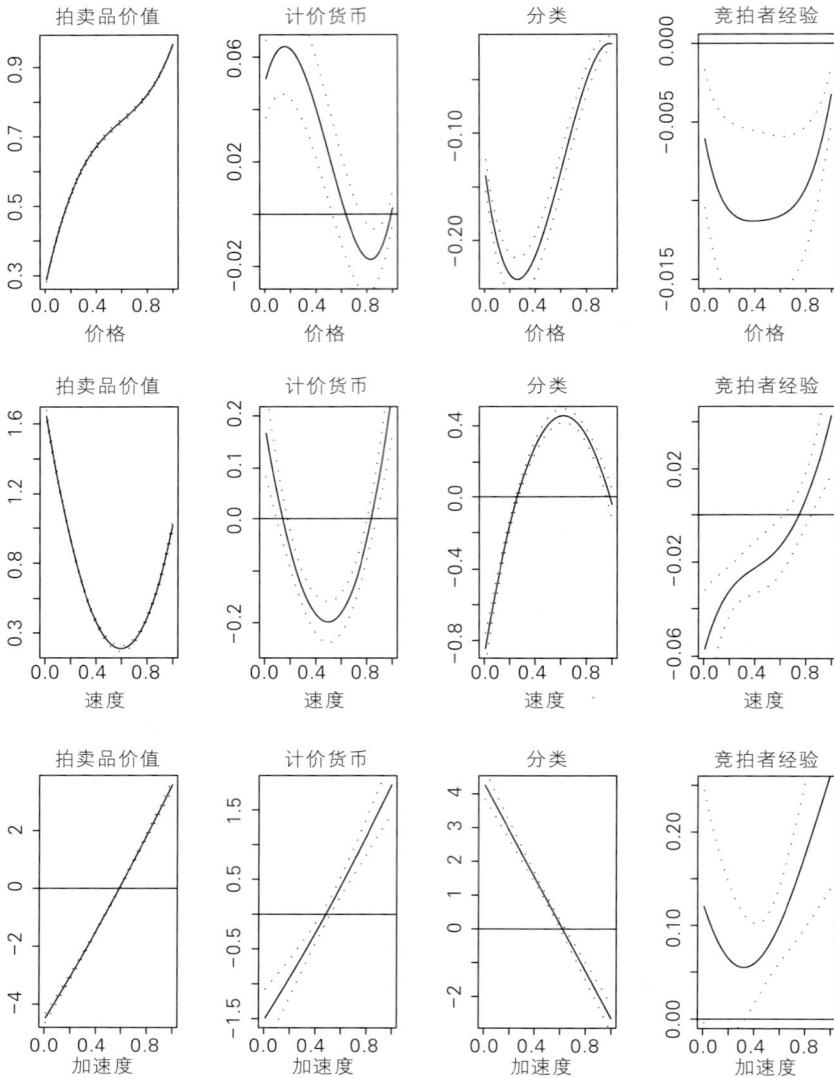

图4-23　拍卖品价值、计价货币、分类以及竞拍者经验的参数估计曲线

至于动态方面，我们可以看到，在拍卖末期，更高价值的拍卖品伴随着动态的上涨。事实上，更高价值的拍卖品与更快的价格上涨（中图）、更快的上涨速率（底图）强烈相关。这两幅图表明，对于高价值拍卖品的拍卖，我们可以预期拍卖结束时具有更高的价格加速度。一种解释是，高价值拍卖品的竞拍者对于价格更为敏感，在出价时相较于廉价拍卖品更有策略。这也表明，狙击出价在高价值拍卖品拍卖中更为普遍。

再来看下计价货币的影响，因为我们控制了拍卖品的最终价格，价格路径的系数在拍卖末期不出所料地几乎为0。然而，动态表现却更为有趣。从总体上看，美国拍卖在拍卖末期具有比欧洲拍卖更快的价格变动。我们还发现，在拍卖前半期，美国拍卖的价格水平平均要比欧洲拍卖高出4%。这些结果表明，与欧洲市场有所不同，美国市场具有初期竞价和末期竞价的特征。尽管在欧洲市场末期竞价显然是占优策略，但是在美国这种末期竞价更为强烈。这可能揭示了根本性的跨文化竞价习惯差异。

我们发现在拍卖进行期间，B类拍卖品的价格比A类拍卖品要低一些。B类拍卖品（首饰、服饰、古董等）的价格增速开始要慢于A类拍卖品，在中期逐渐赶上A类拍卖品，随后以更快的速率上涨。

（5）当前竞拍者平均等级

与卖家评级有所不同，竞拍者平均评级在整个拍卖期间并不是一个常数。事实上，随着每个新出价的出现，当前参与的竞拍者的平均评级会发生变化。因此，我们使用动态相关变量（平均经验水平）表现这种变化。我们观察到，它与当前价格之间的负相关关系，这表明更高的经验水平伴随着更低的价格。然而，动态再一次揭示了更多的信息：显然，更高的经验水平意味着竞拍者出价策略水平的提高。在拍卖的初期，经验水平高导致价格形成缓慢。这意味着有经验的竞拍者显然保留了他们的估值，并未较早出价，这与有关狙击出价的文献在原理上一致（Roth和Ockenfels，2002）。

4.2.1.4 结论

函数型回归分析最为显著的贡献是，它给予我们一种全新的描述和解释网上拍卖动态的方法。这种方法使得我们可以将拍卖作为动态系统进行刻画。比如，我们的案例研究表明起拍价高通常会伴随着缓慢的价格上涨，特别是在拍卖初期。这一效应不出意料地被竞拍者数量效应缓和。正向的交叉项作用表明，虽然起拍价相同，但在拍卖后期如果竞争激烈，会导致价格的更快上涨。这一发现表明，对于 eBay 的拍卖机制，还存在显著提升初期价格形成效率的空间。我们发现，与拍卖初期相比，拍卖末期每增加一个竞拍者出价，对于价格上涨率增加的影响要更小一些。这表明，在拍卖末期，即拍卖的狙击出价阶段，eBay 的机制转变为第二价格密封机制。我们发现，拍卖品价值对价格形成和价格动态确实存在影响，昂贵拍卖品的价格上涨率更高，特别是在拍卖的初期和末期。我们还发现高卖家评级（与经验因素相关）会正向影响价格动态，但是这种影响随着持续期的变大而减弱。在跨市场因素研究中，我们发现美国拍卖的价格在拍卖前半阶段要比欧洲拍卖的价格高出 4%。而后，二者之间的价格水平回到同一水平。这一效应的二阶动态的主要区别在于拍卖中期。尽管美国拍卖在初期和末期具有更快的价格增速，但是在中期却慢于欧洲拍卖。另一个有趣的发现是，在卖家评价较低的情况下，价格水平与拍卖持续期负相关。然而，在高评级卖家的拍卖中，更长的持续期会产生更高的价格水平，特别是在拍卖的初期和末期。这表明新加入的无经验卖家在起步阶段最好设置较短的拍卖持续期，等到他们的声誉提高后再将持续期拉长。总而言之，函数型回归分析提供了一种幕后观察过程的方法，最终产生可观测的结果。

接下来，我们将讨论另一种对价格动态建模的方法，即微分方程模型。其主要区别在于虽然函数型回归模型可以加入人们对于外部因素的考虑，但是微分方程模型还能捕捉系统的内生效应。

4.2.2　价格动态的微分方程模型

与上述章节所介绍，函数型回归模型给予我们一种联系价格动态和诸如拍卖形式、卖家特征和竞拍者行为等潜在解释变量的工具。然而，回归并非是拟合一个"演进系统动态（比如拍卖的价格动态）"的最自然方法。而且，它也无法捕捉系统内部产生的动态。在拍卖领域，人们可能会认为动态的一些变化源自于拍卖过程的内部。比如，一个拍卖的价格在某阶段价格迅速上涨，但其增速可能会在后续阶段放慢。增速放慢的原因可能是竞拍者放弃了这一拍卖，转而投向价格更低（增速更慢）的拍卖。虽然我们不能观察到根本原因，但是我们可以通过动态之间的相互作用（或依附结构）去捕捉原因。经典的回归模型无法捕捉动态之间的相互依附关系。为此，我们将讨论更为自然的拟合动态的方法，即函数型微分方程模型。我们首先介绍函数型微分方程的主要原理，然后以一个网上拍卖的小例子来介绍它的使用方法。

4.2.2.1 模型公式与估计

微分方程是物理学和工程学中常见的一种拟合封闭系统动态的方法。它通常用于描述诸如人口增长、混合问题、力学、电路这一类的过程（Coddington 和 Levinson，1955）。微分方程也被应用于经济学和金融学之中。比如，索罗模型（索罗经济增长模型）就是使用微分方程对经济的长期演变进行建模（也见 Mankiw 等人，1992）。在金融学中，偏微分方程被应用于金融衍生品的定价（Karatzas 和 Shreve，1998；Fouque 等人，2000；Almgren，2002）。我们在这里主要关注的是函数型的微分方程，人们也称之为主微分分析（principal differential analysis）（Ramsay，2000；Ramsay 和 Silverman，2005；Müller 和 Yao，2010；Ramsay 等人，2007）。

令 y_i 表示第 $i(i=1,...,N)$ 个拍卖的价格函数，$D^m y_i$ 表示 y_i 的 m 阶导数。我们的目的是找出如下形式的线性微分算子（linear differential operator，LDO）：

$$L = \omega_0 I + \omega_1 D + \cdots + \omega_{m-1} D^{m-1} + D^m \tag{4.27}$$

使得对于每个观测值 y_i 来说，均满足相同的线性微分方程 $Ly_i = 0$。

换句话说，我们需要满足下式的线性微分方程模型：

$$D^m y_i = -\omega_0 - \omega_1 D y_i - \cdots - \omega_{m-1} D^{m-1} y_i \tag{4.28}$$

寻找算子 L 的一个重要动机在于：在自然科学、工程学、生物学及其他领域中，人们广泛使用形如 $Ly_i = f_i$ 的微分方程模型。函数 f_i 被称为冲击函数。它代表了外部因素对由 $Ly = 0$ 定义的系统的影响。回到网上拍卖的设定，我们推测价格变动源于出价大小和出价时间所导致的冲击的变动，并且这些冲击对价格加速度具有直接的或成比例的影响。

由于噪声的普遍存在，在现实中不可能找到精确满足（4.28）式的模型。因此，主微分分析采用最小二乘法拟合微分方程模型。拟合准则是：对于所有可能的模型 L，最小化平方和：

$$\mathrm{SSE}_{\mathrm{PDA}}(L) = \sum_{i=1}^N \int [Ly_i(t)]^2 dt \tag{4.29}$$

值得注意的是，找出 L 等价于找到由（4.27）式中的线性微分方程定义的 m 个权重函数 ω_j。

有两种估计权重函数 ω_j 的方法。第一种方法是逐点进行最小化，通过下面的最小化（逐点）拟合准则得出权重函数 ω_j 的每个点的估计。

$$\mathrm{PSSE}_L(t) = \sum_i (Ly_i)^2(t) = \sum_i \left[\sum_{j=0}^{m-1} \omega_j(t)(D^j y_i)(t) + (D^m y_i)(t) \right]^2 \tag{4.30}$$

逐点法可能会带来一些问题，特别是在细节之处。另一种更为高效的计算方法是基扩展（basis expansion）方法。我们采用基函数 ϕ_k 的线性组合 $\omega_j \approx \sum_k c_{jk}\phi_k$ 来近似每一个权重函数 ω_j，其中 c_{jk} 表示基函数的系数。使用基扩展方法，人们可以使用传统数值方法最小化二次形式的（4.29）式中的 $\mathrm{SSE}_{\mathrm{PDA}}(L)$。更多的细节，见 Ramsay 和 Silverman（2005）或 Ramsay（1996）。

4.2.2.2 模型拟合

通过视觉化过程，我们得到了模型拟合的最初印象。如果模型可以很好地表现数据，那么得到的微分算子 L 应该能够有效地消除 y_i 的变动。我们可以通过绘制实证冲击函数（empirical forcing fucntion）的图像进行视觉化。如果 Ly_i 很小，主要类似噪声，那么就说明模型很好地拟合了数据。因为存在 $\omega_0 = \cdots = \omega_{m-1} = 0$ 的实证冲击函数，我们使用 $D^m y_i$ 的大小作为 Ly_i 大小的参考点。

为了证实视觉上的印象，我们可通过更多的量化统计方法评估拟合质量。在微分方程领域内，我们可以通过（4.30）式中的逐点误差平方和 $\text{PSSE}_L(t)$ 来实现这一点。与 PSSE_L 相比，其实质是令 $\omega_j = 0$ 得到的误差平方和，从而可以简单地和 $D^m y_i$ 的误差平方和作比较，类似于方差分析（ANOVA）中的经典平方和：

$$\text{PSSE}_0(t) = \sum_i [(D^m y_i)(t)]^2 \tag{4.31}$$

因此，我们可以通过逐点多元相关平方函数：

$$\text{RSQ}(t) = \frac{\text{PSSE}_0(t) - \text{PSSE}_L(t)}{\text{PSSE}_0(t)} \tag{4.32}$$

以及逐点 F-ratio：

$$F\text{-ratio}(t) = \frac{(\text{PSSE}_0(t) - \text{PSSE}_L(t))/m}{\text{PSSE}_0(t)/(N-m)} \tag{4.33}$$

评价微分方程的拟合情况。

4.2.2.3 特例：二阶线性微分方程

现在我们进一步讨论上述一般微分方程的一种特殊形式：二阶线性微分方程。这一模型特别适用于拍卖领域，其关注点是价格曲线的前两阶导数。考虑如下形式的微分方程：

$$Ly_i = \omega_0 y_i + \omega_1 D y_i + D^2 y_i = 0 \tag{4.34}$$

令 $\omega_0 = 0$，我们得到：

$$Ly_i = \omega_1 D y_i + D^2 y_i = 0 \tag{4.35}$$

它描述了一个严格单调的二阶可微函数（Ramsay，1998）。考虑到拍卖价格是单调递增的，（4.35）式显然是网上拍卖的一个合理选择。为方便标记，我们令 $\omega = \omega_1$，$\omega^* = -\omega$。

系数函数 $\omega^* = -\omega = D^2 y / Dy$ 度量了单调函数的相对曲率，即 $D^2 y$ 的曲率相对于斜率 Dy 的大小。$\omega^* = -\alpha$ 的特例使得 $Y(t) = C_0 + C_1 \exp(\alpha t)$，其中的指数具有相对于 α 恒定的曲率，当 $\omega^* = 0$ 时即为线性函数。因此，近似或等于 0 的 $\omega^*(t)$ 对应局部线性函数，而非常大的 $\omega^*(t)$ 则对应巨大曲率区域。在机械系统中，后者通常是由于内部或外部摩擦力或粘度所产生的。在网上拍卖领域，价格过程中的高曲率可能与竞拍者尝试使用外部力量（"阻止其他竞拍者"）所产生的跳跃出价（jump bid）有关。反之，$\omega^* = 0$ 表示价格过程移动非常缓慢。人们通常会在拍卖中期（"竞拍旱季"）观察到这种现象。

4.2.2.4　案例研究

在本案例中，我们将说明上述二阶线性微分方程模型的使用方法。我们考虑两种不同类型的数据集合：高价值拍卖品（微软 Xbox 游戏主机，数据收集时的价格大约是 179.98 美元）和低价值拍卖品（哈利·波特书籍，数据收集时的价格大约是 27.99 美元）（也见 Wang 等人，2008a，b）。我们之所以同时考虑高价值拍卖品和低价值拍卖品的原因是：我们想要研究拍卖品价值对价格动态的影响。为此，我们展示了三项分析的结果：一项是我们分析了哈利·波特书籍和 Xbox 游戏主机的混合数据（我们将其称为混合数据，因为其中既有高价值拍卖品又有低价值拍卖品），其他两项分别是对两个数据集的单独研究。从图像上看，我们用以下方式区分这三项分析：实线表示联合（混合）数据，虚线表示哈利·波特书籍数据，点线表示 Xbox 游戏主机数据。

图 4-24 展示了价格的平均二阶导数（价格加速度）对价格的平均一阶导数（价格速度）的相平面图（phase-plane plot，参见图 3-25）。曲线旁的数字表示拍卖（为期 7 日）的天数。我们可以看到，价格速度在拍

卖初期（起始日和第1日）较高：在拍卖初期，即刻的"能量爆发"使得价格超过了起拍价（可以认为相当高）。在此之后，动态减小：价格加速度为负，并且由于价格加速度的变动会领先于速度的变动，所以我们看到价格速度随之降低。这一过程一直持续到第4日。之后，动态反转：加速度变为正值，使得速度上升。因此，价格一直迅速增长直到拍卖结束。

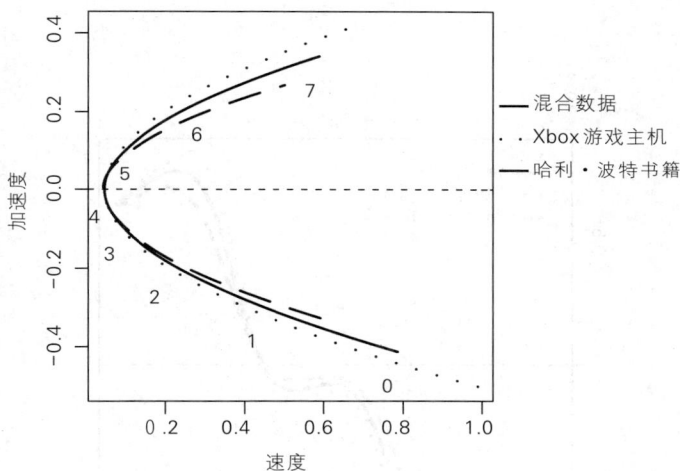

图4-24　价格的二阶导数（加速度）对一阶导数（速度）的相平面图。
实线对应哈利·波特书籍和Xbox游戏主机的混合数据，虚线和点线分别对应
哈利·波特书籍和Xbox游戏主机的单独数据

　　图4-24中有几点值得注意。首先是相平面图的形状呈"C"形，这在网上拍卖中是比较典型的，即动态开始时减小、然后过渡、最后增加。许多拍卖的相平面图都是"C"形的。然而，虽然许多拍卖的形状都近似，但是其幅度却有着显著不同，这取决于不同的拍卖特征。比如，图4-24中，Xbox（高价值拍卖品）的拍卖要比哈利·波特书籍（低价值拍卖品）的拍卖的"C"形更宽，这意味着在拍卖初期和末期有着更多的竞

价活动。

现在我们用（4.35）式的二阶线性微分方程进行数据拟合。像我们之前所做的那样，我们展示了三项不同分析的结果：一项是哈利·波特书籍和Xbox游戏主机的混合数据分析，其他两项分别是针对各自单独数据的分析。图4-25展示了估计的系数函数 $\omega^* = -\omega$。我们看到，混合数据的结果与两个单独数据的结果非常相似，这与我们在图4-24的相平面图中观察到的相似性一致。从总体上看，这意味着尽管拍卖品价值不同，但是其动态相似。

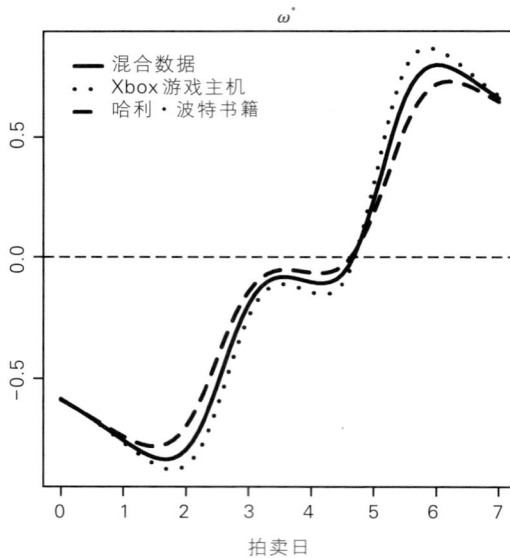

图4-25　单调二阶线性微分方程模型的系数函数估计。实线对应哈利·波特书籍和Xbox游戏主机的混合数据，虚线和点线分别对应哈利·波特书籍和Xbox游戏主机的单独数据

图4-25的进一步研究表明，ω^* 有三类值：负值、0、正值。这对应拍卖的三类竞价时期：初期竞价活动、稀少的中期竞价活动、频繁的末期竞价活动。eBay拍卖的典型竞价活动包括：一些初期出价，即

竞拍者建立他们的时间优先权①；然后是一段"竞价旱季"，这一阶段几乎没有任何出价出现②；最终，在拍卖的最后时刻，出价再次爬升，并在最后几分钟达到峰值。最后几分钟的出价被人们称为"狙击出价"，为何竞拍者会这样做，有多种解释（比如，为了避免竞价战争，因为在竞拍的最后时刻，竞拍者已经无法再对其他竞拍者的出价做出反应了）。

ω^* 的值反映了竞价的不同阶段。回忆一下，0值表示价格过程的直线运动（动态为0），较大的正值或负值表示动态的变动（减小或增加）。第一阶段（一直到第3日）的特点是：ω^* 为负，表示速度在减小，并在第2日出现拐点，这个拐点标记了从初期竞价到"竞价旱季"的转变，并且我们看到 $\omega^* = 0$。从第5日 $\omega^* = 0$ 开始，ω^* 逐渐增加，变为正值，并在第6日达到峰值。

图4-25中的双S形 ω^* 曲线常见于网上拍卖（使用线性微分方程建模）中，与相平面图中观察到的典型的C形曲线类似，在一场拍卖与另一场拍卖之间变化不大。然而，变化的是S形状的幅度，表明了价格动态的大小：形状越陡峭导致动态的变化越剧烈；而转折点表示竞价阶段转变的位置（也见Wang等人，2008b）。

从图4-26的残差分析可以推测出我们的微分方程拟合情况。上半部分展示的是观测的价格加速度，下半部分展示的是（4.35）式中微分方程的冲击函数估计。如果模型拟合完美，那么这二者应该是相同的（类似于回归中的观测值和拟合值）。我们可以看到，虽然拟合并不完美，但是在拍卖的大部分时间里，冲击函数的范围与观测的加速度的范围是相同的。特别是在拍卖中期和末期，二者尤其接近；只有在初期，微分方程模型拟合程度才较差。我们还可以看到对哈利·波特书籍拍卖的拟合与对Xbox

_____

① 当两个最高出价相同时，先出价者赢得拍品。
② 一个可能的原因是竞买人避免过早公开自己的意图从而避免价格过早上涨。

游戏主机拍卖的拟合类似。

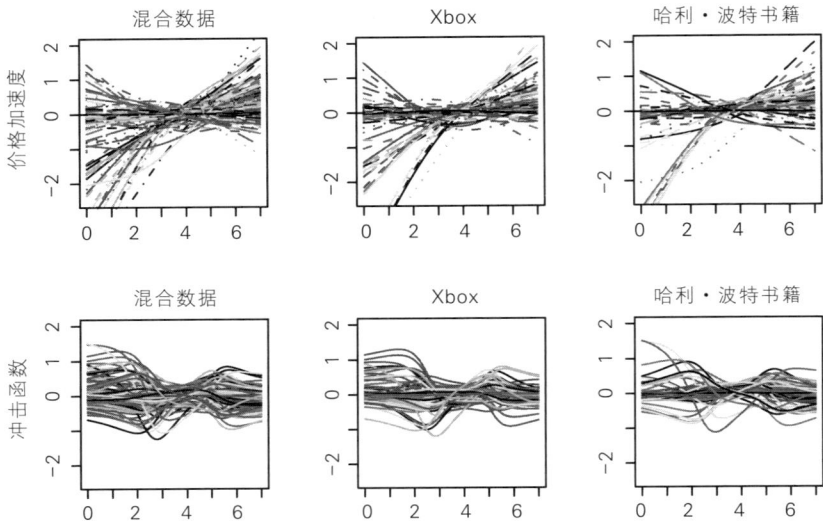

图 4.26　价格加速度（二阶导数）和基于单调二阶线性微分方程模型观测的
冲击函数的比较

另一种量化分析模型拟合程度的方法是使用（4.32）式和（4.33）式给出的逐点 R^2（RSQ）和 F 比率（F-ratio）。我们在图 4-27 中展示了 RSQ。因为 F 比率的实质与 RSQ 是一样的，所以我们在这里一笔带过。整个拍卖期间的 RSQ 大于 0.99，表明（4.35）式的单调二阶线性偏微分方程模型的全局拟合效果很好。我们看到拟合情况也在变化：拍卖初期和末期的拟合情况最好，但中期拟合情况较差。当分开考虑哈利·波特书籍和 Xbox 游戏主机时，拟合情况较差，这可能是由于单独情况的样本过小导致的。

总的来说，我们了解到二阶线性微分方程模型对于网上拍卖数据的拟合情况很好。在整个拍卖过程中，它捕捉到了竞价的三个阶段以及动态之间不断变化的相互作用。我们还看到不同拍卖阶段的拟合效果有所变化。

这激励我们接下来进一步研究这种变化的原因。

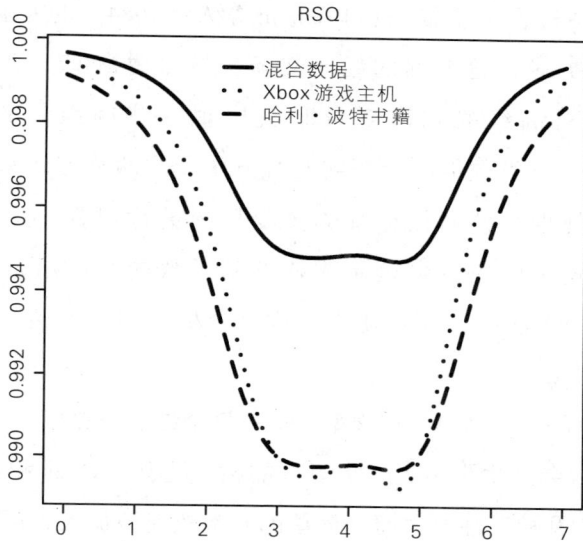

图 4-27　基于残差平方和的模型拟合。X 轴对应拍卖日

4.2.3　微分方程树

　　前面章节我们已经展示了微分方程模型可以捕捉到网上拍卖中变化的动态，但是大量的动态变动并未给予解释。接下来，我们使用相关变量信息着手解释一些残差变动。在拍卖领域内，人们可以获得大量相关变量信息（比如，关于拍卖形式、卖家特征、拍卖品或竞拍者行为的信息）。然而，将相关变量加入到微分方程模型并没有那么直接。Ramsay 和 Silverman（2005）提出一种通过冲击函数加入相关变量的方法，得到一个非齐次微分方程。我们讨论另一种改进方法，该方法借鉴了递归划分的思想。特别地，我们提出一个全新的微分方程模型树方法。我们将介绍如何估计微分方程树，然后以一个小案例解释其表现。

4.2.3.1 分类树与微分方程树

树模型方法可以对解释变量与单变量响应或多变量响应之间复杂的非线性关系进行简单描述。Breiman 等人（1984）的专著 *Classification and Regression Trees* 是这方面的经典文献。虽然树模型一般情况下很强大，但是面对高维的响应变量时会出现一些问题。Yu 和 Lambert（1999）探索了高维数据拟合树的两种方法。这两种方法都是首先对数据进行降维处理，然后用标准的多变量树进行拟合。在第一种方法中，他们通过将响应变量表示成样条基函数的线性组合从而实现降维。在第二种方法中，他们使用主成分分析，即仅保留少数几个主成分从而实现了降维。

值得注意的是，经典的树模型在树的每个结点上都拟合一个标量。由于这样做通常会产生更巨大、更复杂的树（比如，Chan 和 Loh，2004），所以近来人们开始关注有关将（简单的）参数模型加入到树模型的研究。这种方法使用著名的M5模型树（Quinlan，1993），被称为函数树（Gamma，2004）。也见 Loh（2002）、Kim 和 Loh（2001）、Chan 和 Loh（2004）的相关研究。其中最值得一提的是 Zeileis 等人（2005）的方法，他们通过在模型估计和可变结构选择中嵌入递归划分，将参数模型加入到树中。在这种结构下，每片叶子都伴有诸如最大似然模型或线性回归模型这类传统拟合模型。模型的目标函数用于同时估计参数和划分点。这种方法的吸引人之处在于进行划分和参数估计时使用的是相同的目标函数。基于这些想法，Jank 等人（2008b）提出了一种全新的基于模型的函数型微分方程树模型，它允许将相关变量信息加入到动态模型之中。我们首先简要介绍基于模型的递归划分的主要思想，然后借助这些想法推出我们的函数型微分方程树方法。

4.2.3.2 基于模型的递归划分

令 $M(y, \theta)$ 表示一个参数模型，其中 $y = (y_1, ..., y_N)$ 是观测点（可能是向

量值），$\theta \in \Theta$ 是 k 维参数向量。我们假定 $M(\cdot)$ 可以通过最小化目标函数 $\Psi(y, \theta)$ 得到估计值 $\hat{\theta}$，其中

$$\hat{\theta} = \arg \min_{\theta \in \Theta} \Psi(y, \theta) \tag{4.36}$$

这种估计基于许多众所周知的估计方法，最常见的有最小二乘法（OLS）和极大似然法（ML）。在 OLS 的情形中，Ψ 是误差的平方和。在 ML 的情形中，Ψ 是负的对数似然值（对数似然值的相反数）。

令 $(Z_1, ..., Z_L)$ 表示一系列划分变量（相关变量）。我们假定存在一个将空间 $Z = Z_1 \times ... \times Z_L$ 划分为 B 个区域的划分 $\{\beta_b\}_{(b=1, ..., B)}$，使得对于每个区域 β_b，带特定区域参数 θ_b 的模型 $M(y, \theta_b)$ 总成立。

基于模型的递归划分的基本思想是每个结点都伴有一个模型。第一步，通过最小化目标函数 Ψ 估计 $\hat{\theta}$，使得模型 $M(y, \theta)$ 拟合所有观测点，由此形成顶端结点的模型。第二步，进行参数稳定性的波动检验，从而评估结点划分是否必要。一般说来，确定基于划分变量 Z_l 的划分必要性，取决于划分后产生的兄弟结点参数的估计的比较，从而确定它们是否来自相同的均值（如果是，则划分是没有必要的）。如果对于任何一个划分变量 $Z_l (1 \le l \le L)$ 出现显著的参数不稳定情况，那么我们就选择具有最高参数不稳定性的划分变量 Z_l。第三步，我们计算局部最优 Ψ 的 Z_l 划分点。最后，我们将结点分割为 B 个局部最优的部分，然后重复这一步骤。如果再也找不到显著的不稳定情形，那么停止递归并返回一个树，这个树的每个终端结点都伴随着 $M(y, \theta_b)$ 类型的模型。

该算法的步骤如下：

1.在当前结点使用模型 $M(y, \theta_b)$ 对所有观测点进行拟合，通过最小化目标函数 Ψ 估计 $\hat{\theta}$。

2.对每一个排序 $Z_1, ..., Z_L$，评估参数的稳定性。如果存在全局不稳定性，那么选择具有最高参数不稳定性的变量 Z_l 进行划分；否则，停止。

3. 通过最小化模型 ψ 的目标函数寻找 Z_l 中的局部最优划分点。

4. 将结点划分为兄弟结点，并重复这一过程。

第1步到第3步的细节见 Jank 等人（2008b）。

4.2.3.3　案例研究

我们以之前讨论过的哈利·波特书籍和微软 Xbox 游戏主机的联合拍卖数据为例，介绍这一方法（Wang 等人，2008a，b）。对于这些数据，我们有不同的相关变量，比如起拍价、最终价格、出价数量以及卖家和竞拍者的评级。我们还有拍卖品条件（全新品或二手品）、卖家是否设定了秘密的底价以及拍卖是否出现初期竞价或跳跃竞价现象等信息。

图4-28展示了一系列条件相平面图，即基于每个特征不同水平条件的平均导数。在这里我们可以比较成对的图像，从而观察不同特征水平的影响（比如，左上方的全新品与二手品的比较，右下方高竞拍者评级与低竞拍者评级的比较）。我们可以看到，所有条件相平面图都出现了和图4-24相同的C形曲线。然而，我们也能注意到动态变化的幅度不同。此外，C形曲线大小的不同还表明速度和加速度之间的关系也不同。

特别是我们能够从图4-28看出如下结论：对于拍卖品价值，高价值拍卖品的动态范围更大。初期竞价不仅在拍卖初期而且在整个拍卖期间对动态均具有巨大影响。至于跳跃竞价，我们看到具有跳跃竞价的拍卖的速度与加速度之间的关系与没有跳跃竞价的拍卖有所不同。此外，起拍价和出价数量均对动态有所影响。有趣的是，尽管不同的竞拍者评级并未表现出不同的影响，但是卖家评级却表现出了不同的影响。然而，值得注意的是，这些变量有些是相关的，比如，结束价格和拍卖品价值。因此，我们的目标是研究联合信息对于价格动态的影响。为此，我们建立一个微分方程模型，将价格动态与一系列相关变量联系起来。

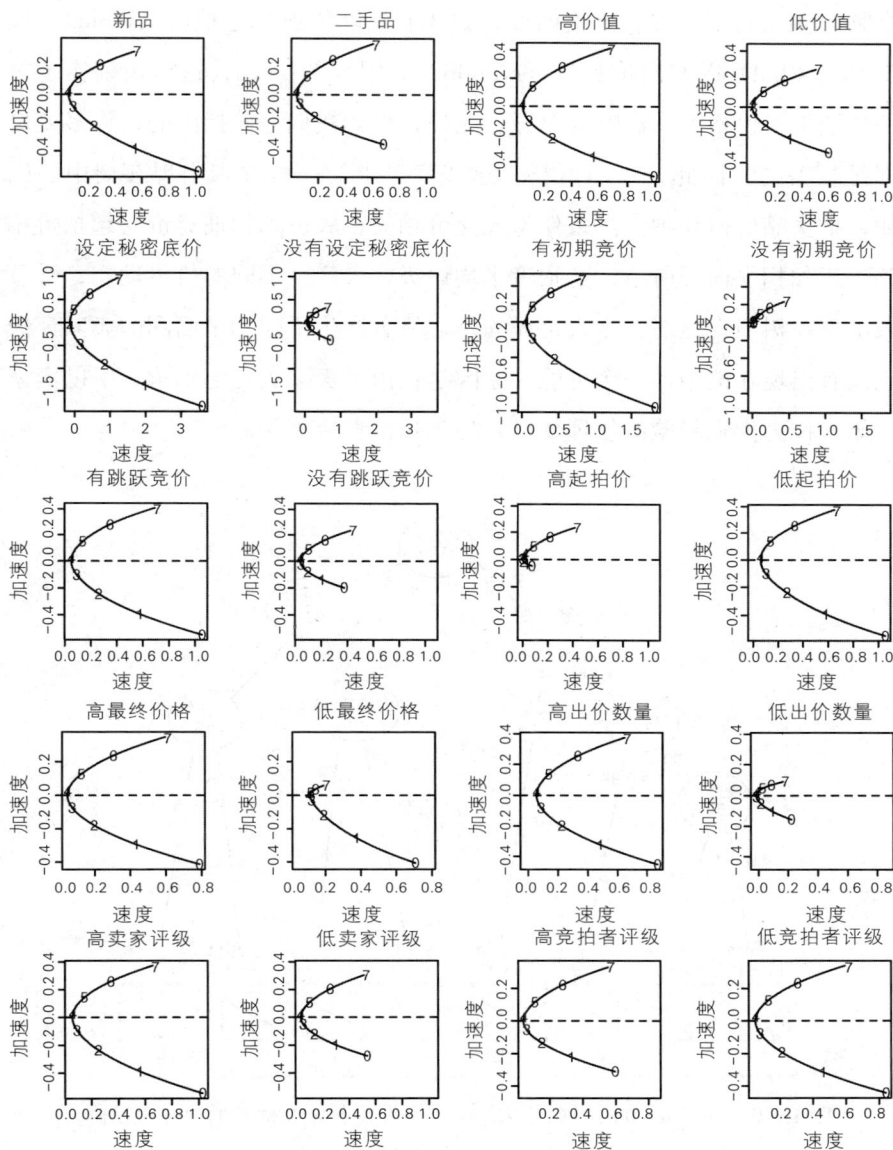

图4-28 条件相平面图，基于10个不同的拍卖特征条件

　　图4-29展示了拟合的微分方程树。获得这棵树的停止准则是：统计显著性水平 $\alpha = 0.01$，每个末端节点至少有10个观测点。最终的树根据三

个划分变量得到了8条价格曲线，这3个变量分别为起拍价（Obid）、成交价（Wbid）以及出价数量（Numbid）。回到图4-28，这棵树证实了每一个变量对价格动态影响的差异。此外，正如我们之前指出的，许多变量都是相关的。因此，不出所料，这些变量中的一些并未出现在树中。比如，拍卖品价值和拍卖品条件与成交价相关；底价和初期竞价与起拍价相关。正如相平面图所示，竞拍者平均评级并未产生不同的价格动态，并且未出现在树中。然而，令人奇怪的是，显著产生不同相平面图的卖家评级也没有出现在树中。一个可能的原因是：由于卖家决定起拍价，所以卖家评级（作为卖家经验的代理变量）与起拍价直接相关。①

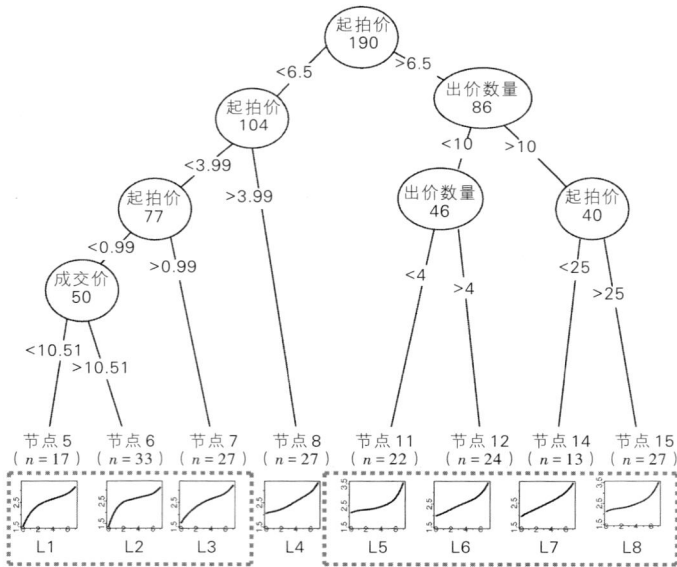

图4-29 使用 $\alpha = 0.01$ 且每个末端节点观测点数>10,估计的微分方程树。

L1，…，L8表示8个最终节点

---

① 使用宽松的停止准则会产生更大的树。比如,使用 $\alpha = 0.1$、每个终端结点最少有5个观测点的停止准则,会产生包含卖家评级作为划分变量的树。需要注意的是,这棵树除了附加的卖家评级以外,和之前的树是一样的。我们将更深入的研究放到微分方程树的最优设定中做介绍。

考虑产生的 8 个叶子结点（末端结点），估计的价格曲线有三种主要形状：第一种是初期价格迅速增长，末期速度降低（L1—L3）；第二种是近乎线性的增长（L4）；第三种是温和的初期竞价活动，而后价格激增（L5—L8）。我们还注意到，对这三种主要形状，仅是起拍价有所不同：对于起拍价低于 3.99 美元的拍卖，其价格曲线属于第一种形状；对于起拍价高于 6.5 美元的拍卖，其价格曲线属于第三种形状；而起拍价介于这二者之间的拍卖，其价格曲线属于第二种形状，即近乎线性的增长。我们还可以通过成交价和出价数量再进一步划分这些基本形状。

4.2.4　结论

在上面章节中，我们讨论了对网上拍卖动态进行建模的不同方法。我们讨论了捕捉价格过程异质性的模型，并通过函数型回归模型将价格过程异质性与解释变量联系起来。函数型回归模型与经典的回归模型有些类似。然而，二者的主要区别在于，函数型回归模型可以对拍卖动态进行建模。然后，我们介绍了微分方程模型（以及与之相关的微分方程树）。微分方程模型区别于（函数型）回归模型的地方在于，它能够捕捉系统内部的影响。换句话说，动态不仅由外部因素产生（比如拍卖中单个竞拍者的行为），它的变化同样也是响应（一个竞拍者的行为可能会影响其他竞拍者的行为）、网上市场的联系性（卖家不止发起一场拍卖、竞拍者不止参与一场拍卖、竞拍者对特定卖家具有忠诚性等）以及复杂性的产物。这些影响中的许多部分都不能直接度量。因此，人们难以使用传统回归模型进行捕捉。微分方程模型可以量化这些影响。因此，有助于我们加深对网上拍卖影响因素的理解。

4.3　拍卖竞争的建模

在本节中，我们将讨论网上拍卖之间的竞争。拍卖竞争具有多种不同的形式。最简单的形式是相同拍卖品之间的竞争（Jank 和 Shmueli，2007）。相同拍卖品的竞争可能发生在相同时间、时间（部分）重叠或者相继出现的拍卖之间。还有些竞争可能发生在同一卖家的拍卖品之间、不同卖家之间以及互补品和替代品拍卖之间。通过引入不同的拍卖形式，人们还可以进一步扩展竞争的定义。拍卖形式既可以被狭义地理解为加入一口价（buy it now，按照这个价格可以立刻买走）特性，也可以广义理解为从一个拍卖到标价或协商购买。竞争还可能产生于不同的拍卖主持人抢夺拍卖业务。从这个角度出发，人们会遇到之前拍卖文献中未考虑过的很多问题，比如竞争、网络外部性、拍卖设计、定制化以及其他因素。更多关于拍卖竞争的讨论，见 Haruvy 等人（2008），Haruvy 和 Popkowski Leszczyc（2009，2010）。

4.3.1 动机

在本节，我们主要关注发生在同一（或不同）卖家提供的相同（或相似）拍卖品的同一时间拍卖、（部分）时间重叠拍卖和连续拍卖之间的竞争。因为这项竞争源自同一时期内的同一类卖家提供的相似拍卖品，因此我们也将这几种拍卖称作并发拍卖（concurrent auction）。更一般的情况是，竞争源自并发代理商之间的相互作用，即一个代理商对其他代理商的行为做出响应，结果是在同一时间或短时间内发生的众多事件相互作用。

并发的例子很多，人们在网上或现实世界都能找到这样的例子。一个现实世界中的例子是，零售商通过他们各自的促销活动回应竞争对手的促销活动。在这个例子中，促销活动可能引发其他竞争对手的响应，因此不同零售商的销售活动是相互关联的。一个最近的例子是，几个美国大型电子消费零售连锁店之间关于担保的价格战。另一个例子是两家杂货店为吸引顾客进行促销活动。这些促销活动（推广或降价）并不一定相同：一家杂货店可能会对新鲜水果进行促销，而另一家作为响应可能会对新鲜蔬菜进行促销。如果第二家决定促销瓶装水，那么这两个活动的差异将进一步扩大。

上述例子中的竞争是极为有限的，因为杂货店的促销仅仅会影响当地市场。这些活动和响应活动相对较少，仅限于附近杂货店的活动。但是竞争规模也可能会很大。比如，跨越地域的竞争。这样的例子包括不同汽车制造商的促销活动及其对全国销售的影响、大型电子消费零售连锁店之间的价格战争等。竞争的影响在无地域限制的市场上（比如互联网）显得更大。任何地方的人们在任何时间都可以访问网络市场，因此网络市场吸引了无数竞争性卖家和买家。这使得竞争的影响尤为巨大，在任一给定的时间内，都会存在大量的事件互相影响。

以网上拍卖为例，比如发生在eBay上的拍卖。eBay为各种拍卖品几乎提供了无穷无尽的资源。比如，某个人想要通过eBay竞买一台笔记本电脑，他在任意时间都会发现成百上千场相关拍卖。虽然这个人可能会偏爱带有某种特性的拍卖品（比如，特定的品牌、特定的处理器速度、内存大小等），但是eBay仍然会给出可比品牌和相近特点的商品的拍卖。存在大量选择的部分原因是，电子市场上存在众多的替代品。因此，竞拍者的决策过程和拍卖品的最终价格不仅会受到所有相同商品拍卖的影响，还会受到相似商品拍卖的影响。对于那些想要以较低价格交易的价格敏感型竞拍者来说，这一点尤其成立。

一个使得并发性研究更为复杂的因素是，竞拍者可以使用以前拍卖的信息来了解进行中的和未来的拍卖。eBay在其网站上提供了大量近期结束的拍卖的存档资料，提供给用户查阅。因此，竞拍者可以知晓过去发生的相似拍卖的特点、结果，并据此在当前或即将开始的拍卖中制定策略。其结果是，拍卖价格也会受到过去相同品或相似品拍卖的影响。

简而言之，网上拍卖中产生竞争的因素主要有两个：拍卖品相似性和时间。特别是，某场拍卖的价格会受到同时进行的相同品和替代品拍卖的影响，以及过去发生的相同品或替代品拍卖的影响。当我们将这两个因素与eBay上每天大量的拍卖品（每天超过10亿件）放在一起考虑的时候，我们会发现竞争规模特别巨大。

之前的例子说明了竞争（特别是网络环境中的竞争）的特征主要有两个因素：时间因素与空间因素。时间因素，我们指的是当前事件与之前相同或相似事件之间的时间间隔效应。今天汽车价格将会受到昨天销售价格影响。

杂货店今天提供的促销将会受到上个星期竞争对手促销活动的类型、规模以及数量的影响。网络环境中的时间影响略有不同，事件通常会留下数字痕迹。比如我们前面指出的，eBay 在其网站上存储并公开所有已完成的拍卖。这使得用户可以轻松地获得之前拍卖的数量、质量和拍卖品价格这一类关键特征，进而影响用户的竞价策略。另外，空间因素表明相同事件的影响。回到之前那个笔记本电脑的例子，满足特定特征的笔记本电脑的价格会受到具有相同特征的其他笔记本电脑的影响。这是一个可信的假设，因为消费者由于对某些特征的价格敏感性的不同，通常还会考虑特征稍微不同的商品（比如，处理器是否由英特尔制造）。这对于诸如汽车、电脑或电子消费品这一类具有大量不同特征（比如，笔记本电脑的处理器速度、内存和屏幕尺寸，汽车的马力、耗油量和颜色）的商品尤其成立。如果我们将所有可能的特征集表示成特征空间，那么两件相似商品的特征空间较为接近。我们可以使用合适的距离来度量相似程度，即两件商品之间的距离。特征空间中两件商品的距离引出了并发的第二个因素，即空间因素。

我们想要指出的是，我们通过空间模型度量并发相似程度的方法并不常见。通常，空间模型的定义是与地理数据联系在一起的，比如，经度数据与纬度数据（Olea，1999）。在这里我们以一种非传统的方式，将空间解释成更加抽象的一系列特征空间。这种解释并不常见，只有少数一些关于经济设定的研究中使用了这一方法（Slade，2005；Beck 等人，2006）。

由于不同的原因，找出研究并发性时间和空间因素的统计模型是一项挑战。首先，统计学中经典的时间序列模型假定测量值之间的时间滞后是固定的。比如，金融数据通常是每个季度或每个月公布。在此情形下，时间滞后显然是由时期所定义。现在来考虑网上拍卖的情景。如果我们考虑一系列拍卖的结束时间序列，几乎不可能发现均匀分布的序列。其原因是，eBay 上的卖家才是决定他自己拍卖结束时间的那个人。虽然更为常见的是，拍卖在下午或晚上结束，但是互联网的全球性使得一场拍卖对于一个地方的人来说是下午结束，而对于另一个地方的人来说却是晚上结束。统计分析表明，拍卖数据的产生并没有固定的时间点。其结果是，拍卖结束时间（和结束价格一起）的时间序列是不均匀分布的。这一时间序列可能在某段时间内较为密集（许多拍卖在相同的时间结束），而在其他时间内较为稀疏（比如，见第3章的拍卖日程表和rug图）。这给时间序列分析提出一个新的难题，特别是对时间滞后的定义。直接对非均匀分布的时间序列使用时间滞后的标准定义，可能会扭曲滞后效应，因为当分析两个相邻观测点之间的差别时，可能对于某对观测点来说间隔时间较长，但对另一对观测点来说间隔时间却很短。针对非均匀分布时间序列的统计处理方法非常少（Engle和Russel，1998；Pelt，2005），而且不存在通用方法。在本节中，我们将讨论Jank和Shmueli（2007）提出的一种全新解法，它特别适合分析非均匀分布事件的并发性。特别地，我们将时间滞后解释为分布在过去特定时间窗口内的信息，并且通过这一分布的汇总统计量将这一信息加入我们的模型。

并发性建模的另一难题是如何将空间因素加入。虽然人们使用类似地质统计文献（Cressie，1993）的方法对特征的相似性进行建模，但是定义一个合适的、统一的相似性度量指标依然非常困难。拍卖品特征通常由定量变量和定性变量联合刻画。比如，虽然处理器速度和内存大小都是定量的，但是商品品牌和颜色却是定性的。对于定量（或区间尺度）变量，有多种相似性和距离的度量指标，比如常见的欧几里得距离、曼哈顿距离（Manhattan distance）和马氏距离（Mahalanobis distance）。

定性变量的相似性度量通常不为人知。我们可以从Bock（1974）找到不同方法的综述。在不同变量分类中，观测点的共同发生或共同未发生，是定性变量的相似性的基础。比如，我们考虑一个二进制变量（binary variable）——"拥有劳力士手表"或"没有劳力士手表"，那么显然两个都有劳力士手表的人就比两个没有劳力士手表的人更为相似。[①]在这种

---

① 对于两个没有劳力士手表的人来说，一个人可能拥有卡地亚手表，而另一个人可能根本没有手表。

情况下，使用诸如Jaquard系数之类的度量指标比较合适。此外，诸如性别这样的二进制变量，显然严格来看，共同发生（比如女士与女士）和共同未发生（比如男士与男士）的相似性是一样的。在这种情形中，使用诸如匹配系数这类度量指标更为合适。我们的情况更接近性别变量的例子，即共同发生和共同未发生都代表两个事物相似。

在分别定义了适合度量定量变量和定性变量相似度的方法后，我们可以将二者结合起来，从而得到整个定性特征-定量特征空间的整体度量方法。常见的方法是通过加权平均法将标准化距离联合起来（Hastie等人，2001）。其中一种度量指标是Gower系数，使用的权重是所用距离类型的函数。比如，对数值型变量使用曼哈顿距离，那么赋予它们的权重等于变量值范围的倒数。在我们的应用中，我们选择标准化数值变量，使变量值范围在（0，1）区间，并对数值型变量和二进制变量使用相似的距离指标。这样所有变量的权重都相同，因此不对任意特征变量进行先验惩罚就显得不那么重要了。

我们使用半参数建模的思想，将并发的时间因素和空间因素融合到一个统一的模型之中（Ruppert等人，2003）。半参数模型因其灵活性而广受欢迎，它允许标准参数关系与非参数关系共存。如果我们大致知道解释变量和响应变量之间的函数关系，那么参数方法就可以派上用场；而非参数方法纯粹是由数据驱动的，如果不知道解释变量和响应变量之间的确切关系，那么就可以使用非参数方法。半参数模型的另一个优势在于，它可以表示成混合模型的形式（Wand，2003），而且人们已经研究出了混合模型参数的估计和推断方法（比如，McCulloch和Searle，2000）。这种方法为联合估计参数关系和非参数关系提供了非常熟悉的环境。

4.3.2 半参数模型与混合模型

现在我们来讨论我们竞争模型中的单个成分。这一模型具有很好的灵活性。这种灵活性源自于我们使用了半参数建模框架，因此我们首先讨论半参数建模的细节以及如何将其与混合模型联系起来。

我们考虑非常灵活的半参数模型，它将参数模型和非参数模型的优势结合了起来。参数模型假定解释变量和响应变量之间存在严格的函数关系。函数形式帮助我们考察变量之间的关系。比如，在增长模型中，响应变量是指数型增长而非多项式型增长。参数模型给出的函数关系有时可能过于严格，我们可以使用非参数方法缓和这种限制。非参数模型非常灵活，只有极少的函数假设。其结果是，它们可以更好地拟合数据。然而，这种灵活性也具有负面影响，即非参数模型通常并不能提供变量之间的精确函数关系。在上面的那个例子中，非参数模型不能区分指数型增长和多项式增长。半参数模型可以看作是参数模型与非参数模型的混合，从而结合了二者各自的优势。

接下来我们讨论半参数模型的一般原理。为了解释方便，我们考虑只有一个响应变量 y 和两个解释变量 x_1，x_2 的简单情形。更为复杂的模型见 Ruppert 等人（2003）。就像在经典回归模型中那样，我们使用相加的形式对响应变量进行建模。

$$y = \beta_0 + \beta_1 x_1 + f(x_2) + \epsilon \qquad (4.37)$$

函数 f 描绘了 x_2 和 y 之间的边际关系，它是完全未指定的，其对应模型的非参数部分。另外，x_1 和 y 的关系是参数式的，而且是特殊的线性关系。假设误差 $\epsilon \sim N(0, \sigma_\epsilon^2)$。

为了从数据中估计函数 f，人们假设一系列合理的基函数。虽然有多种不同的可能选择，但是最常见的方法还是使用截断直线基（truncated line bases）（Wand，2003），从而得到：

$$f(x) = \tilde{\beta}_0 + \tilde{\beta}_1 x + \sum_{k=1}^{K} u_k (x - \tau_k)_+ \qquad (4.38)$$

其中，$\tau_1, ..., \tau_K$ 表示适合的结点集合。当且仅当 $x > \tau_k$ 时，函数 $(x - \tau_k)_+$ 等于 $x - \tau_k$，否则等于 0。除了截断直线基，我们也可以使用截断多项式基产生更为平滑的拟合，或者使用常用于高维平滑的径向基函数（radial basis function）（Ruppert 等人，2003）。值得注意的是，所有需要从数据中估

计的参数集合为 $\left(\tilde{\beta}_0, \tilde{\beta}_1, u_1, u_2, \cdots, u_K\right)$。

我们使用（4.38）式，那么（4.37）式中的模型变为：

$$f(x) = \beta_0^* + \beta_1 x_1 + \tilde{\beta}_1 x_2 + \sum_{k=1}^{K} u_k (x_2 - \tau_k)_+ + \epsilon \qquad (4.39)$$

其中，我们令 $\beta_0^* := \left(\beta_0 + \tilde{\beta}_0\right)$，从而避免模型中出现两个截距项。我们可以在非常熟悉的混合模型设定下估计（4.39）式。混合模型（比如，Mc-Culloch 和 Searle，2000）已经成为统计学文献中一种非常流行的工具，而且人们也有了拟合混合模型的方法。我们可以换种方式重写（4.39）式，从而使其可以纳入混合模型的框架之中。我们使用下列记号：

$$\boldsymbol{\beta} = \left[\beta_0^*, \beta_1, \tilde{\beta}_1\right], \mathbf{u} = [u_1, \cdots, u_K] \qquad (4.40)$$

在混合模型下，$\boldsymbol{\beta}$ 和 $\mathbf{u}$ 分别代表固定效应和随机效应。我们定义固定效应和随机效应设计矩阵为：

$$\mathbf{X} = [1, \mathbf{x}_1, \mathbf{x}_2]_{n \times 3}, \mathbf{Z} = [(\mathbf{x}_2 - \tau_1), \cdots, (\mathbf{x}_2 - \tau_K)]_{n \times K} \qquad (4.41)$$

其中，$\mathbf{x}_1 = (x_{11}, \cdots, x_{1n})'$ 和 $\mathbf{x}_2 = (x_{21}, \cdots, x_{2n})'$ 是相关变量向量。然后，令 $\mathbf{y} = (y_1, \cdots, y_n)'$，从而我们可以用混合模型矩阵记法重写（4.39）式中的模型，得到：

$$\mathbf{y} = \mathbf{X}\boldsymbol{\beta} + \mathbf{Z}\mathbf{u} + \epsilon \qquad (4.42)$$

其误差项满足标准混合模型假设：

$$E\begin{bmatrix} \mathbf{U} \\ \epsilon \end{bmatrix} = \mathbf{0}, \qquad Cov\begin{bmatrix} \mathbf{u} \\ \epsilon \end{bmatrix} = \begin{bmatrix} \sigma_u^2 \mathbf{I} & \mathbf{0} \\ \mathbf{0} & \sigma_\epsilon^2 \mathbf{I} \end{bmatrix} \qquad (4.43)$$

我们可以使用极大似然法或有约束极大似然法估计（4.42）式中的参数。这些可以通过一些标准软件实现，比如 R 语言中的 nlme 软件包（CRAN，2003）。

半参数方法不仅可以灵活运用于并发性建模，而且如我们的结果所显示的那样，具有更强的预测能力。并发性模型由几个成分组成。对每一个成分，我们都可以根据变量之间函数关系的先验知识以及数据提供的证据，决定是采用参数策略还是非参数策略。特别是我们的并发性模型由三个主要成分组成。第一成分捕捉了所有拍卖的相关信息，比如起拍价和竞争程度。这一成分称为拍卖成分（AC）。这意味着第一成分仅考虑了与拍卖品交易有关的因素，而非拍卖品本身的因素。第二成分捕捉了拍卖品的特征、特征之间的关系以及它们对价格的影响。我们认为对这一成分假定一个空间模型比较方便，因此我们称之为空间成分（SC）。最后，第三成分捕捉了时间对拍卖价格的影响。因此，我们称之为时间成分（TC）。在下面的章节中，我们将通过半参数建模分别讨论这三个成分，解释它们的结构、内在难题并提出解决方案。随后，我们将这三个成分融合到我们的并发性主模型中。我们将这个主模型记为：

$$y = g_{AC}(\mathbf{x}) + g_{SC}(\mathbf{x}) + g_{TC}(\mathbf{x}) + \epsilon \tag{4.44}$$

其中，g_{AC}，g_{SC}，g_{TC} 分别表示并发性的拍卖成分、空间成分和时间成分。

我们在样本数据集上解释我们的模型。我们的数据是发生在 2004 年 5 月到 6 月 eBay 上的 8 128 场笔记本电脑拍卖（也见 Jank 和 Shmueli，2007）数据。数据包含几个不同的品牌（见表 4-4）。值得注意的是，所有品牌的平均价格非常相似，都位于 500 美元附近。相似的价格表明许多拍卖品是可以相互取代的，因此竞拍者在两种价格相同的拍卖品之间，会寻找最具价值的那个，即选择属性特征更好的那个。从图 4-30 的左半部分可以看到，价格分布高度右偏，只有少数几个拍卖的价格很高。对价格进行对数变换后，可以得到更加对称的价格分布（见图 4-30 的右半部分）。我们本节后续内容中均使用（自然）对数价格。

表 4-4　　　　　　　　　　不同品牌的笔记本电脑价格

品牌	数量	平均数	中位数	标准差	最小值	最大值
DELL	2 617	494.38	449.00	199.44	200	999.99
HP	1 932	515.04	463.00	217.11	200	999.00
IBM	1 466	421.46	390.86	167.01	200	999.99
SONY	522	537.02	500.00	221.06	200	999.95
TOSHIBA	874	534.13	524.50	227.75	200	999.99
其他	717	533.35	504.99	230.66	200	995.00

此表列出了每个品牌笔记本电脑的拍卖数量和价格的汇总统计量。

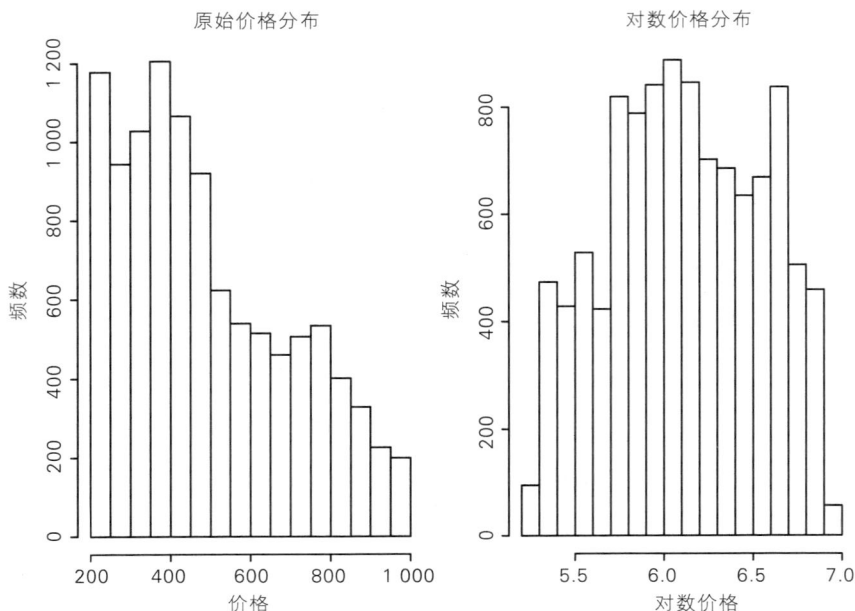

图 4-30   原始价格和对数价格的分布情况

除了价格信息，我们还有关于笔记本电脑特征的一些信息（比如，高速的处理器与低速的处理器），它们也会对价格产生显著的影响。我们拥有笔记本电脑特征的 7 项信息：笔记本电脑的品牌、处理器速度、屏幕尺寸、内存大小、芯片是否由英特尔制造、是否带 DVD 光驱以及是否是二手品。表 4-5 总结了这些信息。

到目前为止，已经有许多关于网上拍卖价格的研究。Lucking-Reiley 等人（2007）是早期的研究者之一，他们发现，在其他因素中，拍卖设计对拍卖最终价格具有显著影响。特别是，他们发现起拍价、秘密底价的使用以及拍卖的时间长度均对价格具有正向影响。作为衡量拍卖中竞争程度的指标，出价数量也能够影响价格。事实上，Bapna 等人（2008a）发现，出价数量和起拍价的交叉项对价格有显著影响（除了它们各自的单独影响之外），这表明虽然一般来说激烈竞争产生更高的价格，但是高的起拍价使得竞争程度较低，从而产生较低的价格。

表4-5　　　　　　　　　　相关的定量和分类特征解释变量

变量	平均数	中位数	标准差	最小值	最大值
处理器速度	1 070.54	800.00	734.27	100.00	3 200.00
屏幕尺寸	13.88	14.00	1.77	7.00	20.00
内存大小	258.29	256.00	154.44	32.00	2 000.00

变量	不是		是	
芯片是否由英特尔制造	675		7 453	
是否带 DVD 光驱	3 516		4 612	
是否是二手品	7 027		1 101	

表4-6 汇总了拍卖相关变量（起拍价、拍卖持续期长度、出价数量、是否存在秘密的底价以及是否有一口价设定）的分布。一口价给予买家以固定（或公布的）价格直接获得拍卖品的机会。由于一口价对于所有竞拍者都是可见的，因此，它可能会影响竞拍者对拍卖品的保留估值，从而影响最终价格。

表4-6　　　　　　　　　　拍卖相关的数值型和分类型解释变量

变量	平均数	中位数	标准差	最小值	最大值
起拍价	193.51	80.00	244.37	0.01	999.99
拍卖持续期	4.49	5.00	2.46	1.00	10.00
出价数量	16.28	15.00	12.77	1.00	115.00

变量	不是		是	
是否存在秘密的底价	5 791		2 337	
是否有一口价设定	5 451		2 677	

4.3.3 拍卖的竞争成分

我们首先对笔记本电脑数据中的价格和所有拍卖相关变量之间的关系进行建模。这些变量有出价数量、起拍价、拍卖持续期长度、秘密底价的使用以及一口价选项。图4-31展示了这些变量之间的成对关系的散点图。

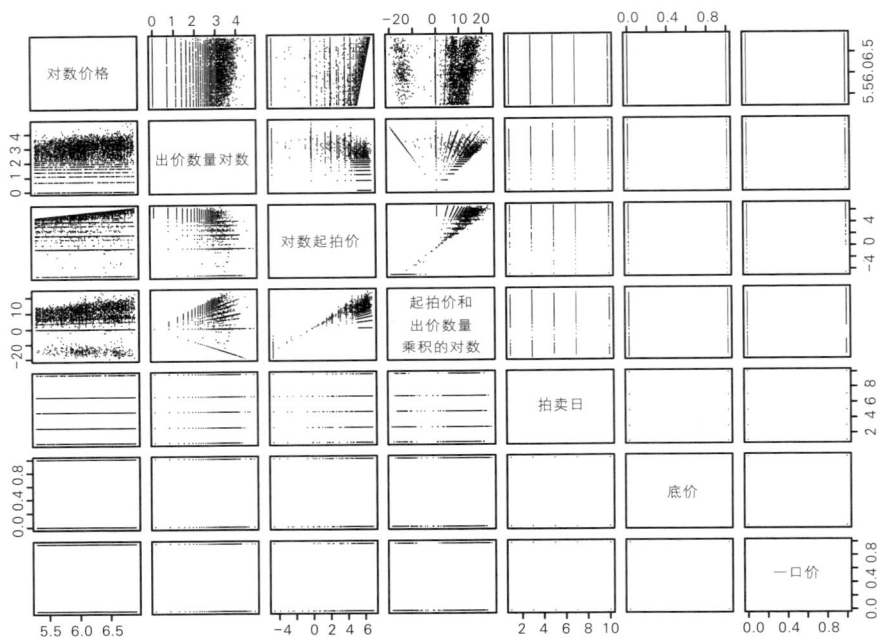

图4-31　所有拍卖相关变量的散点图矩阵

秘密的底价和一口价选项均为二进制变量，因此我们以哑变量的形式将其加入到我们的模型中。图4-31表明，如果拍卖持续期长度（以天数记）和价格之间有一定关系的话，那么这种关系是线性关系。然而，价格和起拍价、出价数量之间的关系更为复杂。接下来我们讨论其他可能的建模方法。

图4-31展示了对数刻度下的价格与起拍价、出价数量之间的关系。对数刻度可以降低这三个变量中少数极端值的影响。前人的研究（比

如，Lucking-Reiley 等人，2007）已经以线性方式对这三个变量之间的关系进行了建模，而且图 4-31 也并未显示出反对这种函数关系的证据。然而，该图表现出了另一个有趣的特征：起拍价和出价数量的散点图中存在非常显著的曲率！事实上，我们之前曾经指出，价格和起拍价之间的关系被出价数量所缓和（Bapna 等人，2008a）。这使得我们还要研究这两个变量的交叉项（如图 4-31 所示）。事实上，在价格与起拍价和出价数量的线性回归中加入这二者的交叉项后，调整后的拟合优度 R^2 由 0.02 增加到 0.13。

图 4-32 展示了包含交叉项的模型（左半部分）和不含交叉项的模型（右半部分）的成分加残差图（componet-plus-residual plot）（比如，Fox，1997），我们可以从中看出交叉项的作用。成分加残差图描绘了 $\hat{\epsilon} + \hat{\beta}_i x_i$（残差加上 x_i（成分）对回归方程拟合的贡献）对相关变量 x_i 的图像。成分加残差图用于检测回归模型的非线性以及高阶项的缺失。图中点线对应最小二乘拟合，实线对应局部加权回归散点平滑（locally weighted scatterplot smoothing，LOWESS）。我们可以看到，交叉项的存在使得线性假设更为可信。事实上，我们将其作为价格和所有拍卖相关变量之间可以通过合适的参数线性方式建模的一个证据。因此，我们将（4.44）式中的拍卖并发成分 g_{AC} 定义为：

$$g_{AC}(\mathbf{x}) = \beta_{ob} x_{ob} + \beta_{nb} x_{nb} + \beta_{int} x_{ob} x_{nb} + \beta_{len} x_{len} + \beta_{rsv} x_{rsv} + \beta_{buy} x_{buy} \tag{4.45}$$

其中，x_{ob}, x_{nb}, x_{len} 表示起拍价、出价数量和拍卖持续期长度的观测值，x_{rsv}, x_{buy} 分别对应秘密的底价和一口价选项。

4.3.4 空间并发成分

我们使用一个空间方法对拍卖品特征和它们对价格的联合影响进行建模。空间方法的优势在于仅仅需要做出极少的关于特征之间函数关系的假设。事实上，我们所需做出的假设仅仅是：对两个特征集合来说，如果它

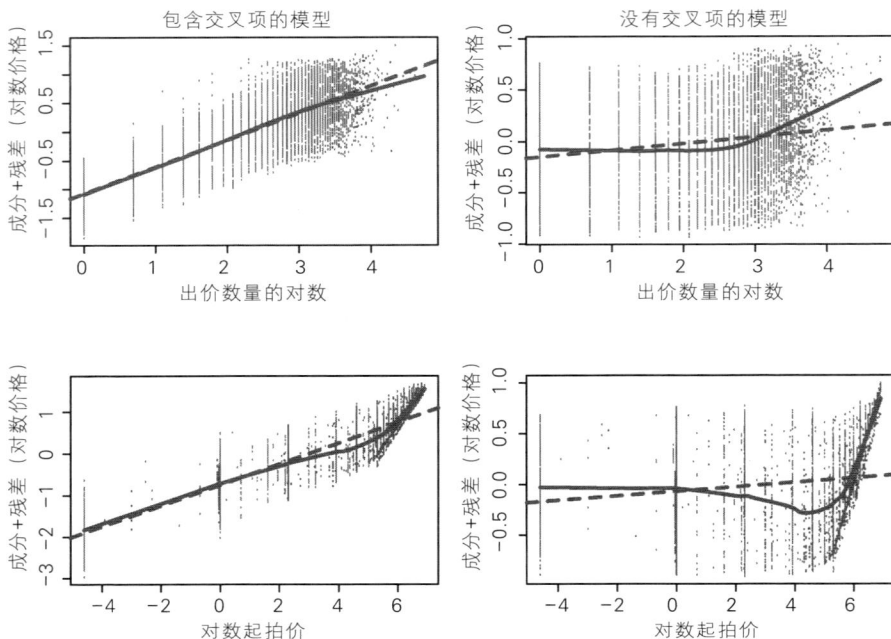

图 4-32　包含交叉项的模型（左部）和不含交叉项的模型（右部）的成分加残差图

们在特征空间中极为接近，那么它们对于价格影响是相同的。相反，如果特征集在特征空间之间的距离较远，它们对价格的影响则不同。值得注意的是，因为我们没有做出任何函数型关系的限制，所以这种方式是非常灵活的。因此，这种方法有可能会检测出一些非典型但很重要的关系，这些关系中的一些可能存在于特征空间中的局部，而使用全局解析函数不能检测出这种关系。比如，特征空间中很有可能存在对价格具有极端正向（或极端负向）影响的区域。此外，这些区域可能不是圆形或矩形这类具有明确定义的形状。空间方法可以检测出这些区域并合理利用。

　　即使特征和它们对价格的影响之间遵循一些解析函数关系，空间方法也具有一定的优势，因为在给定充分数据的前提下，它可以简化建模任务。回想我们的例子，我们有一个包含 7 个特征的集合：处理器速度、屏幕尺寸、内存大小、芯片类型、是否包含 DVD 光驱、拍卖品条件（全新品还是二手货）以及拍卖品品牌。如果使用传统线性或非线性模型，那么确定特征和它们对价格影响的精确函数关系将会非常复杂。传统步骤是尝试解释变量和响应变量的不同变换、通过一些（或全部）解释变量之间的交叉项来研究二阶或高阶效应、设定一些新的衍生变量，以及很多可能的步骤。空间模型则可以省去很多步骤。图4-33展示数据集的真实值和预测值的图像。一般说来，如果模型对数据的拟合情况较好，那么人们会预期这些散点位于对角线上。图4-33左侧展示了对数价格对7个特征变量的线性回归模型图像。我们可以看到预测点和真实点的散点图展示出了一定的曲率，这可能是由于某些变量的非线性，或者是缺失了高阶项，还可能是线性模型没有捕捉到的其他函数关系。相反，使用同样变量的空间模型的响应图像（右侧）则表明散点正好位于对角线上。

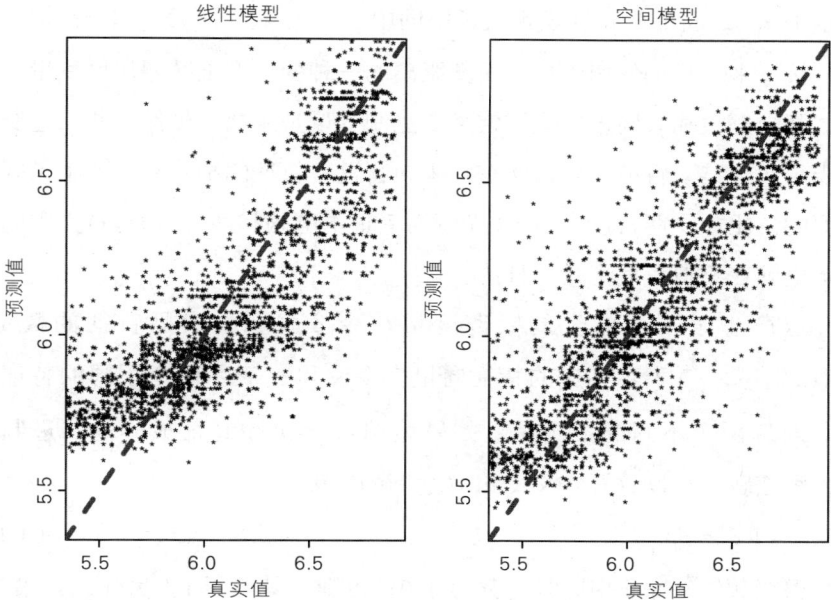

图4-33 线性模型（左侧）和相应空间模型（右侧）的预测值与真实值

4.3.4.1 特征的距离

在我们对特征空间接近度进行建模之前，必须首先明确定义特征集合之间的相似性（或差异性）。需要注意的是，7个特征变量的度量尺度并不相同。一些是区间尺度（处理器速度、内存大小、屏幕尺寸），另一些是定性属性（品牌、芯片类型、是否有DVD光驱以及拍卖品条件）。为了度量特征空间中的差异性，首先需要定义两个区间尺度变量以及两个分类变量之间的距离，以及如何将这两种距离度量融合成一个总体性的差异度量。

值得注意的是，其中的一个特征变量——"品牌"，名义上有6个不同的值（"Dell"、"HP"、"IBM"、"Sony"、"Toshiba"和"other"）。类似线性回归中的哑变量，我们可以使用5个二进制变量表示品牌。比如，令 x_1 表示 "Dell" 的品牌指示变量，x_2, x_3, x_4, x_5 分别表示 "HP"、"IBM"、"Sony" 和 "Toshiba" 这几个品牌。通过这种形式，我们用前5个水平 $x_1 - x_5$ 将品牌特征表现在了空间中。

接下来，我们使用闵可夫斯基距离的一种变形度量区间尺度变量，使用"共同发生和共同未发生"定义二进制变量是距离。虽然一些二进制变量表示包含某一特征，但是两个均未包含这些特征的拍卖品事实上是同等近似的。比如，两台没有DVD光驱的笔记本电脑和两台有DVD光驱的笔记本电脑在相似程度上是一样的。

这产生了下面的全局距离度量。令 q 表示拍卖品特征的数量，$\mathbf{x} = (x_1, x_2, \cdots, x_q)$ 表示相应的特征向量。令 $\mathbf{x}$ 和 $\mathbf{x}'$ 表示两个不同的特征向量，对应两个不同的拍卖品。如果第 $i(1 \leq i \leq q)$ 个特征成分是二进制变量，那么我们可以这样定义 $\mathbf{x}$ 和 $\mathbf{x}'$ 之间的距离：

$$d^i = \mathbf{1}(x_i \neq x'_i) \tag{4.46}$$

当且仅当第 i 个特征相同时，其等于0；否则，其等于1。另外，如果第 i 个特征是区间尺度变量，那么我们定义：

$$d^i = \frac{\left| \tilde{x}_i - \tilde{x}'_i \right|}{\tilde{R}_i} \tag{4.47}$$

其中，$\tilde{x}_i$ 表示第 i 个特征经过标准化后的 x_i 值，$\tilde{R}_i$ 表示第 i 个特征标准化后值的范围。这有点类似于闵可夫斯基距离（Jain 等人，1999）。然后，我们定义 $\mathbf{x}$ 和 $\mathbf{x}'$ 之间的全部 q 个特征成分的总体差异：

$$d(\mathbf{x}, \mathbf{x}') = \frac{\sum_{i=1}^{q} d^i}{q} \tag{4.48}$$

值得注意的是，通过使用（4.47）中的分母 $\tilde{R}_i$，如果两个不同拍卖品的第 i 个特征值相同，那么 $d^i = 0$，否则，$d^i = 1$。在这种意义下，（4.46）式和（4.47）式的总体差异度量 $d(\mathbf{x}, \mathbf{x}')$ 是可以进行比较的。

4.3.4.2 半参数空间模型

现在我们使用空间方法对特征及其对价格的影响进行建模。在定义了特征空间中差异性的含义之后，我们就可以使用基于径向平滑样条的半参数模型。令 $\mathbf{x}$ 表示 q 维特征向量。令 $\boldsymbol{\beta}_1$ 表示 $(q \times 1)$ 维参数向量，$(1 \leqslant \kappa \leqslant K)$ 表示结点集合，其中每个结点都是 q 维的。径向平滑样条（比如，Ruppert 等人，2003）定义为：

$$f(\mathbf{x}) = \beta_0 + \boldsymbol{\beta}_1^T \mathbf{x} + \sum_{k=1}^{K} u_k C(rk) \tag{4.49}$$

其中，与（4.38）式类似，$(\beta_0, \boldsymbol{\beta}_1^T, u_1, u_2, \cdots, u_k)$ 表示所有未知的参数集合。我们令 $r_k = d(\mathbf{x}, \tau_k)$ 表示（4.48）式的差异性。需要注意的是，$C(\cdot)$ 表示协方差函数。协方差函数有许多选择。比如，Matérn 协方差函数或幂协方差（power covariance）函数（比如，Cressie，1993）。我们使用 $C(r) = r^2 \log|r|$ 这种形式的协方差函数，其对应平滑参数为 2 的低阶薄板样条函数（thin-plate spline）（French 等人，2001）。

类似（4.42）式中的方法，我们将（4.49）式改写为混合模型形式。这使得（4.44）式中的空间并发成分 g_{sc} 变为如下形式。令 $\mathbf{x}_{Feat}$ 表示响应

变量 $y\cdot$ 的特征。记

$$\mathbf{x}_{SC} = [1, \mathbf{x}_{Feat}]_{(q+1)\times 1}, Z_{SC} = [C(r_k)]_{K\times 1} \tag{4.50}$$

然后，（4.49）式可记为

$$f(\mathbf{x}) = \mathbf{x}_{SC}^T \boldsymbol{\beta}_{SC} + \mathbf{z}_{SC}^T \mathbf{u}_{SC} \tag{4.51}$$

其中， $\boldsymbol{\beta}_{SC} = (\beta_0, \boldsymbol{\beta}_1^T), \mathbf{u}_{SC} = (u_1, \cdots, u_K)$ 。值得注意的是， $\boldsymbol{\beta}_1$ 对应固定效应参数向量 $\mathbf{x}_{Feat}$ 。关于如何使用标准混合模型方法及其程序代码的简介，见 Ngo 和 Wand（2004）。需要注意的是，虽然我们可以使用 R 语言的 Semi-Par 软件包建立同样的空间模型，但是它目前仅限于二维空间，并且不能处理这个例子中的定性数据。

因此，我们的并发性成分变为

$$g_{SC}(\mathbf{x}) = \mathbf{x}_{SC}^T \boldsymbol{\beta}_{SC} + \mathbf{z}_{SC}^T \mathbf{u}_{SC} \tag{4.52}$$

其中， $\mathbf{x}_{SC}, \mathbf{z}_{SC}, \boldsymbol{\beta}_{SC}$ 和 $\mathbf{u}_{SC}$ 如（4.51）式中的定义。

4.3.4.3 空间并发效应

接下来，我们介绍一下包含处理器速度、屏幕尺寸、内存大小、芯片类型、是否有 DVD 光驱、拍卖品条件和拍卖品品牌这 7 个特征变量的空间并发模型。这里我们只关注整体模型中的空间成分，该部分允许我们更细致地研究它的性质以及与传统线性模型的区别。稍后我们再讨论整体并发模型及其单独成分。

表 4-7 展示了将 7 个特征变量作为解释变量的对数价格线性回归模型的估计系数和显著性水平（回想图 4-33 真实值和模型预测值的散点图）。可以看到，除了屏幕尺寸外，所有特征均对价格具有正向影响。屏幕尺寸对价格具有负向的影响，可能是所谓平板电脑流行的结果，其观点通常是"尺寸越小越好"。然而，出人意料的是我们发现这种效应是不显著的。事实上，其他变量对价格的影响都是高度显著的，唯有屏幕尺寸是不显著的。

表4-7　　　　　　　　　　对数价格与仅使用7个特征变量

作为解释变量的线性回归模型的系数估计

变量	系数	标准误	P 值
截距项	5.4619	0.0466	0.0000
处理器速度	0.0003	0.0000	0.0000
屏幕尺寸	−0.0005	0.0035	0.8809
内存大小	0.0007	0.0000	0.0000
是否有DVD光驱	0.0777	0.0078	0.0000
芯片是否由英特尔制造	0.0543	0.0125	0.0000
拍卖品条件	0.0245	0.0117	0.0358
Dell	0.0685	0.0127	0.0000
HP	−0.0675	0.0133	0.0000
IBM	0.0394	0.0137	0.0041
Toshiba	−0.0711	0.0151	0.0000
Sony	0.0881	0.0172	0.0000

现在考虑图4-34中展示的空间模型中各解释变量的对应影响。我们将这些影响称为"主效应"，因为每次计算时仅变动一个变量，并将其他变量保持在它们的中位数。这意味着，图4-34中的每幅图对应的是一个变量的影响，而其他变量按它们的中位数计算。因为所有定量变量都经过了标准化处理，所以 x 轴上的值可以理解为与该变量平均值的比较值。此外，因为分类变量DVD、英特尔芯片、拍卖品条件以

及 5 个品牌指标的值只有 0 和 1，所以只有相应图像的端点才具有解释意义。

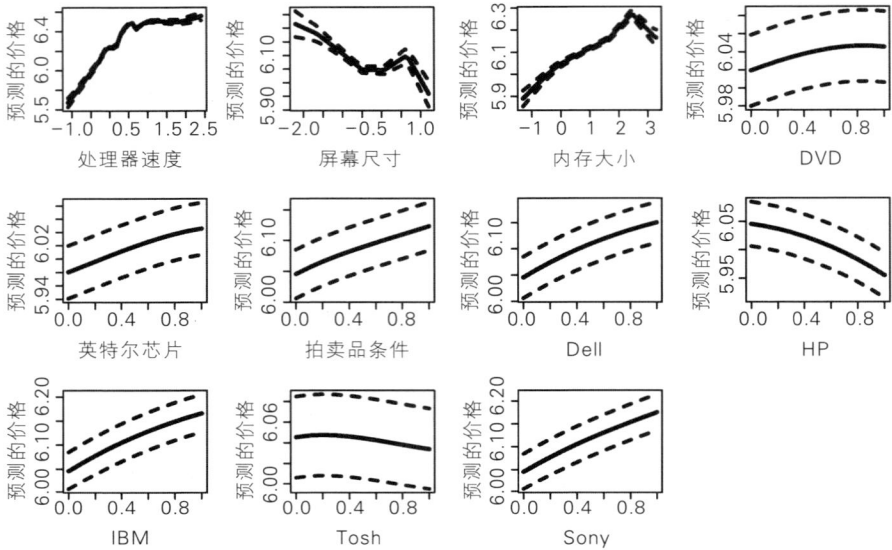

图 4-34 在其他所有变量维持在中位数水平上时，
单个变量的空间主效应（点线对应 95% 的置信区间）

考虑图 4-34 中屏幕尺寸的主效应。值得注意的是，该线一直减小到 0，即平均屏幕尺寸。也就是说，对于所有小于平均值的屏幕尺寸，其对价格的影响是负向的，这与表 4-7 中的线性回归结果相一致。也就是说，平板电脑和屏幕尺寸更小的电脑价格更高。但是需要注意的是，该线在 0 到 0.5 之间增加，对于更大的屏幕尺寸，则再次下降。这表明对于大部分屏幕尺寸来说，其对价格的影响是负的。只有特定的屏幕尺寸，特别是那些屏幕尺寸略大于平均值的电脑，价格更高。值得注意的是，这个发现与表 4-7 中的线性回归结果不同。基于线性回归模型，人们可能会剔除屏幕尺寸这个不重要的解释变量。

图4-34揭示了其他一些重要的信息。值得注意的是，处理器速度对价格的影响是正向的（与表4-7的结果类似），但是处理器速度高于平均值0.5个标准差以上时，影响随之减弱。换句话说，对于那些高于处理器平均速度的笔记本电脑，增加额外的处理能力并不会显著增加价格。虽然峰值出现在0.5之前，但是在特定配置水平，增加处理器速度会极大提高拍卖品的价格！我们在内存大小上也会发现同样的规律，但是其对价格的效应仅仅在其超过平均值2个标准差之后才开始减弱。事实上，对于内存超过均值两个标准差以上的笔记本电脑，内存大小对于价格的效应变为负向影响，实际价格降低。特征变量DVD、英特尔芯片、拍卖品条件以及品牌指标的效应与表4-7类似，至少方向相同，但是其影响程度和显著性水平有所不同。比如，我们注意到，在线性回归模型中，东芝（Toshiba）的价格与基准线有显著的区别，而在空间模型中并未出现这一现象。

图4-34中的主效应仅给出了空间模型中所有不同特征之间相互关系的一部分图像。由于主效应是保持其他变量不变，所以它们每次只展示一种效应，并且它们仅仅捕捉了其他变量处于其各自中位数时的相互关系。我们的目标是展示所有变量与其他变量之间的交叉作用，研究所有可能值。不幸的是，图像显示和人类认知的局限使得我们无法一次改变两个、甚至三个变量。图4-35和图4-36展示了成对变量的交叉作用。特别是，图4-35展示了三对定量变量之间的关系（处理器速度、屏幕尺寸和内存大小）。图4-36展示了一些剩余变量之间的关系。这两副图表明所有变量之间的成对关系及其对于价格的联合影响非常复杂，难以用任何已知的解析函数进行建模。比如，图4-35的上半部分展示了一些区域内的处理器速度-屏幕尺寸组合的电脑价格要高于其他区域。我们在图4-35和图4-36的其他图像中也发现了相似的情况。

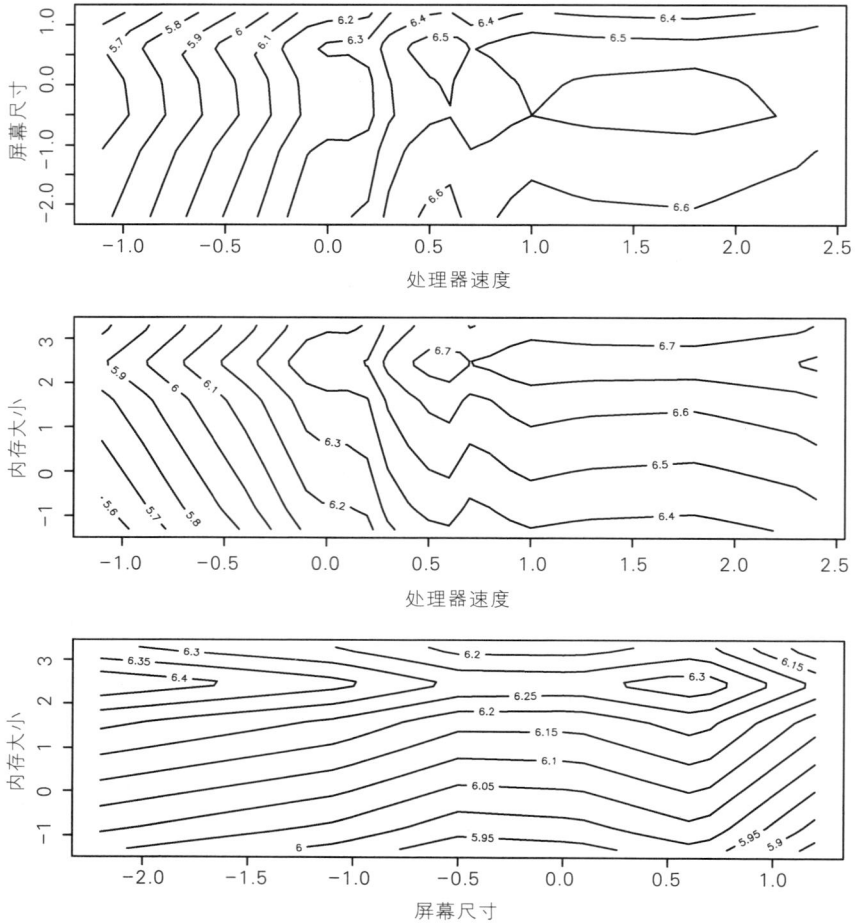

图4-35　其他变量维持在中位数水平上时，成对的空间交叉效应

　　总的来说，图4-34到图4-36表明特征变量之间的相关关系非常复杂，难以通过（传统的）解析函数予以描述。空间方法的不足在于，它对于变量的影响效应没有一个简单的解释。空间模型被证明具有极高的预测精度，这一点我们将在稍后进行展示。

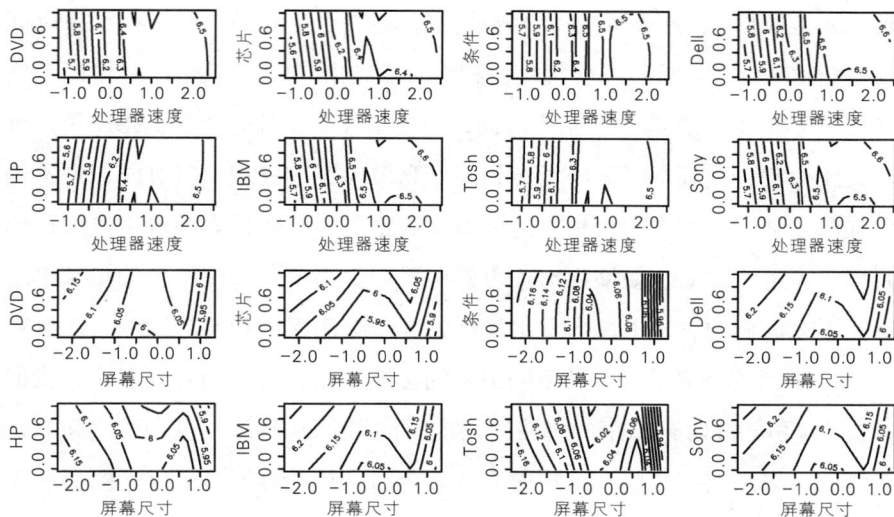

图4-36 其他变量处于中位数水平时的成对空间交叉效应

4.3.5 时间并发成分

正如我们之前所指出的，时间并发成分建模涉及为时间滞后设定一个有意义的定义。时间滞后的现有定义在网上拍卖中并不成立，或者说，对于任何分布不均匀的数据都没有意义。造成这一现象的原因是，时间滞后的标准定义假定两个相继事件之间的时间总是相等的。这也是现实中常见的情形，比如每个季度公开的销售数据、每天对实验对象的测量。在这两种情景中，数据的出现取决于单一来源，即某种意义上的"裁判员"。在第一种情景中，裁判员是决定每季度公开信息的公司。在第二种情景中，裁判员是决定每天测量而不是每小时测量的实验人员。从这种意义上说，网上拍卖与它们有所不同，因为网上拍卖没有这种裁判。事实上，网上拍卖数据的出现取决于许多相互独立的因素，比如决定拍卖始末时间的卖家、决定出价时间地点的竞拍者。其结果是出现分布不规则的数据，因此传统意义上的时间滞后在网上拍卖中没有意义。

图4-37展示了一组在一天之内结束的拍卖样本的分布。我们可以看

到，大多数拍卖在一天的稍晚时刻结束，即在下午和晚上结束。结束时间分布非常不均匀：虽然一些拍卖在相同时点结束（比如，图4-37中的一些点几乎重叠），但还有一些拍卖之间却出现了几个小时的间隔。eBay用户可以关注拍卖，并且根据从中了解到的信息做出竞价决策。有可能用户不仅根据最近进行的拍卖的价格，还根据很久之前的其他拍卖的价格做出他们的竞价决策。比如，如果竞拍者想要在图4-37中的 t 时刻结束的拍卖中出价，那么他们的决定不仅会受到最近 $t-1$ 时刻结束的拍卖的影响，还会受到 $t-2$ 时刻甚至更早时刻结束的拍卖的影响。根据传统的时间滞后，我们将认为 t 和 $t-1$ 时刻结束的价格之间的时间滞后等于 $t-1$ 和 $t-2$ 之间的时间滞后。但是放在这里，这样做显然不合适。传统时间滞后定义的另一个问题是它可能会导致信息的丢失。再次考虑图4-37，如果竞拍者想要在 s 时刻结束的拍卖中出价，那么所有在最近时刻结束的拍卖都可能会影响他的决策过程。在 s 时刻前最后一小时结束的拍卖有10个，那么其中最早结束的拍卖被记为 $s-10$。为了使模型简洁，在实际应用中传统时间序列模型几乎没有10阶以上的滞后项。因此，传统时间序列模型很有可能会忽略一些早期时间滞后项，导致无法捕捉所有重要的信息。

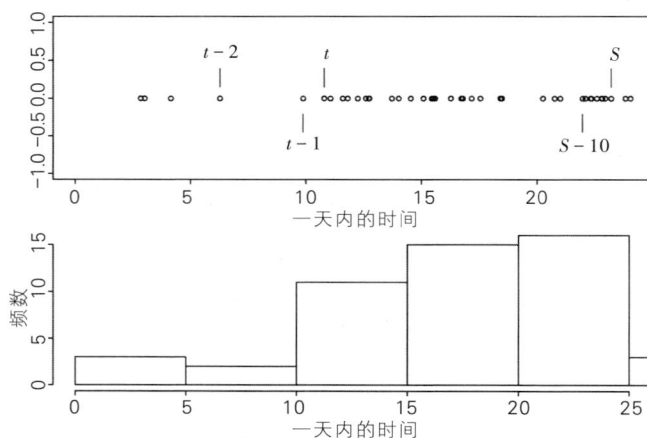

图4-37　50场拍卖随机样本1天内的结束时间分布

接下来，我们提出一个定义时间滞后变量的全新方法。这种方法对于研究网上拍卖中价格的并发性大有用处，但是其原理可以适用于网络环境之外，即一些经常出现不规则分布数据的领域。我们首先讨论定义时间滞后的一般方法，然后用一个例子进一步解释其用法。

4.3.5.1　不均匀分布数据的时间滞后

广受欢迎的网上拍卖网站上能够获得的信息非常之多。这些信息通常会随着每个新出现的拍卖，每小时甚至每分钟都发生变化。充足的信息使得用户很可能无法一条一条地消化，只能笼统吸收。我们的意思是说，用户很有可能总结一段时期内的信息而不是吸收每场拍卖的信息。比如，用户可能不会记住昨天发生的每一场拍卖的价格，而是记住其平均价格、变动范围、最大值、最小值以及价格趋势。这也是诸如 Hmmertap.com 这类网站为卖家和买家所提供的一类信息（见第 2 章）。值得注意的是，这种刻画价格分布特征的汇总统计量要比单个价格更易于用户记忆，而且比所有单个价格更易于用户吸收。从这个意义上说，我们可以利用那些能够捕捉过去一段时间内发生的所有拍卖的价格分布特征的变量来定义时间滞后变量。

令 y_t 表示 t 时刻的观测点。我们接下来将 t 解释为时间，而非事件的序号。这就是说，y_t 表示在一个特定日期、特定时刻的观测点，比如 2005 年 9 月 3 日下午 5 点 24 分。在这种意义下，滞后 1 期需要往前回溯一整天。在本例中，$t-1$ 就是 2005 年 9 月 2 日下午 5 点 25 分。滞后 2 期就会回到 2005 年 9 月 1 日下午 5 点 25 分。这种方法吸引人的地方在于，它允许滞后阶数是分数，比如滞后 1.5 期（即回到 2005 年 9 月 2 日上午 5 点 25 分）。我们接下来的讨论仅关注滞后 1 期变量。那么一般化其他滞后期的方法就非常直接了，包括分数滞后期。

令 $Y_{t,t-1} := y_{t-1,1} \cdots y_{t-1},n$ 表示 t 时刻和 $t-1$ 时刻之间的所有 n 个观测点的集合，即所有过去 24 小时内的观测点。我们想基于一些简单的度量捕捉变量 Y_{t-1} 分布中的重要特征。为此，定义滞后 1 期的向量值变量 $\mathbf{y}_{t-1}$：

$$\mathbf{y}_{t-1} = \begin{pmatrix} g_1(Y_{t:t-1}) \\ g_2(Y_{t:t-1}) \\ \vdots \\ g_p(Y_{t:t-1}) \end{pmatrix} \tag{4.53}$$

其中，函数 $g_i(Y_{t:t-1}), 1 \leq i \leq p$ 表示 Y_{t-1} 的汇总统计量，比如，均值、中位数、标准差、内部分位数范围、最大值、最小值以及其他统计量。

图 4-38 再次展示了图 4-37 中的笔记本电脑样本的价格分布。假设我们对前一天所有价格对 t 时刻价格的影响感兴趣。在 t 时刻和 $t-1$ 时刻之间总共有 $n=50$ 场拍卖。我们可以定义（4.53）式中 y_{t-1} 的不同特征为：

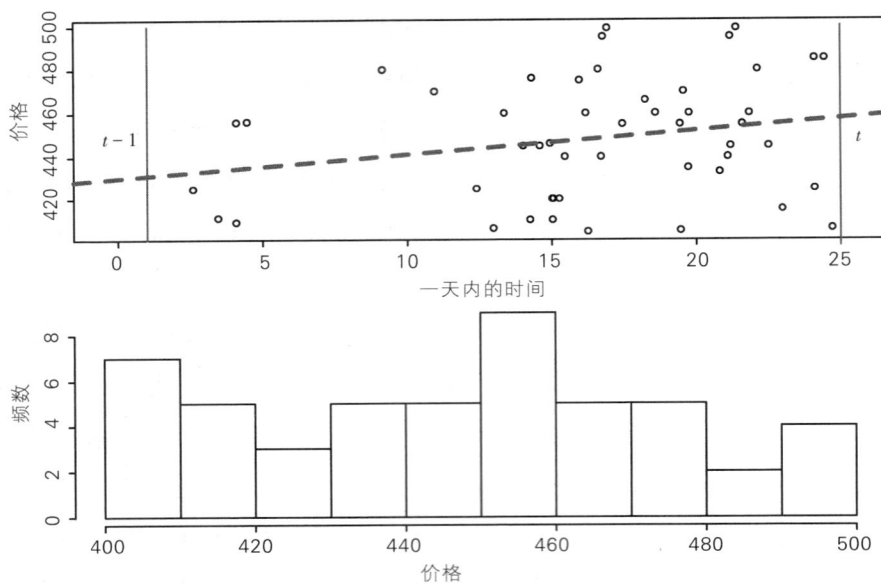

图 4-38　50 场拍卖样本的拍卖价格分布。虚线展示的是数据最小二乘拟合的斜率

$$\mathbf{y}_{t-1} = \begin{pmatrix} \$455.0 \ (\text{中位数}) \\ \$450.6 \ (\text{均值}) \\ \$27.6 \ (\text{标准差}) \\ \$404.5 \ (\text{最小值}) \\ \$499.0 \ (\text{最大值}) \end{pmatrix} \tag{4.54}$$

其中，$\mathbf{y}_{t-1}$ 的第一个元素（455.0）是50场拍卖价格的中位数，（（4.54）式中的其他成分与之类似）。诸如均值、中位数以及标准差这类汇总统计量刻画了分布的特征，但是它们并未揭示这段时期内的时间趋势。t 时刻的价格可能不仅受到前一天平均价格的影响，还可能会受到价格趋势的影响。比如，如果价格在过去的24小时内出现了系统性的上涨，那么这可能会使得 t 时刻的价格进一步上涨。另外，如果前一天的价格保持不变，那么这种影响可能就会有所不同。一种简单度量 $Y_{t,t-1}$ 价格趋势的办法是使用回归斜率，即考虑整个时间内的简单线性回归，$y_{t,t-1}, i = \alpha + \beta_i + \epsilon_i (1 \leqslant i \leqslant n)$，那么 $\beta = \beta(Y_{t,t-1})$ 便度量了过去24小时内的价格趋势。于是可以将附加成分 $g_i(Y_{t,t-1}) = \beta(Y_{t,t-1})$ 加入到（4.53）式中。图4-38中的虚线展示了本例中的50场拍卖的回归斜率。人们可以使用同样的方法定义一些成分，从而捕捉数据中非线性价格趋势甚至更复杂的函数关系。

4.3.5.2 依据相似性改良的时间滞后变量

只有当解释变量能够捕捉到响应变量的变动时，将这个解释变量加入回归模型才有意义。对于滞后变量，同样如此。测量（4.53）式中滞后变量冲击的一个有效方法是使用散点图。

图4-39展示了 y_t 对我们数据集中所有拍卖的 $\mathbf{y}_{t-1}$ 成分的散点图。这六幅图均说明 y_t 和 $\mathbf{y}_{t-1}$ 之间不存在明显的关系。这表明 $\mathbf{y}_{t-1}$ 的成分对于 y_t 并不存在实际的影响，因此，$\mathbf{y}_{t-1}$ 并不具有预测能力。虽然起初这令我们感到失望，但是造成这种现象的原因之一，是我们的数据集过于分散，数据集中的笔记本电脑的特征和价格的差异过大。因此，我们着手对时间并发度量指标进行改良。

特别是我们首先获得改良后的滞后变量 $\tilde{\mathbf{y}}_{t-1}$。与之前相同，它包含前一天的汇总信息，但与之前定义的不同之处在于，它仅包含那些最为相似拍卖品的信息，即拥有诸如相同处理器速度或相同内存等特征的拍卖品。这一方法的理论基础在于，竞拍者在进行出价决策时，更有可能会去搜寻那些相似拍卖的价格信息。

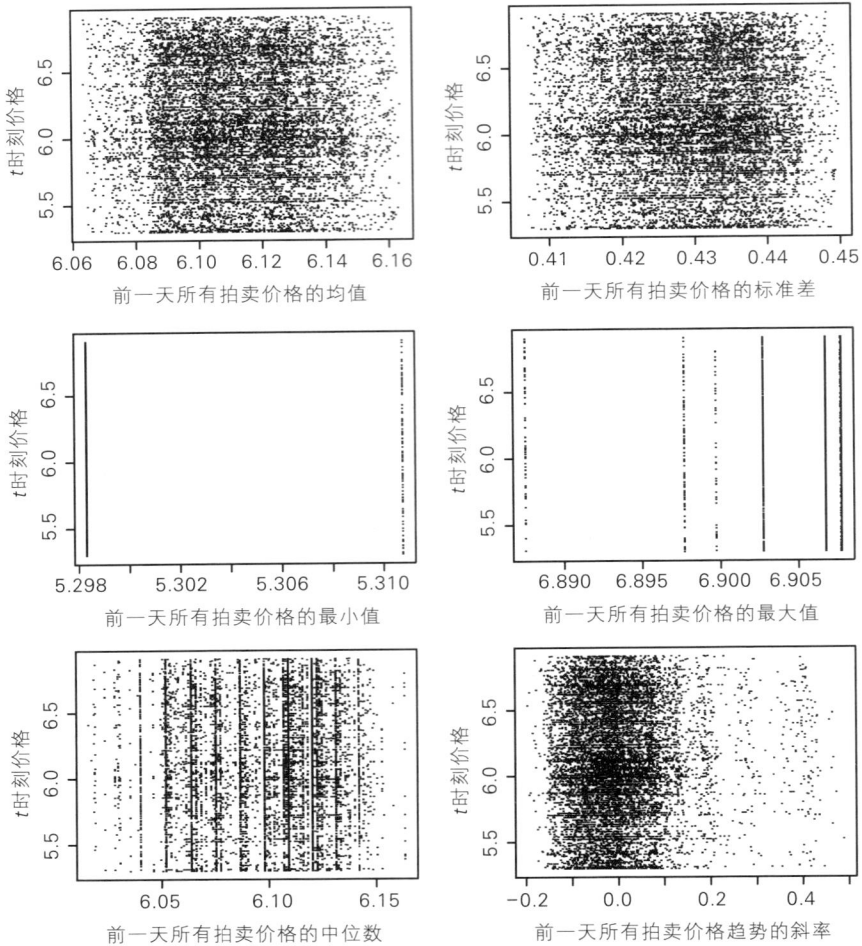

图 4-39　t 时刻价格对价格滞后汇总统计量 $\mathbf{y}_{t-1}$ 的散点图。$\mathbf{y}_{t-1}$ 表示前一天
所有拍卖的均值、标准差、最小值、最大值、中位数以及价格趋势的斜率

　　我们按如下方法计算改良后的滞后变量 $\tilde{\mathbf{y}}_{t-1}$。令 y_t 表示拍卖品价格，
其特征的向量为 $\mathbf{x}_t = (x_{t,1}, x_{t,2}, \cdots, x_t, q)$。在我们的例子中，$\mathbf{x}_t$ 包含诸如处理
器速度、内存大小或是否有 DVD 光驱这类特征。正如之前的定义，$Y_{t:t-1}$
表示前一天的所有拍卖价格的集合。令

$$Y_{t:t-1} = \left\{ y_{t:t-1,(1)}, \cdots, y_{t:t-1,(n)} \right\} \tag{4.55}$$

表示有序特征集。换句话说，$y_{t:t-1,(1)}$ 表示最近似 $\mathbf{x}_t$ 的特征 $\mathbf{x}_{t:t-1,(1)}$ 的拍卖品价格。相反，价格为 $y_{t:t-1,(n)}$ 的拍卖品具有最近似 $\mathbf{x}_t$ 的特征 $\mathbf{x}_{t:t-1,(n)}$。我们使用之前（4.48）式中的定义计算差异 $d_{t,i} := d(\boldsymbol{x}_{t:t-1,i}, \mathbf{x}_t)$。这样我们通过对相似性得分 $d_{t,i}$ 进行排序得到了有序特征集 $y_{(t:t-1)}$。

改良滞后变量 $\tilde{\mathbf{y}}_{t-1}$ 仅包括那些最相似拍卖品的信息。为此，我们仅从 $y_{(t:t-1)}$ 选取那些特征与 y_t 最为相似的元素，即我们选择最前面的 $\alpha\%$。令 $Y_{(t:t-1)}^{\alpha}$ 表示 $y_{(t:t-1)}$ 中最前面 $\alpha\%$ 的元素所组成的集合。我们像之前那样计算相似综合度量。然而，这些度量仅限于集合 $Y_{(t:t-1)}^{\alpha}$，于是产生了改良的滞后变量

$$\tilde{\mathbf{y}}_{t-1}^{ms} = \begin{pmatrix} g_1(Y_{t:t-1}^{\alpha}) \\ g_2(Y_{t:t-1}^{\alpha}) \\ \vdots \\ g_p(Y_{t:t-1}^{\alpha}) \end{pmatrix} \tag{4.56}$$

其中，上标 ms 表示最相似。采用同样的方法，我们还能计算 $\tilde{\mathbf{y}}_{t-1}^{ls}$，对应最不相似拍卖品的滞后变量。比如，选择 $Y_{(t:t-1)}$ 中最后 $\alpha\%$ 元素。在我们的应用中，我们令 $\alpha = 33$，这意味着 $\tilde{\mathbf{y}}_{t-1}^{ms}$ 包含最相似拍卖品集合的前 1/3 拍卖品的信息，而 $\tilde{\mathbf{y}}_{t-1}^{ls}$ 则包含后 1/3 拍卖品（最不相似拍卖品）的信息。剩下的 1/3 我们记作 $\tilde{\mathbf{y}}_{t-1}^{as}$，即相似水平一般的拍卖品。

图 4-40 和图 4-41 展示了改良的滞后变量散点图。值得注意的是，这些散点图有些与图 4-39 中的很相似，但是现在我们将每个滞后变量都分为三个部分，即最相似、一般相似和最不相似。我们可以看到，改良的滞后变量揭示了关于 y_t 的大量信息。比如，有趣的是，在最相似的拍卖品中，平均价格与 y_t 正相关。而在最不相似的拍卖品中，平均价格与 y_t 负相关。我们还可以看到一些在改良前没有观察到的新的形态，比如价格趋势、最小价格和最大价格。图 4-41 最下面展示的价格趋势与 y_t 只表现出很弱的相关关系。

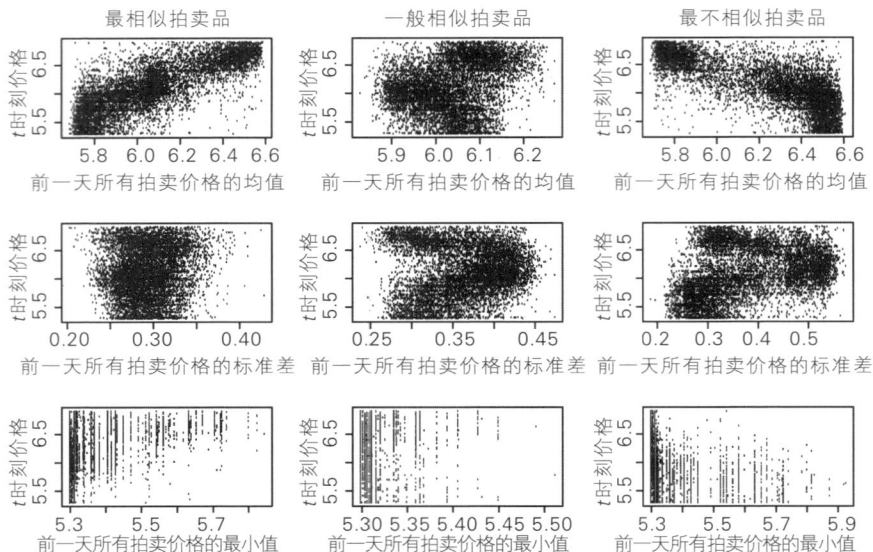

图 4-40　改良的滞后变量散点图。左侧展示的是基于最相似拍卖品的改良的
滞后变量，右侧展示的是基于最不相似拍卖品的改良的滞后变量

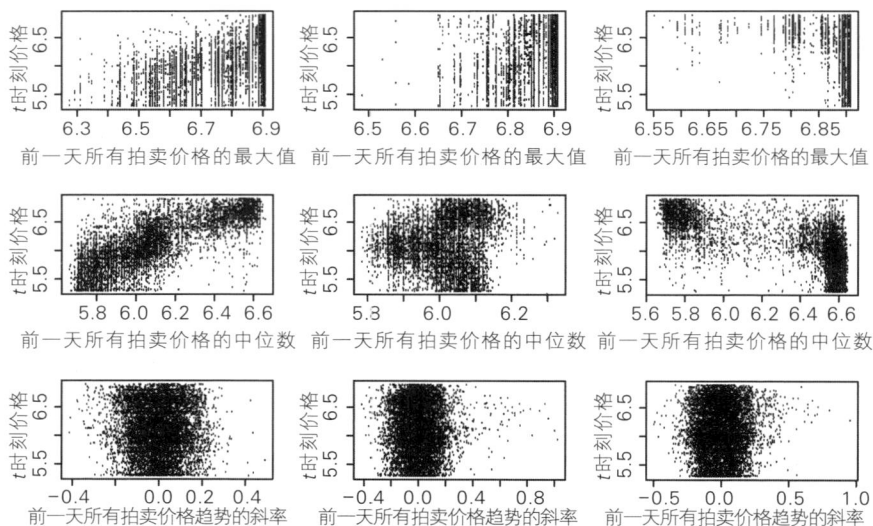

图 4-41　改良的滞后变量的散点图。左侧展示的是基于最相似拍卖品的改良的滞后
变量，右侧展示的是基于最不相似拍卖品的改良的滞后变量

4.3.5.3 改良的时间滞后的选择

图 4-40 和图 4-41 展示了总共 18 幅改良的滞后变量散点图。在通常的模型限制下，将这 18 个变量全部加入模型并没有什么意义。因此，我们需要从中挑选出一个合适的滞后变量子集，理想情况是得到具有较高解释力度的子集或是降低原滞后变量集合的维度。

为此，我们采用主成分分析法。图 4-42 展示了所有 18 个改良的滞后变量的主成分分析陡坡图。可以看到，第一主成分包含了大部分信息（78%）。事实上，在所有 18 个滞后变量中，前三个主成分解释了总变动中的 87%。我们可以从表 4-8 中看到前三个主成分的因子载荷。有趣的是，第一主成分主要由最相似和最不相似拍卖品的滞后价格的平均值和中位数组成。这意味着，第一主成分主要捕捉了前一天大部分典型价格的相关信息。而第二主成分虽然也捕捉到一些典型的价格信息，但是其主要是由前一天的价格波动信息所组成（特别是最不相似拍卖品的价格波动）。最后，第三主成分最值得注意的一个特性是它捕捉了价格趋势信息（斜率），特别是一般相似和最不相似拍卖品的价格趋势。总的说来，前三个主成分捕捉到了前一天的典型价格、价格波动及价格趋势。这意味着，这三个主成分精确捕捉到了一个精明的 eBay 用户想要从每天拍卖活动中获得的有价值信息。

接下来，我们并不直接使用改良滞后变量 $\tilde{\mathbf{y}}_{t-1}^{ms}$、$\tilde{\mathbf{y}}_{t-1}^{as}$ 和 $\tilde{\mathbf{y}}_{t-1}^{ls}$，而是使用前三个主成分进行降维操作，即令 $\tilde{\mathbf{y}}_{t-1}^{sc} = (\tilde{\mathbf{y}}_{t-1,1}^{sc}, \tilde{\mathbf{y}}_{t-1,2}^{sc}, \tilde{\mathbf{y}}_{t-1,3}^{sc})$ 表示前三个主成分的得分。我们的时间并发成分捕捉了 $\tilde{\mathbf{y}}_{t-1}^{sc}$ 和 y_t 之间的关系。后面我们将会讨论拟合这一关系的模型。

4.3.5.4 时间并发成分

现在我们对 $\tilde{\mathbf{y}}_{t-1}^{sc}$ 和 y_t 之间的关系进行建模。图 4-43 展示了 $\tilde{\mathbf{y}}_{t-1}^{sc}$ 的三个主成分对 y_t 的散点图。可以看到，$\tilde{\mathbf{y}}_{t-1}^{sc}$ 和 y_t 之间存在强烈的关系。然而，我们可能会发现这种关系并不能使用简单的函数关系描述。出于这个原因，我们再次求助非参数方法。

滞后变量主成分

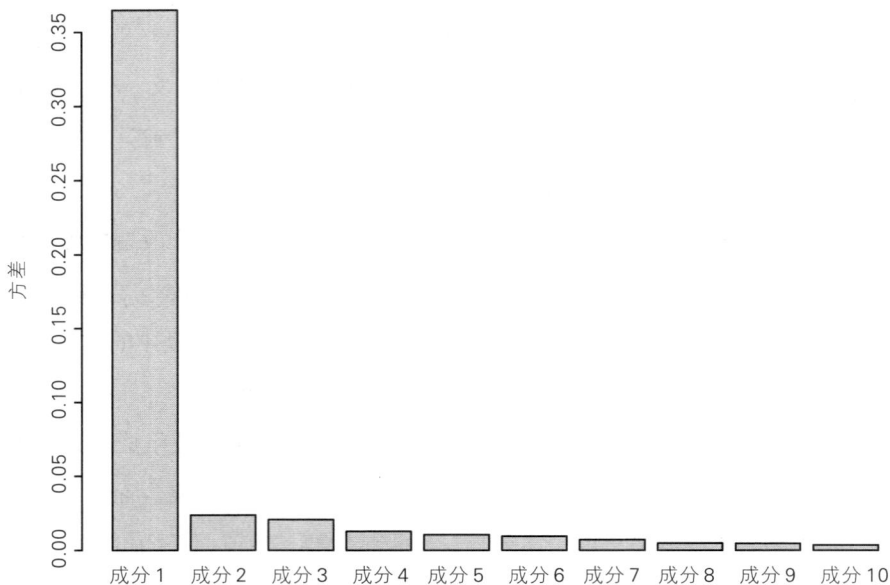

图4-42　所有18个滞后变量的主成分分析陡坡图

表4-8　　　　　　　　　前三个主成分的因子载荷

变量		PC1	PC2	PC3
均值	最相似	−0.41	0.29	−0.10
	一般相似	−0.07	−0.30	0.10
	最不相似	0.48	0.03	−0.01
标准差	最相似	−0.01	−0.01	0.00
	一般相似	0.01	0.17	−0.05
	最不相似	−0.03	0.39	−0.14
最小值	最相似	−0.09	−0.02	0.00
	一般相似	−0.01	−0.03	0.00
	最不相似	0.05	−0.22	0.07
最大值	最相似	−0.15	0.29	−0.09
	一般相似	−0.01	0.02	0.00
	最不相似	0.03	0.03	0.00
中位数	最相似	−0.45	0.26	−0.10
	一般相似	−0.04	−0.39	0.13
	最不相似	0.60	0.42	−0.16
斜率	最相似	0.01	0.02	0.19
	一般相似	0.01	0.22	0.59
	最不相似	−0.01	0.25	0.71

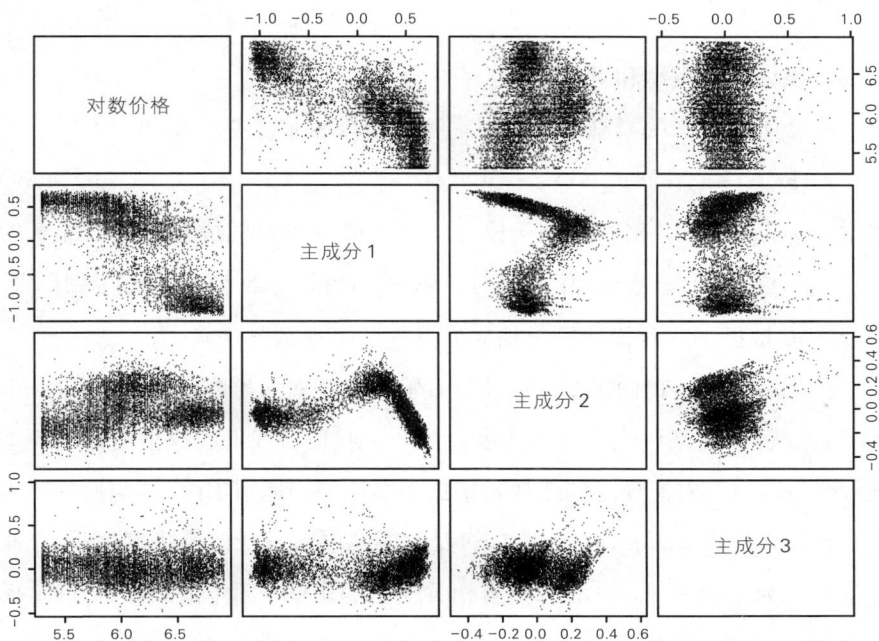

图 4-43　价格 y_t 和改良的滞后变量主成分 $\tilde{\mathbf{y}}_{t-1}^{sc}$ 的散点图矩阵

令 y_t 和 $\tilde{\mathbf{y}}_{t-1}^{sc}$ 之间的关系为

$$y_t = f_1(\tilde{y}_{t-1,1}^{sc}) + f_2(\tilde{y}_{t-1,2}^{sc}) + f_3(\tilde{y}_{t-1,3}^{sc}) + \epsilon \tag{4.57}$$

其中，f_1, f_2, f_3 对应三个未知的待估计函数。需要注意的是，我们并未考虑 $\tilde{\mathbf{y}}_{t-1}^{sc}$ 成分之间交叉项的作用，因为根据主成分的性质，$\tilde{\mathbf{y}}_{t-1}^{sc}$ 的成分都是正交的。这使得（4.57）式中的加法模型符合常理并且无需使用多元平滑因子。

接下来，我们可以将（4.57）式中的模型再次写为混合模型的形式，从而得出时间并发成分

$$g_{TC}(\mathbf{x}) = \mathbf{x}_{TC}^T \boldsymbol{\beta}_{TC} + \mathbf{z}_{TC}^T \mathbf{u}_{TC} \tag{4.58}$$

其中，$\mathbf{x}_{TC}, \mathbf{z}_{TC}, \boldsymbol{\beta}_{TC}, \mathbf{u}_{TC}$ 的定义同（4.40）式和（4.41）式。

4.3.6 整体并发模型和对比模型

集合所有单个的模型成分，现在我们可以将整体并发模型写为

$$y = g_{AC}(\mathbf{x}) + g_{SC}(\mathbf{x}) + g_{TC}(\mathbf{x}) + \epsilon \tag{4.59}$$

其中，g_{AC}, g_{SC}, g_{TC} 分别表示拍卖成分、空间成分和时间成分。需要注意的是，g_{AC} 完全是参数型的，而 g_{SC} 和 g_{TC} 是非参数型的。这意味着，（4.59）式提供了一种描述网上拍卖并发性的半参数方法。

在下一节中，我们还要通过测量我们的模型对对照样本（holdout sample）的预测精度来研究其有用程度。为此，我们将我们的模型与其他模型进行比较。这些对比模型的选择是根据下面这一问题引出的："与使用简单方法相比，使用 g_{AC}, g_{SC}, g_{TC}，建立的复杂模型可以多获得哪些信息？"在此背景下，为了研究 g_{AC} 中所有拍卖相关变量的影响，我们的第一个对比模型（C1）仅使用品牌以及表4-4、表4-5中的相关特征变量（忽略所有表4-6中的拍卖相关信息）。第二个对比模型（C2）使用品牌、特征以及拍卖相关信息，即可以和并发性成分中的 g_{AC}, g_{SC} 相比较，但并未使用空间方法对特征之间的关系进行建模。这种模型也是网上拍卖文献中最常使用的一种模型（比如，Lucking-Reiley 等人，2007）。第三个对比模型（C3）使用时间滞后的传统定义（y_{t-1} 对应先于 y_t' 的观测点）。因此，其研究的是时间并发成分 g_{TC} 的影响。表4-9汇总了所有并发性对比模型。

表4-9　　　　　　　　　　　　　　并发对比模型

模型	解释变量		
	品牌和特征（处理器速度、屏幕尺寸、内存大小、DVD、品牌、二手品）	拍卖信息（起拍价、拍卖持续期长度、出价数量、秘密底价、一口价）	传统的滞后项（y_{t-1} 对应 y_t 的前一期观测值）
C1	√	—	—
C2	√	√	—
C3	√	√	√

模型的预测效果

我们使用对照样本研究整体并发模型（4.59）式的预测效果，即我们将70%的数据作为实验组，并使用剩下的30%数据衡量模型的表现。我们按下面步骤研究（4.59）式中的模型：首先，分别单独研究三个成分的影响（模型M1，M2，M3）；然后，我们研究三者之间的两两组合（模型M4，M5，M6）；最后，在一个模型中同时考虑这3个成分（模型M7），即表4-10中总结的7个模型。然后，将其与表4-9中的三个对比模型（C1，C2，C3）的表现进行比较。我们使用两个不同的方法评价预测效果，即真实值和预测值的均方根误差（RMSE）和平均绝对百分比误差（MAPE）。其结果见表4-11。

表4-10　　　　　　　　　　　整体并发模型及其成分

模型	g_{AC}	g_{SC}	g_{TC}
M1	√	—	—
M2	—	√	—
M3	—	—	√
M4	√	√	—
M5	√	—	√
M6	—	√	√
M7	√	√	√

表4-11　　　　　　　　　　　不同并发模型的预测精度

模型	RMSE	MAPE
M1	195.23	0.3559
M2	97.31	0.1502
M3	114.15	0.1915
M4	93.37	0.1431
M5	110.15	0.1821
M6	97.37	0.1502
M7	88.53	0.1298
C1	129.29	0.1918
C2	129.11	0.1902
C3	292.54	0.5257

注：第二列是均方根误差，第三列是平均绝对百分比误差。

在表 4-11 中，我们可以发现很多有趣的信息，除了并发模型的预测表现外，还包括那些推动价格的一些因素。对于仅包含拍卖相关信息（与拍卖交易相关的信息）的模型 M1，它的 MAPE 约为 36%。除了 g_{AC} 之外，在加入特征空间信息（模型 M4）或时间价格信息（模型 M5）后，MAPE 分别下降到 14% 和 18%。当模型中同时加入特征空间和时间信息的整体并发模型（模型 M7），MAPE 小于 13%。值得一提的是，仅仅使用拍卖交易的相关信息（模型 M1），人们可以在 MAPE 等于 36% 的精度上预测 eBay 的价格。不出意外的是，在所有三个单成分模型中，特征空间模型（模型 M2）具有更高的预测精度，其 MAPE 只有 15%。有趣的是，我们注意到时间信息对于 eBay 拍卖价格的强烈影响：仅使用前一日的价格信息，MAPE 大约是 19%。然而，需要注意的是，改良的滞后变量（4.3 节中介绍的）使用的是来自相似拍卖的价格信息，因此，并非之前所有的拍卖都会影响当前价格。

另一个需要注意的地方是，整体并发模型（模型 M7）与简单对比模型（模型 C1 到模型 C3）的比较。使用传统线性方式对特征效应建模（模型 C1）的结果表明其 MAPE 只有 19%，而空间方法模型（模型 M2）的 MAPE 为 15%。同样，加入拍卖相关信息，比如拍卖设计或竞争（但是忽略起拍价和出价数量之间的交叉项），几乎不能提高预测表现（模型 C2）。这进一步说明交叉项可以很好地捕捉起拍价和竞拍者数量之间的重要关系。但是最有趣的是包含之前拍卖价格信息的模型表现，即采用传统的滞后变量定义（C3）。我们可以看到尽管包含了拍卖信息和特征信息，但是其预测表现极其差劲，甚至比表现最差的单成分模型 M1 的表现更差。这再一次说明了对非均匀分布数据使用不同统计方法的重要性。虽然不是唯一的选择，但是对于这个问题，我们的方法被证实是非常可行的。

4.3.7 结论

本节我们提出了一种对网上拍卖竞争性进行建模的全新方法。我们吸取了半参数模型灵活性的优点，提出了由三个主成分组成的模型：一个成分捕捉了所有与拍卖交易相关的信息，一个成分捕捉了特征组合及其对响应变量的影响，还有一个成分捕捉了时间效应。

对拍卖竞争的建模和理解非常重要。而且，令人意外的是，除了Jank和Shmueli（2007）以及Zhang（2009a，b），到目前为止很少有该领域内的统计研究。竞争是现代生活的常态。无论是股票、竞争性商品的促销，还是同一市场上贷款人提供的按揭利率都会相互影响。网络环境中的竞争尤其普遍，因为互联网的开放性使得人们可以实时观察他人的行动。我们在本节中讨论了eBay上拍卖的竞争性，但是我们的方法可以广泛应用于其他领域。对于竞争性的建模有助于我们理解拍卖的影响因素以及预测未来拍卖的结果。

我们的建模方法有几个新颖之处。我们将拍卖品的特征和相似性纳入"空间"这一概念之中，这使得我们可以使用大量现有的主要应用于地理参照数据（geographically referenced data）的建模工具。虽然在拍卖品特征空间内度量距离并不新奇，但这里的新颖之处在于：结合不同的距离度量来解释空间中两个拍卖品之间的距离，以及为了检测特征之间的关系及其对响应变量的影响而使用的灵活的半参数模型。半参数模型的灵活性使得我们不仅能够发现标准参数模型遗漏的类型和关系，而且能够提升通过并发拍卖数据预测新拍卖的能力。

第二个创新点在于提出一种处理和汇总非均匀分布时间序列数据的有效方法，并将其整合到半参数模型之中。我们的例子表明，将这种非均匀分布时间序列当成均匀分布序列处理的方法是不可取的，其结果偏差很大。我们提出的方法首先定义时间滞后，然后选择汇总统计量捕捉重要信息，最后通过降维实现模型的简化。我们相信这种方法也适用于网上拍卖之外的其他领域，因为非均匀分布的时间序列正变得越来越常见。

需要注意的一点是，在研究 eBay 拍卖的竞争性时，我们仅从最终拍卖价格这一点出发。然而，如果要研究正在进行中的拍卖的任何一个时刻的当前拍卖价格，eBay 的并发性会变得更为复杂。进行中的拍卖的当前价格是一个在封闭时间区间内的时间序列，这一时间序列与源自其他拍卖的价格时间序列有关。捕捉这种复杂并发性的先驱是 Hyde 等人（2006）的研究。为了对当前价格（及其动态）之间的并发性程度进行可视化，他们采用了函数型数据分析方法（见第 3 章）。

4.4　竞价与竞拍者参与的建模

我们现在将注意力转向竞拍者以及他们做出的选择。特别是，我们考虑拍卖中最重要的两个部分：竞拍者参与过程（Russo 等人，2008，2010）及其相关的出价过程（Shmueli 等人，2004，2007）。事实上，拍卖依赖于感兴趣的竞拍者——没有竞拍者，也就没有交易。此外，由于拍卖并不是以固定价格进行，所以其结果严重依赖于参与其中的竞拍者的数量。从卖家的观点来看，竞拍者越多通常会产生更高的价格。相反，竞拍赢家可能希望竞争对手很少，从而保持较低的价格。竞拍者数量是拍卖的一个重要因素，同时出价的时机也同样是一个重要因素。比如，虽然初期出价通常较低，但是网络拍卖通常会经历一个被称为"狙击出价"（Roth 和 Ockenfels，2002）或"竞价狂热"（Ariely 和 Simonson，2003）的过程。在这个过程中，竞拍者通常会在拍卖的最后时刻报出比其他人更高的出价，以致当前价格出现一个显著的跃升过程。接下来我们讨论竞拍者（竞拍者的数量以及他们出价的时间）以及随之产生的出价过程。更具体地说，我们研究的是一个用于对出价出现数据进行建模的非齐次泊松过程，并展示这一过程如何捕捉网络拍卖过程的不同阶段。然后，我们还要将这一想法一般化，并展示该过程也适用于刻画竞拍者的行为。首先，我们从出价出现过程开始。

4.4.1 出价出现的建模

由于网络环境的全球性、出价的电子化和复杂竞价的记录、更长的拍卖持续期、更灵活的卖家设计选择以及信任等多方面原因，许多传统（线下）拍卖得到的理论成果被证明并不适合网络环境。在许多重要结论中，一个潜在的核心因素是参与拍卖的竞拍者数量。通常，人们假定这一数字是固定的（Pinker等人，2003）或者是固定但未知的（McAfee和McMillan，1987）。在网络拍卖中，竞拍者数量和出价数量都是事先不确定的，并且会受到拍卖设计以及拍卖动态的影响。因此，无论是在理论还是实践中，竞拍者数量和出价数量都扮演着重要角色。

Shmueli等人（2007）提出了一个全新的、灵活的适用于出价出现过程的模型。出价出现模型具有几个重要的含义。首先，许多网络拍卖领域内的研究人员使用模拟出价出现数据验证他们的结果。比如，Bapna等人（2002a）使用模拟出价出现数据验证他们关于竞拍者愿意支付的模型。Gwebu等人（2005）利用竞拍者和出价出现率的假设，设计了一项复杂的模拟研究，分析了竞拍者的策略。另外值得注意的一点是，出价的出现会影响竞拍者的参与过程（Beam等人，1996）。Hlasny（2006）基于出价出现率评价了几个用于检测潜在抬价行为（卖家欺骗性地竞拍他们自己的物品）存在与否的经济计量过程。

对于出价过程的理解会对理论方面的研究造成影响，同时也在实践中有诸多应用。应用范围从通过监视拍卖服务器实现自动电子协商，到设计自动竞价代理。比如，Menasce和Akula（2004）研究了出价出现和拍卖服务器效率之间的联系。他们发现，常见的"最后时刻竞价"会对拍卖服务器造成巨大的负载，从而降低其效率。然后，他们通过模拟出价出现数据对拍卖进行重新安排，提出了一个可以提升服务器效率的模型。

出价出现过程还能够产生更为可信的结果，而竞拍者参与过程则不行，因为人们通常可以从出价历史记录中观察到完整的出价序列。比如，eBay 会公布拍卖进行期间所有的出价。相反，竞拍者在拍卖中的首次参与（关注该拍卖）却是从出价历史记录中无法观测的。竞拍者可以在不出价的情况下浏览拍卖，因此也就不会在拍卖中留下痕迹或揭示他们的兴趣所在。这就是说，他们可以寻找特定的拍卖，获得当前拍卖中的出价水平和竞争水平信息，并制定自己的竞价策略。而所有这些活动都可以在不留下任何公开痕迹的前提下进行。事实上，竞拍者很可能先浏览拍卖，稍后才出价。竞拍者参与时间和出价之间的间隔也意味着竞拍者参与和出价出现并不相同，因此前者并不能通过观测到的出价时间直接推断出来。另一个问题是，大多数网络拍卖网站允许出价修正，因此许多竞拍者多次出价。鉴于此，我们的方法是基于实际证据对出价出现过程进行建模的。

4.4.1.1 出价出现的特征

我们首先讨论出价出现的两个最显著的特征：多阶段参与密度以及自相似性。

1. 多阶段参与密度

在线下世界带有时限的任务中，多阶段参与密度随处可见。比如，总统选举投票、购买受欢迎的电影或体育赛事的门票、报税等。在许多情景中，随着到期日的临近，参与尤其集中。比如，2001 年的意大利政治选举，投票截止时间是晚上 10 点，在下午 1 点到晚上 10 点之间总共有超过 2 000 万次投票（Bruschi 等人，2002）。类似地，美国的大部分报税也是在 4 月 15 日的截止日附近发生的。比如，直到税季的前两个星期，仍然有 1/3 的报税单还没有填报。根据 Ariely 等人（2005）的研究，截止日效应已经在有关谈判的研究中被注意到，即谈判协议通常在截止日前的最后时刻才能达成。这种效应在动物界有所表现，对于某项具有时间限制的活动，距离结束时间越近，动物们表现越活跃。同时这种效应在人类的任务完成中也有所表现，即人们在任务结束时会越发地焦躁。进一步地，人们在游戏接近尾声的时候（甚至是接近时间断点的时候）会采取不同的策略（Croson，1996）。除了截止日效应以外，还存在一种提前效应，即策略性地使用时间效应，使得交易提前。比如，在劳动力市场上的情形（Roth 和 Xing，1994；Avery 等人，2001）。

在网络环境中，我们也可以观察到这种截止日效应和提前效应。许多研究人员已经注意到了网络拍卖中的截止日效应（Bajari 和 Hortacsu，2003；Borle 等人，2006；Ku 等人，2004；Roth 和 Ockenfels，2002；Wilcox，2000；Shmueli 等人，2007）。在许多研究中，人们均发现拍卖最后几分钟会出现巨量的出价。这种通常被称为"狙击出价"的现象已经引起了研究人员的关注。人们对这种现象的存在有着多种解释。网络拍卖的实证研究表明，在拍卖初期异常数量的出价行为之后，通常是一段较长的安静期（Borle 等人，2006；Jank 和 Shmueli，2008b）。Bapna（2003）将初期单次出价的竞拍者称为"估价人"。最后，自抬出价（卖家报出虚假价格从而抬高价格的欺诈行为）通常与初期较高的出价有关（Kauffman 和 Wood，2000）。这些出价时间现象的存在，是决定拍卖价格水平和市场竞争水平的重要影响因素。因此，这些现象引起了研究人员的高度关注。

2. 自相似性（及其消失）

尽管线上和线下环境中的出价出现过程均出现了截止日效应和初期效应，但是在线上环境中却具有一个额外的性质[①]，即自相似性。自相似性指的是随着时间 t 趋近于拍卖截止日 T，出价出现序列在 $[t,T]$ 区间内呈现出令人震惊的规则形状。自相似性是诸如 web、network、Ethernet 等交易中应用的重点所在。比如，Huberman 和 Adamic（1999）发现网站的访问者数量服从统一的指数法则。Liebovitch 和 Schwartz（2003）指出，电子

---

① Roth 和 Ockenfels（2002）在线下的协议谈判研究中也发现了这一性质。

邮件病毒的发生过程也具有自相似性质。然而，在其他网络环境中也出现了这种现象。比如，Aurell 和 Hemmingsson（1997）表明，银行间外汇市场的出价时间间隔服从指数分布。

一些学者的研究结果表明，网络拍卖的出价频率存在自相似性。Roth 和 Ockenfels（2002）发现，一场网络拍卖中竞拍者的最后出价时间近似于自相似过程。他们通过在区间 $[0, T]$ 使用指数函数 $F_T(t) = (t/T)^\alpha (\alpha > 0)$ 以及 α 的最小二乘估计，估计了"反向时间"（出价出现和拍卖截止日之间流逝的时间）中的出价出现的 CDF（累积分布函数）。他们估计了从最后 12 小时到最后 10 分钟区间范围内的出价分布，但是并未考虑拍卖最后时刻以及拍卖初期和中期的出价。Yang 等人（2003）发现，eBay 及其韩国伙伴网站（auction.co.kr）上拍卖的出价数量和竞拍者数量服从指数分布。他们在不同分类的拍卖中均发现了这一现象。这一发现（近似自相似性）的重要之处在于，在某个时间点上有更多的出价，那么在下一个时间点之前出现另一个出价的几率会更高。根据 Yang 等人（2003）的结果，这种指数行为表明，网络拍卖系统是由"自组织过程"驱动的，涉及参与该拍卖活动的全部竞拍者。

出价过程服从自相似过程而非普通的泊松模型，这一点是非常重要的：在一个出价出现过程为自相似过程的拍卖中，出价水平的增长速度要高于在泊松模型下的预期。这一点对于拍卖末期尤为重要，因为拍卖末期对价格过程和最后价格有着巨大的影响。自相似性表明，随着拍卖步入尾声，出价出现率会稳定增加。事实上，实证研究已经发现，许多竞拍者一直等到拍卖的最后时刻才提交他们的最终出价。他们希望借此提升他们赢得拍卖的概率，因为随着拍卖临近尾声，其他竞拍者提交更高出价的可能性越来越少。狙击出价（或最后时刻出价）这种常见的出价策略也表明出价出现在拍卖末期是稳定增加的。然而，源于网络拍卖数据的实证证据表明，对于具有硬结束条件的拍卖，最后时刻的出价个数服从均匀分布（Roth等人，1998）。人们已经在具有软结束条件或"敲击木槌式"（等待出价更高者，如果一段时间后没有则成交）的拍卖中发现了这种现象，比如那些在uBid.com（或者之前的Amazon.com和Yahoo！）发生的拍卖，其拍卖在最后出价后会持续几分钟的时间。

因此，网络拍卖除了具有自相似性之外，在具有硬结束条件拍卖的最后时刻还存在着自相似的崩溃性。Roth和Ockenfels（2002）注意到，除了最后1分钟以外，拍卖从最后12小时到最后1分钟内的经验累积分布函数图像非常近似。对这一崩溃现象进行建模至关重要，因为正如我们所知道的那样，拍卖的最后时刻（狙击出价发生的时刻）对最终价格有着重要影响。在缺少这种模型的情况下，我们先介绍描述整个拍卖期间出价频率的出价出现过程。我们的模型对具有硬结束条件拍卖的全程竞价密度进行了调整，而不是只关注最后几小时并排除最后时刻。

为了看清楚网络拍卖中出价出现过程的自相似性，我们收集了eBay平台上全新M515型掌上电脑189场期限为7天的拍卖数据（共有3 651次出价）。出于检验自相似性的目的，图4-44展示了3 651个出价出现的经验累积分布函数。我们描绘了几个不同时间范围的累积分布函数，描绘的范围从整个拍卖期间（7天）到最后一天、最后12个小时、6小时、3小时、5分钟、2分钟以及最后1分钟。我们发现：（1）最后一天的曲线（细黑线）与其他曲线有着显著不同，其最初是凹的；（2）最后一天到最后3小时的曲线（最下面的四条）非常相似；（3）最后时刻的曲线（灰色线）逐渐接近1分钟曲线，而1分钟曲线近乎均匀分布。这些视觉上的相似性也被双样本Kolmogorov-Smirnoff检验的结果所证实，即我们逐对比较所有分布，并发现相似性。

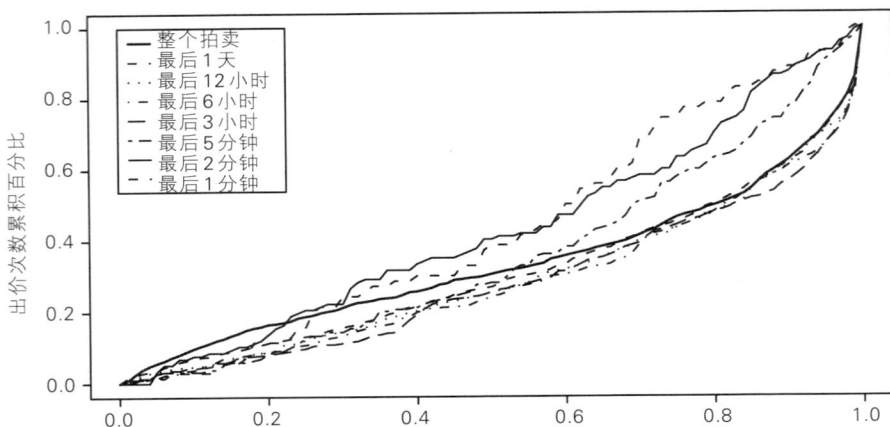

图4-44　M515型掌上电脑拍卖出价数量的经验累积分布函数

　　这重复了Roth和Ockenfels（2002）中的结果，即我们在拍卖的最后12小时、6小时、3小时、1小时、30分钟和10分钟出价数量分布中观察到了自相似，并且这一自相似在拍卖的最后时刻崩溃，变成了均匀分布。然而，我们检查了另外几个时间范围，得到了进一步的发现：首先，通过观察最后5分钟、2分钟的出价分布，我们看到自相似逐渐转变为最后1分钟的均匀分布。其次，我们对整个拍卖区间（其在Roth和Ockenfels（2002）中不能研究）的检验解释了一个额外的初期竞价阶段。这表明自相似并不是普遍存在于整个拍卖期间的。如果在拍卖的最后时刻，拍卖网站上一个出价未被记录的概率为正数，并且随着拍卖临近结束概率不断增加，那么就可能出现这种现象。有多种因素会造成出价未被网站记录。一个可能的原因是：人们需要一定的手动出价时间（Roth和Ockenfels，2002）发现大多数最后时刻竞拍者倾向于手动出价，而不是使用狙击软件代理。其他原因比如硬件故障、网络拥堵、未预期的潜在因素以及eBay的服务器问题等。显然，越接近拍卖尾声，出价越有可能没有被成功记录。最后时刻不成功出价概率的增加，阻碍了最后时刻出价个数的增加。其结果是产生了一个均匀分布的出价出现过程，直到那个时刻之前，出价出现过程均有着自相似特征。

在下面章节中，我们将描述由Shmueli等人（2004）提出的灵活的非齐次泊松过程（NHPP），该过程可以捕捉上面我们讨论过的实际现象。除了自相似性，它还解释了初期竞价和最后时刻竞价（狙击出价）这两种现象。我们首先展示如何使用一个特殊的密度函数将一个纯自相似过程表示为一个$NHPP_1$。接下来，我们介绍一个具有双密度函数的改进模型（$NHPP_2$）。这个模型旨在捕捉自相似在最后时刻的消失现象，自然也包括最后时刻竞价或狙击出价现象。过程的起始阶段不再是纯粹的自相似过程，而是一种混合过程。最后，我们展示了一个最为灵活的模型（$NHPP_3$）。这一模型考虑了网络拍卖文献中的两个常见现象：初期竞价和最后时刻竞价（狙击出价）。以上三个模型均包含在Shmueli等人（2007）称作BARISTA的模型中。

4.4.1.2　$NHPP_1$：一个产生自相似过程的非齐次泊松过程

非齐次泊松过程区别于通常泊松过程的一点在于：其密度函数并不是一个常数，而是时间的函数。我们提出了一个产生自相似过程的特定密度函数：假设$[0,T]$期间内的出价出现服从非齐次泊松过程$N(t), 0 \leqslant t \leqslant T$，其密度函数为

$$\lambda(s) = c\left(1 - \frac{s}{T}\right)^{\alpha-1}, \text{部分在} 0 < \alpha < 1 \text{且} c > 0 \qquad (4.60)$$

因此，随着$s \to T$，$\lambda(s) \to \infty$。这意味着，出价随着拍卖结束时间的临近而变得更为密集。随机变量$N(t)$服从泊松（$m(t)$）分布，其中

$$m(t) = \int_0^t \lambda(s)\mathrm{d}s = \frac{Tc}{\alpha}\left[1 - \left(1 - \frac{t}{T}\right)^{\alpha}\right] \qquad (4.61)$$

给定$N(T) = n$，出价时间$X_1, \cdots, X_n$的联合分布等价于来自区间$[0,T]$上λ型概率密度函数分布的一个样本容量为n的随机样本的顺序统计量分布，即

$$f(s) = \frac{\lambda(s)}{m(T)} = \frac{\alpha}{T}\left(1 - \frac{s}{T}\right)^{\alpha-1} \qquad 0 < s < T \qquad (4.62)$$

对任意$\alpha > 0$，$f(s)$是合适的密度，其特例包括均匀密度（$\alpha = 1$）和三角密度（$\alpha = 2$）。

（4.62）式对应的累积分布函数和生存函数分别为

$$F(s) = \frac{m(s)}{m(T)} = 1 - \left(1 - \frac{s}{T}\right)^{\alpha} \qquad 0 \leq s \leq T \tag{4.63}$$

$$R(s) = \left(1 - \frac{s}{T}\right)^{\alpha} \qquad 0 \leq s \leq T \tag{4.64}$$

具有风险函数

$$h(s) = \frac{f(s)}{R(s)} = \frac{\alpha}{T - s} \qquad 0 \leq s \leq T \tag{4.65}$$

考虑到 $0 \leq t \leq T$ 和 $0 \leq \theta \leq 1$，我们有

$$\frac{R(T - \theta t)}{R(T - t)} = \theta^{\alpha} \tag{4.66}$$

其不依赖于 t。这等价于 Roth 和 Ockenfels（2002）的公式，他们对最后时刻的出价数量建模并得到了累积分布函数

$$F^*(t) = \left(\frac{t}{T}\right)^{\alpha} \tag{4.67}$$

（4.63）式和（4.67）式中的累积分布函数的差异源于时间反转。前者观察的是从拍卖开始到 s 时刻的出价数量，而后者观察的是拍卖最后 s 个时间单位内的出价数量。令（4.67）式中的 $t = T - s$，并用 1 减去该结果，我们就可以得到与（4.63）式中累积分布函数相同的表达式。令 F_e 表示 $[0, T]$ 区间上出价出现次数 $N(t)$ 所对应的经验累积分布函数，令 $R_e = 1 - F_e$ 表示相应的生存函数。

4.4.1.3 密度函数结构和自相似

自相似过程的一个主要特点是在任意加总水平下，其分布（累积分布函数，自相关函数等）保持不变。使用（4.60）式中的密度函数，我们证明了这也是 $NHPP_1$ 的特性：如果我们有 m 个独立过程 $N_j(t), 1 \leq j \leq m$，它们的密度函数为

$$\lambda_j(s) = c_j\left(1 - \frac{s}{T}\right)^{\alpha - 1}, 1 \leq j \leq m \tag{4.68}$$

（也就是说，$c'_j s$ 不同，但是 α 相同），那么它们均具有（4.66）式右边形式的自相似性质。加总过程 $N(t) = \sum_{j=1}^{m} N_j(t)$ 是一个 NHPP，其密度函数为：

$$\lambda(s) = \sum_{j=1}^{m} \lambda_j(s) = c\left(1 - \frac{s}{T}\right)^{\alpha-1}, c = \sum_{j=1}^{m} c_j \tag{4.69}$$

并且具有类似（4.66）式的性质。相反，如果我们从一个具有（4.69）式给定密度函数 $\lambda(s)$ 的 $\text{NHPP}^{N(t)}$ 开始，并且随机地将每个出价归类于具有不同概率 $c_1/c, \cdots, c_m/c$ 的 m 种类型之一，那么所得过程 $N_1(t), \cdots, N_m(t)$ 为独立的 NHPP，并具有类似（4.68）式的密度函数。如果我们加总两个 $\alpha_1 \neq \alpha_2$ 的过程，那么产生的过程虽然是一个 NHPP，但是其密度函数并不满足（4.66）式（甚至当 $c_1 = c_2$ 时）。

出现在密度函数中的另一种自相似特性是，固定一个时间点 $\beta T \in [0, T]$，当你缩小观测区间时，密度函数在不同时间单位下具有相同的形式。对于 $x \leqslant s \leqslant T$，过程 $N_\beta(s) := N(s)$ 在更短的时间区间 $\beta T \in [0, T]$ 上是一个密度函数为 $\lambda_\beta(s) = \lambda(s)$ 的 NHPP。这可写作：

$$\lambda_\beta(s) = c\left(1 - \frac{s}{T}\right)^{\alpha-1}$$

$$= [c(1-\beta)^{\alpha-1}]\left(1 - \frac{s-\beta T}{T(1-\beta)}\right)^{\alpha-1}$$

$$= \lambda(\beta)\left(1 - \frac{s-\beta T}{T(1-\beta)}\right)^{\alpha-1}$$

随着 $\beta \to 1, \lambda(\beta) \to \infty$。注意到，最初有：

$$\lambda_0(s) = \lambda(0)\left(1 - \frac{s}{T}\right)^{\alpha-1}$$

如果我们将固定时间点 βT 作为新的零点，改变时间单位，并使得旧时间单位下的 $T(1-\beta)$ 分钟变为新的时间单位下的 T 分钟[①]。那么，N_β 过程定义在 $[0, T]$ 区间，并具有如下形式的密度函数

$$\lambda_\beta(s) = \lambda(\beta)\left(1 - \frac{s}{T}\right)^{\alpha-1}, 0 \leqslant t \leqslant T, \text{在新的时间单位下}$$

---

① 我们使用"Shminutes"这一术语表示新的时间单位。

因此，对于 $[0,T]$ 内的任意时间点 βT，余下的出价过程与 $[0,T]$ 区间上的原始过程相类似，但是是在一个重置的、更快的时间单位 $(1/1-\beta)$ 下运行，$\lambda(\beta)/\lambda(0)$ 所决定的密度更为密集。

4.4.1.4 出价出现的概率和比率

令 X 表示一个具有（4.63）式累积分布函数的随机变量。整个 $[0,T]$ 期间上的平均出价时间为：

$$E(X) = \int_0^T R(s)ds = T/(1+\alpha) \tag{4.70}$$

其方差为：

$$\mathrm{Var}(X) = \frac{\alpha T^2}{(\alpha+2)(\alpha+1)^2} \tag{4.71}$$

出价出现在长度为 t 的时间区间内的概率取决于区间的位置，遵从下面的函数：对于 $0 < x < x+t < T$，

$$p(x,t) := p(\text{在}[x,x+1]\text{期间接到一个出价})$$
$$= 1 - \exp[m(x) - m(x+t)]$$
$$= 1 - \exp\left\{\frac{cT}{\alpha}\left(\left(1 - \frac{x+t}{T}\right)^\alpha - \left(1 - \frac{x}{T}\right)^\alpha\right)\right\}$$

对于狙击出价或最后时刻竞价，一个常用的概率是在 x 时间后没有出价出现的概率。这个概率可由下面的式子给出：

$$1 - p(x, T-x) = \exp\left\{-\frac{cT}{\alpha}\left(1 - \frac{x}{T}\right)^\alpha\right\} \rightarrow 1 \; as \; x \rightarrow T \tag{4.72}$$

我们感兴趣的另一个量是：在下一个出价存在的前提下，x 时间后下一个出价出现的条件分布：

$$p^*(x,t) := p(p\text{星定义为在}x\text{时刻后存在出价的条件下，在}x\text{到}x+t\text{时刻之间}$$
$$\quad\quad\quad 出价出现的条件概率)$$
$$= \frac{p(x,t)}{p(x,T-x)}$$
$$= \frac{\exp\left[\dfrac{cT}{\alpha}\left(1 - \dfrac{x}{T}\right)^\alpha\right] - \exp\left[\dfrac{cT}{\alpha}\left(\left(1 - \dfrac{x+t}{T}\right)^\alpha\right)\right]}{\exp\left[-\dfrac{cT}{\alpha}\left(1 - \dfrac{x}{T}\right)^\alpha\right] - 1} \tag{4.73}$$

最后，我们特别感兴趣的一个变量（Roth 和 Ockenfels，2002）是：拍卖最后 t 个时刻的一部分 θ 的出价数量与最后 t 个时刻的出价数量的比例。对于 $0 < t \leq T$ 和 $0 \leq \theta \leq 1$，定义：

$$\pi(t,\theta) := \frac{N(T) - N(T - \theta t)}{N(T) - N(T - t)} = \frac{R_e(T - \theta t)}{R_e(T - t)} \tag{4.74}$$

如果 $R_e(T - t) = 0$，那么我们令 $\pi(t,\theta) = 0$。可以证明（Shmueli 等人，2004），随着 $c \to \infty$，$\pi(t,\theta)$ 概率上一致收敛。这意味着，如果出价合理分布于 $[0,T]$ 区间上，那么对于所有不接近 0 的 t，π 函数（$\pi(t,\theta)$，$0 < t \leq T$）就有很高的概率（c 值越大，概率越大）趋近于 θ^α。因此，该模型对于较小的 t 并不能保证收敛。这与实际中的情形相一致，或者说至少与实际中的情况不矛盾：经验研究表明，出价出现过程的自相似性在拍卖的最后时刻消失了（Roth 和 Ockenfels，2002）。在他们的经验累积分布函数图中，经验 $\pi(t,\theta)$ 函数被表示为选择不同 t 时 θ 的函数。如果 t 值并不是很小，这些图看起来就都很接近于 $g(\theta) = \theta^\alpha$。

对于固定的 $t \in (0,T)$ 以及 $t \in (0,1)$，$\pi(t,\theta)$ 表现为：当 $c \to \infty$ 时，

$$p\left(\left| \pi(t,\theta) - \theta^\alpha \right| > \frac{x}{\sqrt{c}} \right) \to p\left(|Z| > \sqrt{\frac{t^\alpha T^{1-\alpha}}{\alpha \theta^\alpha (1 - \theta^\alpha)}} \right) \tag{4.75}$$

这里的 Z 是单位正态变量（更多证明细节参看 Shmueli 等，2007）。

4.4.1.5　模型估计

对于 NHPP_1 模型，假定事件 $N(T) = n$，出价的出现时间 $X_1, \cdots, X_n$ 的分布，是一个从分布（4.63）式中得到的样本容量为 n 的随机样本的顺序统计量。当顺序是随机的时候，这些变量就等于一个从分布（4.63）式中得到的样本容量为 n 的随机样本。

给定一组在 $[0,T]$ 区间上的 n 个出价出现时间，我们想要检验 NHPP_1 模型是否可以恰当地描述数据。如果可以，我们还要估计参数 α，它影响出价出现的密度，并且决定了出价时间分布的形状。由于（4.63）式中累积分布函数的特殊形式，它可以用经验累积分布函数 $F_e(t)$ 近似，而 $1 - F_e(t)$ 对

$(1 - t/T)$ 的双对数图可以揭示拟合是否恰当。如果模型合理，我们预期所有的点应该落在一条斜率为 α 的直线附近。然后 α 可以作为最小二乘线性拟合 n 个点的斜率被估计出来。这种图被广泛应用于评价一般的自相似性，唯一不同的是，我们的区间 $[0, T]$ 是有限的，而通常的区间是无限的 $[0, \infty]$。

这里我们介绍 α 的两个替代估计量：一个是基于矩方法，另一个是基于极大似然方法。

（1）矩估计量

利用（4.70）式，我们可以推出矩估计量（约束为 $N(t) = n$）：

$$\widehat{\alpha} = \frac{T}{X} - 1 \tag{4.76}$$

这个估计量的技术简单快速。虽然这个估计量对 α 的估计是有偏的，但它是连续的，因为它是 $\overline{X}$ 的一个连续函数。这样，对于一个非常大的样本，我们可以得到一个接近 α 的估计。

（2）极大似然估计量

利用（4.62）中的密度，给定 $\mathrm{NHPP_1}$ 中的 n 个观察值，α 的对数似然函数为：

$$L(\alpha \mid x_1, \cdots, x_n) = n \log \alpha / T + (\alpha - 1) \sum_{i=1}^{n} \log\left(1 - \frac{x_i}{T}\right) \tag{4.77}$$

这意味着，这个分布是指数分布族之一。一个重要而有用的推论是，存在一个充分统计量 $\sum_{i=1}^{n} \log\left(1 - \frac{x_i}{T}\right)$。这样就可以大幅度降低估计的工作量。所有这些只需要这个充分统计量，而不需要 n 个出价时间。

α 的极大似然估计量为：

$$\hat{\alpha} = -n \left[\sum_{i=1}^{n} \log\left(1 - \frac{x_i}{T}\right) \right]^{-1} \tag{4.78}$$

这个估计量与常被用来估计厚尾分布的 Hill 估计量很相似。两者的不同是，第一，在我们这里出价出现区间是有限的（$[0, T]$），而通常厚尾分布的情形中出价出现区间是无限的（$[1, \infty]$）。第二，当我们假定过程接近一个帕累托分布的时候，才使用 Hill 估计量，而且只对分布的上部使用。因此，Hill 估计量平均只囊括最后 k 个出价时间，但是在我们这里，我们假设整个出价出现过程来自同一分布，这样所有的出价时间就都包含在估计量里了。

请注意，上面估计量的约束是 $N(T) = n$。无条件似然值为：

$$L(c,a) = P(N(T) = n) f(x_1, \cdots, x_n) = \frac{(\exp(-Tc/\alpha))c^n}{n!} \prod_{k=1}^{n} \left(1 - \frac{x_k}{T}\right)^{\alpha-1} \qquad (4.79)$$

推出的极大似然估计量为：

$$\hat{\alpha} = -N(t) \left[\sum_{i=1}^{N(t)} \log\left(1 - \frac{x_i}{T}\right)\right]^{-1} \qquad (4.80)$$

和

$$\hat{c} = \frac{N(T)}{T} \hat{\alpha} \qquad (4.81)$$

（4.78）式和（4.80）式是等价的，因为参数 c 影响样本容量 $N(T)$，但是不影响出价出现时间的条件分布（见 Shmueli 等（2007）对于这一结果的一般性描述）。Shmueli 等（2007）还给出了 $n \to \infty$ 时（4.78）式中 $\hat{\alpha}$ 的渐近性，以及 $c \to \infty$ 时（4.78）式中 $\hat{c}$ 的渐近性。

4.4.1.6　NHPP$_1$ 的模拟

虽然从现实的角度来看，在一个无限区间内模拟自相关过程显得比较困难，但是在一个有限区间内模拟还是比较简单和有效的。我们介绍一个简单的算法，模拟来自 NHPP$_1$ 的出价出现，产生一个自相似过程。因为累积分布函数是简单可逆的，

$$F^{-1}(s) = T - T(1-s)^{1/\alpha} \qquad (4.82)$$

通过逆方法，我们可以使用这个式子模拟一个指定 NHPP$_1$ 数量的出价出现。为了产生 n 个出价，我们生成 $n(0,1)$ 正态变量 $u_k, k = 1, \cdots, n$，将其替代（4.82）式中的 s，得到：

$$x_k = T - T(1 - u_k)^{1/\alpha} \qquad (4.83)$$

4.4.1.7　实证和模拟结果

这里我们收集了 2003 年 3 月中旬到 6 月间 eBay 平台上全新 M515 型掌

上电脑 189 场期限为 7 天的拍卖数据，共 3 651 次出价。图 4-45 展示了这 3 651 次出价时间的 $\log(1 - F_e(t))$ 对 $\log(1 - t/T)$ 图。如果数据来自一个纯 NHPP$_1$ 型自相似过程，那么我们预计图形应该是一条直线。从图中我们可以发现，$\log(1 - t/T)$ 的值在大略（-3，-0.25）区域呈一直线，对应的拍卖时间是 1.55 天到 6.66 天。这包括了大概 42% 的出价。图 4-46 展示的是相同的双对数图，但只使用了 [1.55,6.66] 区间内的出价数据。可以看出，该区间内的出价数据比整个 7 天的出价数据更符合 NHPP$_1$ 模型。直线是对数据拟合的最小二乘线。如果我们只关注这个时期的出价，同时将它们的尺度重新定标在 [0,5.11] 区间，那么我们就可以得到 α 的三个估计量：$\hat{\alpha}_{LS} = 0.91$、$\hat{\alpha}_{moments} = 1.03$ 和 $\hat{\alpha}_{ML} = 0.95$。

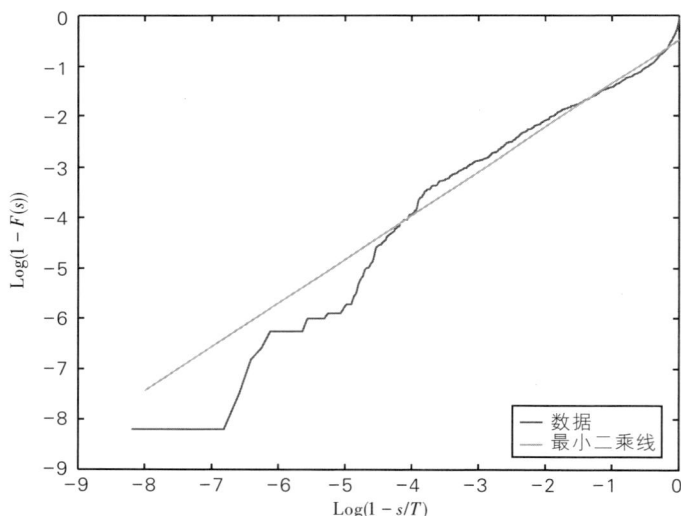

图 4-45 掌上电脑竞拍出价时间的 $1 - F_e(s)$ 对 $(1 - s/T)$ 双对数图

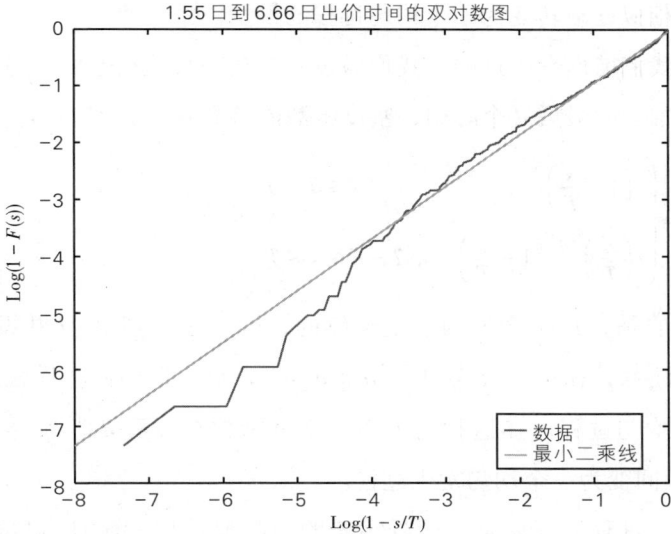

图 4-46　在 1.55 日到 6.66 日区间内，掌上电脑竞拍出价时间的

$1 - F_e(s)$ 对 $(1 - s/T)$ 双对数图

4.4.1.8　NHPP$_1$：对最后时刻自相似性消失的解释

NHPP$_1$ 模型表明随着拍卖接近结束，出价的出现稳定增加。事实上，经验观察已经发现，许多竞拍者直到最后的合适时刻才提交它们的最后出价。他们这样做，是希望提高它们赢得拍卖的机会，因为在拍卖结束前其他竞拍者成功报出更高出价的概率在下降。这种普遍的出价策略常被称作"最后时刻出价"或者"狙击出价"，它认为在临近拍卖结束前出价出现会有一个稳定的增长。但是，我们前面曾经指出，网上拍卖数据的经验证据表明最后时刻或者结束前的出价个数趋于服从一个均匀分布。如果在拍卖的最后时刻，拍卖网站上一个出价未被记录的概率为正数，并且随着拍卖临近结束概率不断增加，那么就可能出现这种现象。这种不成功出价概率的提高，阻碍了最后时刻出价个数的增加。其结果是产生了一个均匀分布的出价出现过程，消除了直到那个时刻之前的自相似性。另外，开始的自相似过程与最后的均匀过程之间并不存在明显的界限。现在我们将介绍一

个描述自相似逐渐转变为一个均匀过程的模型。

正如我们前面介绍过的，我们假设一个非齐次泊松过程，与前面不同的是，在拍卖的最后 d 个时刻，密度函数的参数 α 从 α_1 变为 α_2，即：

$$\lambda_2(s) = \begin{cases} c\left(1 - \dfrac{s}{T}\right)^{\alpha_1 - 1}, & 0 \leqslant s \leqslant T - d \\ c\left(\dfrac{d}{T}\right)^{\alpha_1 - \alpha_2}\left(1 - \dfrac{s}{T}\right)^{\alpha_2 - 1}, & T - d \leqslant s \leqslant T \end{cases} \tag{4.84}$$

值得注意的是，这个密度函数是连续的，因此在时刻 $T-d$ 并没有跳跃。同时还要注意，在这个公式中，如果 $\alpha_2 = 1$，那么自相似过程就会逐渐转变为一个均匀过程。在这种情形中，密度函数在最后 d 时刻变平了，在 $[T-d, T]$ 区间变为一个均匀发生过程。

通常，过程的开始是一个受污染的自相似过程，而且越接近转变点 $(T-d)$，受污染程度越高。随机变量 $N(t)$ 是直到 t 时刻的出价个数，服从一个泊松分布，其均值函数为：

$$m_2(s) = \begin{pmatrix} \dfrac{Tc}{\alpha_1}\left(1 - \left(1 - \dfrac{s}{T}\right)^{\alpha_1}\right), 0 \leqslant s \leqslant T - d \\ \dfrac{Tc}{\alpha_1}\left\{\left[1 - \left(\dfrac{d}{T}\right)^{\alpha_1}\right] + \dfrac{\alpha_1}{\alpha_2}\left(\dfrac{d}{T}\right)^{\alpha_1}\left[1 - \left(\dfrac{d}{T}\right)^{-\alpha_2}\left(1 - \dfrac{s}{T}\right)^{\alpha_2}\right]\right\}, \ T - d \leqslant s \leqslant T \end{pmatrix} \tag{4.85}$$

请注意，

$$m_2(T) = \frac{Tc}{\alpha_1}\left[1 - \left(1 - \frac{\alpha_1}{\alpha_2}\right)\left(\frac{d}{T}\right)^{\alpha_1}\right] \tag{4.86}$$

这个过程的累积分布函数为：

$$F_2(t) = \frac{m_2(t)}{m_2(T)} = \begin{cases} \dfrac{1 - \left(1 - \dfrac{t}{T}\right)^{\alpha_1}}{1 - \left(1 - \dfrac{\alpha_1}{\alpha_2}\right)\left(\dfrac{d}{T}\right)^{\alpha_1}}, & 0 \leqslant t \leqslant T - d \\ \dfrac{1 - \dfrac{\alpha_1}{\alpha_2}\left(\dfrac{T-t}{d}\right)^{\alpha_2}\left(\dfrac{d}{T}\right)^{\alpha_1}}{1 - \left(1 - \dfrac{\alpha_1}{\alpha_2}\right)\left(\dfrac{d}{T}\right)^{\alpha_1}}, & T - d \leqslant t \leqslant T \end{cases} \tag{4.87}$$

密度函数为

$$
f_2(t) = \begin{cases} \dfrac{\dfrac{\alpha_1}{T}\left(1 - \dfrac{t}{T}\right)^{\alpha_1 - 1}}{1 - \left(1 - \dfrac{\alpha_1}{\alpha_2}\right)\left(\dfrac{d}{T}\right)^{\alpha_1}}, & 0 \leqslant t \leqslant T - d \\[6mm] \dfrac{\dfrac{\alpha_1}{T}\left(\dfrac{d}{T}\right)^{\alpha_1 - \alpha_2}\left(1 - \dfrac{t}{T}\right)^{\alpha_2 - 1}}{1 - \left(1 - \dfrac{\alpha_1}{\alpha_2}\right)\left(\dfrac{d}{T}\right)^{\alpha_1}}, & T - d \leqslant t \leqslant T \end{cases} \tag{4.88}
$$

对于任意 $\alpha \neq 0$、$\alpha_2 > 0$ 同时 $0 < d < T$，这是一个合适的密度。当 $\alpha_1 = 0$ 时，密度函数的形式与（4.88）式不同。这个过程描述了一个受污染的自相似过程。当然，如果 $\alpha_1 = \alpha_2$，那么 $NHPP_2$ 就变为了 $NHPP_1$，即一个纯自相似过程。自相似性被污染，是指当我们接近 $[T-d,T]$ 时，出价出现过程的自相似性越来越不明显，逐渐变为 $[T-d,T]$ 区间上的均匀出价过程。在图4-44中，我们可以看到，最后2分钟的分布介于最后1分钟的均匀分布和初期的自相似分布之间。这种转变还可以通过函数 $\pi(\theta,t)$ 看出，该函数在 (θ,t) 平面的三个区域转变形式，即：

$$
\pi_2(t,\theta) = \frac{1 - F_2(T - t\theta)}{1 - F_2(T - t)} = \begin{cases} \dfrac{(t\theta)^{\alpha} + (\alpha - 1)d^{\alpha}}{t^{\alpha} + (\alpha - 1)d^{\alpha}}, & t \geqslant \dfrac{d}{\theta} \\[4mm] \dfrac{\alpha t\theta d^{\alpha - 1}}{t^{\alpha} + (\alpha - 1)d^{\alpha}}, & d < t < \dfrac{d}{\theta} \\[4mm] \theta, & t \leqslant d \end{cases} \tag{4.89}
$$

4.4.1.9　$NHPP_2$ 的模拟

为了在 $[0,T]$ 区间模拟两阶段的 $NHPP$，我们可以使用逆方法。累积分布函数的逆可以写为：

$$
F_2^{-1}(s) = \begin{cases} T - T\left\{1 - s\left[1 - \left(1 - \dfrac{\alpha_1}{\alpha_2}\right)\left(\dfrac{d}{T}\right)^{\alpha_1}\right]\right\}^{1/\alpha_1}, & 0 \leqslant s \leqslant T - d \\[5mm] T - d\left\{\dfrac{1 - s}{1 - F_2(T - d)}\right\}^{1/\alpha_2}, & T - d \leqslant s \leqslant T \end{cases} \tag{4.90}
$$

生成 n 个出价的算法如下：

1. 生成 n 个均匀变量 $u_1, \cdots, u_n$

2. 对于 $k = 1, \cdots, n$ ，令

$$x_k = \begin{cases} T - T \left\{ 1 - u_k \left[1 - \left(\dfrac{d}{T} \right)^{\alpha_1} \right] \middle/ F_2(T-d) \right\}^{1/\alpha_1}, \text{如果 } u_k < F_2(T-d) \\ T - d \left\{ (1 - u_k) / [1 - F_2(T-d)] \right\}^{1/\alpha_2}, \text{如果 } u_k > F_2(T-d) \end{cases} \tag{4.91}$$

请注意：

1. 当 $u_k = F_2(T-d)$ 时， $x_k = T - d$ ；

2. 当 $\alpha_2 = 1$ 时， F_2 在区间 $[T-d, T]$ 上是直线。

4.4.1.10 基于累积分布函数的快速粗略估计

为了估计 α_2 ，我们可以使用如下关系：

$$\alpha_2 = \frac{\log R(t_2)/R(t'_2)}{\log (T - t_2)/(T - t'_2)} \tag{4.92}$$

其中， $R(t) = 1 - F_2(t)$ ， t_2 和 t'_2 在区间 $[T-d, T]$ 内。为了估计 α_2 ，我们选择合适的 t_2 和 t'_2 值，并使用经验累积分布函数。对于拍卖末期出价均匀分布的特殊情况，我们有，对于 $t \approx T$ ， $R_e(t) \approx$ 常量 $(T - t)$ 。这样，

$$\frac{\log R_e(t_2)/R_e(t'_2)}{\log ((T - t_2)/(T - t'_2))} \approx 1 \tag{4.93}$$

至于估计 α_1 ，我们并不能写出像（4.92）式那样的等式。但是，却可以使用数据进行简单计算得到 α_1 的一个近似。虽然这个估计可以用于两个区间（估计 α_1 和 α_2 ），但是我们只在第一个区间 $[0, T-d]$ 使用。对于另一个区间 $[T-d, T]$ ，计算过程是一样的。它的思想是：选择一个区间 $[T-s, T-t]$ ，该区间在我们感兴趣的时期内。比如，在掌上电脑出价中，我们确信拍卖前的 5 天是在第一个阶段内。这样，我们选择一个在 $[0,5]$ 内的区间（或者尝试几个区间）。

两个区间 $0 \leqslant y \leqslant T - d$ 和 $T - d \leqslant y \leqslant T$ 的均值函数为：

$$m_2(y) = \beta_j - \theta_j \left(1 - \frac{y}{T} \right)^{\alpha_j} \tag{4.94}$$

其中， $j = 1, 2$ 。对于第一个区间，固定 $0 \leqslant T - s < T - t \leqslant T - d$ 。将 α_1 写为 α ，可得：

$$\frac{N(T-t)-N\left(T-\sqrt{st}\right)}{N\left(T-\sqrt{st}\right)-N(T-s)} \approx \frac{E\left[N(T-t)-N\left(T-\sqrt{st}\right)\right]}{E\left[N\left(T-\sqrt{st}\right)-N(T-s)\right]}$$

$$= \frac{m(T-t)-m\left(T-\sqrt{st}\right)}{m\left(T-\sqrt{st}\right)-m(T-s)}$$

$$= \frac{\theta_1\left[1-\left(1-\dfrac{T-t}{T}\right)^\alpha\right]-\theta_1\left[1-\left(1-\dfrac{T-\sqrt{st}}{T}\right)^\alpha\right]}{\theta_1\left[1-\left(1-\dfrac{T-\sqrt{st}}{T}\right)^\alpha\right]-\theta_1\left[1-\left(1-\dfrac{T-s}{T}\right)^\alpha\right]} \quad (4.95)$$

$$= \frac{(ts)^{\alpha/2}-t^\alpha}{s^\alpha-(st)^{\alpha/2}}$$

$$= \frac{(s^{\alpha/2}-t^{\alpha/2})t^{\alpha/2}}{(s^{\alpha/2}-t^{\alpha/2})s^{\alpha/2}}$$

$$= \left(\frac{t}{s}\right)^{\alpha/2}$$

将（4.95）式取对数，可得：

$$\alpha \approx 2\frac{\log\left[N(T-t)-N\left(T-\sqrt{st}\right)\right]-\log\left[N\left(T-\sqrt{st}\right)-N(T-s)\right]}{\log t-\log s} \quad (4.96)$$

还可以写成经验累积分布函数 $F_e(s)$ 的形式：

$$\alpha \approx 2\frac{\log\left[F_e(T-t)-F_e\left(T-\sqrt{st}\right)\right]-\log\left[F_e\left(T-\sqrt{st}\right)-F_e(T-s)\right]}{\log t-\log s} \quad (4.97)$$

在区间 $[T-d, T]$ 上，可以进行同样的近似，但是使用（4.92）式的精确关系进行估计应该更好。

为了更加深入理解快速粗略估计，我们在区间 [0,7] 内通过 $NHHP_2$ 随机生成 5 000 个出价出现时间，其中 $\alpha_1=0.4$、$\alpha_1=1$、$d=5/10\,080$（5 分钟）。图 4-47 的上半部分展示了，如果选择一个合理的区间，$\hat{\alpha}_1$ 接近 0.4。对于一个排除最后 20 分钟的区间，得到的估计是 0.4。接下来，我们使用（4.92）式估计 α_2。图 4-47 的下半部分展示了 $\hat{\alpha}_2$，它是拍卖结束前分钟数的函数。估计值看起来高估了 $\alpha_2 = 1$ 的值。值得注意的是，$T - t > 5$ 超过了最后 5 分钟的区间。为了改善估计，可以使用类似 $\alpha_2 = 1.2$ 这样的值作为极大似然过程的初始值。

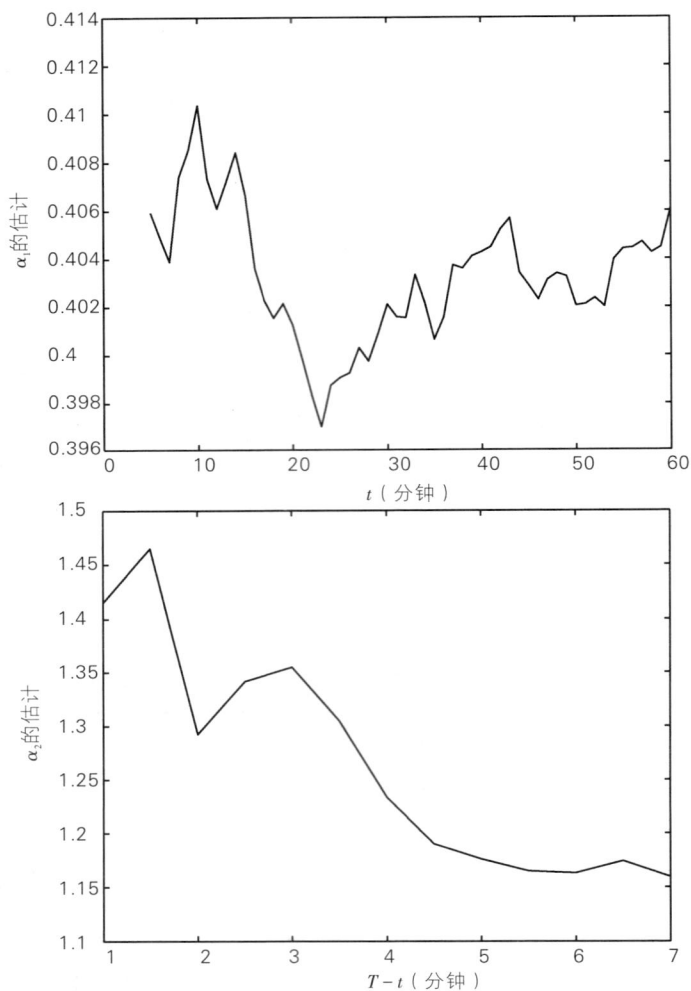

图 4-47　上半部分为 α_1 的快速粗略估计，α_1 作为 t 的函数，其中 $s = 6.99$。下半部分为 α_2 的估计，α_2 作为 t 的函数。数据为 NHPP_2 模拟数据，其中 $\alpha_1 = 0.4$、$\alpha_2 = 1$

为了估计 d ，我们可以将（4.87）式中 $0 < t < T - d$ 时 F_2 和 d 的关系写为：

$$d = T \left\{ 1 - \frac{1 - \dfrac{1 - \left(1 - \dfrac{t}{T}\right)^{\alpha_1}}{F_2(t)}}{1 - \dfrac{\alpha_1}{\alpha_2}} \right\}^{1/\alpha_1} \tag{4.98}$$

这样，我们可以使用一个"可靠的" t 的初始值（我们确信该值在区间 $[0, T-d]$ 内），将（4.98）式中的 F_2 用 F_e 替代，从而估计 d 。图 4-48 展示了 $\hat{d}$ 的值，它是一个 t 的函数。可以看到，这个估计值随着 t 的选择不同，在 2 分钟和 10 分钟之间波动。

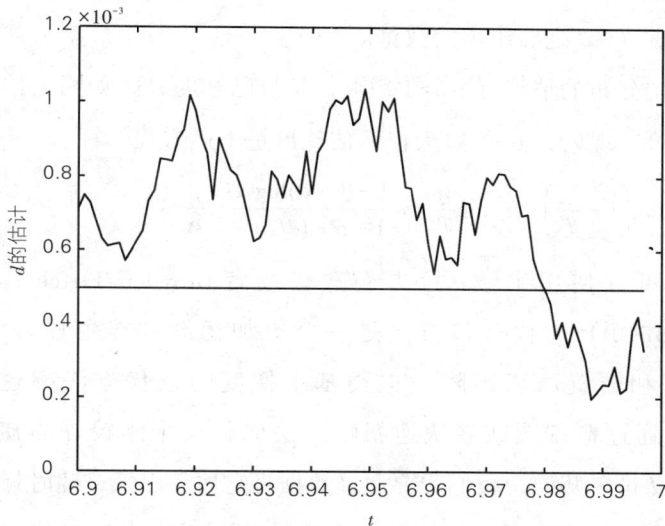

图 4-48 d 的快速粗略估计，它是一个 t 的函数

4.4.1.11 参数的极大似然估计

我们利用（4.88）式的密度函数，可以得到约束为 $N(t) = n$ 的似然函数（对无条件估计的论述，见 Shmueli 等人（2007））。

$$L(x_1, \cdots, x_n | \alpha_1, \alpha_2) = n \log \alpha_1 - n \log T + (\alpha_1 - 1) \sum_{i:x_i \leqslant T-d} \log\left(1 - \frac{x_i}{T}\right)$$

$$+ (\alpha_2 - 1) \sum_{i:x_i > T-d} \log\left(1 - \frac{x_i}{T}\right) + n_2(\alpha_1 - \alpha_2)\log\frac{d}{T} \qquad (4.99)$$

$$- n \log\left(1 - \left(1 - \frac{\alpha_1}{\alpha_2}\right)\left(\frac{d}{T}\right)^{\alpha_1}\right)$$

为了获得 α_1 和 α_2 的极大似然（ML）估计，我们需要解两个方程：

$$\sum_{i:x_i \leqslant T-d} \log\left(1 - \frac{x_i}{T}\right) + n_2 \log\frac{d}{T} = n\frac{1 - (\alpha_2 - \alpha_1)\log\alpha_1}{\alpha_2\left(1 - (d/T)^{-\alpha_1}\right) - \alpha_1} - \frac{n}{\alpha_1}$$

$$\sum_{i:x_i > T-d} \log\left(1 - \frac{x_i}{T}\right) - n_2 \log\frac{d}{T} = n\frac{-\alpha_1/\alpha_2}{\alpha_2\left(1 - (d/T)^{-\alpha_1}\right) - \alpha_1}$$

其中，n_2 是 $T-d$ 之后出价的数量。

在均匀分布的情形（$\alpha_2 = 1$）下，d 是已知的，比如网上拍卖的"最后时刻出价"现象，α_1 的极大似然估计量是下述方程的解。

$$\sum_{i:x_i \leqslant T-d} \log\left(1 - \frac{x_i}{T}\right) + n_2 \log\frac{d}{T} = n\frac{1 - (1 - \alpha)\log\alpha}{1 - \alpha - (d/T)^{-\alpha}} - \frac{n}{\alpha} \qquad (4.100)$$

我们可以使用牛顿–拉夫逊迭代或者 Broyden-Fletcher-Goldfarb-Powell（BFGP）迭代（该方法是一个更加稳健的准牛顿方法，它不需要计算和转置海森矩阵）这类基于梯度的迭代方法解这个方程。我们可以通过概率图或者快速粗略方法估计一个比较好的初始值。

如果 d 是未知的，我们想要通过数据将它估计出来，此时梯度方法就不好用了。有一个选择是将估计 α_1 和 α_2 的梯度方法与在 d 值合理区间内的仔细搜索相结合。d 的步长与我们要做的研究相关，我们希望 d 的一个微小变化不会导致 $\hat{\alpha}_1$ 和 $\hat{\alpha}_2$ 的巨大变化。

4.4.1.12 经验和模拟结果

为了检验我们的掌上电脑拍卖数据是否存在"最后时刻出价"现象，我们首先拟合一个概率图。图 4-49 的上半部分展示的是 $T = 7$

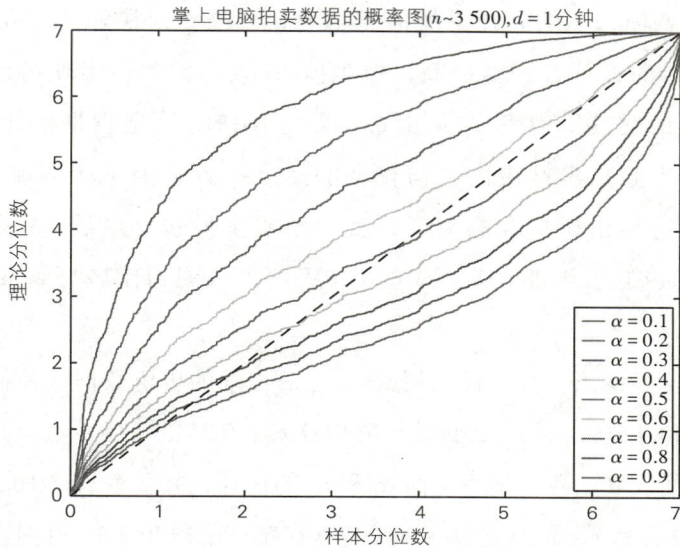

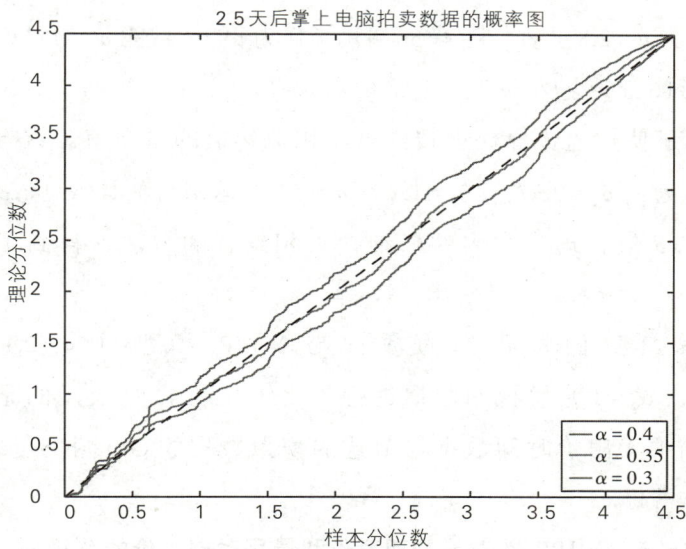

图 4-49　掌上电脑拍卖数据的概率图。上半部分 $T = 7$ 、 $d = 1/10\,080$ ，下半部分
$T = 4.5$ 、 $d = 1/10\,080$ 。图例的顺序对应图中线的顺序

（天）、 $d = 1/10\,080$ （变化点出现在拍卖结束前 1 分钟）的掌上电脑拍
卖数据的概率图。图中的几个曲线对应不同的 α 值。对应这些数据，

图中显示两阶段 NHPP 并不能捕捉拍卖初期的相对快速的变化，比如 $\alpha = 0.5$ 时，曲线拟合程度最高，但是前 2.5 天出价数据出现得比 $NHPP_2$ 模型预期的更快，然后直到第 6 天又比 $NHPP_2$ 模型预期的下降得更慢，最后直到拍卖结束出价与预期的速度一致。为了检测前 2.5 天确实是导致这种错误拟合的原因，我们绘制了只包含最后 4.5 天的概率图（图 4-49 的下半部分）。这里 $NHPP_2$ 模型表现得比较好，α 的估计值为 0.35。

按照这些结果，我们仅使用 2.5 天之后出现的出价数据（并将数据转移到区间 $[0, 4.5]$，我们得到快速粗略估计 $\hat{\alpha}_1 \approx 0.35$、$\hat{\alpha}_2 \approx 1$。

为了估计 d，我们使用上面 α_1 和 α_2 的估计，并且令 $t = 5/10\,080$（拍卖结束前 5 分钟），因为它最有可能包含在第一阶段 $[0, 4.5-d]$ 中。这次的估计结果为 $\hat{d} = 2.8$ 分钟。图 4-50 展示了作为 t 的函数的 $\hat{d}$。可以看到，d 在 1 分钟到 3 分钟之间。

我们还使用遗传算法去搜索最小化似然值的参数值。该方法产生的估计值为：$\hat{\alpha}_1 = 0.37$、$\hat{\alpha}_2 = 1.1$、$\hat{d} = 2.1$。运用将估计 α_1 和 α_2 的梯度方法与在 d 值合理区间内的仔细搜索相结合的方法，得到了相同的估计。

最后，我们将我们的数据与 $NHPP_2$ 模型（$d = 2.1$ 分钟、$\alpha_1 = 0.37$、$\alpha_2 = 1$）模拟的数据进行了比较。图 4-51 展示的是节选的掌上电脑拍卖出价时间数据与节选的模拟数据的 QQ 图。可以看出，拟合得非常好。

4.4.1.13　$NHPP_3$：对最初期竞价和最后时刻出价的解释

到目前为止，我们的工作主要集中于拍卖末期以及最后时刻出价等出价活动，但是拍卖初期也有一些我们感兴趣的性质，比如初期出价！事实上，许多网上拍卖的经验研究已经发现，在拍卖初期存在一个不寻常的出价数量，其后跟随着一段很少出价甚至是没有出价的时期。人们对初期出价现象

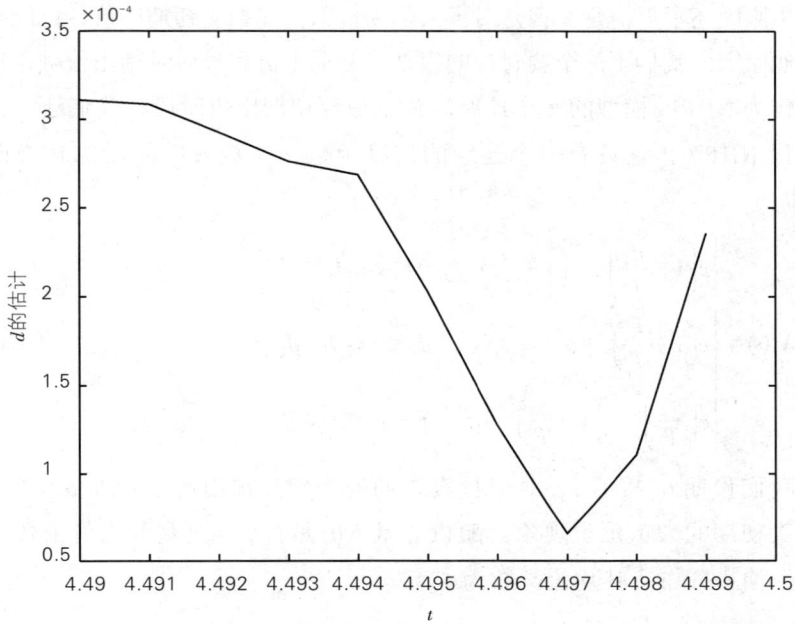

图4-50 作为一个 t 的函数的 d 的快速粗略估计

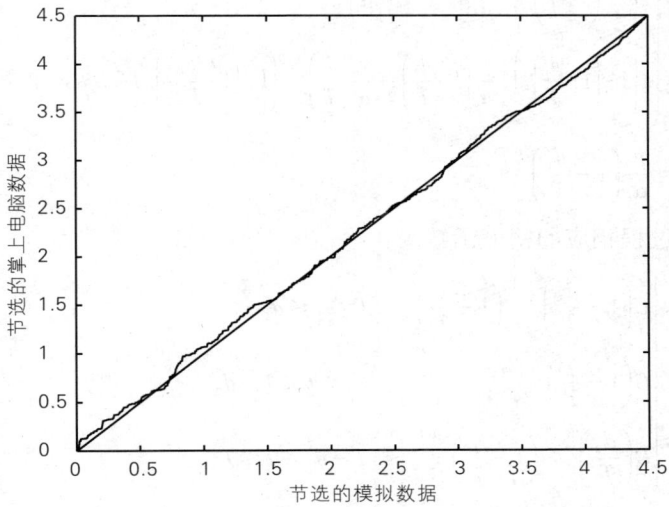

图4-51 掌上电脑拍卖出价时间数据与 $NHPP_2$ 模型（$d = 2.1$ 分钟、$\alpha_1 = 3.7$、$\alpha_2 = 1$）模拟数据在 $[0, 4.5]$ 区间上的QQ图

的产生原因还不很清楚。但是对于人们为什么会在拍卖初期出价，可能有几个其他原因。我们下一个要讨论的模型将初期出价和最后时刻出价融合在一起，作为 $NHPP_2$ 模型的一个扩展。为了拟合初期出价阶段，我们建立一个三阶段 NHPP，它具有一个连续的密度函数，参数 α 随阶段的转换而变化，即

$$
\lambda_3(s) = \begin{cases} c\left(1-\dfrac{d_1}{T}\right)^{\alpha_2-\alpha_1}\left(1-\dfrac{s}{T}\right)^{\alpha_1-1}, & 0 \leq s \leq d_1 \\[2mm] c\left(1-\dfrac{s}{T}\right)^{\alpha_2-1}, & d_1 \leq s \leq T-d_2 \\[2mm] c\left(\dfrac{d_2}{T}\right)^{\alpha_2-\alpha_3}\left(1-\dfrac{s}{T}\right)^{\alpha_3-1}, & T-d_2 \leq s \leq T \end{cases} \tag{4.101}
$$

我们预期 α_3 接近 1，对应拍卖末期的均匀分布出价，预期 $\alpha_1 > 1$，代表拍卖初期的大量出价现象。随机变量 $N(t)$ 是直到 t 时刻的出价个数，服从一个泊松分布，其均值函数为：

$$
m_3(s) = k\begin{cases} K\left(1-\left(1-\dfrac{s}{T}\right)^{\alpha_1}\right), & 0 \leq s \leq d_1 \\[2mm] K\left(1-\left(1-\dfrac{d_1}{T}\right)^{\alpha_1}\right)+\dfrac{Tc}{\alpha_2}\left(1-\left(1-\dfrac{s}{T}\right)^{\alpha_1}\right), & d_1 \leq s \leq T-d_2 \\[2mm] K\left(1-\left(1-\dfrac{d_1}{T}\right)^{\alpha_1}\right)+\dfrac{Tc}{\alpha_2}\left(1-\left(\dfrac{d_2}{T}\right)^{\alpha_1}\right)+\dfrac{Tc}{\alpha_3}\left(\dfrac{d_2}{T}\right)^{\alpha_2-\alpha_3}\left(1-\left(1-\dfrac{s}{T}\right)^{\alpha_3}\right), & T-d_2 \leq s \leq T \end{cases} \tag{4.102}
$$

其中，$K = \dfrac{Tc}{\alpha_1}\left(1-\dfrac{d_1}{T}\right)^{\alpha_2-\alpha_1}$。

这个过程相应的密度函数为：

$$
f_3(t) = \begin{cases} C\left(1-\dfrac{d_1}{T}\right)^{\alpha_2-\alpha_1}\left(1-\dfrac{t}{T}\right)^{\alpha_1-1}, & 0 \leq t \leq d_1 \\[2mm] C\left(1-\dfrac{t}{T}\right)^{\alpha_2-1}, & d_1 \leq t \leq T-d_2 \\[2mm] C\left(\dfrac{d_2}{T}\right)^{\alpha_2-\alpha_3}\left(1-\dfrac{t}{T}\right)^{\alpha_3-1}, & T-d_2 \leq t \leq T \end{cases} \tag{4.103}
$$

其中，

$$C = c/m(T)$$

$$= \frac{\alpha_1 \alpha_2 \alpha_3 / T}{\left(1 - \dfrac{d_1}{T}\right)^{\alpha_2} \alpha_3 (\alpha_1 - \alpha_2) + \alpha_3 \alpha_2 \left(1 - \dfrac{d_1}{T}\right)^{\alpha_2 - \alpha_1} + \left(\dfrac{d_2}{T}\right)^{\alpha_2} \alpha_1 (\alpha_2 - \alpha_3)}$$

累积分布函数为：

$$F_3(t) = \begin{cases} \dfrac{CT}{\alpha_1} \left(1 - \dfrac{d_1}{T}\right)^{\alpha_2 - \alpha_1} \left[1 - \left(1 - \dfrac{t}{T}\right)^{\alpha_1}\right], & 0 \le t \le d_1 \\[3mm] \dfrac{CT}{\alpha_1 \alpha_2} \left[(\alpha_1 - \alpha_2)\left(1 - \dfrac{d_1}{T}\right)^{\alpha_2} + \alpha_2 \left(1 - \dfrac{d_1}{T}\right)^{\alpha_2 - \alpha_1} - \alpha_1 \left(1 - \dfrac{t}{T}\right)^{\alpha_2}\right], & d_1 \le t \le T - d_2 \quad (4.104) \\[3mm] 1 - \dfrac{CT}{\alpha_3} \left(\dfrac{d_2}{T}\right)^{\alpha_2 - \alpha_3} \left(1 - \dfrac{t}{T}\right)^{\alpha_3}, & T - d_2 \le s \le T \end{cases}$$

值得注意的是，对于区间 $d_1 \le t \le T - d_2$，我们可以将累积分布函数写为：

$$F_3(t) = F_3(d_1) + \frac{CT}{\alpha_2} \left[\left(1 - \frac{d_1}{T}\right)^{\alpha_2} - \left(1 - \frac{t}{T}\right)^{\alpha_2}\right] \qquad (4.105)$$

4.4.1.14 NHPP$_3$ 的模拟

为了在 $[0, T]$ 区间模拟一个三阶段的 NHPP，我们使用逆方法以及与模拟 NHPP$_2$ 相同的逻辑。累积分布函数的逆可以写为：

$$F_3^{-1}(s) = \begin{cases} T - T \left\{1 - \dfrac{s \alpha_1}{CT} \left(1 - \dfrac{d_1}{T}\right)^{\alpha_1 - \alpha_2}\right\}^{1/\alpha_1}, & 0 \le s \le d_1 \\[3mm] T - T \left\{\left(1 - \dfrac{d_1}{T}\right)^{\alpha_2} - \dfrac{\alpha_2}{CT}\left(s - F_3(d_1)\right)\right\}^{1/\alpha_2}, & d_1 \le s \le T - d_2 \quad (4.106) \\[3mm] T - T \left\{\dfrac{\alpha_3}{CT}(1 - s)\left(\dfrac{d_2}{T}\right)^{\alpha_3 - \alpha_2}\right\}^{1/\alpha_3}, & T - d_2 \le s \le T \end{cases}$$

生成 n 个出价的算法如下：

1. 生成 n 个均匀变量 $u_1, \ldots, u_n$

2. 对于 $k = 1, \ldots, n$，令：

$$x_k = \begin{cases} T - T\left\{1 - \dfrac{u_k \alpha_1}{CT}\left(1 - \dfrac{d_1}{T}\right)^{\alpha_1 - \alpha_2}\right\}^{1/\alpha_1}, & \text{如果} \quad u_k \leqslant F_3(d_1) \\[3mm] T - T\left\{\dfrac{\alpha_2}{CT}\big(F_3(d_1) - u_k\big) + \left(1 - \dfrac{d_1}{T}\right)^{\alpha_2}\right\}^{1/\alpha_2}, & \text{如果} \quad F_3(d_1) \leqslant u_k \leqslant F_3(T - d_2) \quad (4.107) \\[3mm] T - T\left\{\dfrac{\alpha_3}{CT}u_k\left(\dfrac{d_2}{T}\right)^{\alpha_3 - \alpha_2}\right\}^{1/\alpha_3}, & \text{如果} \quad u_k \geqslant F_3(T - d_2) \end{cases}$$

4.4.1.15 基于累积分布函数的快速粗略估计

我们在估计 NHPP_2 的 α 参数时所使用的快速粗略方法同样适用于 NHPP_3。

对于每一个区间，泊松过程的均值为 $m_3(y) = \beta_j - \theta_j\left(1 - \dfrac{y}{T}\right)^{\alpha_j}, j = 1, 2, 3$，因此对于三个区间 $[0, d_1]$、$[d_1, T - d_2]$ 和 $[T - d_2, T]$，我们都可以进行同样的近似。我们再一次使用以前的思路，选择区间 $[T - t, T - s]$，该区间在第一、第二或者第三个时期内。然后，根据每个区间内的出价时间，对应的 α 为

$$\alpha = 2\,\frac{\log\big[F(T - t) - F(T - \sqrt{st})\big] - \log\big[F(T - \sqrt{st}) - F(T - s)\big]}{\log t - \log s} \qquad (4.108)$$

我们可以通过用经验累积分布函数 F_e 替换该近似中的 F，从而估计 α。

对于 α_3，我们可以使用精确的关系式

$$\alpha_3 = \frac{\log R(t_3)/R(t_3')}{\log(T - t_3)/(T - t_3')} \qquad (4.109)$$

其中，$R(t) = 1 - F_3(t)$，t_3 和 t_3' 在区间 $[T - d_2, T]$ 内。为了估计 α_3，我们选择合理的 t_3 和 t_3' 值，并使用经验生存函数 R_e。

为了评价该方法，我们通过一个 NHPP_3 模拟了 5 000 个随机观测值，NHPP_3 的参数为 $\alpha_1 = 3, \alpha_2 = 0.4, \alpha_3 = 1$。变化点为 $d_1 = 2.5$（定义前 2.5 天为第一个阶段）、$d_2 = 5/10\,080$（定义最后 5 分钟为第三个阶段）。我们在一系列区间 $[0.001, t_1]$（其中 $0.5 \leqslant t_1 \leqslant 5$）中计算 α_1 的快速粗略估计。值得注意的是这个区间包括了 $[0, d_1 = 2.5]$ 之外的值。图 4-52 的上半部分展示了三个区间的估计。当 t_1 值在 1.5 天到 3.5 天时，α_1 估计值比较稳定且接近 3。相似地，图 4-52 的下半部分描绘了用 (4.109) 式估计的 α_3，它是 t_3 的函数，且 $t_3' = 7 - 1/10\,080$，该估计值比较稳定且接近 1。

为了估计 α_2，我们认为类似 [3,6.9] 这样的区间比较合理。图 4-53 展示了 α_2 的估计，它是选取区间的函数。可以看出，该估计对于区间的选取比较敏感，即使选取的区间比较合理。

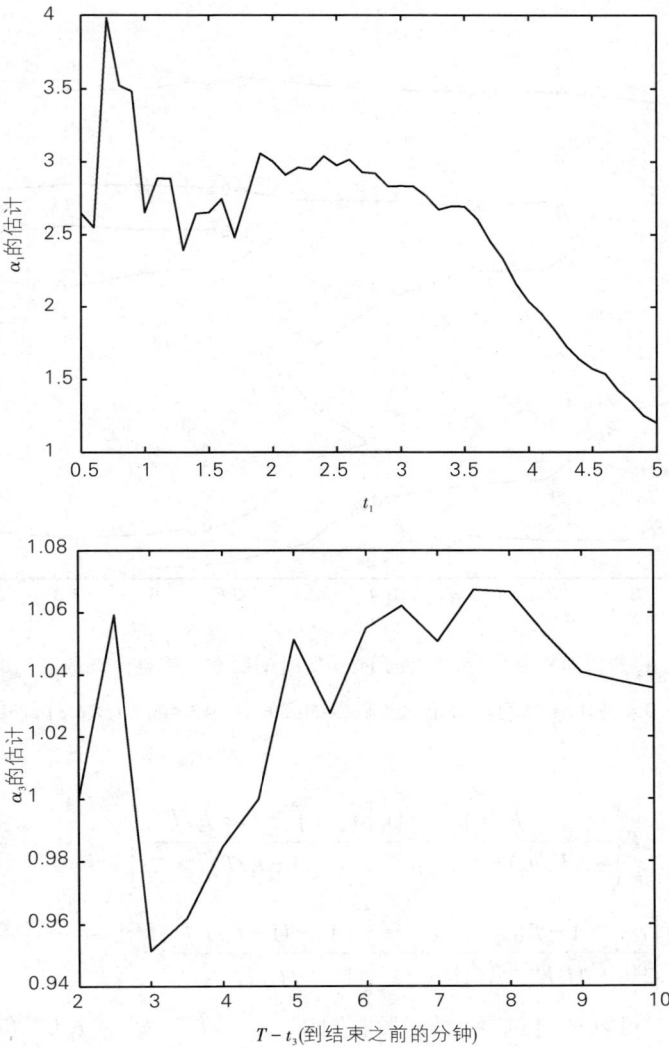

图 4-52 对于 NHPP₃ 模拟数据，α_1、α_2 和 α_3 的估计，它们是输入区间的函数

使用累积分布函数，我们还可以得到 d_1 和 d_2 的表达式。令 t_1、t_2、t'_2 和 t_3 满足 $0 \le t_1 \le d_1$、$d_1 \le t'_2 \le t_2 \le T - d_2$ 和 $T - d_2 \le t_3 \le T$。对于 d_1，我们使用比率 $\dfrac{F_3(t_2) - F_3(t'_2)}{F_3(t_1)}$；对于 d_2，我们使用比率 $\dfrac{F_3(t_2) - F_3(t'_2)}{1 - F_3(t_3)}$。于是有

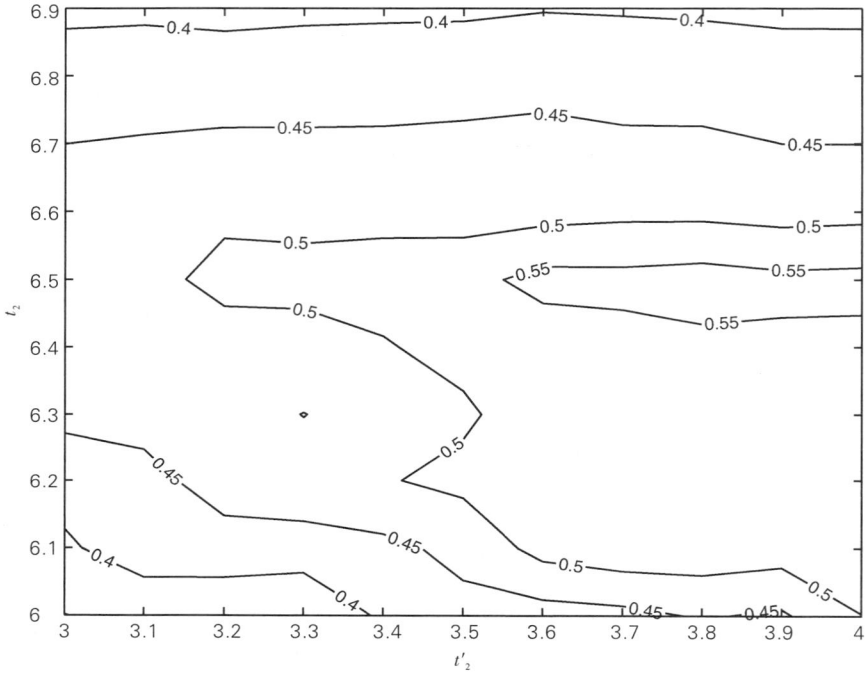

图 4-53　α_2 的快速粗略估计，它是所选 $[t'_2, t_2]$ 的函数。在整个选取区间的范围内，$\hat{\alpha}_2$ 值在 0.4 到 0.55 之间。对于比较极端的区间 $(t'_2 < 3.4$ 或者 $t_2 > 6.8)$，$\hat{\alpha}_2 = 0.4$

$$d_1 = T - T \left\{ \frac{\alpha_1}{\alpha_2} \cdot \frac{F_3(t_1)}{F_3(t_2) - F_3(t'_2)} \cdot \frac{\left(1 - t'_2/T\right)^{\alpha_2} - \left(1 - t_2/T\right)^{\alpha_2}}{1 - \left(1 - t_1/T\right)^{\alpha_1}} \right\}^{1/(\alpha_2 - \alpha_1)}$$

$$d_2 = T \left\{ \frac{\alpha_3}{\alpha_2} \cdot \frac{1 - F_3(t_3)}{F_3(t_2) - F_3(t'_2)} \cdot \frac{\left(1 - t'_2/T\right)^{\alpha_2} - \left(1 - t_2/T\right)^{\alpha_2}}{\left(1 - t_3/T\right)^{\alpha_3}} \right\}^{1/(\alpha_2 - \alpha_3)}$$

这样，我们可以通过选择比较"可靠的" t_1、t_2、t'_2 和 t_3 值（确信这些值在相关区间内），并在这些点使用经验累积分布函数来估计 d_1 和 d_2。

使用上述方法，并令参数 α 等于其真实值，我们利用模拟数据来估

计 d_1 和 d_2。我们使用 $t_1 = 1$、$t'_2 = 3$、$t_2 = 6$、$t_3 = 7 - 2/10\,080$，结果 $\hat{d}_1 = 2.5$ 分钟、$\hat{d}_2 = 4.73$ 分钟，见图 4–54。

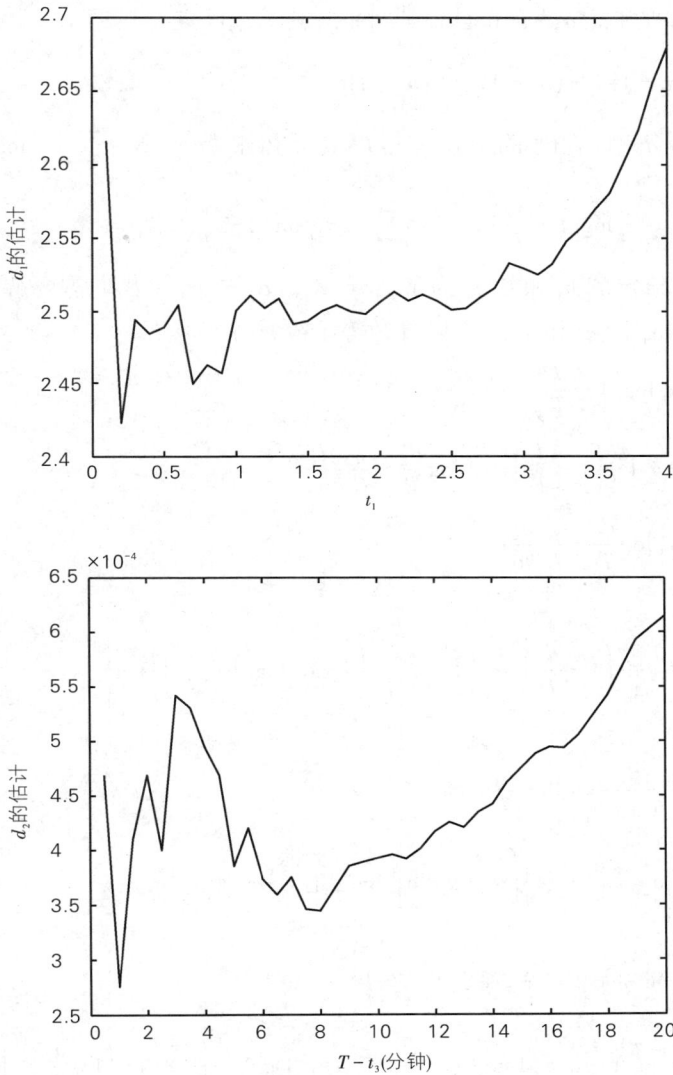

图 4–54　上半部分为 $\hat{d}_1$ 对 t_1 的图，下半部分为 $\hat{d}_2$ 对 $T - t_3$ 的图，数据为模拟数据。d_1 的估计稳定在大约 2.5 左右。使用最后 2 到 5 分钟区间，$\hat{d}_2$ 的范围在 4 到 5 分钟

4.4.1.16 极大似然估计

在约束 $N(T)=n$ 下， NHPP_3 的似然函数为

$$L\big(x_1,...,x_n|\alpha_1,\alpha_2,\alpha_3,d_1,d_2\big)$$

$$= n\log C + n_1(\alpha_2-\alpha_1)\log\left(1-\frac{d_1}{T}\right) + n_3(\alpha_2-\alpha_3)\log\frac{d_2}{T} \qquad (4.110)$$

$$+ (\alpha_1-1)S_1 + (\alpha_2-1)S_2 + (\alpha_3-1)S_3$$

其中， n_1 是 d_1 时间前出价的数量， n_3 是 $T-d_2$ 后出价的数量， $S_1 = \sum_{i:x_i \le d_1}\log\left(1-\frac{x_i}{T}\right)$，

$S_2 = \sum_{i:d_1 < x_i < T-d_2}\log\left(1-\frac{x_i}{T}\right)$， $S_3 = \sum_{i:x_i > T-d_2}\log\left(1-\frac{x_i}{T}\right)$。

对于给定的 d_1 和 d_2 ，为了估计 α_1 、 α_2 和 α_3 ，我们需要解下列三个方程（令 α_1 、 α_2 和 α_3 的一阶导数等于零）

$$S_1 = n_1\log\left(1-\frac{d_1}{T}\right) - \frac{n}{C}\frac{\partial C}{\partial\alpha_1} \qquad (4.111)$$

$$S_2 = -n_1\log\left(1-\frac{d_1}{T}\right) - n_3\log\frac{d_2}{T} - \frac{n}{C}\frac{\partial C}{\partial\alpha_2} \qquad (4.112)$$

$$S_3 = n_3\log\frac{d_2}{T} - \frac{n}{C}\frac{\partial C}{\partial\alpha_3} \qquad (4.113)$$

其中，

$$\frac{\partial C}{\partial\alpha_1} = \frac{C^2T}{\alpha_1^2}\left(1-\frac{d_1}{T}\right)^{\alpha_2} \times \left[\left(1-\frac{d_1}{T}\right)^{-\alpha_1}\left(1+\alpha_1\log\left(1-\frac{d_1}{T}\right)\right)-1\right] \qquad (4.114)$$

$$\frac{\partial C}{\partial\alpha_2} = \frac{C^2T}{\alpha_1\alpha_3\alpha_2^2}\left\{\alpha_3\left(1-\frac{d_1}{T}\right)^{\alpha_2}\times \right. \qquad (4.115)$$

$$\left[\alpha_2\log\left(1-\frac{d_1}{T}\right)\left(\alpha_2-\alpha_1+\alpha_2\left(1-\frac{d_1}{T}\right)^{-\alpha_1}\right)-\alpha_1\right]+$$

$$\left.\alpha_1\left(\frac{d_2}{T}\right)^{\alpha_2}\left[\alpha_3+\alpha_2\log\frac{d_2}{T}(\alpha_2-\alpha_3)\right]\right\}$$

$$= \frac{C^2T}{\alpha_2^2}\left[\left(\frac{d_2}{T}\right)^{\alpha_2}-\left(1-\frac{d_1}{T}\right)^{\alpha_2}-\frac{\alpha_2^2}{\alpha_1}\left(1-\frac{d_1}{T}\right)^{\alpha_2}\log\left(1-\frac{d_1}{T}\right)\times\left(1-\left(1-\frac{d_1}{T}\right)^{-\alpha_1}\right)\right.$$

$$\left.-\alpha_2\left(\frac{d_2}{T}\right)^{\alpha_2}\log\left(\frac{d_2}{T}\right)+\alpha_2\left(1-\frac{d_1}{T}\right)^{\alpha_2}\times\log\left(1-\frac{d_1}{T}\right)+\frac{\alpha_2^2}{\alpha_3}\left(\frac{d_2}{T}\right)^{\alpha_2}\log\frac{d_2}{T}\right]$$

$$\frac{\partial C}{\partial \alpha_3} = \frac{C^2 T}{\alpha_3^2} \left(\frac{d_2}{T} \right)^{\alpha_2} \qquad\qquad (4.116)$$

因为这些方程对于参数是非线性的，我们可以使用替代的阶梯方法。如果 d_1 和 d_2 是未知的，我们可以通过数据估计它们，使用遗传算法（genetic algorithm，GA）之类的搜索算法可以更有效、更稳健、更易编程地找到一个解。另外，需要计算似然函数去得到一系列 $d_1 \times d_2$ 的值。还有，实证证据显示，用阶梯方法解这个最大化问题可能会不稳健。因此，在参数空间里进行详细的搜索以及随机搜索算法可能是比较好的实用方法。

遗传算法搜索。一个替代仔细搜索的方法是遗传算法。遗传算法属于一个普通的随机全局最优过程，它模仿的是自然界的演化过程。遗传算法的理论基础是遗传重组、变异和选择，类似于基因进化的生物特性。遗传算法是一个迭代过程，每次迭代被称为新的一代。比如，从父母这一代开始，父母双方通过基因重组和变异产生了下一代。基因重组意味着在有性繁殖过程中混合了基因信息，基因变异意味着由于外部影响而导致的基因信息的偶然改变。一个后代的适合度（fitness）可以用一个客观的函数衡量。受到遗传算法的启发，Holland（1975）提出了收敛于一个高度最优的理论参数。

遗传算法是从父母这一代开始的。首先评价这一代父母的适合度，然后分配繁殖机会，分配的标准是：给那些具有最高适合度的父母一个生育下一代的机会。结果产生了新一代。预期的结果是，新一代中的一些成员从父母那里继承了那些可以使他们更好地适应环境条件的特征，这样就提供了一个对问题的改良方法。令 $\theta^{(t,1)}, \theta^{(t,2)}, ..., \theta^{(t,S)}$ 表示第 t 代人口中的父母那一代，这里 S 是人口数量。在我们这里，令 $S = 100$。

利用这代父母，我们通过基因重组和突变产生下一代。重组可以被认为是基因的交换。在参数估计领域，我们交换的是两个参数向量的元素。

我们按照以下步骤使用一个遗传算法去估计 NHPP$_3$ 模型的参数。在产生了规模 $S = 100$ 位父母这一代之后，我们选择前 10% 具有最高适合度的父母随机配对，进行重组和突变，产生一对新的子代。我们重复这样做

50次，得到规模 S 与父母代相同的子代。得到一系列子代之后，下一步是按照似然值评价子代的适合性。令 θ 表示一个子代，令 $L(\theta_1) = L(x_1, ..., x_n | \theta)$ 表示对应的似然值。对于两个子代 θ_1 和 θ_2，如果 $L(\theta_1) > L(\theta_2)$，则说 θ_1 具有更高的适合度。我们将可能解的范围限制在超立方结构 $(\alpha_1, \alpha_2, \alpha_3, d_1, d_2) \in [0,10] \times [0,1] \times [0,5] \times [0,5] \times [0,0.1]$。对于模拟数据，估计结果为，$\hat{\alpha}_1 = 0.36, \hat{\alpha}_2 = 0.39, \hat{\alpha}_3 = 1.01, \hat{d}_1 = 2.51, \hat{d}_2 = 4.68/10\,080$。所有这些估计都是快速粗略估计，而且非常接近我们模拟数据时使用的参数值。这个程序运行时间只用了几分钟。数值最大化和搜索过程并不收敛。

4.4.1.17 经验和模拟结果

我们使用快速粗略方法估计 3 651 个掌上电脑拍卖出价时间的参数。根据相关知识，我们选择第一天来估计 α_1，也就是说，我们认为第一天出现的出价包含在第一个"初期出价"阶段。观察作为选取区间函数的 α_1 的估计（图4-55的上半部分），我们可以看到，如果我们使用前1、2天，该估计在4到5之间。非常有趣的是，在第2天之后，该估计逐渐下降，在 $[0.01, 3]$ 区间达到 $\hat{\alpha}_1 = 2.5$，这表明转变点 d_1 在2附近。

我们使用（4.109）式估计 α_3，其中 $t_3' = 7 - 0.1/10\,080$ 以及一个范围内的 t_3 值。从这些估计中我们可以看出 α_3 接近1。从图4-55的下半部分我们可以看出，该估计在最后10分钟比较稳定。同时，值得注意的是，如果选择的 t_3 比较接近 t_3'，那么会导致估计不可靠，因为在两个值之间观测值的数量比较少。

最后，我们选择区间 $[3, 6.9]$ 估计 α_2。估计结果为 $\hat{\alpha}_2 = 0.36$。图4-56展示了作为选取区间函数的 α_2 的估计。值得注意的是，对于不同的选取区间，该估计稳定在0.2到0.4之间。该估计对于 t_2 和区间上界的选择更为敏感，因此一个过于保守的区间会产生较大的误差。

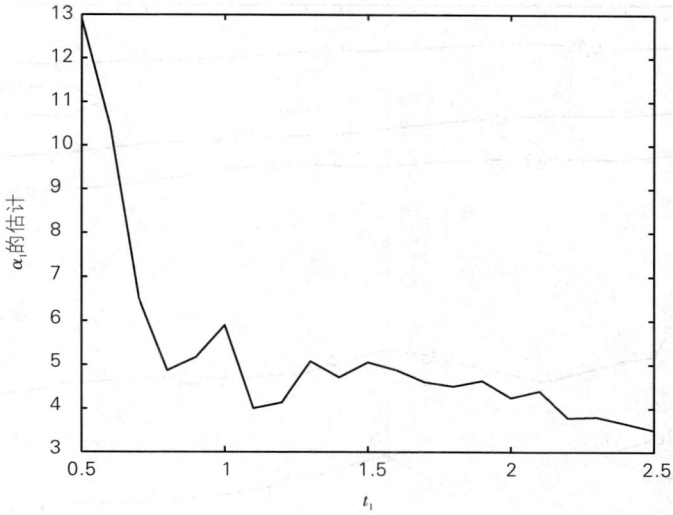

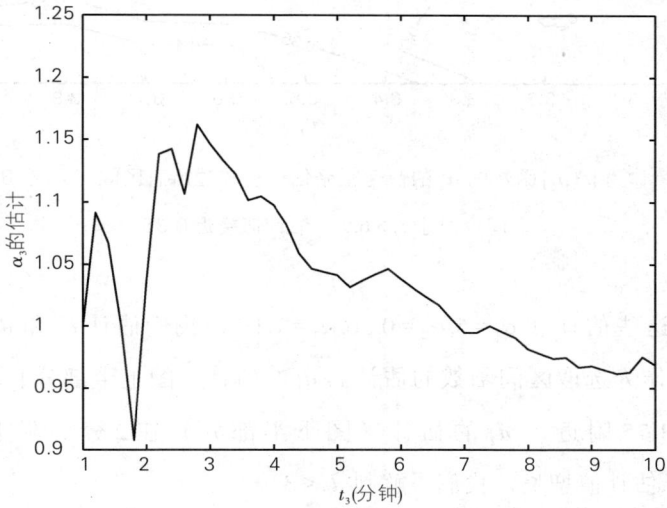

图4-55 作为 t_1 函数的 α_1 的快速粗略估计（图上半部分），其中 $t'_1 = 0.001$ 。

作为 t_3 函数的 α_3 的快速粗略估计（图下半部分），其中 $t'_3 = 0.5/10\,080$ 。

对于 t_1 在 0.75~1.75 天范围时， $\hat{\alpha}_1$ 稳定在 5 附近。对于较小区间，包含的

数据不足。对于一个较长区间会导致估计值下降，这表明 $d_1 < 2$ 。当 t_3

在最后 2 到 4 分钟时， $\hat{\alpha}_3$ 在 1.1 附近

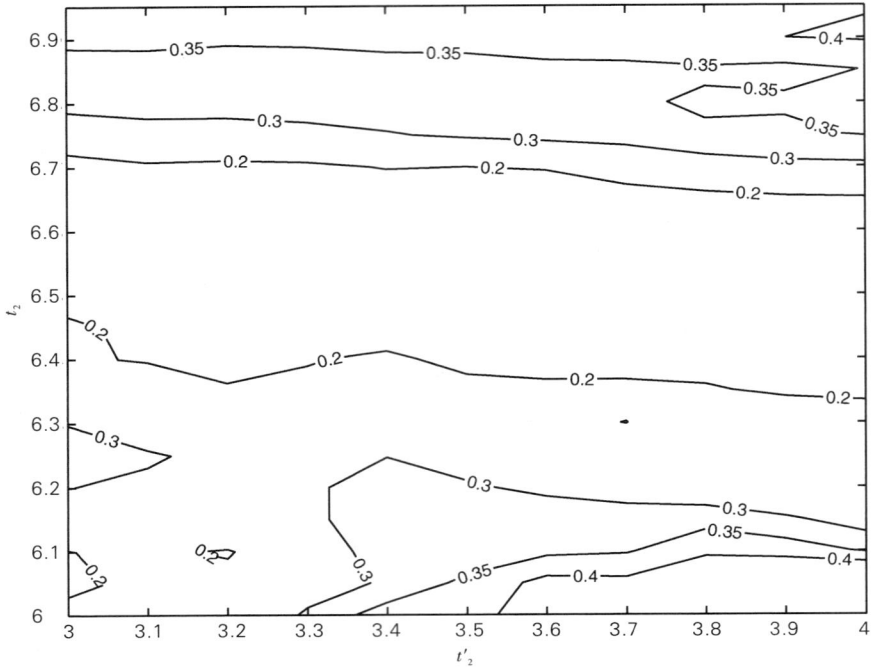

图 4-56　作为 $[t'_2, t_2]$ 函数的 α_2 的快速粗略估计。较短所有区间，$\widehat{\alpha}_2$ 在 0.2 到 0.4 之间。对于 $t_2 > 6.9$，估计值接近 0.35

使用这些估计（$\hat{\alpha}_1 = 5, \hat{\alpha}_2 = 0.36, \hat{\alpha}_3 = 1.1$），我们估计 d_1 和 d_2。图 4-57 展示了作为选取区间函数的估计。d_1 的估计（图上半部分）表现出稳定在 $\hat{d}_1 = 1.75$ 附近。d_2 的估计（图下半部分）在 2 分钟附近。对于 $T - t_3 > 3$，估计值增长，我们了解到 $d_2 < 3$。

表 4-12 展示了上述估计，并与其他两个估计方法进行了比较。这两个方法一是在一个合理的参数空间范围穷举搜索法，二是更快的遗传算法。我们可以看出，所有方法的结果都比较接近。

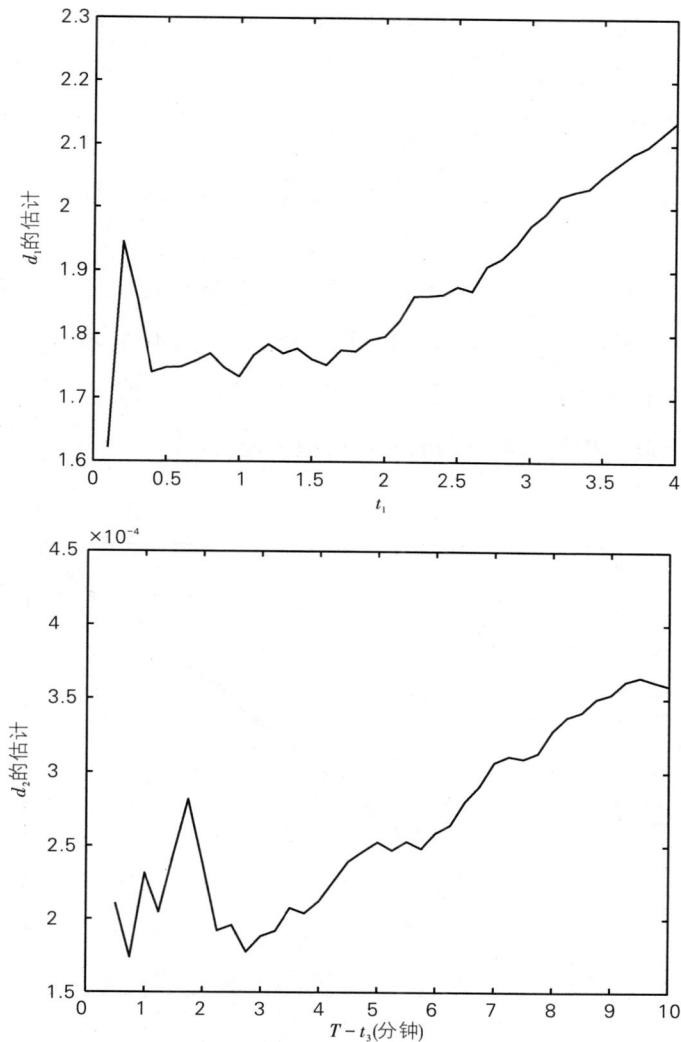

图4-57　$\hat{d}_1$ 对 t_1 图（上半部分）和 $\hat{d}_2$ 对 $T-t_3$ 初始值图（下半部分），数据为掌上电脑拍卖数据。d_1 的估计稳定在 1.75。$\hat{d}_2$ 大约为 2 分钟

表4-12　使用三种估计方法对 NHPP$_3$ 的5个参数进行估计的结果

	$\hat{\alpha}_1$	$\hat{\alpha}_2$	$\hat{\alpha}_3$	$\hat{d}_1$	$\hat{d}_2$（分钟）
基于累积分布函数的快速粗略估计	5	0.36	1.1	1.75	2
穷举搜索法	4.9	0.37	1.13	1.7	2
遗传算法	5.56	0.37	1.1	1.54	2.11

最后，为了更加深入地验证我们的估计模型，我们从一个 NHPP$_3$ 模拟数据，所用参数为上面的极大似然估计结果。图4-58展示了掌上电脑拍卖数据对模拟数据的QQ图。这些点基本都落在直线 $x=y$ 上，这表明我们对掌上电脑拍卖出价时间的估计模型比较合理。

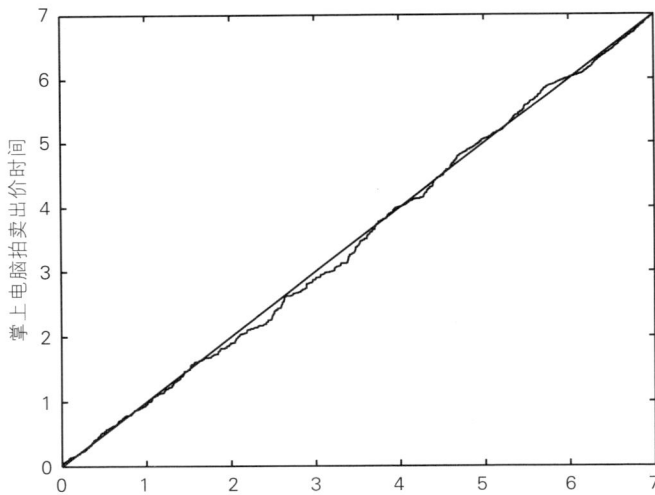

图4-58　掌上电脑拍卖数据对模拟数据的QQ图。模拟数据来自参数为 $\alpha_1 = 0.49, \alpha_2 = 0.37, \alpha_3 = 1.13, d_1 = 1.7, d_2 = 2/10\,080$ 的 $NHPP_3$

对掌上电脑拍卖数据的估计模型揭示了整个时期的拍卖动态。我们可以获知，"一般"拍卖具有三个阶段：开始阶段出现在前1.7天，中间阶段一直持续到最后2分钟，剩下的为第三阶段。每个阶段的出价出现都可以使用一个 NHPP 过程描述，但是每个阶段的密度函数各不相同。拍卖开始阶段的特征是初期的大量出价，出价密度比第二个阶段的开始时期更高。然后出价数量增长率在中间阶段变得缓慢。随着拍卖的进行，出价数量增长加快，但是在拍卖快结束的最后 2 分钟，我们观察到一个均匀的出价出现的过程。最后，有趣的是，我们注意到出价数据的第三阶段出现在最后 2 到 3 分钟之间，而不是出现在最后 1 分钟。因此，我们使用的术语是"最后时刻出价"，而不是"最后一分钟出价"。

4.4.2　竞拍者参与的建模

在前面一节，我们描述了捕捉网上拍卖出价出现过程主要特征的一些模型。现在，我们将讨论的焦点从出价转移到竞拍者身上，介绍一些描述网上拍卖竞拍者行为的模型。

在网上拍卖的研究中，大量文献假设竞拍者的参与过程是一个普通的齐次泊松过程。这一假设是许多理论推导的基础，也是模拟出价数据的基础，并经常被用来设计一些实验。Bajari 和 Hortacsu（2003）假设竞拍者的参与过程是一个泊松过程，设计并估计了一个关于 eBay 上拍卖出价的结构计量模型。Etzion 等人（2003）为双通道网上商户划分消费者提出了一个模型，他们假设用户接触网站的过程是泊松过程，他们拟合了消费者的渠道选择，模拟了消费者的参与和行动，计算了拍卖期限、数量及常数泊松参与率 λ 的关系。Zhang 等人（2002）基于竞拍者泊松参与的假设，对网上拍卖中消费品需求曲线进行了建模，并拟合了出价数据。Pinker 等人（2003）、Vackrat 和 Seidmann（2000）使用一个泊松过程对"敲击木槌式"拍卖的竞拍者参与进行了建模。他们使用的密度函数为 $\lambda(t) = \lambda_\alpha e^{-t/T}, 0 \leq t \leq T$，其中，$T$ 是拍卖的期限，λ_α 是网站拍卖交易的密度。他们的模型描述了拍卖过程中新竞拍者数量的下降。Haubl 和 Popkowski Leszczyc（2003）为了研究固定价格（比如运费）的变化和底价对消费者估值的影响，设计并提出了一个检验。该检验使用的数据是基于竞拍者泊松参与假设而模拟的数据。这些研究只是许多依赖竞拍者泊松参与假设的一部分。

建立竞拍者参与模型的困难在于，竞拍者行为的许多方面是不可观测的，比如竞拍者的参与、推出和竞拍策略等。但是另一方面，出价的出现却完全可以观测到。比如我们前面介绍的 $\mathrm{NHPP_1} - \mathrm{NHPP_3}$ 模型就是基于对出价的观测。这点与竞拍者行为模型是不同的。Russo 等人（2008、2010）提出了与可观测的网上拍卖现象相符的竞拍者行为模型（这里的行为指竞拍者参与、竞拍者退出和竞拍者出价）。接下来，我们介绍这些竞拍者行为模型以及它们与出价出现模型的关系。

令 $N(s)$（$0 \leq s \leq T$）表示出价出现过程，对应一个起始时间为 0、结束时间为 T（硬结束）的网上拍卖。正如我们在前面所讨论过的，Roth 和 Ockenfels（2002）提出，这种过程有两个有趣的共同特征（参见图 4-44）：

（1）在拍卖临近结束时，密度增加，即狙击出价。

（2）左截断的出价时间分布在区间 $[s, T]$（s 接近 T）上，形态惊人的相似，即自相似性。

对于 $0 \leq s \leq t \leq T$，定义 $N(s, t) = N(t) - N(s)$。出价密度的增长指的是，对于任意固定的 $\delta > 0$，$N(t - \delta, t)$（作为 t 的函数）的随机单调性。而自相似性指的是，对于所有充分靠近 T 的 s（对于 $s \in [0, T-b]$，存在一些 b），分布函数为：

$$F_s(\eta) := \frac{N(T - \eta s, \ T)}{N(T - s, T)}, 0 \leq \eta \leq 1$$

的规律性。因为 $N(t - \delta, t)$ 和 $F_s(\eta)$ 由经验确定，所以我们需要明确定义这些预期出价数量的性质：（1）如果 $\mathbb{E}(N(t - \delta, t))$ 是增长的，我们就说过程 N 具有增长的出价密度；（2）如果如下式定义的 $\mathbb{E}_s(\eta)$ 独立于 $[0, T-b]$ 中的 s 值，我们就说过程 N 在区间 $[b, T]$ 上具有自相似性。

$$E_s(\eta) := \frac{\mathbb{E}(N(T-\eta s, \ T))}{\mathbb{E}(N(T-s, T))}, \ (s, \eta) \in [0, T-b] \times [0, 1] \tag{4.117}$$

换句话说，对于所有的 $s \in [0, T-b]$，$\eta \in [0, 1]$ 的函数 $E_s(\eta)$ 是相同的。从柯西方程（见 Aczel（1966），第 41 页）可知，为了使（4.117）式成立，对于一些 $\gamma > 0$，必须有：

$$\frac{\mathbb{E}(N(s))}{\mathbb{E}(N(T))} = 1 - \left(1 - \frac{s}{T}\right)^\gamma, b \leqslant s \leqslant T \tag{4.118}$$

在这里 $E_s(\eta) = \eta^\gamma$（见 Roth 和 Ockenfels（2002）的脚注 29）。

接下来我们定义一个竞拍者参与、退出、出价的一般出价过程（general bid process，GBP），该过程（在充分的条件下）产生了一个出价出现序列，并拥有上面所述的一个或两个性质。为了描述一个单个竞拍者在时刻 s 活跃（在该时刻没有退出这个拍卖）的概率，我们推导一个概率表达式，并推导了一个 · $\mathbb{E}(N(s))$ 的表达式。而且，我们展示了因为竞拍者数量的增加，在 $s \in [0, T]$，$N(s)/N(T)$ 一致收敛于 $\mathbb{E}(N(s))/\mathbb{E}(N(T))$。在一个简化约束下，GBP 简化为一般泊松出价过程（general poisson bid process，GPBP），它是一些非齐次泊松过程的联合，这些过程具有随机确定的起始时间和停止规则。GPBP 与我们前一节提到的 NHPP 相关，在通常情况下具有上述的性质 1。进一步简化的结果会产生自相似出价过程（self-similar bid process，SSBP），正如它的名字，该过程具有上述的性质 2。

4.4.2.1　一般出价过程

拍卖理论研究的焦点是竞拍者行为以及对于不同拍卖形式找到最优竞拍策略。但是，拍卖的网络化创造了一个不同的环境，我们经常会观察到非最优出价。虽然许多经验研究已经讨论并量化了这些现象，但是在发展竞拍者行为模型方面仍然存在一定缺陷。主要原因是，我们不能根据公开可获得的网上拍卖数据直接观察竞拍者行为。比较典型的是，出价信息可通过拍卖出价历史全面观察，但是竞拍者参与、退出以及竞拍策略都是不可观察的。比如，在 eBay 上，拍卖过程中的所有出价时间序列都是公开可获得的。特别是，每个出价出现的时间都被准确标记。相反，竞拍者首次参与一个拍卖的时间却是从出价历史里观察不到的。竞拍者可以浏览一个拍卖，但是不出价，因此并不会在该拍卖中留下痕迹或者泄露他们的兴趣。也就是说，他们可以搜寻一个特定的拍卖，取得当前出价、竞争水平等信息，然后制定他们的竞价策略，但并不在网站公开的出价历史里留下任何可观察的痕迹。

我们的目标是建立一个出价行为模型，符合我们在出价出现过程中观察到的现象。[①]现在我们对竞拍者行为做出更正式的定义。

假设一个 0 时刻开始、T 时刻结束的拍卖，有 m 个竞拍者参与。参数 m 可以是固定的或者随机的（见后面的注释 3）。每一个竞买人对应一个三维随机特征 $\Theta = (X, \Pi, \mathcal{H})$，我们用它来表现竞拍者的类型，它的构成为：一个绝对连续变量 $X \epsilon [0, T]$、一个从 $[0, T]$ 映射到 $(0, 1]$ 的连续函数 Π、一组以真实参数 $s \epsilon [0, T]$ 标记的真实值分布函数 $\mathcal{H} = \{H_s\}$，其中 $H_s(\cdot)$ 在 $[s, T]$ 上是可微的。变量 X 表示一个竞拍者参与一个拍卖的时间。函数 Π 决定该拍卖者的每次出价，以及他是否会留在该拍卖中并进行未来出价。$\mathcal{H}$ 决定了他每次出价的时间。假定竞拍者的类型为 $\theta = (x, \pi, \{H_s\})$，也就是说该竞拍者在时间 X 加入该拍卖，在时间 $Y_1 \sim H_x$ 第一次出价。如果 $Y_1 = y_1$，那么他退出该拍卖的概率为 $\pi(y_1)$，否则在时间 $Y_2 \sim H_{y_2}$ 第二次出价。如果 $Y_2 = y_2$，那么他退出该拍卖的概率为 $\pi(y_2)$，否则在时间 $Y_3 \sim H_{y_2}$ 第三次出价，以此类推。最终，在 $[0, T]$ 内形成随机次数的出价。假设所有 m 个竞拍者的行为模式相似，并彼此独立。

---

① eBay 的拍卖采用的是代理出价机制，因此竞拍者被建议报出他们能够接受的最高出价。这个拍卖机制自动确保在出价过程中的任意给定时刻，报出最高代理出价的竞拍者都是领先者。这样，当竞拍者 A 报出一个比最高代理出价（比如说 B 竞拍人的出价）更低的代理出价时，新显示的最高出价及其时间标记将会显示竞拍者 B 的用户名（虽然竞拍者 A 是那个出价者）。在我们的讨论中，我们把这样一个出价认为是 A 报出的，而不是 B 报出的，因为是 A 的行为导致了出价列表的变化。

在网上拍卖中，出价狙击者（bid snipers）经常在拍卖临近结束前报出他们最后的出价，从而阻止竞拍对手做出反应。但是，根据已观察到的资料，这些最后的出价经常由于网络拥挤等技术原因而导致传输失败。因此，当 $s \to T$ 时，一个最后出价失败的概率会增加。通过 π 函数直接建立一个最后出价失败的函数，我们可以使用 GBP 来有效地容纳这种现象。

为了更加精确地定义 GBP，令 $X_1, ..., X_m$ 代表 m 个竞拍者的参与时间。对于 $1 \leq k \leq m$，令 $N_k(s)$ 表示在时期 $[0, s]$ 内竞拍者 k 的出价数量，其中 $0 \leq s \leq T$。令 $Y_{k,j}$ 表示第 k 个竞拍者报出第 j 个出价的时间，其中 $1 \leq j \leq N_k(T)$。为了方便，设 $Y_{k,0} = X_k$，并且假设

（1）$\Theta_1 = (X_1, \Pi_1, \mathcal{H}_1), ..., \Theta_m = (X_m, \Pi_m, \mathcal{H}_m)$ 是独立同分布的。

（2）$\Pr(Y_{k,j+1} \leq t | Y_{k,j} = y_{k,j}) = H_{k, y_{k,j}}(t)$，$1 \leq k \leq m$ 且 $j \geq 0$。

（3）序列 $\{Y_{1,j}\}_{j \geq 0}, ..., \{Y_{m,j}\}_{j \geq 0}$ 相互独立。

（4）$\Pr[N_k(T) = r | Y_{k,r} = y_{k,r} \text{且} \Pi_k = \pi_k] = \pi_k(y_k, r)$，$r \geq 1$ 且 $1 \leq k \leq m$。

注释 1：我们看一下假设（1），它允许 Θ_k 中的元素相关。这样，这个模型可以调整适应那些末期出价的少数竞拍者。更深入观察可知，上述模型通过竞拍者和出价的特征，说明了竞拍者报出一个出价后继续参与拍卖的概率的异质性。实证证据（Bapna 等人，2004）表明，Π 的一个真实分布将会反映出只出价一次的竞拍者（投机者）和出价多次的竞拍者（参与者）的差别。

注释 2：因为函数 π 是一个在一个紧集上的联系函数，所以在 $[0, T]$ 上存在最小值（$= \pi_{\min}$）。又因为 π 映射到 $(0, 1]$，所以有 $\pi_{\min} > 0$。这样，对于每个出价，退出竞拍的概率都有一个下界 $\pi_{\min}$。因此，竞拍者在 $[0, T]$ 区间报出的出价的数量是随机的，并有一个几何（$\pi_{\min}$）变量上界。这样，所有的出价数量都是有限的。

注释 3：竞拍者泊松参与。m 可以是固定的，也可以是随机的。如果

是随机的，我们自然可以假设 m 服从泊松分布，因为当竞拍者参与服从一个非齐次泊松过程（密度为 $\mu g(t), t \in [0, T]$，其中 $\mu > 0$， g 是 $[0, T]$ 上的密度函数），就会出现这个情形。那么， $X_1, ..., X_m$ 就是一个从密度函数为 $g(t)$（ $0 < t < T$ ）的固定分布中抽取的随机样本，随机容量 $m \sim \text{Poisson}(\mu)$。

单一竞拍者拍卖

下面两个结论适用于只有一个竞拍者参与（ $m = 1$ ）的拍卖，该竞拍者的类型为 $\theta = (x, \pi, \{H_s\})$ 。令 N_1 表示出价计数过程。很明显，一个竞拍者自己不会抬高出价。但是，在 m 个竞拍者参与拍卖的框架下，研究一个竞拍者参与的拍卖会更方便。在时刻 s，如果 $N_1(T) > N_1(s)$ ，我们就说该竞拍者是"活跃的"（在 $[0, s]$ 他没有离开拍卖）。尤其是，一个竞拍者在他参与该拍卖前是活跃的。令 $p(s|\theta)$ 表示这一事件的发生概率，同时对 $0 \leq s \leq t \leq T$ ，定义

$$G_s(t|\theta) = \Pr\left(Y_{N_{(s)}+1} \leq t|\theta\right), \text{在 } \{N_1(T) > N_1(s); X < s\} \text{范围}$$

假设竞拍者在 $x(\leq s)$ 时刻参与拍卖，并在 s 时刻一直活跃，那么他的下次出价时间 $Y_{N_1(s)+1}$ 服从上述分布。令 $g_s(\theta)$ 表示 $G_s(t|\theta)$ 在 s 处的右导数。

为了推导 $g_s(\theta)$ 的形式，我们定义函数序列

$$\phi_0(s; t) = h_s(t),$$

$$\phi_1(s; t) = \int_s^t \left(1 - \pi(u)\right) \phi_0(s; u) \phi_0(u; t) du,$$

$$\vdots$$

$$\phi_n(s; t) = \int_s^t \left(1 - \pi(u)\right) \phi_0(s; u) \phi_{n-1}(u; t) du$$

于是有：

$$g_s(\theta) = \frac{\sum_{n=0}^{\infty} \phi_n(x; s)}{\sum_{n=0}^{\infty} \int_s^T \phi_n(x; u) du}, x < s$$

定理 1：假设

$$\sup_{s \leqslant v \leqslant s+\delta} \mathrm{H}_v(s+\delta) := \omega(s,\delta) \to 0, \text{当} \delta \to 0 \text{时,所有的} s \in [0,T) \qquad (4.119)$$

那么，对于 $0 \leqslant s \leqslant T$ ，有

$$p(s|\theta) = 1_{x<s} \exp\left(-\int_x^s \pi(t) g_t(\theta) dt\right) + 1_{x>s}$$

证明：如果 $x > s$ ，结果无意义。对于固定的 $s \in [x, T]$ ，定义

$$\pi_\delta = \inf\{\pi(t) : s \leqslant t \leqslant s+\delta\} \text{且} \pi^\delta = \sup\{\pi(t) : s \leqslant t \leqslant s+\delta\}$$

将 $p(s|\theta)$ 写为 $p(s)$ ，有

$$p(s+\delta) \geqslant \mathrm{p}(s)\left[1 - G_s(s+\delta|\theta) + G_s(s+\delta|\theta)(1-\pi^\delta)(1-\omega(s,\delta))\right]$$

如果 $Y_{N_1(s)+1} \in (s+\delta, T)$ 或者 $Y_{N_1(s)+1} < s+\delta$ ，一个在 s 时刻活跃的竞拍者在 $s+\delta$ 时刻仍然保持活跃，并且 $Y_{N_1(s)+2} > s+\delta$ 。则

$$\liminf_{\delta \to 0} \frac{p(s+\delta) - p(s)}{\delta} \geqslant -\pi(s) p(s) g_s(\theta)$$

而且

$$p(s+\delta) \leqslant \mathrm{p}(s)\left[1 - G_s(s+\delta|\theta) + G_s(s+\delta|\theta)(1-\pi_\delta)\right]$$

因为只有当 $Y_{N_1(s)+1} > s+\delta$ 或者 $Y_{N_1(s)+1} < s+\delta$ 时，一个在 s 时刻活跃的竞拍者在 $s+\delta$ 时刻仍然活跃，并且继续保持活跃。所以有

$$\limsup_{\delta \to 0} \frac{p(s+\delta) - p(s)}{\delta} \leqslant -\pi(s) p(s) g_s(\theta)$$

这样， $p'(s) = -\pi(s) p(s) g_s(\theta)$ ，证明完毕。

注释 4：（4.119）式是一个温和条件，它的假设源于过程将会继续。对于过程终止的条件，就需要一个病态的 $\mathcal{H}$ 。

下面是一个简单推论，并未做出证明。

定理 2：对于 $0 \leqslant s \leqslant T$ ，有

$$\mathrm{E}[N_1(s)|\theta] = 1_{x<s} \int_x^s p(t|\theta) g_t(\theta) dt$$

（2）一个多竞拍者参与的拍卖

回到 m 个竞拍者的情形，我们讨论一个对于 $N(s)/N(T)$ 均匀限制的结

果。我们注意到，许多网上拍卖参与的竞拍者很少。正如 Roth 和 Ocken-fels（2002）所研究的，自相似性在参与者很少的拍卖中很难观察到。为了观察自相似性，我们通常需要将许多相同的拍卖（即拍卖品相同、拍卖期限相同）整合到一起。这种整合经常包含几百个拍卖，因此我们关注的是 $m \to \infty$。

定理3：如果 $\mathbb{E}\left(N_1(T)\right) < \infty$，那么当 $m \to \infty$ 时，几乎必然有

$$\sup_{0 \leqslant s \leqslant T} \left| \frac{N(s)}{N(T)} - \frac{\mathbb{E}\left(N_1(s)\right)}{\mathbb{E}\left(N_1(T)\right)} \right| \to 0$$

证明：对于固定的 $s \in [0, T]$，$N(s)$ 是 m 个独立同分布随机变量的和。根据大数定律，我们几乎可以确定逐点（s）收敛

$$\frac{N(s)}{N(T)} \to \frac{\mathbb{E}\left(N_1(s)\right)}{\mathbb{E}\left(N_1(T)\right)}$$

由于 s 函数的连续性限制和 Polya 定理，上面的收敛在 s 处是一致的。证明完毕。

注释5：由注释2，我们有 $\mathbb{E}\left(N_1(T)|\theta\right) \leqslant 1/\pi_{\min}$，因此有双期望形式 $\mathbb{E}\left(N_1(T)\right) \leqslant \mathbb{E}\left(1/\Pi_{\min}\right)$，其中，$\Pi_{\min} = \min\{\Pi(s): s \in [0, T]\}$。这样 $\mathbb{E}\left(1/\Pi_{\min}\right)$ 的有限性对于命题3中的收敛来说是充分的。

注释6：竞拍者泊松参与。当竞拍者参与服从一个密度为 $\mu g(t)$ 的非齐次泊松过程（如注释3中），定理3和一个标准的联合讨论会得出如下结果

$$\varepsilon > 0 \text{且} \ \mathbb{E} N_1(T) < \infty \Rightarrow \lim_{\mu \to \infty} \Pr\left(\sup_{0 < s < T} \left| \frac{N(s)}{N(T)} - \frac{EN_1(s)}{EN_1(T)} \right| > \varepsilon \right) = 0 \qquad (4.120)$$

（4.120）式的现实意义是：对于一个大量竞拍者参与的拍卖或者多个相同拍卖的整合，在 $[0, T]$ 上出价时间的观测分布将会以很高的概率一致地逼近确定性函数。$\mathbb{E}\left(N_1(s)\right) / \mathbb{E}\left(N_1(T)\right)$。

4.4.2.2　一般泊松出价过程

现在我们考虑一个简化约束的 $\mathcal{H}$ 形式。给定 $\theta = \left(x, \pi, \{H_s\}\right)$，假设所有

的 H_s 函数都是由单个（随机确定）函数 H_0 得到的，即

$$H_s(t) = \frac{H_0(t) - H_0(s)}{1 - H_0(s)} \quad 0 \leq s \leq t < T \qquad (4.121)$$

在（4.121）式下，约束为 $Y_{j-1} = y_{j-1}$ 竞拍者的第 j 个出价时间 $(j \geq 1)$ 分布与限制在 $[y_{j-1}, T]$ 的 H_0 分布。我们注意到，一个从 H_s 选择的出价时间依概率等于从 H_t 选择，如果 $t > s$ 则不成立。

在本小节，我们令 N_1 表示在条件（4.121）下一个单一竞拍者参与的拍卖的出价出现过程。我们定义一个辅助的出价计数过程 $M(s)$（$0 \leq s \leq t$），附加条件为 $\Pr(X = 0) = 1$（竞拍者进入该拍卖的时间 $s = 0$）以及 $\Pr(\Pi(s) \equiv 0) = 1$（竞拍者一直不退出拍卖）。我们观察到 $M(0) = 0$，且 M 过程具有独立的增量。另外，将 H_0 写为 H，我们有

$$\limsup_{\delta \to 0} \frac{\Pr(M(s+\delta) - M(s) \geq 2)}{\delta} \leq \limsup_{\delta \to 0} \left[\frac{H(s+\delta) - H(s)}{1 - H(s)} \right] \frac{1}{\delta}$$

$$\left(\frac{1}{1 - H(s)} \right)^2 h(s) \limsup_{\delta \to 0} [H(s+\delta) - H(s)] = 0 \qquad (4.122)$$

并且，由（4.122）式，有

$$\lim_{\delta \to 0} \frac{\Pr(M(s+\delta) - M(s) = 1)}{\delta} = \lim_{\delta \to 0} \left[\frac{\Pr(M(s+\delta) - M(s) \geq 1)}{\delta} \right]$$

$$= \lim_{\delta \to 0} \frac{H(s+\delta) - H(s)}{(1 - H(s))\delta}$$

$$= \frac{h(s)}{1 - H(s)}$$

这样，M 过程是一个非齐次泊松过程，密度函数为

$$\lambda(s) = \frac{h(s)}{1 - H(s)}$$

直观地说，当拍卖到达 s 时刻时，不论已经有多少出价，不论这些出

价出现在什么时间，一个出价将要出现在 $(s, s+\delta)$ 区间的概率近似为 $\delta h(s)/(1-H(s))$。给定 θ（关于 N_1 过程），对于概率为 $1-\pi(s)$ 和 $\pi(s)$ 的 A 或 B，我们可以使用函数 $\pi(\cdot)$ 去随机标记一个 M 过程在时刻 s 出现出价。得到的子过程 M_A 和 M_B 是独立的非齐次泊松过程，密度函数为

$$\lambda_A(s) = \frac{(1-\pi(s))h(s)}{1-H(s)}$$

$$\lambda_B(s) = \frac{\pi(s)h(s)}{1-H(s)}$$

值得注意的是，从 N_1 过程得到的出价出现就是发生在竞拍者参与时间 X 之后的 M 出价出现，直到（包括）M_B 中第一次出现出价。也就是说，N_1 是一个限制在区间 $[X, T]$ 内的非齐次泊松过程，其密度函数为 λ，并且直到 M_B 中第一次出价出现停止。N 过程（包含所有 m 个竞拍者）是 m 个这样的独立过程的联合过程。

给定 $\theta = (X, \pi, \{H_s\})$，一个竞拍者在时刻 s 是活跃的，当且仅当 $x > s$ 或者 $x < s$ 但是 M_B 在 $[X, s]$ 内没有出价出现。因此，

$$\begin{aligned} p(s|\theta) &= 1_{x<s} \Pr[M_B(s) - M_B(x) = 0] + 1_{x \geqslant s} \\ &= 1_{x<s} \Pr\left[\text{Poisson}\left(\int_x^s \lambda_B(t)dt\right) = 0\right] + 1_{x \geqslant s} \\ &= 1_{x<s} \exp\left[-\int_x^s \frac{\pi(t)h(t)}{1-H(t)}dt\right] + 1_{x \geqslant s} \end{aligned} \quad (4.123)$$

我们可以得到一个单独 θ 型竞拍者的条件出价密度 $\lambda(\cdot|\theta)$ 为

$$\lambda(s|\theta) = \begin{cases} \exp\left[-\int_x^s \frac{\pi(t)h(t)}{1-H(t)}dt\right]\dfrac{h(s)}{1-H(s)}, s > x \\ 0, s \leqslant x \end{cases}$$

对于 $\lim\limits_{s \to T} \sup \pi(s) < 1$ 且 $\lim\limits_{s \to T} h(s) > 0$ 的情形，当 s 接近 T 时，条件密度的期望将会激增，即 $\lim\limits_{s \to T} \lambda(s|\theta) = \infty$。当 s 接近 T 时，如果 $h(s)$ 接近无限的速度充分快（例如以任意多项式型的速度），对于 $\pi(\cdot)$ 的限制就可以去掉。

1.一个退出拍卖的常数概率

现在我们假设（对每一个出价的报出）竞拍者具有一个不变的退出概率（决定时间随机）。即

$$\Pr\big(\Pi(s)=\Pi(0),0\le s\le T\big)=1 \tag{4.124}$$

在这个假设下，一个单独竞拍者出价的数量服从随机决定参数的几何分布。退出概率不随时间变化，虽然对于整个拍卖期间并不现实，但是对于较短区间而言大致接近事实。利用条件（4.121）式和（4.124）式，（4.123）式可以简化为

$$p(s|\theta)=1_{x<s}\left[\frac{1-H(s)}{1-H(x)}\right]^{\pi(0)}+1_{x>s} \tag{4.125}$$

由定理2我们可得

$$\mathbb{E}\left(N_1(s)|\theta\right)=1_{x<s}\int_x^s\left[\frac{1-H(t)}{1-H(x)}\right]^{\pi(0)}\frac{h(t)}{1-H(t)}dt$$

$$=\frac{1_{x<s}}{\pi(0)}\left(1-\left[\frac{1-H(s)}{1-H(x)}\right]^{\pi(0)}\right)$$

将 $\Pi(0)$ 写为 Π，可得双期望形式

$$\mathbb{E}\left(N_1(s)\right)=\mathbb{E}\left(\frac{1_{X<s}}{\Pi}\left(1-\frac{1-H(s)}{1-H(X)}\right)^{\Pi}\right) \tag{4.126}$$

因此，根据定理3，在条件（4.121）式和（4.124）式下，如果 $\mathbb{E}\,\Pi^{-1}<\infty$，当 $m\to\infty$ 时，几乎确定

$$\sup_{0<s<T}\left|\frac{N(s)}{N(t)}-\mathbb{E}\frac{1_{X<s}}{\Pi}\left(1-\frac{1-H(s)}{1-H(X)}\right)^{\Pi}\frac{1}{\mathbb{E}\Pi^{-1}}\right|\to 0$$

而且对于泊松参与（如注释3和注释6中），有

$$\lim_{\mu\to\infty}\Pr\left(\sup_{0<s<T}\left|\frac{N(s)}{N(T)}-\mathbb{E}\frac{1_{X<s}}{\Pi}\left(1-\frac{1-H(s)}{1-H(X)}\right)^{\Pi}\frac{1}{\mathbb{E}\Pi^{-1}}\right|>\varepsilon\right)=0$$

2. 自相似出价过程

假设满足条件（4.121）式和（4.124）式，而且对于某一常数 $r > 0$（对于所有竞拍者都相同），我们有

$$H_0(s) = 1 - \left(1 - \frac{s}{T}\right)^{r/\pi(0)} \tag{4.127}$$

另外假设所有竞拍者参与的时间 $b < T$：

$$\Pr(0 \leqslant X < b) = 1 \tag{4.128}$$

在（4.127）下，一个竞拍者在时刻 s 报出一个出价后退出的概率越大，那么他的下一次随机报价的时间越大（他更倾向于选择在接近结束时刻 T 报出他的下一次出价）。条件（4.127）直接将选择函数 H_0 与常数退出概率 $\pi(0)$ 联系起来。我们再一次用 Π 替代 $\Pi(0)$，并假定 $\mathbb{E}\Pi^{-1} < \infty$，由（4.126）式可得

$$\mathbb{E}\, N_1(T - s, T) = \mathbb{E}\left(\Pi^{-1}\left(\frac{s}{T - X}\right)^r \mathbf{1}_{X < T - s} + \Pi^{-1} \mathbf{1}_{X > T - s}\right)$$

$$= \mathbb{E}\, \Pi^{-1}\left(\frac{1}{T - X}\right)^r s^r, \; s < T - b$$

这样，对于 $(s, \eta) \in [0, T - b] \times [0, 1]$，我们有

$$\boldsymbol{E}_s(\eta) = \eta^r \tag{4.129}$$

其中，$\boldsymbol{E}_s(\eta)$ 由（4.117）式定义。

由（4.129）式和定理 3，对于较大的 m，我们有

$$N_s(\eta) = \frac{N(T - \eta s, T)}{N(T - s, T)} \approx \eta^r, (s, \eta) \in [0, 1] \times [0, T - b]$$

3. NHPP 过程

在拍卖中，竞拍者最后时刻出价的努力经常被传输失败所阻挠。我们通过假设（4.127）式将这一现象加入 GPBP 中，并且假设每个竞拍者根据 $[0, T - d]$（对于较小的 $d > 0$）上所有的出价，都具有一个随机决定退出拍卖时间的不变概率，而且对于所有在时刻 $T - d$ 的出价，这个概率被一个常数 β 放大（β 和 d 对于所有竞拍者都是相同的），即

$$\Pi(s) = \Pi(0)1_{s \leqslant T-d} + \beta\Pi(0)1_{s > T-d} \tag{4.130}$$

这样得到的出价出现过程是一个 GPBP（而不是一个 SSBP），而且可以作为一系列具有随机确定的起始时间和结束规则的独立非齐次泊松过程的联合。在时刻 $s \in (b, T-b]$，一个 θ 型竞拍者的出价密度为

$$\lambda_1(s|\theta) = p(s|\theta)\frac{h(s)}{1-H(s)}$$

$$= \left(\frac{1-H(s)}{1-H(x)}\right)^{\pi(0)}\frac{h(s)}{1-H(s)} \quad \text{由（4.125）式得}$$

$$= \left(1-\frac{s}{T}\right)^{r-1}\left(1-\frac{x}{T}\right)^{-r}\frac{r}{\pi(0)T} \text{由（4.127）式得}$$

因此，对于一个给定的 m 个竞拍者类型集，在 $s \in (b, T-d)$ 时，出价出现序列的密度为

$$\lambda(s|m, \theta_1, \dots, \theta_m) = \left[\frac{r}{T}\sum_{k=1}^{m}\frac{1}{\pi_k(0)}\left(1-\frac{x_k}{T}\right)^{-r}\right]\left(1-\frac{s}{T}\right)^{r-1}$$

对于 $s \in (T-d, T)$，

$$\lambda_1(s|\theta) = \mathrm{p}(T-d|\theta)\left(\frac{1-H(s)}{1-H(T-d)}\right)^{\beta\pi(0)}\frac{h(s)}{1-H(s)}$$

$$= \left(\frac{d}{T}\right)^{r-r\beta}\left(1-\frac{x}{T}\right)^{-r}\frac{r}{\pi(0)T}\left(1-\frac{s}{T}\right)^{r\beta-1}$$

因此，对于一个给定的 m 个竞拍者类型集，在 $s \in (b, T)$ 时，出价出现序列的密度为

$$\lambda(s|m, \theta_1, \dots, \theta_m) = \begin{cases} c\left(1-\dfrac{s}{T}\right)^{r-1}, s \in (b, T-d] \\ c\left(\dfrac{d}{T}\right)^{r-r\beta}\left(1-\dfrac{s}{T}\right)^{r\beta-1}, s \in (T-d, T] \end{cases}$$

其中，

$$c = \left[\frac{r}{T}\sum_{k=1}^{m}\frac{1}{\pi_k(0)}\left(1-\frac{x_k}{T}\right)^{-r}\right]$$

是实现 $(m, \theta_1, \dots, \theta_m)$ 的结果。这是两阶段 NHPP_2 的形式，其中 $d_1 = 0$ 、

$d_2 = d$ 、 $\alpha_2 = r$ 、 $\alpha_3 = \beta r$ ，也见 Shmueli 等人（2007）。类似地，退出拍卖概率的多次转移可以得到 NHPP_3 过程。

注释7：我们注意到，在 $r\beta < 1$ 情形中，当 s 接近 T 时， $\lambda(s|m, \theta_1, ..., \theta)$ 作为一个 s 的函数是一直增长到无穷大的，即增长并爆发。

在条件（4.124）下，利用一般泊松模型，我们推导一个竞拍者最后出价时间 Y_{final} 的分布。我们再一次用 Π 替代 $\Pi(0)$ ，由（4.125）式可得

$$P(Y_{\text{final}} > s) = \mathbf{E}\left(\frac{1 - H(s)}{1 - H(X)}\right)^{\Pi} 1_{X < s} + Pr(X > s) \tag{4.131}$$

这样，

$$\mathbf{E}Y_{\text{final}} = \mathbf{E}X + \int_0^T \mathbf{E}\left(\frac{1 - H(s)}{1 - H(X)}\right)^{\Pi} 1_{X < s}\, ds$$

对于自相似出价过程，上面两式可简化为

$$P(Y_{\text{final}} > s) = \mathbf{E}\left(\frac{T - s}{T - X}\right)^r 1_{X < s} + Pr(X > s)$$

和

$$\mathbf{E}Y_{\text{final}} = \mathbf{E}X + \int_0^T \mathbf{E}\left[\left(\frac{T - s}{T - X}\right)^r 1_{X < s}\right] ds$$

在 m 个竞拍者的情况下， $Y_{m,\text{final}}$ 是从 Y_{final} 的分布中随机抽取的一个容量为 m 的随机样本的最大值。因此， $Y_{m,\text{final}}$ 的性质可以由上面给出的 Y_{final} 的性质简单推导出来，而且通过一些调整，我们可以将上述结果扩展到 m 随机的情形。

4.4.2.3 例1：一阶段 NHPP_1 、纯自相似过程的测试

固定 $r > 0$ ，假设 $p_1, p_2, ..., p_m$ 是一个在（0，1）上的独立同分布序列，而且对于 $1 \leqslant k \leqslant m$ ，我们有 $\pi_k(s) = p_k$ （对于每个出价，竞拍者 k 退出竞拍的概率为不变概率 p_k ），以及

$$H_k(s) = 1 - \left(1 - \frac{s}{T}\right)^{r/p_k} \tag{4.132}$$

上面的等式将竞拍者 k 的选择函数 H_k 与他的不变退出概率 p_k 联系到了一

起。这个概率越大，竞拍者 k 越倾向于在后面的拍卖中报出下一个出价。在我们这里，有

$$
\begin{aligned}
p(s|\theta_k) &= \exp\left[-p_k \int_{x_k}^{s} \frac{h_k(t)}{1-H_k(t)} dt\right] \\
&= \left[\frac{1-H_k(s)}{1-H(x_k)}\right]^{p_k} \\
&= \left(1-\frac{x_k}{T}\right)^{-r}\left(1-\frac{s}{T}\right)^{r}
\end{aligned}
\tag{4.133}
$$

因此，

$$
\lambda\left(S|m,\theta_1,\cdots,\theta_m\right) = c\left(1-\frac{s}{T}\right)^{r-1}, \max(x_1,\cdots,x_m)\leqslant s\leqslant T
\tag{4.134}
$$

其中，

$$
c = \frac{r}{T}\sum_{k=1}^{m}\frac{1}{p_k}(1-\frac{x_k}{T})^{-r}
\tag{4.135}
$$

这就是说，在竞拍者数量为 m、他们的类型为 $\theta_1,...,\theta_m$ 的条件下，密度函数 λ 在区间 $\left[\max(x_1,...,x_m),T\right]$ 上是一个纯自相似的形式。

模拟 1

假设 $m=1\,000, T=7, X \sim U(0,5.6)$，$\left(p_k<t\right)=4t^2$（对于 $t\in(0,1/2)$），$r=2/5$。在我们的模拟中，1 000 个竞拍者在一个 7 天拍卖的前 5.6 天均匀参与，他们的退出概率是独立不变的，构成了一个来自 $(0,1/2)$ 上三角形分布的随机样本。$r=2/5$ 确保当 t 接近 $T=7$ 时 h 增大。图 4-59 的上半部分展示的是，基于我们的模拟数据，几组经标准化的左截断出价时间的经验分布函数。下半部分展示的是基于 eBay 拍卖数据的同种曲线。值得注意的是，对于模拟数据和真实数据，除了 5 分钟曲线以外，其他曲线都比较相似。上半部分图表明 5 分钟曲线与其他曲线具有同样的形状，这与我们在密度具有自相似形式时预期的一样。在下半部分图中我们看到，5 分钟曲线脱离了其他曲线的自相似形式。

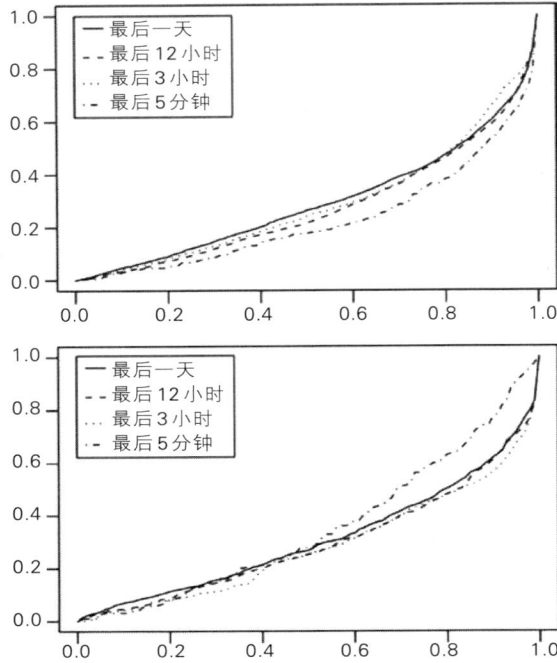

图 4-59　基于模拟数据（上半部分）和掌上电脑数据（下半部分）的
左截断出价时间的经验分布函数

4.4.2.4　例 2：两阶段过程的测试

固定 $\beta > 0$ 和 $d \in (0, T)$，假设我们的设定与例 1 相同，并且有如下期望：在区间 $[T-d, T]$，所有竞拍者退出拍卖的概率由公因子 β 调整，使得

$$\pi_k(s) = p_k \mathbf{1}_{0 \leqslant s < T-d} + \beta p_k \mathbf{1}_{s \geqslant T-d},\ 1 \leqslant k \leqslant m \tag{4.136}$$

在这里，

$$p(s|\theta_k) = \begin{cases} \exp\left[-p_k \int_{x_k}^{s} \dfrac{h_k(t)}{1-H_k(t)} dt\right], & x_k \leqslant s \leqslant T-d \\[2mm] \exp\left[-p_k \int_{x_k}^{T-d} \dfrac{h_k(t)}{1-H_k(t)} dt - \beta p_k \int_{T-d}^{s} \dfrac{h_k(t)}{1-H_k(t)} dt\right], & T-d \leqslant s \leqslant T \end{cases}$$

$$= \begin{cases} \left(1 - \dfrac{x_k}{T}\right)^{-r} \left(1 - \dfrac{s}{T}\right)^{r}, & x_k \leqslant s \leqslant T-d \\[2mm] \left(1 - \dfrac{x_k}{T}\right)^{-r} \left(\dfrac{d}{T}\right)^{r - r\beta} \left(1 - \dfrac{s}{T}\right)^{r\beta}, & T-d \leqslant s \leqslant T \end{cases}$$

因此，用例1中的 c ，可得

$$\lambda(s|m, \theta_1, ..., \theta_m) = \begin{cases} c\left(1 - \dfrac{s}{T}\right)^{r-1}, \max(x_1, ..., x_m) \leq s \leq T - d \\ c\left(\dfrac{d}{T}\right)^{r-\beta r}\left(1 - \dfrac{s}{T}\right)^{r\beta-1}, T - d \leq s \leq T \end{cases} \quad (4.137)$$

模拟2

我们保持例1的设定，但是我们令 $d = 1/10\ 080$ 和 $\beta = 2$ ，这样所有竞拍者在最后一分钟里退出拍卖的概率增加了一倍。图4-60展示了与模拟1中相同的一些经验累积分布函数。值得注意的是，所有曲线（包括5分钟曲线）都与图4-59的下半部分（真实数据）很相似。

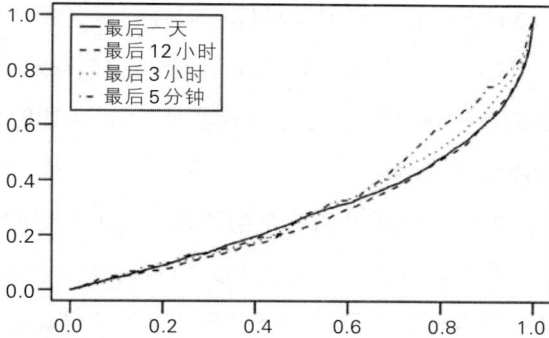

图4-60　基于模拟2的左截断出价时间的经验累积分布函数

例2向我们展示了一个貌似合理的竞拍者参与和竞拍者行为模型的存在性，该模型可以复制网上拍卖出价数据的大部分主要特征。就像上面的模拟一样，该模型可以被用来为了多种目的生成出价数据。

4.4.3　结论

对出价（和竞拍者）出现过程进行拟合，具有许多重要的用途。首先，它令我们可以对一些现象进行研究和模型化，比如初期出价和末期出价，而且这些现象可以用一个出价行为函数来解释。比如，可以展示某一竞拍者的行为动态，其中每一次出价都是一个受竞拍者数量不断下降影响的（均匀分布）出价时间集的最小值，这样得到 $NHPP_1$。因此，如果一系列拍卖表现出服从一个 $NHPP_1$ 模型，那么在这些情形下产生的竞拍者行为可能就是这种类型。我们感兴趣的另一种竞拍者行为是"与拍卖者的勾结"，这种行为是指竞拍者实际上是拍卖者的一个代理人，他的目的是要"抬高价格（出价）"。Kauffman 和 Wood（2000）假设这些勾结者在拍卖末期会避免出价。因此，在一个被勾结现象污染的拍卖样本中，我们预期在拍卖末期的实际出价要比普通的拍卖少。

出价出现模型的第二个用处是与出价或者价格增长序列相联系的。Jank 和 Shmueli（2008b）通过使用平滑样条拟合一系列拍卖的出价时间和出价价格，对网上拍卖的出价动态进行了研究。这些样条的节点由出价密度或者出价出现的密度决定。在这个应用中，一个 $NHPP_3$ 模型就可以被用来确定节点的合理位置。

在众多相关问题中，最重要的一个问题是什么因素影响一个拍卖的最终价格。一些研究者的研究表明，越活跃的拍卖最终价格越高。而一个有待研究的问题是：是否存在一个函数可以将单个出价（竞拍者）的出现与平均最终价格联系起来。

对于那些决定页面更新频率的应用来说，出价出现过程的相关知识特别重要。比如，如果 eBay 上的用户通过一台移动设备关注一个拍卖，而网络连接是有成本的，那么他们必须决定何时再次连接和刷新信息。对于一个具有典型初期出价和末期出价特征的拍卖，用户在初期和末期更频繁地更新信息可能更好，而不要在拍卖中期这样做。

最后，对于那些展示一个或者一系列竞拍的出价的可视化工具来说，出价（竞拍者）出现模型也是非常有用的。为了决定时间轴的范围，避免展示区域的过度拥挤或者过于稀疏，我们必须了解拍卖进展到什么阶段和什么水平。虽然只是近似，但一个NHPP模型可以帮助我们确定感兴趣的范围。

4.5　拍卖网络的建模

在这一部分，我们将会研究拍卖数据中一个比较新颖的部分：由拍卖交易所产生的网络。大部分对拍卖数据的研究都假设拍卖之间是相互独立的。也就是说，假设一个拍卖中发生的事件并不受另一个拍卖的结果的影响。但是，我们在第3章和第4.3小节中已经讨论并展示了，这种相互独立的假设并不符合现实，尤其是对那些相似拍卖品（可替代品）的拍卖。现在，我们将上述讨论进行推广，考虑这些有联系的拍卖，从而形成一个网络类型。拍卖（或者拍卖参与者）可以通过以下多种途径联系在一起。比如，两个参与同一拍卖的竞拍者是有关联的。虽然这种关联可能只存在于虚拟世界中，但是这种关系对于两者的竞争是有影响的。与之类似，对于两个拍卖同样商品的拍卖者，他们通过竞争同一群竞拍者而联系在一起。竞拍者（尤其是获胜的竞拍者）也与拍卖者有关系，如果我们通过重复交易的次数来测量这种联系的强度，那么我们可以将其作为竞拍者忠于某个特定拍卖者的一个表现来解释这种网络（Jank和Yahav，2010）。

对于拍卖网络中的忠诚问题的研究还是比较新的。在已有的关于网上拍卖的文献中，大部分集中于对拍卖者以及他们对竞拍者释放诚信程度信号的研究（比如，Brown和Morgan，2006）。为此，我们经常检查一个拍卖者的信用度（正面评级的数量减去负面评级的数量，比如Li（2006））。而且，有些研究者表明，较高的信用度可以给拍卖者带来价格溢价（Lucking-Reiley等，2007；Livingston，2005）。这里，我们研究竞拍者决策过程的另外一个决定因素——忠诚。忠诚与诚信是不同的。诚信经常与可靠性和诚实性联系在一起，诚信是忠诚的一个必要（但不充分）前提。但是，忠诚指的是一种忠实或者坚定的状态。忠诚不仅包括对交易结果的信任程度，而且包括对商品满意度、价格，甚至是同一拍卖者以前交易的信任。而且，忠诚的竞拍者经常乐于做出情绪化的决策，甚至做出一点金钱上的牺牲而去强化这种关系。通过推导竞拍者和拍卖者二分网络关联度的合适度量指标，我们就可以对忠诚问题进行研究。下面我们就进行相关讨论。

4.5.1 拍卖网络

网上拍卖参与者的相互作用最终会形成一个将他们联系在一起的网络。在一场拍卖中出价的竞拍者与在本场拍卖中出价的其他竞拍者有联系。拍卖某一商品的卖家与拍卖相同商品的卖家有联系。在这里，我们重点关注的是买家和卖家之间的网络。每次一个竞拍者与某一卖家发生交易，两者就产生了联系。[①]一个卖家可以发起多次拍卖，因此重复交易（购买）的次数就可以度量这种关系的强度。比如，一个竞拍者与某一卖家进行了10次交易，那么他与这个卖家的联系就比一个只与该卖家进行过两次交易的竞买人要强。从这个角度来看，"网络强度"度量了买家和卖家关系的一个重要方面，我们称之为"消费者忠诚"。

我们强调一点，测量忠诚有许多不同的方法。虽然大家可以计算一个竞拍者在同一卖家发起的所有拍卖中出价的总次数，但我们只计算获胜出价的次数，即发生交易的次数。虽然出价次数和获胜出价次数都可以表明买家和卖家的一种关系，但是获胜出价表明了一种更强烈的关系，更能代表一个买家的忠诚。另外，我们对忠诚关系的研究是跨多个拍卖的。有关跨拍卖关系的研究在网上拍卖文献中是相当少见的，只在最近一段时间有点突破（Haruvy 等（2008）、Reddy 和 Dass（2006）、Jank 和 Shmueli（2007）、Jank 和张（2009a、2009b））。在本章中，我们将要研究拍卖参

---

① 请注意,在我们的数据中,竞拍者和卖家形成了不相交的组。也就是说,一个节点可以是一个竞拍者节点也可以是一个卖家节点,但并不能同时是这两个节点。这样,我们的网络形成的是一个二分型网络。

与者之间的网络效应，以及这些效应对拍卖最终结果的影响。

4.5.2 案例研究

我们研究一下 2007 年 8 月到 2008 年 1 月 eBay 上列出的施华洛世奇珠链每一个单独拍卖的完整出价记录。我们的数据包括 36 728 个拍卖，其中 25 314 个成交。包括 365 个卖家和 40 084 个竞拍者，这些竞拍者中有 19 462 个进行过两次及两次以上购买。每个出价记录信息包含拍卖形式、卖家、竞拍者和商品的细节。表 4-13 到表 4-15 汇总了这些信息。

表 4-13　　　　　　　　　　　　拍卖和商品

特征	均值	中位数	标准差
拍卖持续期（天）	9.15	3.00	37.45
起拍价（美元）	3.77	3.33	5.64
收盘价（美元）	6.61	4.25	9.15
商品的数量	5.42	1.00	129.47
出价数量	3.16	1.00	4.26
大小（珠子直径）	6.41	6.00	3.35
每包里珠子的个数	124.30	48.00	343.79

表 4-14　　　　　　　　　　　　卖家

特征	均值	中位数	标准差
规模	163.90	6.00	999.00
成交率	0.67	0.67	0.33
卖家反馈	2 054.00	264.00	12 400.00

表 4-15　　　　　　　　　　　　买家

特征	均值	中位数	标准差
规模	3.62	1.00	14.29
商品的数量	5.05	2.00	29.25
买家反馈	228.10	70.00	559.53
出生年份	1 967.00	1 965.00	16.30

表 4-13 展示了每次拍卖的拍卖信息和商品信息。可以看出，拍卖的持续期平均为 9 天多，中位数却只有 3 天。造成这种偏离的原因之一是"一口价"型的拍卖比例较高，而这种拍卖的持续期可以比典型拍卖的持续期长，典型拍卖的持续期一般为 1 到 10 天。每个拍卖的商品（几包人工制造的工艺品珠子）价值相对较小，因此平均的起拍价和最终价比较低。虽然 eBay 上许多拍卖一次只拍卖一种商品（比如手提电脑和汽车的拍卖），但是工艺品类的拍卖经常出现多商品的拍卖，也就是说，卖家提供多个同样的商品，竞拍者可以选择他们要购买商品的个数。在我们的数据中，每次拍卖平均的商品数量为 5.42。拍卖中存在着竞拍者的竞争，平均出价个数略大于 3，而中位数只有 1。正如我们前面所指出的，这些拍卖中出售的商品是几包施华洛世奇的珠子，一个珠子的价值部分地取决于它的大小，我们数据中珠子的平均直径为 6.41 毫米。商品价值的另一个决定因素是每包里珠子的个数，我们可以看到每包里珠子个数的平均值略大于124 个，但是不同拍卖之间每包珠子个数的变化比较明显。

我们主要感兴趣的是竞拍者与卖家之间的网络。影响这一网络的一个主要因素是卖家的规模。从表 4-14 我们可以看到，卖家的平均规模（每个卖家发起的拍卖数量）超过 163。一个卖家发起的拍卖只有当有竞拍者出价（至少有一次出价）时才会发生交易。对于 eBay 上许多商品类别（比如汽车等）来说，较低的交易率（或者周转率）是一个重要问题。在我们的数据中，每个卖家的平均交易率为 67%，这已经是比较高的了。影响交易率的一个因素是卖家以前的诚信水平。我们经常使用卖家反馈评级来度量卖家诚信，在我们的数据中该值的平均数大于 2 000。

表 4-15 展示了竞拍者的一些特征。竞拍者平均在差不多 4 次拍卖中出价，每次拍卖中平均竞拍商品为 5 个（请注意多商品拍卖可以一次购买多个商品）。竞拍者反馈捕捉的是竞拍者的经验，我们的数据中这个值的平均数超过 220，这表明竞拍者比较有经验。我们的数据中还包含了竞拍者的出生年份，可以看到竞拍者的平均年龄超过 40 岁。

图 4-61 展示了整个拍卖网络。在这个图中，我们展示了所有进行过至少两次交易的竞拍者和卖家，即在至少两次拍卖中获胜的竞拍者和进行过至少两次交易的卖家。三角形表示卖家，方形表示竞拍者。一个卖家和一个竞拍者之间的黑线代表两者的一次交易。可以看出，大部分卖家和竞拍者相互都有联系，平均网络程度（一对竞拍者－卖家之间联系的个数）为 1.56。我们还可以看到几个孤立的网络，即一个卖家只与一个或两个竞拍者有联系。图 4-62 展示了只包含前 10%的高规模卖家的子集。可以看到，有些卖家与几百个不同的竞拍者有联系，平均值为 895。另外，有些卖家从某种意义上来说是排外的，即他们只与一部分竞拍者交易，比如在网络的边缘。而另外一些卖家则是分享一个共同的竞拍者群体。这种排外与分享对于拍卖的结果有着巨大的影响。

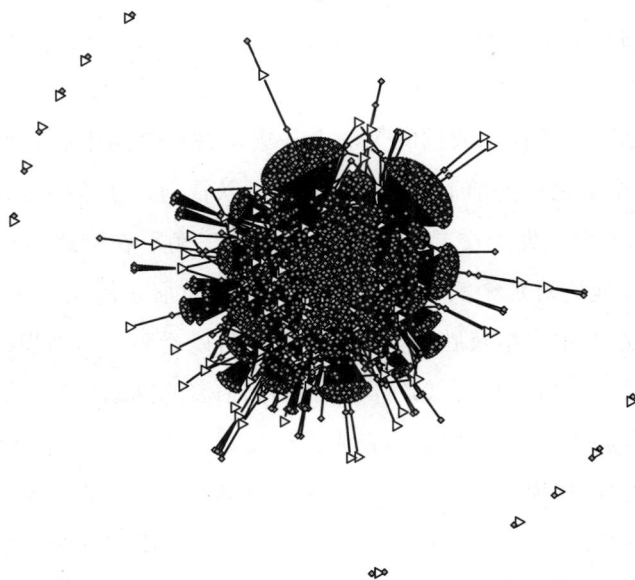

图 4-61　进行过至少两次交易的竞拍者和卖家的网络：在至少两次拍卖中获胜的竞拍者和进行过至少两次交易的卖家

图4-62　前10%卖家的网络：发起大部分拍卖的前10%的高规模卖家

图4-63展示了我们数据的另一个子集。在这个图中，我们只展示那些完成交易个数最高的前10%的竞拍者。可以看到，在这些竞拍者中，很多人只与一个卖家发生交易（请注意，许多三角形在网络中只有一个连接），可以说他们对那个卖家非常忠诚。图4-64展示的是新买家的网络，即那些第一次在拍卖中获胜的竞拍者。我们可以看到，与高规模（赢得拍卖次数多）的竞拍者相比，第一次获胜的竞拍者的网站更分散。我们可以将卖家区分为：5个巨型卖家（完成大量交易的卖家）、3个高规模卖家、许多中规模和低规模卖家。由于这些仅仅是第一次获胜的买家，所以忠诚对于竞拍者的决策还不起作用。事实上大部分第一次获胜的竞拍者只"汇聚"到了几个巨型卖家，这表明对于低规模卖家来说这个市场是很难进入的。

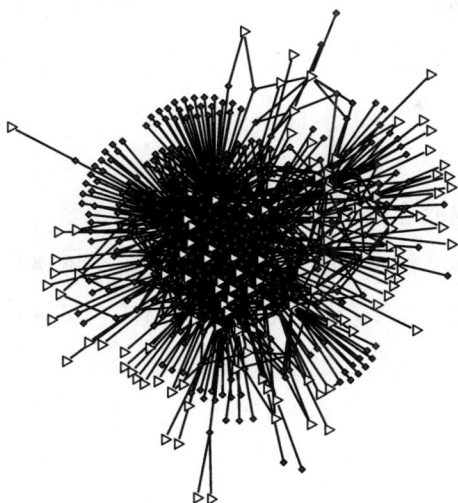

图 4-63　前 10% 的竞拍者网络：在大部分拍卖中出价获胜的前 10% 竞拍者

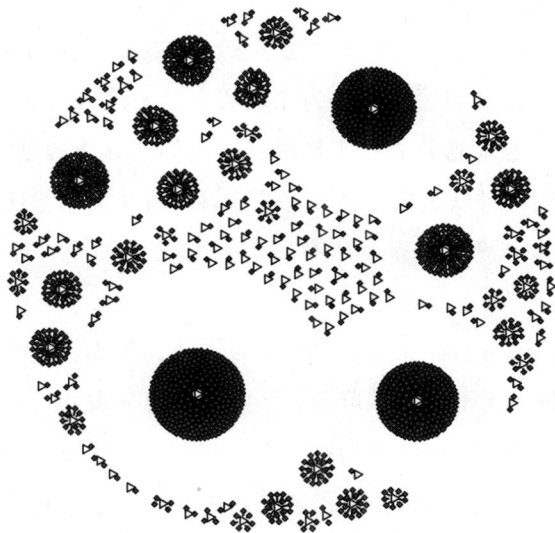

图 4-64　新买家的网络：第一次在拍卖中获胜的竞拍者

正如我们在前面所指出的，竞拍者－卖家网络捕捉了拍卖参与者的忠诚。尽管大部分卖家和竞拍者之间相互都有联系（例如图4-61），但是我们关注的是由每对竞拍者－卖家所产生的子图。接下来，我们将要介绍一个通过这些图像提取忠诚度测量指标的方法，该方法由Jank和Yahav（2010）提出。

4.5.3　通过网络信息提取忠诚度

我们度量忠诚度的方法是将竞拍者和卖家的整个网络划分为几个关于卖家的特殊统计量。对于每个卖家，这些统计量不仅可以捕捉竞拍者中对该卖家忠诚的比例，还可以捕捉每个竞拍者的忠诚程度。我们分两步推导这个度量指标。首先，我们对每个卖家推导忠诚度分布，然后我们通过函数型主成分分析方法，利用几个统计量来描述这个分布。下面我们具体介绍这两个步骤。

值得注意的是，从网络数据中提取忠诚度信息的方法不止一种。我们选择推导忠诚度分布的思路主要考虑两个重要信息：对某个卖家忠诚的消费者比例以及他们的忠诚程度。特别需要注意的是，我们并没有尝试将忠诚度进行二分处理（将买家区分为忠诚买家和不忠诚买家），因为我们相信忠诚度不能随意地划分为有还是没有，我们允许忠诚度的值在0和1之间。这样，我们就可以量化一个卖家的忠诚度分布类型。比如，我们可以回答具有绝对忠诚度的卖家（所有买家100%忠诚）是否比那些忠诚度有变化的卖家更好。

另外，我们的分析结果可能是比较复杂的，因为我们首先必须用一个有限的方法来描述无限的忠诚度分布，并且解释分布的特征，而这些解释可能比使用用户定义的忠诚度指标（比如忠诚买家的数量、忠诚买家的比例至少为70%等这类汇总统计量）来解释更加复杂。虽然用户定义的度量指标需要解释，但是并不能确保这些指标可以捕捉所有相关信息。比如，测量"忠诚竞拍者的数量"就需要规定一个界限，区分买家是"忠诚"还是"不忠诚"。而任何这样的区分界限都是武断的，将会导致二分结果，而这正是我们力图避免的。我们不使用武断的用户定义的度量指标，而是使用大量的数据说话。我们首先寻找方法，去汇总那些能够捕捉忠诚度分布的信息。于是我们想到了忠诚度得分的主成分概念及其解释，下面我们详细介绍这两个方面。

4.5.3.1 从忠诚度网络到忠诚度分布

考虑图4-65中假设的卖家–竞拍者网络，在这个网络中，有4个卖家（记为"A"、"B"、"C"和"D"）和10个竞拍者（记为1到10）。一对卖家–竞拍者之间的连线表示一个相互联系，连线的粗度与两者联系重复的个数成比例。比如，竞拍者1有10个联系，而这10个联系都是与卖家A发生的，我们可以说竞拍者1对卖家A是100%忠诚。类似地，对于竞拍者2和3，他们分别有8个和6个联系，而且都是与卖家A发生。相对地，竞拍者4和5对卖家A的忠诚度只有80%和70%，因为在他们所有的联系（都是10个）中，分别有2个是和卖家B发生、3个和卖家C发生。总之，卖家A吸引了忠诚度最高的竞拍者。而卖家D有所不同，他吸引了大部分不忠诚的竞拍者，因为他与卖家B或C共享了他的竞拍者。

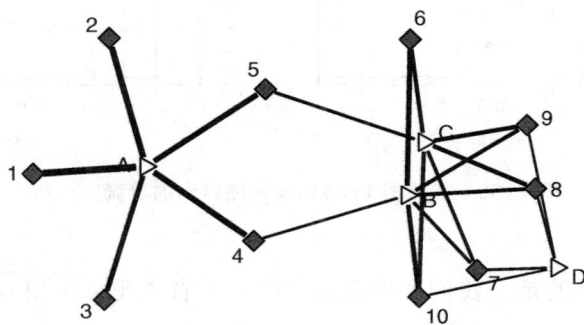

图4-65　一个假设的卖家–竞拍者网络，包括有4个卖家（A–D，三角形）和10个竞拍者（1–10，方形）。一对卖家–竞拍者之间连线的粗度对应着两者联系的个数

对于每个卖家，我们可以汇总忠诚竞拍者的比例以及他们忠诚的程度，得到忠诚度分布。图4-66列出了卖家A-D的忠诚度分布。x轴表示忠诚程度（比如100%忠诚或者80%忠诚），y轴表示相应的密度。我们可以看到，这四个分布的形状是非常不同的。A的分布是极度左偏的（大部分为高度忠诚竞拍者），而D的分布是极度右偏的（大部分为不忠诚竞拍者）。B和C的分布比较类似，但还是有区别。

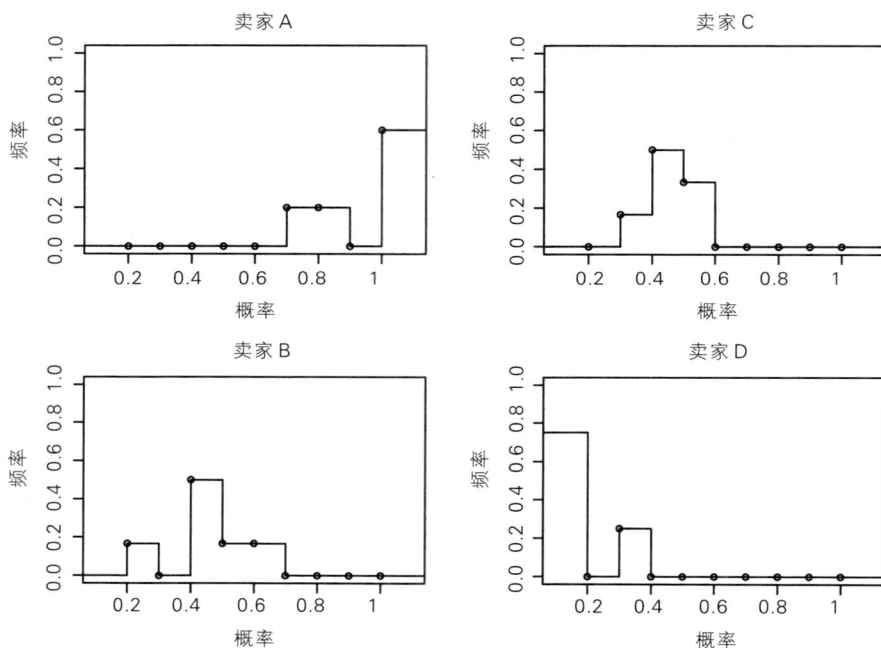

图 4-66　按照图4-65假设网络得到的忠诚度分布

值得注意的是，我们关于忠诚度的定义有点类似于出入度分析的概念。更加精确的是，我们首先测量每个买家的关系的比例（也就是说将标准化后的出度分布与一个特殊的节点相联系）。然后，我们测量每个卖家对应的忠诚度，它可以被看作是加权的入度（对于一个特殊节点相联系的个数）的分布。这个关于忠诚度的定义非常类似于营销学中品牌转移的概念。从本质上说，如果我们有固定数量的品牌（在我们这里就是卖家）以及一群买家（竞拍者），那么我们测量的就是从一个品牌转移到另一个品牌的行为。

虽然图4-66中的忠诚度分布捕捉了所有相关信息，但是我们不能使用这些信息进行更深入的分析，尤其是进行建模。因此，我们下一步工作就是要将每种忠诚度分布的特征使用少量几个统计量来表示。为此，我们采用一个非常灵活的尺度缩减方法，该方法使用的是函数型数据分析方法。

4.5.3.2　从忠诚度分布到忠诚度度量指标

为了研究忠诚度对一个拍卖最后结果的影响，我们首先必须描述一个卖家忠诚度分布的特征。虽然我们可以通过汇总统计量（比如均值、中位数等）来描述分布的特征，但是图4-66表明，忠诚度是非常异质化和分散化的。因此，我们采用一种非常灵活的函数型数据分析的替代方法（Ramsay和Silverman，2005）。事实上，我们可以将每个卖家的忠诚度分布看作是一个函数的观测值。我们可以使用函数型主成分分析方法（functional principal component analysis，fPCA）来捕捉各种分布的相似点（和不同点），该方法是一种主成分分析方法的函数化（Kneip和Utikal，2001）。事实上，虽然Kneip和Utikal（2001）针对的是真实概率分布，但是在我们这里并不知道真实概率分布。因此，我们对观察到的（经验）概率分布使用fPCA，可能会引入额外的估计误差。

函数型主成分分析方法与普通PCA比较相似，但是它针对的并不是数据向量，而是函数对象。在我们这里，我们针对的是观察到的忠诚度分布，即图4-66中的各个柱状图。虽然我们还可以首先平滑这些观察到的柱状图，但是我们决定不这样做，因为结果不会有本质上的不同。

普通PCA针对的是一系列数据向量，比如 $x_1, ..., x_n$，其中每一组观测

值就是一个 p 维数据向量 $\mathbf{x}_i = (x_{i1}, \ldots, x_{ip})^T$，普通PCA的目标是找到 $\mathbf{x}_1, \ldots, \mathbf{x}_n$ 在一个新空间上的投影，最大化新空间的每个成分间的方差，同时使得新空间的每个成分两两正交。换句话说，普通PCA的目标是找到一个主成分（PC）向量 $\mathbf{e}_1 = (e_{11}, \ldots, e_{1p})^T$，它的主成分得分（principal component scores，PCS）

$$s_{i1} = \sum_j e_{1j} x_{ij} = \mathbf{e}_1^T \mathbf{x}_i \tag{4.138}$$

最大化 $\sum_i s_{i1}^2$，并且服从

$$\sum_j e_{1j}^2 = \|\mathbf{e}_1\|^2 = 1 \tag{4.139}$$

这样得到第一个PC：e_1。下一步，我们计算第二个PC：$\mathbf{e}_2 = (e_{21}, \ldots, e_{2p})^T$，与第一个PC相似，它的主成分得分为 $s_{i2} = \mathbf{e}_2^T \mathbf{x}_i$，在 $\|\mathbf{e}_2\|^2 = 1$ 条件下最大化 $\sum_i s_{i2}^2$，并加入附加条件

$$\sum_j e_{2j} e_{1j} = \mathbf{e}_2^T \mathbf{e}_1 = 0 \tag{4.140}$$

这个附加条件确保得到的主成分间正交。重复上述步骤，可以得到其余主成分 $\mathbf{e}_3, \ldots, \mathbf{e}_p$。

PCA的函数形式与普通PCA很相似，只是针对的是一系列连续曲线，而不是离散的向量。因此，求和被积分所替代。更明确地说，假设我们有一系列曲线 $\mathbf{x}_1(s), \ldots, x_n(s)$，而且每个曲线都是在一个用 s 标记的连续尺度上测量的，那么我们的目标就是找到一系列对应的PC曲线集 $e_i(s)$，与前面所述相同，最大化每个成分间的方差，而且两两正交。换句话说，我们首先要找到PC函数 $e_1(s)$，它的PCS为

$$s_{i1} = \int e_1(s) x_i(s) ds \tag{4.141}$$

最大化 $\sum_i s_{i1}^2$，并且服从

$$\int e_1^2 ds = \|\mathbf{e}_2\|^2 = 1 \tag{4.142}$$

与离散情形相似，下一步是找到 e_2，它的主成分得分为 $s_{i2} = \int e_2(s)x_i(s)ds$，在 $\|\mathbf{e}_2\|^2 = 1$ 条件下最大化 $\sum_i s_{i2}^2$，并加入附加条件

$$\int e_2(s)e_1(s)ds = 0 \tag{4.143}$$

在实际中，（4.141）式到（4.143）式中的积分可使用适度间隔取样近似，或者使用基扩展方法为 PC 函数 $x_i(s)$ 找到一个更低维度的表达式来近似。比如，令 $\boldsymbol{\phi}(s) = (\phi_1(s),...,\phi_K(s))$ 为一个合适的基扩展（Ramsay 和 Silverman，2005）。对于一个基参数集合 $\mathbf{b} = (b_{i1},...,b_{iK})$，我们可以写出

$$\mathbf{e}_i(s) = \sum_{k=1}^K b_{ik}\phi_k(s) = \boldsymbol{\phi}(s)^T\mathbf{b}_i \tag{4.144}$$

用这种形式，（4.143）式中的积分就可以变为

$$\int e_2(s)e_1(s)ds = \mathbf{b}_1^T\mathbf{W}\mathbf{b}_2 \tag{4.145}$$

其中，$\mathbf{W} = \int \boldsymbol{\phi}(s)\boldsymbol{\phi}(s)^T ds$。更多细节，可参看 Ramsay 和 Silverman（2005）。在本章中，我们使用适度间隔取样的方法。

通常的惯例是选择最大特征值对应的最大特征向量，也就是说，那些能够解释 $\mathbf{x}_1(s),...,\mathbf{x}_n(s)$ 最多方差的特征向量。通过放弃那些对方差不能解释或解释很少部分的特征向量，我们就可以捕捉到观测数据的最主要特征，而且并不损失太多信息。在我们的例子中，前两个特征向量捕捉了忠诚度分布超过82%的方差。

4.5.3.3 对忠诚度度量指标的解释

由于我们的忠诚度度量指标的基础是它们主成分的表现，因此需要做一下解释。图 4-67 展示了前两个主成分（PCs）。第一个 PC（上半部分）表现出一个变化趋势，特别是对最低的忠诚度得分（0 到 0.2）赋予较大的负权重，而对中位数到高忠诚度得分（0.4 及以上）赋予正权重。因此，可以说第一主成分将极度不忠诚分布与其他分布进行了对比。表 4-16（第一行）也证实了这个观点：第一个 PC 与最小值具有较大的负相关，与偏度具有较大的正相关，这表明第一个 PC 确实捕捉了忠诚度分布的得

分和形状的极端情况。我们可以得出结论：PC1将"完全不忠诚"分布与其他分布进行了区分。

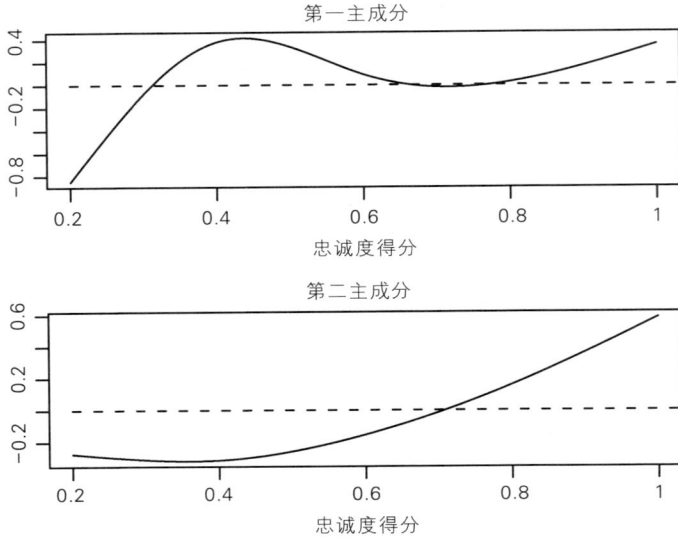

图4-67 前两个主成分曲线。虚线为原始的 x 轴

第二个PC具有一个不同的形状。它对最大忠诚度得分（0.8到1）赋予最大的正权重，对中位数和低得分（0.4到0.6）赋予负权重，这样将平均忠诚与极度忠诚区进行了对比。表4-16（第二行）也表明，PC2与最大值具有较大的正相关、与中位数具有较大的负相关。从这个意义上说，PC2区分了中等忠诚与极度忠诚。

表4-16 卖家忠诚度分布的前两个主成分与汇总统计量的相关系数

	中位数	标准差	最大值	最小值	偏度
PC1	0.55	−0.2	0.52	−0.99	0.77
PC2	−0.78	−0.05	0.81	−0.02	0.63

虽然上述解释可以帮助我们理解忠诚度成分，但是忠诚度成分的总体影响还是比较难以捕捉，尤其由于主成分分解的本质，每个单独的忠诚度分布是由PC1和PC2的不同组合形成。另外，当我们采用fPCA方法观察密度（柱状图）时，每个密度函数的单个曲线必须是高度相关的。这给PCs及其解释增加了附加约束。因此，接下来我们将要讨论五种忠诚度的理论分布及其对应的PC1和PC2的解释。

图4-68展示了五种貌似合理的忠诚度分布，它们可以演化为竞拍者-卖家网络。我们将这些分布称为"忠诚度的理论分布"，我们可以通过它们的特殊形态来区分它们的特征。比如，第一种分布由100%忠诚的买家组成，因此我们称之为"绝对忠诚"分布。相反地，最后一种分布由100%不忠诚的买家组成，我们称之为"完全不忠诚"分布。中间的一个分布（"一般忠诚"）比较有趣，因为它包含了那些表现出一些忠诚但是并不仅仅从一个卖家那里购买商品的大部分买家。

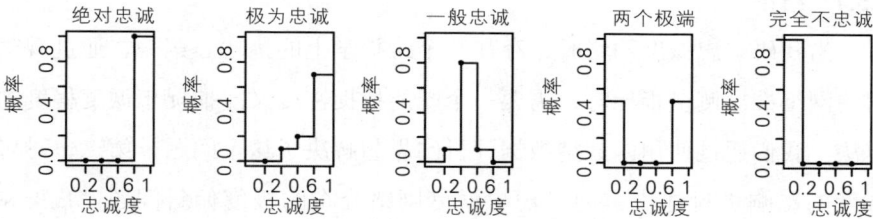

图4-68　五种忠诚度的理论分布

表4-17展示了对应的PC得分。我们可以看到，纯忠诚分布对应的PC1得分比较高，这是因为该分部是极度右偏的，而且没有低于0.9的值。相反，我们注意到完全不忠诚分布的PC1得分：尽管完全不忠诚分布是绝对忠诚分布的对立情形，但是它的得分（绝对值）却比前者的要大，这是因为完全不忠诚分布不仅是极度左偏的，而且它的极端小的值被PC1的第一部分赋予了较大的负权重，与之形成对照的是，绝对忠诚分布

的正值并没有被赋予同样大小的权重。至于PC2，表4-17显示，绝对忠诚分布中该成分的得分甚至更高，远远大于普通（中位数）忠诚度分布的值。相反，完全不忠诚分布的PC2得分非常小，因为PC2赋予的权重非常小。

表4-17　图4-68中忠诚度的理论分布对应的PC1和PC2的得分

	绝对忠诚	极为忠诚	一般忠诚	两个极端	完全不忠诚
PC1	0.56	0.47	0.32	−004	−0.64
PC2	0.72	0.51	−0.08	0.35	−0.01

我们还可以对其他分布进行类似的观察。比如，一般忠诚分布的PC1得分比较高，因为它的较小值并不太多。但是它的PC2得分只相当于平均得分，因为它的较大值也不太多。

4.5.4　结论

当我研究忠诚度网络时，存在几个统计学上的挑战。第一，通过观察到的网络推导测量指标时，需要一个既能捕捉密度又能捕捉忠诚度程度的方法。我们通过使用函数型数据分析的思想解决了这个问题。第二，对忠诚度的影响进行建模需要考虑忠诚度网络分布的极度偏斜问题。Jank和Yahav（2010）表明，许多不同的统计模型都可能会导致模型的错误设定，从而得到错误的经济结论。类似的问题也存在于对网上市场的研究中，比如在那些对卖家反馈或者卖家声誉的研究中，人们可能会对同一个卖家的重复观察进行记录。

另一个统计学挑战是围绕着竞拍者 - 卖家网络的抽样问题产生的。正如我们前面所指出的，我们拥有某一商品（在我们的例子中是施洛华世奇珠链）在某一时期（6个月）的完整出价记录。因此，我们拥有这一时期该商品完整的竞拍者 - 卖家网络数据。尽管我们可以使用抽样的方法来进行替代，但是那样获得的就是一个不完整的网络，因为我们不可能观察所有的节点和连线。这样，我们计算的忠诚度就可能有误差，从而导致一些统计问题。但是我们必须提醒的是，抽样时必须小心。虽然我们可以对eBay上所有不同类型商品的拍卖进行随机抽样（至少在理论上可以），但可能会出现几个问题。其中最大的问题就是我们将会在不同类型商品间比较忠诚度。比如，我们将会比较一个购买珠链（一种低价、低风险的商品）的竞拍者的忠诚度和一个购买数码相机、电脑甚至是汽车（这些都是高价、高风险的商品）的竞拍者的忠诚度，这实际上存在着概念上的问题。

另外，我们提到过，我们对竞拍者-卖家网络的处理是静态的。我们的数据仅仅是6个月的数据，而且我们假设忠诚度在这个时间段上是静态的。这个假设并不是不太现实的，因为许多营销模型认为，忠诚度在一个较长时间段上是静态的（Fader 和 Hardie，2006；Fader 等人，2006；Donkers 等人，2003）。如果结合时间维度研究忠诚度（比如使用一个移动时间窗口的网络，或者降低早期关系的权重），将是一个非常有趣的统计学挑战，因为我们很难明确如何选择时间窗口的长度或者权重的大小。另外，我们还检验了买家跨时间的学习效应，但并没有发现该效应明显的统计学证据。

最后，我们在本章中讨论了网络依赖中的一种特殊形式，即买家和卖家之间的依赖。但是，实践中的依赖结构可能更加复杂。因为竞拍者与卖家相联系，进而与其他竞拍者相联系，所以真实的依赖结构可能更加复杂。这就需要我们在统计学方法上进行创新，我们希望我们的工作给大家带来一些新的思路。

第5章 网上拍卖的预测

在本章中，我们将要讨论对一个拍卖结果进行预测的模型和方法。这里的"结果"，我们指的是拍卖品最后的成交价格。但是我们可以采用类似的思想预测竞拍者总数、一个拍卖是否实现交易等问题。预测拍卖结果（尤其是最终价格）对于拍卖的所有参与者来说都是有用的：竞拍者可以使用价格预测做出更有效的出价决策；卖家可以使用类似的价格预测去决定什么时候公布他们的拍卖；拍卖行（拍卖网站）可以使用预测编制长期预算、长期计划目标，甚至是进行实时的调整，比如积极地邀请竞拍者加入一个拍卖。

想要预测网上拍卖的结果并不简单。网上拍卖的竞拍者参与是非常不均匀的，而且出价也会导致价格动态不断变化。另外，出价的出现在整个拍卖过程中也是极不平衡的，因此很难使用传统的预测模型，比如移动平均模型和指数平滑模型。再有，出售相同商品的拍卖之间还会争夺相同的竞拍者。比如，竞争的作用可能会导致一个拍卖价格的上升，而另一些拍卖随之停滞。还有，竞争性的拍卖并不是在相同的时刻开始和结束，事实上，拍卖的持续期经常会不同，而且会不断有新的拍卖加入进来。

在下文中，我们会介绍一些处理上述挑战的预测模型。在5.1节，我们从单个拍卖模型开始介绍，这些模型忽略了竞争的作用。在该部分中，我们会介绍两种不同的方法：第一种方法仅仅使用拍卖的自身信息，第二种方法引入了临近拍卖的信息。尽管后者考虑的是相似的拍卖，但它并不是对拍卖竞争进行明确的建模。我们将在5.2节讨论竞争性拍卖的预测问题。在该部分中，我们将会看到一个特别的问题，即适当特征的选择和提取可以捕捉并测量竞争。事实上，我们将会看到，选择竞争性拍卖的预测模型是非常复杂的，我们将会讨论几种解决方法。最后，在5.3节，为了预测模型，我们将会讨论一个一般的出价结构，尤其是为了制定更加信息化和自动化的出价决策，我们还要讨论预测模型的运用。我们还会把这种决策方法与众所周知的一些出价策略（比如初期出价和最后时刻狙击出价）进行比较。

尽管本章讨论的模型与第4章讨论的模型都是针对网上拍卖的，但是在概念上有一个重要的区别。第4章我们主要关注的模型是描述型和解释型模型，而第5章我们将目标集中在预测方面。虽然预测模型与描述型和解释型模型有许多方面比较类似，但是主要不同点是：预测模型的目标总是"向前看"的，模型的所有成分都是为了预测一个未来值而组合在一起的。这个目标导致我们会使用不同的方法去汇总、选择、评价模型（更加深入的讨论可以参看Shmueli（2009））。

5.1　单个拍卖的预测

网上拍卖为竞拍者提供了大量的选择。事实上，在任意时刻，eBay上都会在全球范围内提供近4 400万个拍卖项目，而且每天新开的拍卖项目大约有400万个，这些项目覆盖了超过50 000个类别。时常会出现许多卖家同时（或相近时刻）拍卖相同的商品（或相似的商品）的情形。比如，我们搜索关键词"iPod shuffle 512 MB MP3 player"，就会出现超过300个未来7天内结束的相关拍卖的网址链接。如果搜索更一般的、限制更少的关键词"iPod MP3 player"，出现的链接将会超过3 000个。非常明显，想要查看并同时关注这300（或者3 000）个拍卖，对于eBay用户

（甚至是一个非常专业的用户）而言是非常困难的，更何况还要关注相同商品新增的那些拍卖。随后还要在大量的拍卖中决定参与哪个，并出价。

对价格的预测可以帮助一个竞拍者做出决策。比如，如果我们具有一个预测价格的有效系统，我们就可以得到一个拍卖的层级（从最低预测价格到最高预测价格），然后只关注那些具有最低预测价格的拍卖即可。但是使用这种方法的困难之一就是网络环境的信息是不断变化的，比如新拍卖的开设、老拍卖的退出（关闭），甚至是在同一个拍卖中，随着每个新出价的出现，价格都是在不断变化的。因此，一个完善的预测系统必须能够适应并且包含这种高度变化的环境。

在接下来的内容中，我们将要讨论一个动态预测模型，该模型能够适应这种变化。通常我们可以使用两种不同的方法去预测价格：静态方法和动态方法。静态方法是将拍卖开始前的已知信息与拍卖结束后的可得信息联系在一起。这是几种现存模型的基本原理（Ghani和Simmons（2004）、Ghani（2005）、Lucking - Reiley等人（2007）、Bajari和Hortacsu（2003））。比如，我们可以将起拍价、拍卖期限、卖家的声誉与最终价格联系在一起。请注意，起拍价、拍卖期限、卖家的声誉都是在拍卖开始时就知道的。通过对过去一系列适合的拍卖进行建模，我们就可以对这类拍卖的最终价格进行预测。但是，这种方法并没有考虑拍卖过程中出现的一些重要信息。当前竞拍者的数量和当前的价格水平只有在拍卖进行中才会显示，而它们是决定未来价格的重要因素。而且，当前价格的变化也对未来价格有着重大的影响。比如，如果在之前几小时内价格快速上涨，导致许多竞拍者退出了拍卖或者调整了出价测量，那么这可能会对接下来几个小时的价格演化造成巨大冲击，进而影响最终价格。我们提出的模型考虑了新出现的信息，并且用动态模型的形式来量化信息的变化。

网上拍卖的动态价格预测由于各种原因也面临着各种挑战。由于网上拍卖数据的特殊结构，预测时间序列的传统模型（比如指数平滑或者移动平均（MA））不能应用于网上拍卖的研究，至少不能直接应用。传统的预测模型假设数据的出现的时间间隔是平均的，比如说每个季度或者每个月。在这样的设定下，我们可以使用到现在时刻 t 为止的数据进行建模，然后使用模型对未来时刻 $t + k(k = 1, 2, ...)$ 进行预测。采用这个方法的假设是相邻时间点的距离是相等的，比如季度或者月度数据。现在我们来考虑一下网上拍卖的数据，出价出现的时间间隔是极不平均的，这是由竞拍者及其出价策略决定的，而且在一个短时期之内的出价数量有时是极少的，而有时又是非常多的。因此，在这种情况下，t 和 $t + 1$ 之间的距离有时甚至超过 1 天，而有时只有几秒。传统的预测模型还假设时间序列是连续的，至少在理论上是连续的，对于一个无穷久的时间，序列不会在未来的某一时刻停止。很明显，这个假设并不适合具有固定持续期的网上拍卖数据，如果使用传统预测模型来预测网上拍卖，结果可能并不准确。最后，正如我们在前面所指出的（见第 3 章和第 4 章），网上拍卖的价格演化路径可能会伴随着各种各样的价格动态（Jank 和 Shmueli，2006；Shmueli 和 Jank，2008；Wang 等人，2008a）。接下来，我们介绍一个基于函数型数据分析思想的动态预测模型。

5.1.1　一个动态预测模型

在本节中，我们将介绍一个包含了网上拍卖价格动态的预测模型，并且当新信息出现时，该模型会适当调整这些动态。这个模型的一个重要特征就是：它只使用我们所研究拍卖的自身信息去估计和预测这些动态（Wang 等人，2008a；Dass 等人，2009）。换句话说，该模型并不使用其他拍卖的信息。随后，我们还将介绍另一个模型，该模型利用了拍卖动态的作用，同时还使用了过去相似拍卖的信息去估计价格动态（Zhang 等人，2010）。从方法论的角度来讲，这两个模型的主要区别在于：前者使用的是一个自回归模型去估计和预测动态，而后者使用的是一个 k 最邻近（k-nearest neighbor，KNN）方法。自回归模型仅仅使用所研究拍卖自身的信息，而KNN模型首先从过去的拍卖中确定一系列相似拍卖，然后再将这些相似拍卖用于预测。请注意，这两个模型都没有明确地考虑竞争性拍卖的作用，我们将在5.2节再讨论竞争性拍卖的问题。

5.1.1.1 概述

我们的目标是建立一个动态预测模型，这个模型针对的是正在进行的拍卖，并且预测未来某一时刻的价格。这与静态预测模型形成了对照，静态预测模型只预测最终价格，而且只考虑拍卖开始前的可得信息。以图5-1为例，假设我们观察到一个拍卖从开始到时刻 t 的价格路径（实线）。现在我们想预测后续的价格路径（比如虚线A、B、C）。进行这个预测的难点在于未来价格动态的不确定性。如果动态水平下降，那么价格上涨速度将会下降，我们可能会看到一个类似A的价格路径；如果动态水平保持稳定，那么价格路径更类似于B；如果动态水平上升，则价格路径就会像C。无论如何，对未来价格动态的了解都是进行预测的一个关键因素。

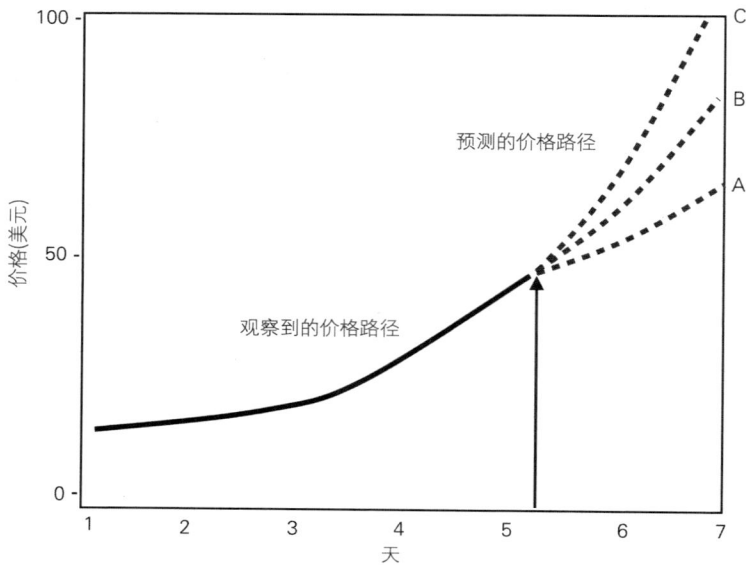

图5-1 使用动态预测模型对一个进行中的拍卖进行预测的原理图

因此，我们的动态预测模型包含两个部分：首先，我们发展一个模型来估计和预测价格动态。然后我们将估计的动态与其他一些影响拍卖的相关变量结合起来，建立一个针对价格路径的计量经济学模型。这个价格路径模型不仅可以用来预测最终价格，还可以用来预测拍卖结束前任意时刻的价格。一个方法论方面的挑战就是如何合并那些静态的预测变量，而这些变量包含了一些在拍卖过程中不变的信息，比如起拍价或者拍卖持续期等。因为我们的模型采用的是自回归模型的思想，所以如果不小心处理，就可能会将这些静态因子与模型的截距混淆。因此，我们将会先使用函数回归拟合的思想将这些静态因子转化成权重化影响因子。后面我们会具体介绍这个方法。

5.1.1.2　拟合及预测价格动态

网上拍卖的一个主要特征就是它们的价格动态会快速变化。由于 $p+1$ 阶导数的变化要领先于第 p 阶导数的变化（比如加速度的变化要领先于速度的变化），我们可以使用导数的信息去进行预测。接下来，我们介绍一个估计和预测拍卖价格动态的模型。

令 $D^{(m)}y_t$ 表示价格 y_t 在 t 时刻的第 m 阶导数。我们使用一个 t 的多项式加上自回归形式的残差来拟合导数曲线，即

$$D^{(m)}y_t = a_0 + a_1 t + \cdots + a_k t^k + \alpha \mathbf{x}(t) + u_t \tag{5.1}$$

其中，$\mathbf{x}(t)$ 是解释变量向量，$\boldsymbol{\alpha}$ 是对应的参数向量，u_t 服从如下的 p 阶自回归模型：

$$u_t = \phi_1 u_{t-1} + \phi_2 u_{t-2} + \cdots + \phi_p u_{t-p} + \varepsilon_t \tag{5.2}$$

$$\varepsilon_t \sim N(0, \sigma^2)$$

我们允许价格动态受向量 $\mathbf{x}(t)$ 影响，这样可以得到一个比较灵活的模型，可以适应由于拍卖形式、商品类型等方面的不同所导致的不同动态类型。

我们可以使用样本估计模型（5.1）。估计的步骤有两步，首先估计参数 $a_1, \ldots, a_k$ 和 $\boldsymbol{\alpha}$，然后使用估计的残差 $\hat{u}_t$ 来估计 $\phi_1, \ldots, \phi_p$。

预测也分为两步。令 $1 \leqslant t \leqslant T$ 表示观察的时期，令 $T+1$、$T+2$、$T+3$ 等表示我们要预测的时期。我们首先用下式预测下一期残差，

$$\tilde{u}_{T+1|T} = \tilde{\phi}_1 u_T + \tilde{\phi}_2 u_{T-1} + \cdots + \tilde{\phi}_p u_{T-p+1} \tag{5.3}$$

然后再使用这个预测值去预测下一期的导数，

$$D^{(m)} \tilde{y}_{T+1|T} = \hat{a}_0 + \hat{a}_1(T+1) + \cdots + \hat{a}_k(T+1)^k + \hat{\boldsymbol{\alpha}} x(T+1) + \tilde{u}_{T+1|T} \tag{5.4}$$

用同样的方法，我们可以对导数进行向前 l 期的预测，即

$$D(m)\tilde{y}_{T+l|T} = \hat{a}_0 + \hat{a}_1(T+l) + \cdots + \hat{a}_k(T+l)^k + \tilde{\mathbf{a}} x(T+l) + \tilde{u}_{T+l|T} \tag{5.5}$$

5.1.1.3　静态拍卖信息的合并

对于我们的模型来说，一个结构方面的挑战就是如何加入静态因子。比如，我们考虑起拍价，该变量是静态的，因为它的值在整个拍卖过程中是不变的 $(x(t) \equiv x, \forall t)$。忽略其他所有变量，模型（5.1）变为

$$D^{(m)} y(t) = \alpha_0 + \alpha x \tag{5.6}$$

因为（5.6）式的右边并不依赖于 t，所以 α_0 和 α 的估计是混淆的。换句话说，我们不能区分截距项和起拍价对价格动态的影响。

上述问题在传统的时间序列分析中并不常见，因为如果将一个预测变量加入计量经济模型中，只要该预测变量具有时变的信息，通常就是有意义的。但是，在预测网上拍卖时，情况就不同了，就必须考虑某些静态信息。比如，起拍价可能会为我们预测一个正在进行的拍卖价格带来有价值的信息。经济理论表明，有时竞拍者会通过起拍价获得信息，以便他们对拍卖商品进行估值，但是这个信息的影响会随着拍卖的进行而减少（参看第 4 章以及 Shmueli 和 Jank，2008）。这表明起拍价会影响竞拍者对拍卖商品的估值，进而影响价格。但同时还表明起拍价对价格的影响并不是保持不变的，而是随着拍卖的进行而逐渐下降的。

减少一个静态变量 x 的影响的方法之一，是使用它对价格演进过程的影响。也就是说，如果 x 在拍卖开始时对价格有强烈的影响，那么它在该时期的影响减少就比较小。另外，如果 x 在拍卖末期几乎没有影响，那么

它在拍卖末期的影响减少就应该比较大。度量一个静态变量对价格曲线影响的方法之一，就是使用函数型回归分析，就像我们在第 4 章介绍的那样。令 $\tilde{\beta}(t)$ 表示如下函数回归模型的斜率参数，

$$y(t) = \alpha(t) + \beta(t)x + \varepsilon$$

那么在任意时刻 t，$\tilde{\beta}(t)$ 就可以量化 x 对 $y(t)$ 的影响。我们将 x 和 $\tilde{\beta}(t)$ 结合在一起，就可以计算静态变量 x 的权重化影响形式，即

$$\tilde{x}(t) = x\tilde{\beta}(t) \tag{5.7}$$

5.1.1.4 价格的拟合和预测

预测了价格动态之后，我们就可以运用这些预测值来预测未来时刻直到拍卖结束时的拍卖价格了。影响一个拍卖的价格的因素有很多，比如拍卖形式、商品、竞拍者、卖家等等信息。令 $\boldsymbol{x}(t)$ 表示所有这些因素（还可能包括类似我们前面介绍的权重化影响的静态解释变量）的向量。令 $\mathbf{d}(t) = (D^{(1)}y_t, D^{(2)}y_t, ..., D^{(p)}y_t)$ 表示价格动态向量，也就是 y 在 t 时刻的第 p 阶导数。t 时刻的价格 y 可以受 $t-1$ 时刻价格的影响，也可能受 $t-2$、$t-3$ 等时刻价格的影响。令 $\mathbf{l}(t) = (y_{t-1}, y_{t-2}, ..., y_{t-q})$ 表示 y_t 的前 q 阶滞后向量。我们可以写成如下的一般动态预测模型：

$$y_t = \boldsymbol{\beta}\mathbf{x}(t) + \boldsymbol{\gamma}\mathbf{d}(t) + \boldsymbol{\delta}\mathbf{l}(t) + \epsilon_t \tag{5.8}$$

其中，$\boldsymbol{\beta}$、$\boldsymbol{\gamma}$、$\boldsymbol{\delta}$ 代表参数向量，$\epsilon_t \sim N(0, \sigma^2)$。我们使用估计出来的（5.8）模型来预测 $T + l$ 时刻的价格，即

$$\tilde{y}_{T+l|T} = \hat{\boldsymbol{\beta}}\mathbf{x}(T+l) + \hat{\boldsymbol{\gamma}}\mathbf{d}(T+l) + \hat{\boldsymbol{\delta}}\mathbf{l}(T+l) \tag{5.9}$$

5.1.1.5 案例分析

我们使用 eBay 上 768 个书籍拍卖数据来检验一下我们预测模型的表现，数据期为 2004 年 10 月。所有拍卖的持续期都是 7 天，书籍的类型也比较广泛（见表 5-1）。价格的范围从 0.10 美元到 999 美元，而且不出意料地具有较高的偏斜（见图 5-2）。不同类别的书籍价格明显不同。这个数据集是比较有难度的，因为其中的商品和价格是多样化的。我们使用其中

70%的拍卖（538个拍卖）作为实验样本，其余30%（230个拍卖）作为检验样本。

表5-1 768个书籍拍卖的分类

书籍分类	数量	均值（美元）	标准差（美元）
古文物和收藏品	84	89.90	165.82
有声读物	46	18.57	22.48
儿童书籍	102	12.89	18.03
小说	162	7.90	9.34
杂志	58	11.87	9.43
非小说类文学作品	239	15.63	52.83
课本教材	36	19.62	37.46
其他	41	36.48	80.31

注：第二列给出了每个书籍类别的拍卖数量，第三列和第四列展示的是每个书籍类别的价格平均数和标准差。

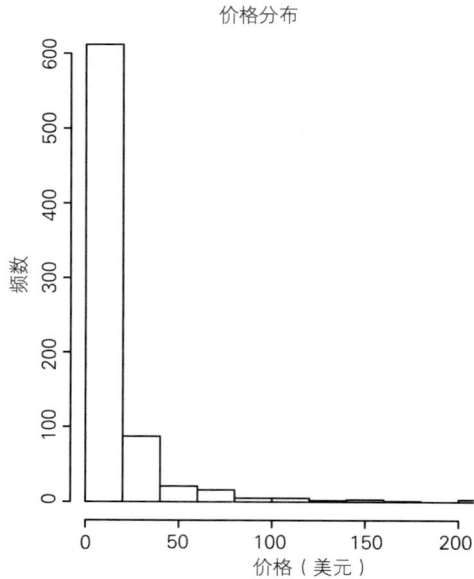

图5-2　eBay上书籍拍卖的价格分布

1.模型估计

我们建立的模型（这里不再复述）表明，在所有价格动态中，只有速度（$f'(t)$）是显著的（至少使用我们的数据得到的结果是这样）。因此，我们只对 m=1 时估计（5.1）式中的 $D^{(m)}y_t$。估计过程如下：使用一个时刻 t 的二次多项式（$k=2$），以及针对书籍类型的权重化影响变量（$\tilde{x}_1(t)$）和针对运费的权重化影响变量（$\tilde{x}_2(t)$），我们得到残差 u_t 的一个 AR（1）过程（（5.2）式中 p=1）。之所以在模型（5.1）中使用书籍类型和运费，是因为我们预期价格动态会比较依赖这两个变量。比如，有关古文物和收藏品类型的书籍的拍卖显然是比较专业化的，这个市场的价格是非常不敏感的，而且购买的兴趣也比较强烈。这点也反映在该类书籍的平均价格较高，甚至波动性更大（见表5-1）。这些市场的不同可能会导致不同的价格演进形式和不同的价格动态。关于运费也有类似的讨论，运费由卖家决定，也是一个"隐藏"的价格项目。竞拍者经常会止步于过分昂贵的运输费用，导致这样的拍卖可能会具有较低的价格动态。表5-2展示了所有实验样本参数估计值的平均值。我们可以看到书籍的类型和运费确实影响价格动态。

表5-2 速度模型 $D^{(1)}y_t$ 的估计结果

解释变量	系数	P 值
截距	0.041	0.004
t	−0.012	0.055
t^2	0.004	0.041
$\tilde{x}_1(t)$	1.418	0.038
$\tilde{x}_2(t)$	1.684	0.036
u_t	1.442	—

注：第二列是估计的参数值，第三列是相应的显著性水平。这些值是实验样本的平均值。

拟合了价格动态之后，我们来估计价格路径模型。回忆模型（5.8）中包含的三个成分：$\mathbf{x}(t)$、$\mathbf{d}(t)$ 和 $\mathbf{l}(t)$。在所有合理的价格滞后期内，我们发现只有一阶滞后是有影响力度的，因此我们有 $\mathbf{l}(t) = y_{t-1}$。再有，正如我们前面的论述，在不同的价格动态中，我们发现只有速度是重要的，因此 $\mathbf{d}(t) = D^{(1)} y_t$。表5-3的前两行展示了相应的参数估计。

表5-3　　　　　　　价格预测模型（5.8）的估计结果

模型设计	解释变量	系数	P值
$\mathbf{d}(t)$	价格速度 $D^{(1)} y_t$	0.592	0.049
$\mathbf{l}(t)$	价格滞后 y_{t-1}	4.824	0.044
$\mathbf{x}(t)$	截距	5.909	0.110
$\mathbf{x}(t)$	当前竞拍者平均评级 $x_1(t)$	0.414	0.012
$\mathbf{x}(t)$	出价的当前数量 $x_2(t)$	−0.008	0.027
$\mathbf{x}(t)$	当前胜者评级 $x_3(t)$	0.197	0.027
$\mathbf{x}(t)$	起拍价 $\tilde{x}_4(t)$	0.051	0.031
$\mathbf{x}(t)$	卖家评级 $\tilde{x}_5(t)$	−11.534	0.070
$\mathbf{x}(t)$	卖家正评级 $\tilde{x}_6(t)$	1.518	0.093
$\mathbf{x}(t)$	运费 $\tilde{x}_7(t)$	0.008	0.215
$\mathbf{x}(t)$	书籍类型 $\tilde{x}_8(t)$	3.950	0.107

注：第一列显示的是模型的设计部分，涉及相关的解释变量。第三列报告了参数的估计值，第四列报告了相应的显著性水平。这些值依旧是实验样本的平均值。

请注意，$\mathbf{d}(t)$ 和 $\mathbf{l}(t)$ 都是由价格衍生出来的解释变量，要么是从价格的滞后项得到，要么是从价格的动态得到。我们还使用了8个不与价格联系的解释变量 $\mathbf{x}(t) = (x_1(t), x_2(t), x_3(t), \tilde{x}_4(t), \tilde{x}_5(t), \tilde{x}_6(t), \tilde{x}_7(t), \tilde{x}_8(t))^T$。这8个解释变量对应着直到 t 时刻所有竞拍者的平均评级（我们指的是 t 时刻的当前竞拍者平均评级，记为 $x_1(t)$）、t 时刻出价的当前数量（$x_2(t)$）、t 时刻的当前胜者评级（$x_3(t)$），这前三个解释变量是随时间变化而变化的。我们还考虑了 5 个不随时间变化的解释变量：起拍价（$\tilde{x}_4(t)$）、卖家评级（$\tilde{x}_5(t)$）、卖家正评级（$\tilde{x}_6(t)$）、运费（$\tilde{x}_7(t)$）和书籍类型（$\tilde{x}_8(t)$），这里的 $\tilde{x}_i(t)$ 是权重化影响变量。

表 5-3 展示了整个预测模型的参数估计结果。有趣的是，我们注意到书籍类型和运费的参数估计的统计显著性很低。其原因是它们的影响可能已经被价格速度模型较好地捕捉了。另外，相应变量（被解释变量）y_t 和所有数值型解释变量（$\tilde{x}_1(t),...,\tilde{x}_7(t)$）都经过对数处理，这意味着参数代表的是弹性的概念。比如，参数值为 0.051，意味着起拍价每上升 1%，价格平均上升 0.05%。

2. 预测的表现

我们使用实验样本数据对预测模型进行了估计，下面我们使用检验样本数据来研究模型的预测精度。为了实现这个目的，对于检验样本的 230 个拍卖，我们假设只观察了前 6 天的数据，而我们要对拍卖剩余期限内的价格进行预测。我们预测价格时，只超过最后一天很小的一个增量（0.1天）。也就是说，我们从第 6 天预测第 6.1 天（或者是第 7 天的前 2.4 小时），从第 6.1 天预测第 6.2 天，依此类推，直到第 7 天结束。滚动窗口方法的优点是，基于反馈的预测的概率会被改善。也就是说，当拍卖过程超过最后一天，真实的价格水平就可以与预测值相比较，偏差就可以被带回模型，从而对预测进行实时调整。

图 5-3 展示了对检验样本进行预测的精度。我们利用平均绝对百分比误差（mean absolute percentage error，MAPE）来度量预测精度，即

$$\text{MAPE}_t = \frac{1}{230} \sum_{i=1}^{230} \left| \frac{(\text{predicted price}_{t,i} - \text{true price}_{t,i})}{\text{true price}_{t,i}} \right|$$

$$i = 1,...,N \ ; \ t = 6.1,...,7$$

其中，i 代表检验样本中的第 i 个拍卖。图 5-3 中的实线对应的是我们的动态预测模型的 MAPE。我们用二次指数平滑方法作为对比，二次指数平滑方法是一个比较流行的短期预测方法，它根据数据期距离当前越来越远

而分配指数型递减的权重，并且考虑了数据的可能（变化着的）趋势。图5-3中的虚线对应的是二次指数平滑方法的MAPE。

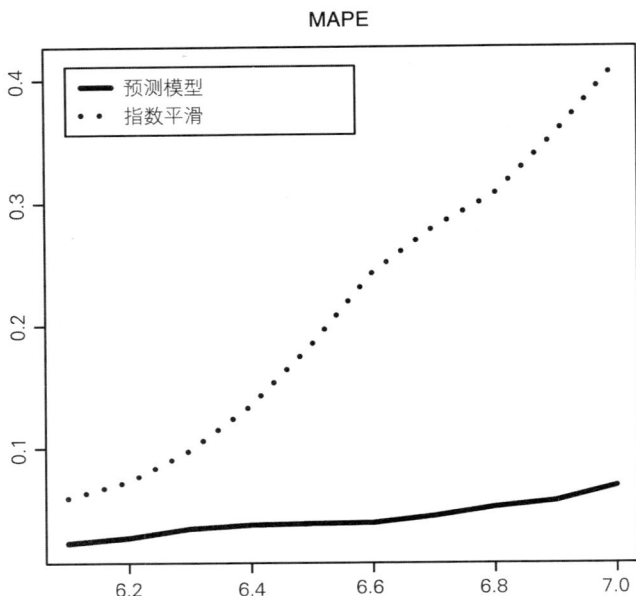

图5-3 对拍卖最后一天价格进行预测的平均绝对百分比误差（MAPE）。实线对应我们的动态预测模型，虚线对应二次指数平滑。x轴代表拍卖的时间

值得注意的是，对于两种预测方法，随着预测期的延长，MAPE在上升。但是，在拍卖末期，我们的动态模型的MAPE仅仅上升到大约5%，而二次指数平滑则超过了40%。这种表现的差异是相当令人惊奇的，尤其是考虑到指数平滑方法是一个在时间序列分析领域被广泛认可的（有效的）工具。出现这种较差表现的原因之一应该是价格动态的快速变化，尤其是在拍卖的末期。指数平滑方法尽管具有适应数据趋势变化的能力，但是并不能对价格动态做出适当的调整。相反，我们的动态预测模型则明确地拟合了价格的速度。正如我们前面所指出的，一个函数速度的变化要领

先于函数本身的变化。因此，价格动态的拟合自然会对最终价格的预测产生影响。

5.1.1.6 讨论

动态价格预测对于拍卖的许多问题都有重要作用。比如，我们可以利用动态价格预测将相同（或相似）的拍卖按照预测价格进行排序。在任意给定时刻，网络上都会同时存在着成百上千个拍卖，尤其是对于那些流行商品，比如智能手机或者游戏控制器。动态价格排序可以帮助竞拍者选择那些最适合参与的拍卖。拍卖预测还可以帮助卖家和拍卖行（网站）。比如，拍卖网站可以利用价格预测为卖家提供保险。这方面的思想是由Ghani（2005）提出的，他建议为卖家提供一个保险来确保最低卖价。为了实现这个目的，最重要的就是对价格进行合理的预测，至少做一个平均预测。虽然Ghani的方法是一个静态的方法，但是我们的动态预测方法可以适应更加灵活的拍卖特性，类似于一个"即时保险"的选择权，允许卖家在拍卖开始时或者在拍卖进行期间（结合一个时变的保险费）购买一个保险。价格预测还可以被一些为买者或者卖者提供经纪服务的eBay衍生商家所利用。

最后，为了将动态预测运用于实践，还要求模型是可操作的和有效率的。因此，我们的动态模型的所有成分都是基于线性操作的，即估计一个平滑样条或者拟合一个AR模型都可以使用与最小二乘法相似的方法实现。事实上，对于我们的数据集（超过700个拍卖），模型总的运算时间（实验样本的估计加上检验样本的评价）不超过一分钟，而我们所用的程序甚至还没有经过速度优化。

5.1.2 一个替代模型：函数型KNN预测

现在我们来介绍对网上拍卖进行动态价格预测的第二种模型，该模型由Zhang等人（2010）提出。这个模型与我们前面介绍的模型不同，该模型使用一个KNN框架，考虑了相似拍卖的作用。相对的，前一个模型仅仅使用了拍卖本身的信息。KNN方法尤其适用于多样化的拍卖，比如eBay这种网上拍卖。因为KNN方法会给不同的拍卖赋予不同的权重。先前许多预测网上拍卖价格的方法（比如，Ghani和Simmons，2004；Jap和Naik，2008）使用的是基于回归的模型。普通的基于回归的模型通常是使用一系列过去的拍卖来预测一个正在进行的或者将要进行的拍卖。而且，为了估计模型，这些模型赋予每个过去拍卖的权重是相等的。比如，如果我们的目标是基于一个历史拍卖的样本去预测一个笔记本电脑的拍卖价格，那么在估计回归模型时，我们对Dell笔记本电脑和IBM笔记本电脑的相关信息赋予相等的权重。如果我们要预测一个Sony笔记本电脑的拍卖，这样做可能就不太合适了。尽管我们可以使用一些适当的解释变量来控制品牌和商品的部分差异，但是仍然有一些本质上的差异很难被度量并控制。Caccetta等人（2005）提出了一种分类和回归树的方法来替代回归模型。但是，作者指出，如果价格在每个最终树节点出现明显变化时，预测的效果就会很差。另外，树模型对数据的区分比较灵活（这点与回归模型极为不同），其预测也是基于每个最终节点的未加权信息（这点与回归模型相似）。接下来，我们介绍一个基于KNN思想预测网上拍卖价格的新颖灵活的方法。

KNN这种预测方法是基于每个记录与我们要研究的对象的相似程度，对每个记录的信息赋予不同的权重。比如，如果我们要预测一个Sony笔记本电脑的拍卖，那么我们将对那些来自其他Sony笔记本电脑拍卖的信息赋予更大的权重，而对其他品牌（比如Dell或者IBM）赋予较低的权重。更具体地说，KNN对某个目标的预测是基于该目标K个最相邻点的加权平均，权重与临近程度成比例。对于任意分布样本，KNN已经被证明收敛于真实值（Stone，1977；Devrory，1981；Kulkarni和Posnei，1995）。但是有研究表明，它的效力受相邻点个数（K）和距离测度的选择的巨大影响（Cover和Hart，1967；Goldstein，1972；Short和Fukunaga，1981；Kulkarni等人，1998）。

在网上拍卖领域，距离测度的选择是一个难题，因为对于许多不同维度的概念，拍卖的距离会发生变化。尤其是对于三类不同信息：静态信息、时变信息和动态信息。静态信息包括那些在整个拍卖过程中不变的信息，包括拍卖商品的特征（比如品牌、商品的指标）、拍卖和卖家的特征（比如拍卖持续期、是否有秘密的保留价格、卖家是否是一个强力卖家）。时变信息是指随拍卖不断更新的信息（比如出价的数量和竞拍者数量）。静态信息和时变信息对于拍卖的价格预测非常重要，因为拍卖商品的差异或者出价特征的差异都会影响竞拍者的决策，进而影响最终价格。最后，拍卖在动态信息方面也会有所不同。动态信息指的是价格路径以及价格动态，包括拍卖过程中的价格速度以及价格速度的变化率。正如我们在前面章节中看到的，拍卖的动态对于最终价格的预测非常重要，因为一个在拍卖初期价格快速运动的拍卖可能在拍卖末期价格上升缓慢，相反地，那些在拍卖初期价格上升缓慢的拍卖有可能在拍卖末期价格加速上涨（Jank 和 Shmueli，2006，2008b；Shmueli 和 Jank，2008；Wang 等人，2008）。

正如我们在第4章所述，我们可以使用函数对象来捕捉价格动态，可以使用多种（参数或非参数）平滑方法来计算价格动态。事实上，在本书的大部分内容中，我们使用惩罚平滑样条来计算函数对象，因为该方法常见于多种软件包，而且计算速度较快。但是，在本小节，我们将面临一个新的问题，我们需要计算不同价格路径以及价格动态的距离。使用惩罚平滑样条（或者单调样条）并不能明确计算两个函数对象之间的距离。于是我们想到了第4章讨论过的Beta模型，它可以利用KL距离帮助我们测量两个拍卖动态之间的距离（Basseville，1989），而且该方法非常简洁。所得模型在方法论上是一个创新，它展示了一个函数型KNN模型，我们简称为fKNN。

fKNN解释变量对每种数据类型使用不同的距离测度，整合了多种类型的信息。我们首先介绍不同的距离测度以及如何将它们合并成一个单独的距离测度。我们还会介绍KNN解释变量的另一个重要方面，即K的选择问题。如果K选得过小，会漏掉一些重要信息；如果K选得过大，又会导致噪声并降低预测精度。我们的目标是找到一个最佳平衡点。Stone（1977）发现，可以依靠数据的分布来选择K，最佳的K经常随着样本的容量增加而变大。接下来，我们将最佳的K值作为不同距离测度的一个函数来进行研究，同时考虑数据的容量以及数据的异质性。

5.1.2.1 概述

让我们看图5-4，图中的实线表现的是我们观察的一个拍卖到T时刻为止的价格过程，虚线则是到拍卖结束为止的（未来）价格路径。我们的目标就是预测收盘价（拍卖结束时的价格）。由于收盘价等于当前价格加上价格增量Δf，因此我们的预测实际上等价于预测Δf。因此，我们要基于整个数据集中的实验样本，使用fKNN方法来估计Δf。

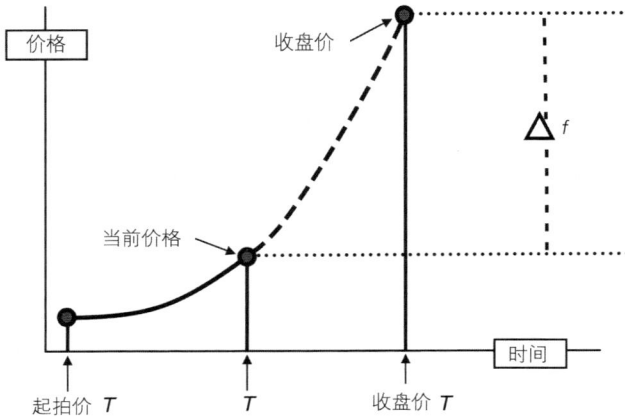

图5-4　预测原理图

为了估计Δf，我们需要在实验样本中寻找K个最相似的拍卖。我们用图5-5来加以说明。在这个图中，实验样本包含6个拍卖：$\Delta_1 - \Delta_6$。同时，我们还有被预测拍卖与实验样本中每个拍卖之间的距离：$D_1 - D_6$。如果 K 等于 3，那么我们将通过给最邻近的三个拍卖平均赋权，来估计 Δf。在本例中，我们就给 $\Delta_1 - \Delta_3$ 平均赋权。更一般地，我们用下式估计 Δf。

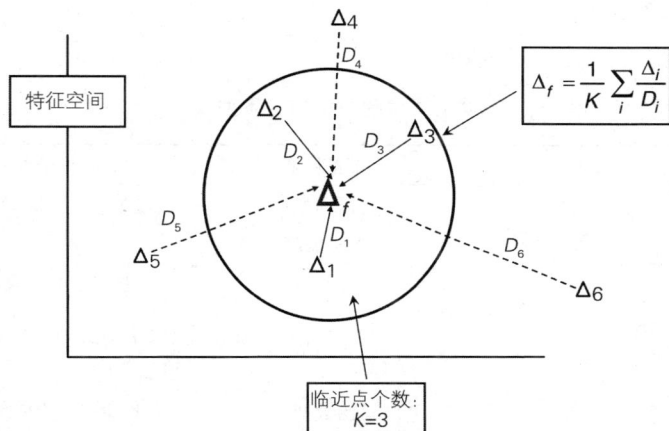

图 5-5　fKNN 预测方案的说明

$$\Delta f = \frac{\sum_{i=1}^{K} \frac{1}{D_i} \Delta_i}{\sum_{i=1}^{K} \frac{1}{D_i}} \tag{5.10}$$

正如我们在（5.10）式中所见，该方法的两个主要基础就是 K 的选择和距离测度 D 的选择。接下来，我们就这两个问题进行讨论。

5.1.2.2　距离测度的选择

正如我们前面所指出的，网上拍卖数据信息有三种类型：静态信息捕捉的是那些在整个拍卖过程中不变的信息；时变信息在拍卖过程中不断变化；动态信息可以使用函数型数据来捕捉和表示。表 5-4 总结了这三种类型信息，尤其是总结了每种数据类型对应的变量类型。现在我们来讨论一下每种数据类型的距离测度。

1.静态和时变数据

静态和时变信息包含了多种不同尺度的数据，比如区间型、二进制型、分类型。对于非函数型数据，我们按照Jank和Shmueli（2007）的方法，先对每个单独的尺度使用单独的测度，然后再把单独的测度整合为一个总体的距离测度。

表 5-4 网上拍卖的典型信息类型

数据类型		度量尺度	例子
非函数型	静态	区间型	起拍价、重量、大小
		二进制型	一口价、二手品/新品
		分类型	技术参数、模式
	时变	区间型	出价数量、竞拍者数量、当前价格
函数型		函数型	价格速度、价格加速度

对于二进制型数据 x_B 和 x'_B（比如一个拍卖有"一口价"选项，而另一个没有），我们定义距离为

$$d^B = 1(x_B \neq x'_B) \tag{5.11}$$

其中1代表指示函数，只有当 $x_B \neq x'_B$ 时，d^B 等于1，其他情况，d^B 等于0。

对于分类型数据，我们采用相似度测度。比如对于分类变量"手提电脑品牌"，我们可以设定8个不同水平，比如Dell、HP、IBM、Sony、Toshiba、Fujitsu、Gateway、Acer，我们可以使用7个不同的二进制变量组成的向量来表示。这样，每个分类型变量就可以用一系列二进制变量来表示。令 x_c 和 x'_c 表示两个分类型数据向量，我们可以类似（5.11）式来定义距离为

$$d^C = 1(\mathrm{x}_c \neq \mathrm{x}'_c) \tag{5.12}$$

即只有当 $x_c \neq x'_c$ 时，该值为 1，其他情况下，该值为 0。

对于区间型数据 x_1 和 x'，（比如两个开盘价不同的拍卖），我们可以使用 Minkowski 测度（Jain 等人，1999）：

$$d^I = \frac{\left| \tilde{x}_1 - \tilde{x}'_1 \right|}{\tilde{R}_1} \tag{5.13}$$

其中，$\tilde{x}$ 表示 x 标准化后的值，$\tilde{R}$ 表示 $\tilde{x}$ 的范围。Minkowski 测度的优点是，它可以将区间尺度数据转化到区间 [0,1] 上。请注意，d^I 的最大值和最小值分别是 1 和 0，而二进制数据和分类型数据的距离测度（（5.11）式和（5.12）式）也是这样。这些测度都具有可比较的量级，这使得我们对单独的距离测度进行整合变得更加容易。

我们按照接下来的方法对单独的距离测度进行整合。令 $\mathbf{x} = \{x_1, x_2, ..., x_p\}$ 是一个 p 维非函数型拍卖特征的向量，包含二进制型、分类型和区间型数据。按照下式计算 $\mathbf{x}$ 和 $\mathbf{x}'$ 之间的整体距离

$$d(\mathbf{x}, \mathbf{x}') = \frac{1}{p} \sum_{i=1}^{p} d^* \tag{5.14}$$

其中，d^* 表示通过（5.11）式到（5.13）式得到的适当的单独距离测度。

我们来举例说明，令 x 和 x' 分别表示两个向量（包含三个特征），$x = $ ｛没有一口价选项，Dell，1GB 内存｝、$x' = $ ｛没有一口价选项，IBM，1GB 内存｝，其中的三个特征分别为二进制型、分类型和区间尺度型数据。使用（5.14）式，有 $d(x,x') = 1/3(d_1 + d_2 + d_3)$，其中根据（5.11）式有 $d_1 = 1$，根据（5.12）式有 $d_2 = 1$，根据（5.13）式有 $d_3 = 0$。因此，x 和 x' 之间的总距离为 2/3。

请注意，（5.14）式中 d 的定义是比较灵活的，我们可以只使用所拥有信息的子集。比如，d^{Static} 可以用来表示只使用静态信息的距离测度，而 $d^{\text{Time-Varying}}$ 可以用来表示只使用时变信息的距离测度。这种距离测度的问题之一，是它们可能会给不同的信息来源过度赋权。比如，一个数据集

包含100个不同的静态特征和10个时变特征，那么就会给静态特征赋予10倍的权重。为了避免这种潜在的偏差，我们使用Becker等人（1988）的思想。首先使用每个距离尺度的均方根（mean root square，MRS）来为该尺度重新定标。MRS是一个衡量向量大小的统计量。比如，一个向量 $x = \{x_1, ..., x_p\}$，它的MRS定义为 $\sqrt{\dfrac{1}{p}\sum_{i=1}^{p} x_i^2}$（Levinson，1946）。对每个不同的距离测度，我们使用相同的定标方法，得

$$d_{\mathrm{S}}^{\mathrm{Static}} = d^{\mathrm{Static}} \big/ \mathrm{MRS}(d^{\mathrm{Static}}) \tag{5.15}$$

$$d_{\mathrm{S}}^{\mathrm{Time-Varying}} = d^{\mathrm{Time-Varying}} \big/ \mathrm{MRS}(d^{\mathrm{Time-Varying}}) \tag{5.16}$$

$$d_{\mathrm{S}}^{\mathrm{Static\,\&\,Time-Varying}} = d_{\mathrm{S}}^{\mathrm{Static}} + d_{\mathrm{S}}^{\mathrm{Time-Varying}} \tag{5.17}$$

请注意，合并后的距离测度 $d_{\mathrm{S}}^{\mathrm{Static\,\&\,Time-Varying}}$ 对静态信息和时变信息赋予了相同的权重。

2.函数型数据（价格动态）之间的距离

我们使用Beta累积分布函数拟合一个拍卖的价格路径和动态（见第4章）。这种情况下，我们可以使用KL距离来度量两个函数观察值之间的距离。令 (α, β) 和 (α', β') 表示两个不同拍卖价格路径的Beta参数，则两个路径之间的距离（x 是我们要研究的拍卖）定义为

$$d^{\mathrm{F}} = \left| D_{\mathrm{KL}}(x, x') \right| \tag{5.18}$$

其中，$D_{\mathrm{KL}}(x, x')$ 为

$$D_{\mathrm{KL}}(X, Y) = \ln \frac{B(\alpha', \beta')}{B(\alpha, \beta)} - (\alpha' - \alpha)\psi(\alpha) - (\beta' - \beta)\psi(\beta) \tag{5.19}$$
$$+ (\alpha' - \alpha + \beta' - \beta)\psi(\alpha + \beta)$$

其中，B 和 ψ 分别为Beta函数和伽玛函数。

请注意，当假定KL距离的值在实线上时，d^{F} 的取值范围为 $[0, +\infty)$。为了使 d^{F} 能够与非函数型距离测度相比较，我们再次使用MRS转换为 d^{F} 定标。可得

$$d_S^{\text{Dynamics}} = d^F / MRS(d^F) \qquad\qquad (5.20)$$

3. 最优距离测度

为了确定哪种合并距离测度能够获得最佳的预测效果，我们对比了一系列不同的距离测度。具体来说，我们研究了 5 种不同测度的表现，包括 d_S^{Static}、$d_S^{\text{Time-Varying}}$、$d_S^{\text{Dynamics}}$、$d_S^{\text{Static\&Time-Varying}}$ 和 $d_S^{\text{All}} = d_S^{\text{Static\&Time-Varying}} + d_S^{\text{Dynamics}}$。我们先用检验样本来确定最优距离测度，然后再用一个测试样本研究所得 fKNN 因子的预测精度。

5.1.2.3　K 的选择

fKNN 的第二个重要问题就是 K 的选择，即为了预测需要计算的相邻点的个数。如果 K 选得过小，会漏掉一些重要信息；如果 K 选得过大，又会导致噪声并降低预测精度。

Stone（1977）发现，最优的 K 值与数据相关，通常随着样本的容量增加而变大。另外，K 也会因为所用距离测度的不同而不同。因此，我们对每个距离测度和每个数据集分别选择最优的 K 值。为了实现这个目的，我们再次使用检验样本来选择最优的 K 值，然后再将所得模型运用于测试样本。

5.1.2.4　预测计划

我们的完整预测过程包括确定最优距离测度和最优的 K 值。我们基于检验样本确定这两个值。然后，我们使用最优距离测度和 K 值，基于实验样本估计 fKNN 模型。最后，我们使用一个测试样本来预测一个新的拍卖，从而研究该模型的表现。

5.1.2.5　替代模型的比较

我们使用其他两种比较流行的预测方法与 fKNN 模型做一比较，即参数回归模型和非参数回归树方法。

在一个线性回归模型中，收盘价（拍卖的最终价格）作为观察到的解释变量信息的一个线性函数。这些信息可以包含表 5-4 中的部分或所有三种数据类型。请注意，当估计模型参数时，实验样本中的所有拍卖赋权相等。

回归树预测采用的是一个分层的方法。它是递推地将数据划分为子集，然后根据最相关子集的均值来预测我们想要预测的拍卖。虽然回归树像 KNN 一样，都是使用相似拍卖的相邻信息，但是它给每个拍卖赋予相等的权重，这是与 KNN 方法最大的不同。

下一步，我们再讨论它们预测表现的不同。

5.1.2.6 案例分析

接下来，我们使用两组 eBay 拍卖数据集讨论一下 fKNN 方法的预测表现，并与其他模型进行比较。我们还讨论了最优距离测度和最优 K 值。我们使用的两组拍卖数据集（掌上电脑和笔记本电脑）在异质性方面存在不同。掌上电脑数据的异质性较差，而笔记本电脑数据的异质性较强。另外，我们还考虑了不同的预测期。

我们将这两组数据集每组划分为三部分，即一个实验样本集（50% 的拍卖）、一个检验样本集（25% 的拍卖）和一个测试样本集（25% 的拍卖）。数据的划分是按照时间排列的，这样实验样本就先于检验样本，而检验样本就先于测试样本。因此，我们进行的预测就与竞拍者面临的真实环境比较相似了。

对于对比模型（回归模型和回归树模型），我们将实验样本和检验样本合并作为实验样本，用测试样本来评价它们的预测表现。

我们使用 MAPE 来评价所有模型，MAPE 为

$$\text{MAPE:} = \frac{1}{N} \sum_{i=1}^{N} \left| \frac{y_i - \hat{y}_i}{y_i} \right| \tag{5.21}$$

其中，y_i 和 $\hat{y}_i$ 分别代表拍卖 i 最终价格的真实值和估计值。

1. 最优 K 值和最优距离测度的选择

我们按照如下步骤选择最优 K 值。回忆一下，我们有 5 个备选的距离测度 $D \in \{d_S^{\text{Static}}, d_S^{\text{Time-Varying}}, d_S^{\text{Dynamics}}, d_S^{\text{Static\&Time-Varying}}, d_S^{\text{All}}\}$。对于每个测度，我们都会从 $k \in \{1, 2, \cdots, 100\}$ 中选择一个 K 值。对于每一个组合 $(D \times K)$，我们均使

用实验样本估计相应的fKNN模型，然后使用测试样本测量其预测精度（按照MAPE）。图5-6展示了相关结果。该图左半部分展示的是笔记本电脑数据的结果，右半部分展示的是掌上电脑数据的结果。上半部分展示的是总体情况，下半部分展示的是最重要的部分。

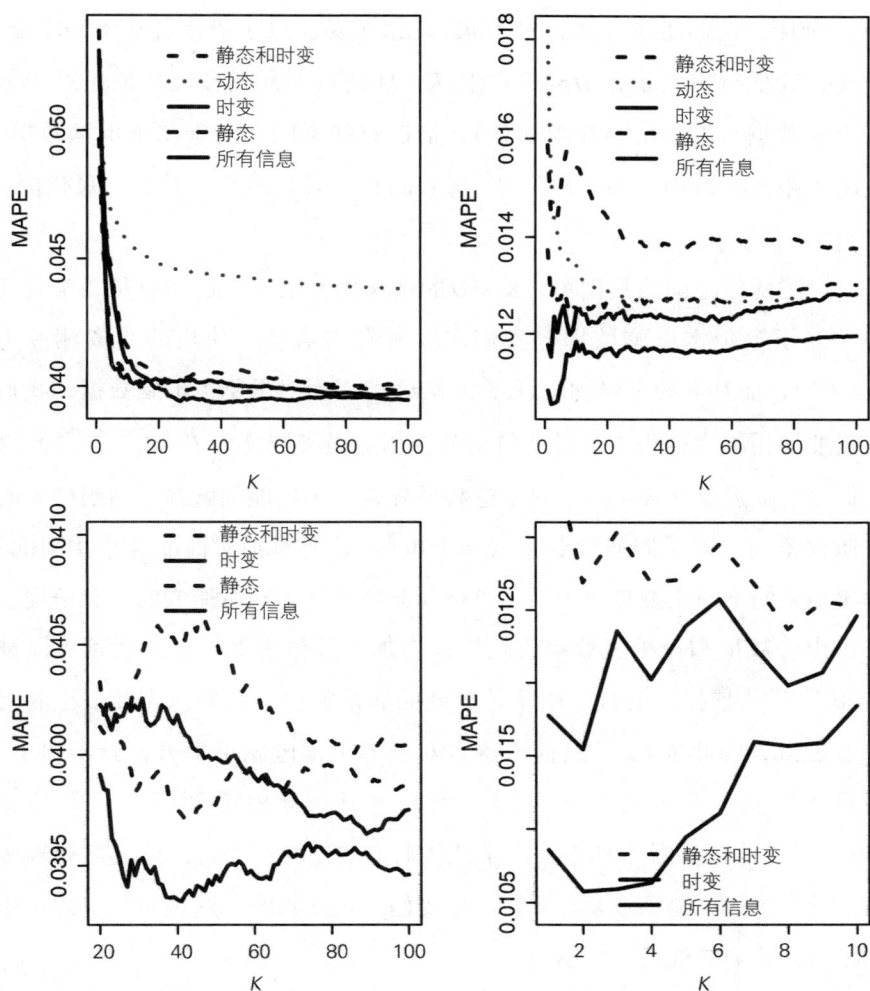

图5-6　最优的K值和D值。图左半部分展示的是笔记本电脑数据的结果，右半部分展示的是掌上电脑数据的结果。上半部分展示的是总体情况，下半部分展示的是最重要的部分

从图5-6的左半部分（笔记本电脑拍卖），我们可以看到，无论 K 值是多少，d_S^{Dynamics} 的预测表现是最差的。换句话说，仅仅使用价格路径的动态信息不能取得较好的预测精度。我们还可以看到，在其余四个距离测度中，d_S^{All} 对应的预测误差最小。这表明，对于笔记本电脑拍卖，由于其技术参数和模式的多样性，拍卖信息中的每个部分对于预测来说都是重要的。而且，我们还注意到，对于 d_S^{All}，预测误差最小值出现在 $K=41$ 处。因此，我们得出结论，$D=d_S^{\text{All}}$ 并且 $K=41$ 会得到最优预测。但是对于掌上电脑数据（图5-6的右半部分），情况有些不同。对于掌上电脑数据，在所有距离测度中，$D=d_S^{\text{Time}-\text{Varying}}$ 得到的预测误差最小。并且，最优的 K 值为2。

对于两组不同的数据集，K 和 D 的选择相差很大，这一点是非常有趣的。对于笔记本电脑数据，我们需要所有的信息（使用的距离测度为 $D=d_S^{\text{All}}$），而且需要大量的临近点（$K=41$）。而对于掌上电脑数据，我们只需要使用拍卖过程中的时变信息（使用的距离测度为 $D=d_S^{\text{Time}-\text{Varying}}$）以及很少的临近点（$K=2$）。对于这种差异，一个可能的解释是两组样本的异质性不同。对于同质性数据（掌上电脑），所有拍卖商品都是相同的，拍卖结果的不同主要是由于当前价格和竞争程度不同所造成的。竞争程度是由出价数量和竞拍者数量反映的，再加上价格水平，这三者都可以被 $D=d_S^{\text{Time}-\text{Varying}}$ 捕捉。而且，由于拍卖商品非常类似，我们只需要很小的临近点数量，因此 $K=2$。然而，这点对于笔记本电脑拍卖来说就不同了。笔记本电脑的异质性非常明显，因此进行预测就需要所有可得信息（$D=d_S^{\text{All}}$）去区分各个样本。由于拍卖商品的差异很大，因此还需要较多的临近点个数，这导致 K 值较大。与我们的预期相同，这表明拍卖的异质性越高，预测的难度将会越大。

2.最优 D 值和 K 值的时间稳健性

在前面小节，我们研究了在固定预测期（1分钟）时，K 和 D 的交互作用。也就是说，我们假定观察拍卖直到拍卖结束前1分钟。现在我们来研究一下对于不同预测期，K 和 D 选择的稳健性。特别地，我们研究不同预测期 δ_T，$\delta_T \in \{2$小时,1小时,30分钟,15分钟,5分钟,1分钟$\}$。

图 5-7 展示了对于不同 δ_T，K 的稳健性。对于我们给定的 K 值（对于笔记本电脑数据，$\{20，40，60，80，100\}$；对于掌上电脑数据，$K \in \{2,5,10,50,100\}$，我们研究不同 δ_T 值的预测精度。对于笔记本电脑数据，我们固定 $D = d_s^{\text{All}}$；对于掌上电脑数据，我们固定 $d_s^{\text{Time-Varying}}$。图 5-7 展示了相对于基准值（对于笔记本电脑数据，$K^* = 40$；对于掌上电脑数据，$K^* = 5$）的相对误差 $\text{MAPE}_K := \text{MAPE}_K / \text{MAPE}_{K^*}$。

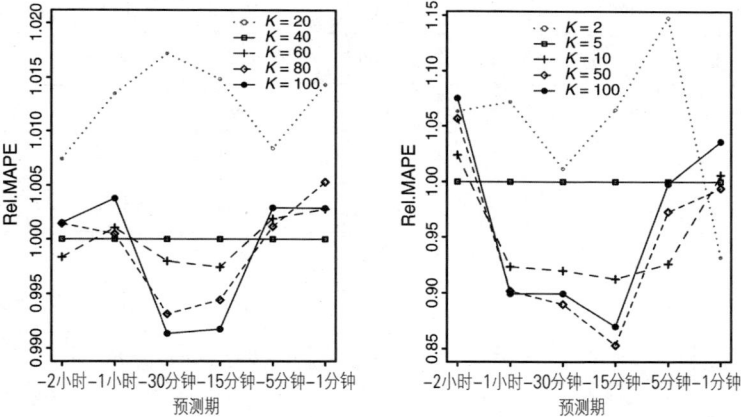

图 5-7 对于不同预测期 δ_T，不同 K 值点的相对预测精度。左半部分对应笔记本电脑数据，右半部分对应掌上电脑数据

我们可以看到，对于笔记本电脑数据（左半部分），K（$K = 20$）值越小，预测的表现越差。因为我们认为 $K = 40$ 时得到的预测精度较好，因此当预测期为30分钟或15分钟时，较大的 K 值的表现超过了 $K = 40$ 的表现，即预测精度更高。这表明，对于不同预测期，K 值并不十分稳健。

对于掌上电脑数据，K 的稳健性甚至更差，$K=5$ 只对很长的预测期（$\delta_r = 2$ 小时）才有很好的预测表现。相对对较短的预测期（$\delta_r = 1$ 分钟），选择 $K=2$ 得到的预测表现最好。这表明 K 的选择应该是 δ_r 的一个函数。表 5-5 列出了不同 δ_r 和 D 的组合对应的最优 K 值。

表 5-5　　不同预测期 δ_r 和不同距离测度 D 的组合对应的最优 K 值

预测期	笔记本电脑					
	2小时	1小时	30分钟	15分钟	5分钟	1分钟
静态	95	94	99	99	81	14
时变	31	27	97	100	91	89
动态	100	100	100	100	100	100
静态与时变	40	79	100	96	47	44
所有	33	77	98	100	44	41
预测期	掌上电脑					
	2小时	1小时	30分钟	15分钟	5分钟	1分钟
静态	52	69	63	63	61	37
时变	3	10	4	1	1	2
动态	94	95	95	29	29	68
静态与时变	7	18	32	52	12	8
所有	6	40	30	61	11	2

注：上半部分对应笔记本电脑数据，下半部分对应掌上电脑数据。

现在我们来研究一下预测期 δ_r 对于距离测度 D 的选择的影响。图 5-8 展示了当 D 选择不同时的预测精度（预测精度作为预测期 δ_r 的一个函数）。值得注意的是，对于每组 D 和 δ_r 的组合，我们使用的最优 K 值都是从表 5-5 中得到的。

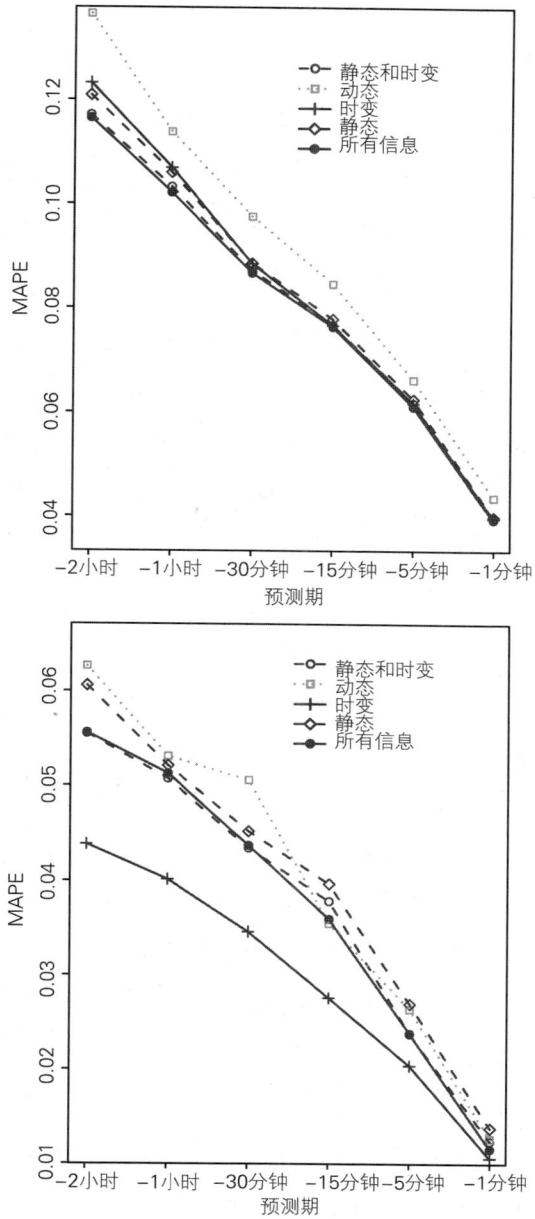

图5-8 不同距离测度的比较，上半部分是笔记本电脑拍卖数据，下半部分是掌上电脑拍卖数据

图 5-8 的上半部分对应的是笔记本电脑拍卖数据，下半部分对应的是掌上电脑拍卖数据。每条线对应一个距离测度 $D \in \{d_S^{\text{Static}}, d_S^{\text{Time-Varying}}, d_S^{\text{Dynamics}}, d_S^{\text{Static\&Time-Varying}}, d_S^{\text{All}}\}$。可以看到，对于每个数据集，无论预测期的长短，都存在一个总是产生最优结果的距离测度。也就是说，对于笔记本电脑拍卖数据，无论预测期 δ_T 的值是多少，d_S^{All} 总是产生最高的预测精度；而对于掌上电脑数据，对于所有的 δ_T 值，$d_S^{\text{Time-Varying}}$ 总是产生最优的结果。这表明，距离测度的选择对于预测期来说相当稳健（至少对于我们的数据集来说）。同时我们还注意到，对于掌上电脑数据，$d_S^{\text{Time-Varying}}$ 的表现明显优于其他距离测度；而对于笔记本电脑数据，大部分 D 值（除了 d_S^{Dynamics}）的表现比较接近（至少对于较短的预测期来说（$\delta_T \leq 30$ 分钟））。

3. 与其他预测模型的比较

通过与线性回归模型和回归树模型这两个经典的预测模型比较预测精度，我们来评价一下 fKNN 的表现。[①]

我们利用测试样本数据来研究所有模型的表现。前面我们说过，我们将所有数据分为实验集（50%）、检验集（25%）和测试集（25%）。前面我们使用实验样本估计 fKNN 因子，使用检验样本找到最优的 K 值和 D 值，现在我们使用测试样本来比较它的表现（使用最优参数值）。也就是说，对于每个预测期 δ_T，我们使用的是前面小节得到的最优 K 值和 D 值的组合。为了比较的公平性，线性回归模型和回归树模型所用信息与 fKNN 所用信息相同。

图 5-9 展示了相关结果。我们展示了 fKNN 与回归模型（点虚线）的相对预测误差以及 fKNN 与回归树模型（短划线）的相对预测误差。可以看出，fKNN 的表现优于其他两个方法。对于笔记本电脑数据（上半部

---

① 为了精简 R 语言的回归树包，我们使用了软件的预设值。

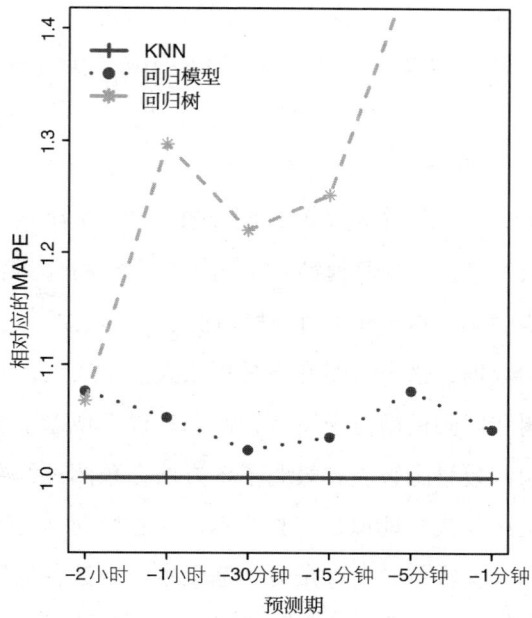

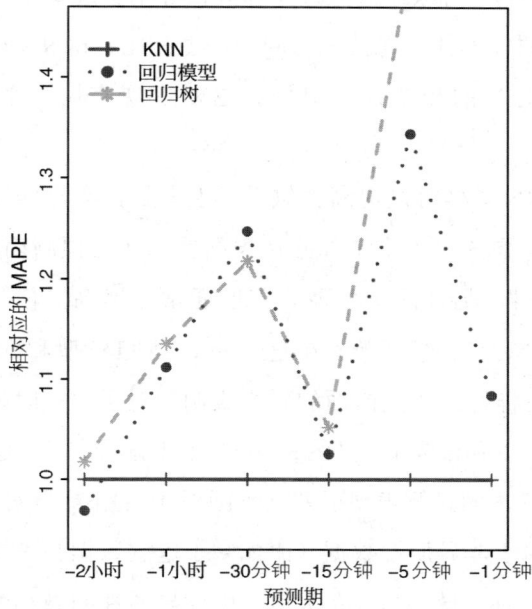

图5-9　不同预测模型的比较。上半部分对应笔记本电脑拍卖数据，

下半部分对应掌上电脑数据

分），fKNN优于树模型差不多40%，尽管回归模型和fKNN的差距小一些，但是fKNN还是将预测精度提高了5%~10%。掌上电脑数据的图像（下半部分）与笔记本电脑数据的图像比较相似。对于掌上电脑数据，fKNN同样带来了预测效果的提高。有趣的是，我们只在最长预测期（$\delta_T = 2$小时）看到其他两个模型的预测效果与fKNN比较接近。

图5-9揭示了这三个预测模型对于两个数据集的预测表现。虽然对于笔记本电脑拍卖数据，fKNN和回归模型的表现都明显优于回归树，但对于掌上电脑拍卖数据，这个差距并不是那么大。事实上，对于掌上电脑拍卖数据，回归树和回归模型对于所有预测期来说表现差不多。回归树对笔记本电脑数据预测效果比较差，表明了该方法在预测过程中的一个普遍问题：虽然它通常可以较好地拟合实验样本，但它倾向于过度拟合，因此导致对测试样本的表现较差，尤其是对于笔记本电脑这种数据异质性较大的数据。另外，fKNN可以通过只选择那些目标拍卖最邻近的一些样本，来很好地处理异质性群体。尤其是与回归模型相比，fKNN对于较长预测期（1小时、2小时）的预测效果更好，这对于现实情况来说是非常有意义的。

函数型KNN同样可以提高类似于掌上电脑拍卖这样异质性较小的数据的预测精度。图5-9的下半部分从表面看，随着预测期的减小，fKNN的预测效果相对于另外两个模型改善度通常在提高。但是在$\delta_T = 15$分钟时，有一个意料之外的尖点。在这一点，回归模型和回归树的表现与fKNN差不多一样好。我们前面的研究表明，对于这一时期，最优的K值（基于检验样本）应该为1（见图5-10的上半部分）；但是，使用这个值会导致对测试样本的预测表现很差（见图5-10的下半部分）。这表明，找到正确的K值对于非异质性数据（比如掌上电脑数据）来说尤其困难。由于数据的非异质性意味着较小的K值，因此异质性的微小变动就会导致较差的结果。我们前面提到的稳健性较差实际上已经暗示了这一点。

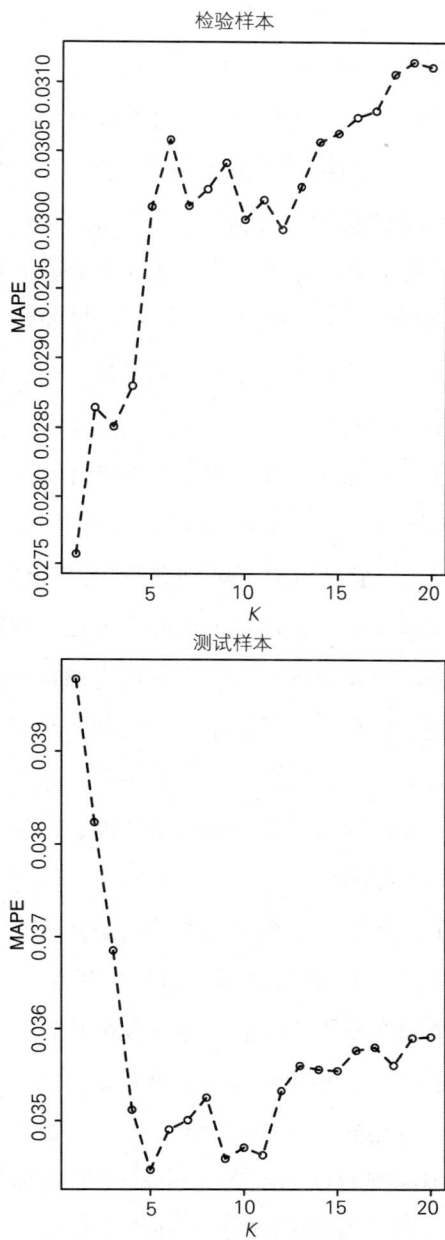

图5-10 掌上电脑数据在 $\delta_T = 15$分钟时最优的 K 值。上半部分对应检验样本，下半部分对应测试样本

5.1.2.7 讨论

这里我们展示了一个预测正在进行中的网上拍卖的最终价格是新颖的fKNN因子。假如更多的相似拍卖所包含的更多的相关信息需要加入预测模型之中，Zhang 等人（2010）提出了一个创新性的非相似性的度量指标，它不仅考虑了静态信息和时变信息，还考虑了拍卖的价格动态信息。后者可以通过一个拍卖价格路径的函数表达式来获得。我们基于检验样本选择最优的 D 和 K。我们发现，对信息进行不相等的赋权能够得到比回归模型或者回归树这样的经典方法更好的预测结果，而且这个结果对于不同水平的异质性数据变化不大。

虽然对于各种异质性水平数据，我们观察到 KNN 因子会对回归模型和回归树模型的预测有所改善，但是我们的结果表明，异质性水平越高，改善越多。也就是说，当样本存在异质性并且信息比较嘈杂时，选择最有用的信息、只使用最邻近的样本，对于预测来说是非常重要的。事实上不仅是网上拍卖的预测，在其他许多情况下，这点通常都是成立的，比如天气的预测。无论预测期长短，最优的距离测度都是同一个，这个事实表明价格预测最重要的信息是时变信息。这一事实简化了决策过程。为了进行预测，我们只需要一次性地找到最优的价格测度，然后在后续的预测过程中保持使用这个距离测度即可。

我们可以从几个方面扩展这个预测方法。虽然为了实现对所有距离赋予相等的权重，我们对不同的信息源重新标定了距离测度，但是替代性地，我们可以对单个测度赋予不同的权重，并最优化这些权重。对于不同的数据类型，我们还可以通过其他方法来改变距离测度。比如，对于分类数据，不同类型样本直接的距离不用必须为1。比如，我们可以令相似类型样本（比如，美国品牌）间的距离为0.5，类型更加不同的样本间的距离为1。另外我们还可以用别的模型替换经典线性模型和回归树来进行研究。比如，使用加权回归或者加权数模型，可能会提高预测效果，尤其是对异质性数据。

5.2 竞争性拍卖的预测

现在我们来考虑将竞争的影响加入预测模型。我们已经在本书的多处讨论过：大量拍卖形成了一个相互联系的网络，一个拍卖中发生的事件可能会影响另一个拍卖的结果。从这个角度来说，考虑这种网络的影响（至少在理论上）可能会得到更准确的预测（Jank 和 Zhang，2009a）。但是如何度量这种竞争的影响是比较复杂和困难的。于是我们在前面介绍的模型基础上提出本章的第三个模型。特别是我们除了在模型中加入了拍卖本身的价格动态之外，还明确考虑了竞争性拍卖的影响，尤其是这些竞争性拍卖的价格动态的影响。

5.2.1 对竞争的捕捉

为了捕捉其他同时发生的拍卖对我们要预测的拍卖的影响，我们首先必须对竞争程度的度量指标进行定义。这方面的定义方法有很多，下面我们会介绍其中的几种。所有这些度量指标都是由相同的一般原理推导得到的，我们用图 5-11 加以说明。这里我们将竞拍者想要决定是否报价的拍卖定义为目标拍卖（图中的实线），将决策时刻 T 同时发生的拍卖定义为并发拍卖（图中的虚线）。

一个有意义的竞争程度度量指标是并发拍卖的价格水平。在我们的例子中，在时刻 T 从高（p_1）到低（p_4）有四个不同价格水平。此时目标拍卖的价格水平为 p_3。这样，一个可能的价格竞争程度的度量指标就是并发拍卖的平均价格，也就是 p_1、p_2 和 p_4 的平均数，我们记为 c.avg. price。类似地，我们将并发拍卖的价格速度的平均数定义为并发拍卖的平均价格速度，记为 c.avg.vel。

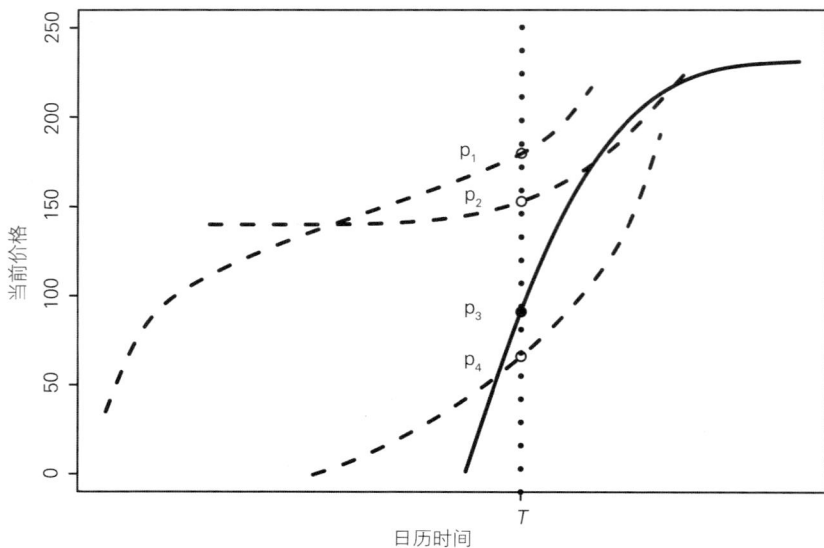

图 5-11　拍卖竞争性的图解。实线表示目标拍卖，虚线表示竞争性拍卖，T 为决策
时间

现在我们来研究几种不同的竞争特征以及它们对目标拍卖价格的影响。表 5-6 按照这些特征包含的信息将它们进行了分类。静态竞争特征（static competition features）是在拍卖开始时就已知的，并且在拍卖过程中不变，比如并发拍卖的起拍价（如果其他拍卖的起拍价比较高，可能会阻碍竞拍者参与，使得他们参与到目标拍卖中）或者持续期（如果竞争性拍卖的持续期比较短，那么将会吸引那些有着急切购买欲望的拍卖者）。演进的竞争特征（evolving competition features）在拍卖过程中是不断变化的，比如并发拍卖的当前价格（如果其他拍卖的价格比较低，竞拍者可能就会退出目标拍卖）或者竞拍者数量（如果竞拍者数量较少，竞争不激烈，竞拍者会觉得自己赢得拍卖的机会比较大）。价格动态竞争特征（price dynamic competition features）捕捉的是竞争性拍卖的价格动态变化的影响。比如，如果竞争性拍卖的出价活跃度提高，导致价格动态上升，

那么目标拍卖的价格速度就有可能会下降。

表 5-6   竞争特征的分类

名称	描述
静态特征	
c.openbid.avg	并发拍卖的平均起拍价
c.dura.avg	并发拍卖的平均持续期
c.ship.avg	并发拍卖的平均运费
c.feedback.avg	并发拍卖的平均卖家评级
c.power.avg	并发拍卖中强力卖家的平均数量
c.store.avg	并发拍卖中 eBay 商铺的平均数量
c.pic.avg	并发拍卖中图片的平均数量
演进特征	
c.price.avg	并发拍卖当前的平均价格
c.price.vol	并发拍卖当前价格的波动（标准差）
c.price.disc	目标排名与并发排名中最高价格的差
c.t.left.avg	并发拍卖的平均剩余时间
c.t.left.vol	并发拍卖的平均剩余时间的波动（标准差）
c.nbids.avg	并发拍卖的平均出价数量
c.nbids.vol	并发拍卖的平均出价数量的波动（标准差）
c.nbidders.avg	同时参与目标拍卖和并发拍卖的竞拍者平均数量
c.nbidders.vol	同时参与目标拍卖和并发拍卖的竞拍者平均数量的波动（标准差）
价格动态特征	
c.vel.avg	并发拍卖的平均价格速度
c.vel.vol	并发拍卖的平均价格速度的波动（标准差）
c.acc.avg	并发拍卖的平均价格加速度
c.acc.vol	并发拍卖的平均价格加速度的波动（标准差）

在图 5-12 中，我们展示了表 5-6 中一些竞争特征与目标拍卖未来价格间的相互关系。我们可以看到，有些特征与价格之间有着较强的相关性，比如竞争拍卖的平均价格和平均速度；而另一些特征与价格之间则不存在相关性，比如平均起拍价或者平均运费。两两相关性分析（这里我们没有展示）还表明，表 5-6 中的许多特征不出意料地存在共线性。因此，一个较好的建模测量应该从选择合适的变量开始。在下一小节，当我们选择最相关竞争特征集时，我们将使用从图 5-12 得到的初始观察作为指导。

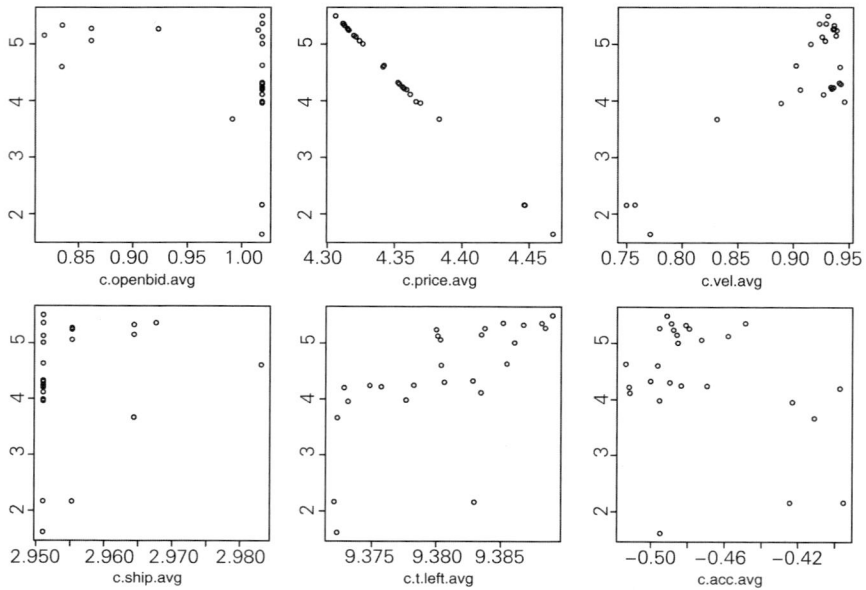

图 5-12　表 5-6 中一些竞争特征（在 T 时刻测量）与目标拍卖未来价格（在 $T+1$ 时刻测量）间的相互关系

5.2.2　变量选择

在网上拍卖中，有许多不同的信息可以影响价格。我们将它们区分为两个主要部分，即目标拍卖的信息和并发拍卖（同时发生的竞争性拍卖）

的信息。在每个部分中，又可以像表5-6那样继续划分为静态信息、演进信息和价格动态信息。表5-7列出了我们预测模型中所有不同的候选变量，大概有超过30个变量。因此，我们的第一步是要选择一个精简的解释变量集。变量选择问题已经在统计学文献中被广泛研究（Berk，1978），并且随着今天我们可得的数据越来越多，变量数量越来越大，已经受到人们越来越多的关注（George，2000）。另外，在我们的模型里还有一个因素就是时变的特征。我们的目标是在所有时期 $T = 1$，2，3，$\cdots$，N_T，找到一个能够很好预测 $T+1$ 时刻的模型。经典的变量选择过程关注的是截面数据，而它仅仅对应的是单期预测。由于我们的数据是随时间变化的，因此当一个模型能够对 $T+1$ 时刻进行最佳预测时，应该存在另一个能够对不同的 $T'+1$ 时刻进行最佳预测的模型。我们的目标是找到这样一个模型，它虽然不适合单期预测，但是可以在拍卖市场中针对一个更长的时间窗口采用。因此，我们要选择一个在所有时刻 T 上平均表现最优的模型。

表5-7　　　　　　　　我们预测模型中所有的候选变量

目标拍卖中的信息	
静态信息	起拍价、持续期、运费、卖家评级、强力卖家、eBay商铺、图片
演进信息	当前价格、剩余时间、当前出价数量、当前竞拍者数量
价格动态信息	价格速度、价格加速度
并发拍卖中的信息	
静态信息	c.openbid.avg、c.dura.avg、c.ship.avg、c.feedback.avg、c.power.avg、c.store.avg、c.pic.avg
演进信息	c.price.avg、c.price.vol、c.price.disc、c.t.left.avg、c.t.left.vol、c.nbids.avg、c.nbids.vol、c.nbidders.avg、c.nbidders.vol
价格动态信息	c.vel.avg、c.vel.vol、c.acc.avg、c.acc.vol

我们的模型具有以下的一般形式：

$$\mathbf{y}_{T+1} = \boldsymbol{\beta}'_{T} \mathbf{x}_{T} \tag{5.22}$$

其中，$\mathbf{y}_{T+1}$ 表示目标拍卖在 $T+1$ 时刻的价格，$\mathbf{x}_{T} = (x_{T1}, \cdots, x_{Tp})'$ 是解释变量向量，$\boldsymbol{\beta}_{T} = (\beta_{T1}, \cdots, \beta_{Tp})'$ 是参数向量。我们的目标是：对于所有时刻 $T = 1, 2, 3, \cdots, N_T$，我们只选择那些对预测价格 $\mathbf{y}_{T+1}$ 有意义的变量。

我们通过以下几步实现这个目标。第一步，在每个时刻 T（$T = 1, 2, 3, \cdots, N_T$），我们用表 5-7 中的每个单独的解释变量对被解释变量 $\mathbf{y}_{T+1}$ 进行简单回归（$P = 1$）。然后计算解释变量在所有时间点上显著的百分比（在 5% 的显著性水平上）。也就是说，对于每个解释变量 $x_k = (x_{1k}, \cdots, x_{N_T k})$，$k = 1, \cdots, p$，我们计算平均数[①]

$$p.sig_k := \frac{1}{N_T} \sum_T 1\{x_{Tk} 在 5\% 的水平上显著\} \tag{5.23}$$

表 5-8 展示了一个小时预测（$(T+1) - T = 1$ 小时）的结果，其中 $N_T = 1\,754$。可以看出，个别变量对 $\mathbf{y}_{T+1}$ 具有强烈影响（在所有时期 T 上），包括目标拍卖的当前价格、价格速度和加速度、剩余时间和竞拍者数量，以及并发拍卖的当前平均价格、当前价格波动、价格差、平均剩余期限、平均剩余期限波动、平均竞拍者数量、平均价格速度、价格速度波动、平均价格加速度、价格加速度波动。有趣的是，这些变量中的大部分都与目标拍卖和竞争拍卖的价格（或者价格运动）有关。这表明价格和价格动态的信息有效地捕捉了拍卖的大量相关信息，比如拍卖商品、拍卖模式、卖家以及竞拍者之间的竞争等。但是我们还注意到，这些结果只是基于一个单独解释变量（$p = 1$），并不能充分反映加入其他解释变量后该变量的影响。因此，我们逐对研究变量间的相关性，这里我们再次使用所有时刻（$T = 1, 2, 3, \cdots, N_T$）的平均值（这里没有列出相关系数表）。我们发

---

① 如果使用一个非等权平均，我们可以按照距离拍卖结束的时间距离对每个时间点进行附权。

现有10对变量高度线性相关，包括目标拍卖当前价格与{并发拍卖的当前平均价格、当前价格波动、价格差、剩余期限、平均剩余期限、竞拍者数量、平均竞拍者数量}中的每一个变量以及另外三对{目标拍卖的价格速度与并发拍卖的平均价格速度}、{目标拍卖的价格速度与并发拍卖的价格速度波动}、{目标拍卖的价格加速度与并发拍卖的平均价格加速度}。这些高度线性相关并不奇怪，因为这些变量中的许多变量代表了相似的信息，只是编码稍有不同而已。因此，我们提出高度相关（大于0.7）对中的非价格解释变量，只保留相应的价格相关解释变量。

表5-8　　　　　　　　　　所有显著时刻的百分比

目标拍卖	p 值	并发拍卖	p 值
起拍价	0.199	c.openbid.avg	0.193
持续期	0.032	c.dura.avg	0.032
运费	0.039	c.ship.avg	0.046
卖家评级	0.055	c.feedback.avg	0.044
强力卖家	0.061	c.power.avg	0.076
店铺	0.092	c.store.avg	0.104
图片	0.028	c.pic.avg	0.028
当前价格	1.00	c.price.avg	1.00
		c.price.vol	0.886
		c.price.disc	1.00
剩余时间	0.775	c.t.left.avg	0.771
		c.t.left.vol	0.758
出价数量	0.780	c.nbids.avg	0.777
		c.nbids.vol	0.509
竞拍者数量	0.197	c.nbidders.avg	0.188
		c.nbidders.vol	0.086
价格速度	0.762	c.vel.avg	0.762
		c.vel.vol	0.624
价格加速度	0.308	c.acc.avg	0.309
		c.acc.vol	0.306

注：左边两列对应目标拍卖中的解释变量，右边两列对应并发拍卖中的解释变量。

接下来，我们使用贝叶斯信息准则（BIC）推出我们的最终模型。与（5.23）式相似，我们可以计算所有时刻的平均BIC。[①]也就是说，令 avg.BIC: $= 1/N_T \sum_T BIC(T)$，其中 $BIC(T), T = 1,2,3,\cdots, N_T$ 表示一个模型在 T 时期计算的贝叶斯信息准则（George，2000）。通过比较所有非共线性解释变量子集，我们得到最终的预测模型为

$$y_{T+1} = \alpha_T + \beta_{1T}\text{current price}_T + \beta_{2T}\text{velocity}_T + \beta_{3T}\text{acceleration}_T - \beta_{4T}\text{c.aac.vol}_T$$

(5.24)

表5-9展示了我们最终预测模型（5.24）和几个对比模型的 avg.BIC。可以看到，我们模型的 avg.BIC 最小。另外，有趣的是，只使用并发拍卖解释变量和只使用目标拍卖解释变量得到的方程表现差不多。这从另一个角度说明了拍卖市场的紧密联系性。

表5-9　　　　　　　　　　　所有时期T的平均BIC

模型	平均BIC
我们的模型（5.24）	−381.59
包含全部解释变量（表5-7中所有33个解释变量）	−147.08
包含目标拍卖的13个解释变量（表5-7中）	−319.82
只包含目标拍卖的2个动态解释变量	37.77
只包含目标拍卖的4个演进解释变量	−83.87
包含并发拍卖的所有20个解释变量（表5-7中）	−313.52
只包含并发拍卖的4个动态解释变量	37.58
只包含并发拍卖的9个演进解释变量	−84.29

注：第一行是我们的模型（5.24）的 avg.BIC 值，其余几行对应的是几个比较模型的 avg.BIC 值。

---

① Jank和Zhang(2009b)还使用了其他替代方法来研究在整个时期模型的选择问题。他们考虑了模型选择标准(比如AIC、BIC以及其他一些汇总重要特征的方法)的"分布"。

接下来我们对模型（5.24）做几点说明。有趣的是，我们看到该模型只依赖于价格相关信息。尤其是许多在前人研究中已经被发现是显著的变量，并没有出现在我们的模型中。比如，Lucking-Reiley 等人（2007）发现，除了其他影响因素之外，卖家的评级对最终价格具有显著影响。我们的研究与前人研究的一个关键性区别在于：他们对网上拍卖采取的是静态的观察，而我们的模型捕捉的是拍卖过程的动态特性。换句话说，前人的研究通常只寻找静态的、目标拍卖发生前的信息，这些信息在目标拍卖开始之前就能够获得，比如拍卖持续期、起拍价或者卖家评级。在这样的视角下，卖家评级的影响是高度显著的，因为卖家的声望和可信度将会影响最终价格。但是，我们的模型是基于动态的视角，所有先前的价格信息和出价决策都是当前价格及当前价格动态（T 时刻的价格、价格速度、价格加速度）的影响因素。在这个视角下，价格动态反映了到当前时刻为止所有竞拍者对商品、卖家以及出价竞争的预期。因此，我们的最终模型里不包含所有的静态变量并不奇怪。我们的模型吸引人的地方是对并发性的更好捕捉。请注意，我们的模型只用了一个变量就捕捉了并发拍卖的信息，即竞争拍卖的动态波动（$c.aac.vol_T$）。因为以前对并发拍卖影响的研究比较少，所以很难明确表达 $c.aac.vol_T$ 的期望。但是，$c.aac.vol_T$ 的参数为负，表明并发拍卖的价格运动的变化越大，目标拍卖的价格上涨会越小。换句话说，市场中其他拍卖的价格活动越活跃，目标拍卖的价格活动越有可能停滞。

5.2.3 模型的更新

我们模型的目标是，只使用现在（即时刻 T）和过去（$T-1$、$T-2$ 等）的信息，来预测未来时刻 $T+1$ 的价格。为了实现这个目的，我们先估计 $T-1$ 和 T 的函数关系，然后再用这个关系通过 T 来预测 $T+1$。图 5-13 展示了这种更新的原理。

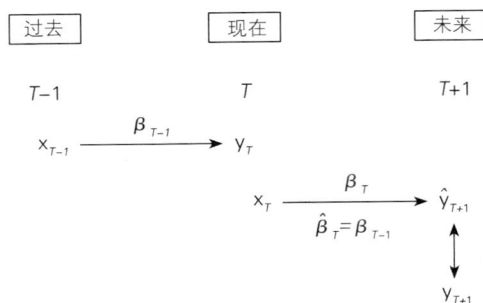

图 5-13　预测模型更新原理图示

在 T 时刻（现在），我们希望对未来 $T+1$ 时刻进行预测。按照我们的模型，y_{T+1} 由 $\beta'_T x_T$ 给出，其中 x_T 包含了现在（或者过去）观测到的信息。请注意，我们不能直接估计 β_T，因为 y_{T+1} 还没有观测到。因此我们通过过去来估计这个关系，即我们用 T 时刻的价格 y_T 估计 β_{T-1}，然后通过 $\hat{\beta}_T := \beta_{T-1}$ 估计 β_T。从这个意义上说，我们将这种关系从过去向前"滚动"了一期。我们还研究了另外一些更新方法，比如使用移动平均方法估计 β_T，即 $\hat{\beta}_T := MA\{\beta_{T-1}, \beta_{T-2}, \beta_{T-3}, \ldots\}$，但是并没有发现模型表现有显著的提高。

5.2.4　模型的估计和预测表现

我们使用的数据是 eBay 上 3 月 14 日到 5 月 25 日发生交易的拍卖数据。为了估计和预测，我们将数据划分为一个实验集（80% 的数据）和一个检验集（剩下的 20% 数据）。因为我们的数据是随时间变化的（而且我们主要的兴趣是对未来进行精确预测），所以我们的实验集包含前 80% 时间段（3 月 14 日到 5 月 10 日）内完成的所有拍卖，而检验集包含剩下的拍卖（5 月 11 日到 5 月 25 日）。我们首先使用实验集来估计我们的模型（后面我们会讨论模型的估计和拟合结果），然后使用检验集来评价模型的预测能力（这点将在 5.2.4.3 小节进行讨论）。

5.2.4.1 模型的估计

图5-14展示了我们的预测模型（5.24）的参数估计结果。如前所诉，我们使用实验集在每个时点 $T, T = 1, 2, 3, \cdots, N_r$ 对模型进行估计。这里我们在3月14日到5月10日的时间内使用的时间间隔是1小时，因此系数也是随时间变化的。图5-14展示了系数估计的趋势和95%的置信区间。

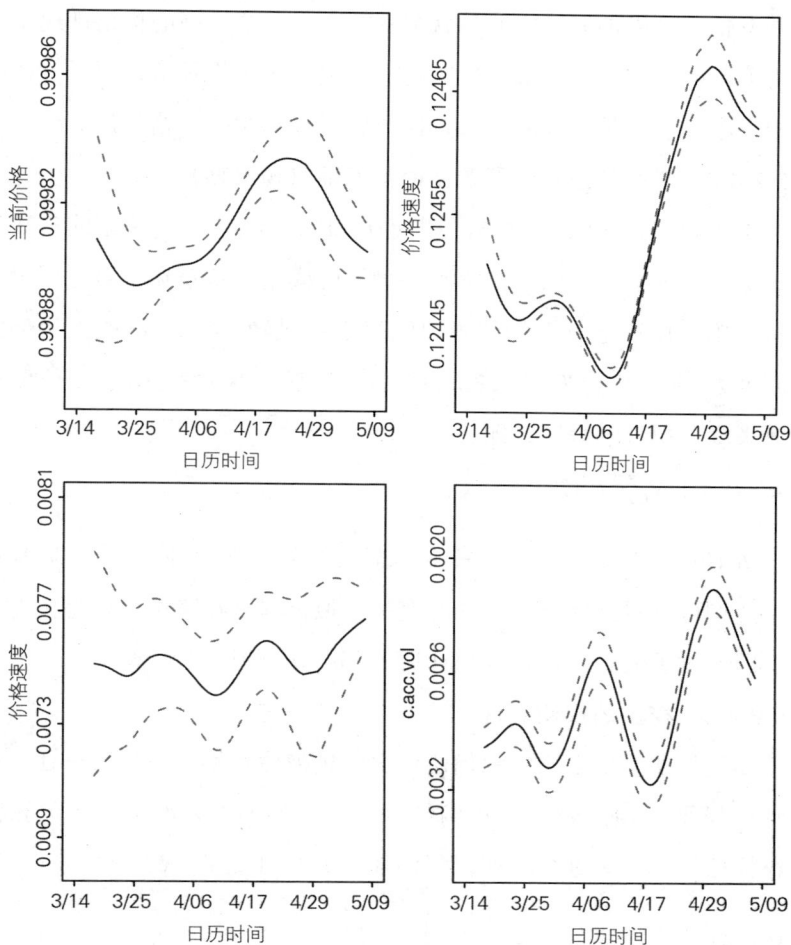

图5-14　模型参数的估计和95%置信区间。x轴表示日期，y轴表示系数的大小。四个图从左到右依次为当前价格、价格速度、价格加速度和并发拍卖的加速度波动（c.acc.vol）

我们可以看到，目标拍卖的信息（当前价格、价格速度、价格加速度）与未来价格 y_{T+1} 具有正相关关系；相反，并发拍卖的信息（并发拍卖价格加速度的波动）与 y_{T+1} 具有反向相关关系。换句话说，当前的价格水平和价格动态是未来价格的正向指标。相反，并发拍卖价格加速度的波动是未来价格的反向指标。如果许多竞拍者在目标拍卖以外的拍卖中出价，并发拍卖价格加速度的波动就会变高。而一个较高的价格加速度的波动则可能表明：市场的不确定性较高，一些拍卖价格猛涨，而另一些拍卖价格根本不动。这种较高的不确定性导致目标拍卖的价格低迷。

5.2.4.2 模型的拟合以及改变时间间隔（预测期）

图 5-14 展示的是 1 小时预测期（ $(T+1)-T=1$ 小时）模型的参数估计结果。另外，人们还可以考虑更长预测期的模型。从直觉上看，因为预测越远越困难，所以这种模型的表现应该不会很好。图 5-15 的上半部分展示了对预测期 $(T+1)-T=1,2,3,...,14$ 小时的模型拟合结果。我们使用 R^2 的均值来度量拟合的程度，即：

$$avg.R^2 = 1/N_T \sum_T R^2(T)$$

其中， $R^2(T), T=1,2,3,...,N_T$ ，表示模型在时刻 T 的 R^2 值。同我们预期的一致，我们可以看到随着预测期的变长，拟合程度在降低。但是值得注意的是，即使对于最长预测期（14 小时）， $avg.R^2$ 依旧大于 99%。

5.2.4.3 模型的预测表现

正如我们上面指出的，我们使用实验集来估计模型，然后再使用检验集来评价模型的预测表现。我们使用模型的 MAPE 来度量模型的预测表现。在检验集中，对每个时期，我们计算 $T, T=1,2,3...,N_T$ ：

$$\mathrm{MAPE}(T) = \frac{1}{m_{T+1}} \sum_{i=1} \frac{\left| y_{T+1}, i - \hat{y}_{T+1,i} \right|}{\left| y_{T+1,i} \right|} \tag{5.25}$$

其中， $y_{T+1,i}$ 和 $\hat{y}_{T+1,i}$ 分别表示拍卖 i 在 $T+1$ 时刻的真实值和预测值， m_{T+1} 表示 $T+1$ 时刻可得拍卖的数量。然后我们计算整个时期的平均

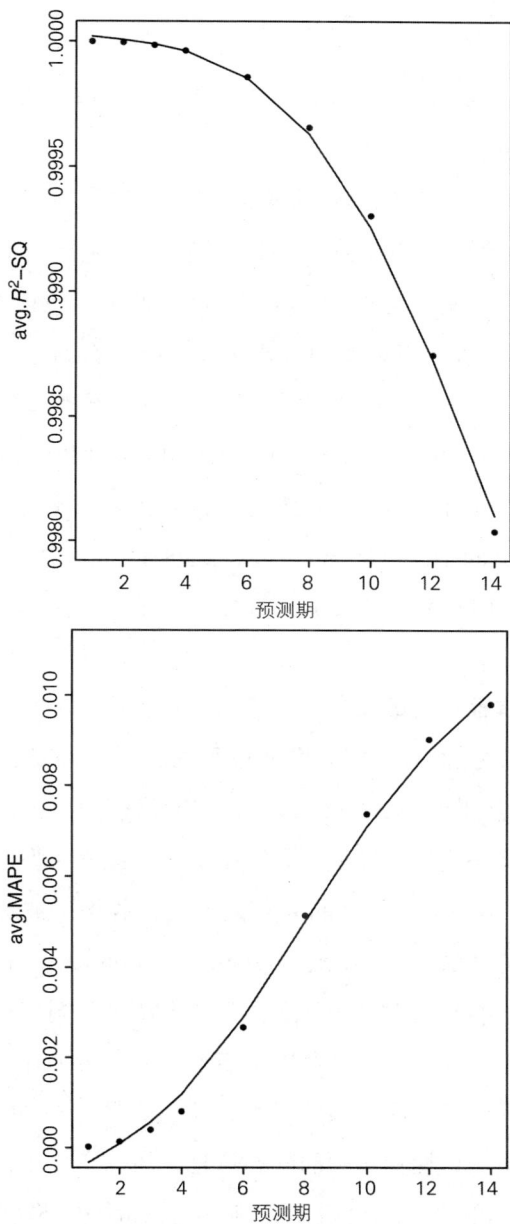

图5-15 对于不同预测期模型的拟合结果及预测精度。X轴表示预测期（1到14小时），y轴表示 avg.R^2 的值（上半部分）和 avg.MAPE 的值（下半部分）

MAPE，即 avg：MAPE：$= 1/N_T \sum_T \mathrm{MAPE}(T)$。与上一小节类似，我们研究不同预测期（$(T+1)-T = 1, 2, 3, ..., 14$ 小时）的 avg.MAPE。图 5-15 的下半部分展示了相应结果。

不出所料，我们看到预测期越长，预测效果越差（avg.MAPE 上升）。有趣的是，直到预测期为 4 小时，预测误差还是低于 0.1%。对于长于 4 小时的预测期，预测误差上升速度很快。但是即使预测期到 14 小时，预测误差依旧低于 1%。正如我们将要在下一小节看到的（下一小节我们将会用几个比较模型与我们的模型做比较），这个预测精度还是相当不错的。我们还注意到，虽然我们并不能说我们的实时预测模型适用于 eBay 上的所有拍卖，但有证据表明该模型可以提供较高的预测精度，尤其是对于书籍和电子产品的拍卖（Wang 等人，2008a；Jank 等人，2006；Jank 和 Shmueli，2010）以及对于诸如 SaffronArt.com 这样的拍卖网站上的拍卖（Dass 等人，2009）。

5.2.4.4　与其他模型的比较

我们使用五个模型与我们的模型进行比较，分别是：广义加性模型（GAM）、分类回归树模型（CART）、神经网络模型，以及两个简单线性模型，即一个纯静态模型线性模型和一个演进的线性模型。

GAM 通过使用一个更灵活的非参数形式，放松了被解释变量与解释变量之间线性模型关系的假定（Hastie 和 Tibshirani，1990）。回归树（Breiman 等人，1984）提供了一种数据驱动方法来分割变量空间，常被用来替代常规的变量选择方法。神经网络模型也是一种估计非线性函数关系的方法。另外，我们考虑两种线性模型，使用的是表 5-7 中变量的一个子集。一个模型只使用目标拍卖中的静态信息，另一个使用目标拍卖中的静态和动态信息，我们将这两个模型分别称为"静态"模型和"进化"模型。静态模型与以前的许多 eBay 拍卖研究（比如 Lucking-Reiley 等人，2007）一致，只考虑拍卖之前的信息。而进化模型考虑了出价过程的变化，但是没有考虑价格动态或者竞争。

图 5-16 展示了 6 个不同模型对不同预测期（ $(T+1)-T=1,2,3,...,14$ 小时）的 avg.MAPE（与图 5-15 类似）。我们将我们的模型（5.25）称为"DYN&COMP"，因为它包含了动态特征和竞争特征。我们可以看到，静态模型和树模型的预测表现最差，各预测期的误差均大于 10%。我们的预测模型表现最好，GAM、进化模型和神经网络模型表现差不多（至少对较短预测期）。换句话说，对于小于 4 小时的预测期，GAM 和进化模型相比 DYN&COMP 来说，预测误差并不是很大。但是对于较长预测期，它们的预测表现就变差了。事实上，对于 14 小时预测期，GAM 的误差达到了 10%，是 DYN&COMP 预测误差的 10 倍。虽然进化模型有时的表现更好，但是对于 14 小时预测期，它的预测误差是 DYN&COMP 的 4 倍（神经网络模型类似）。在 5.3 节中，我们将使用 DYN&COMP 模型优异的预测表现建立一个自动化的出价决策。

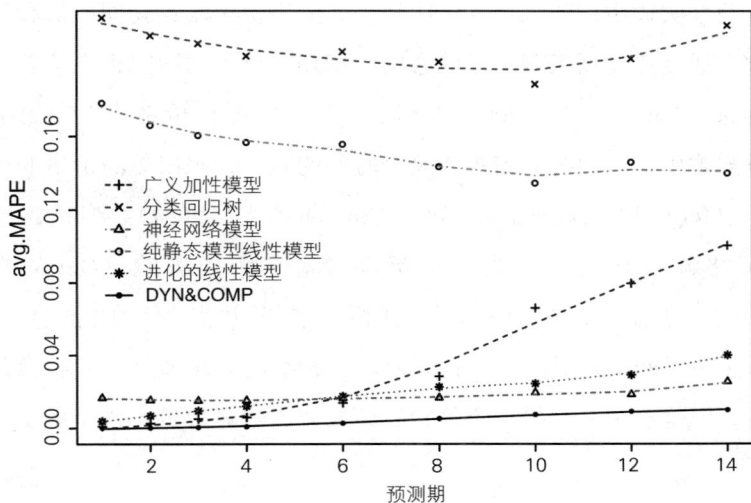

图 5-16　比较模型的预测精度。x 轴表示预测期（单位是小时），y 轴表示 MAPE 均值

5.3 自动化出价决策

现在我们来讨论拍卖预测模型的一个实际应用：制定自动化的出价决策。特别是我们围绕上一节提出的预测模型，建立一个自动化的、数据驱动的决策规则。虽然这个决策规则适用于任何预测模型，但是预测模型越好，最终的出价决策就越好。

5.3.1 动机

网上拍卖的买家会面临许多不同的决策。他们必须决定出价的早晚、出一次价还是多次出价、出高价还是低价，而且多个相同或相似拍卖的同时存在，也使得出价决策更加复杂。此时，一个竞拍者的出价策略必须扩展到包含在哪个拍卖出价、什么时候出价、出价多少。

有两个实践中广泛采用的、比较著名的出价策略：初期出价和最后时刻出价。通过在初期表明自己的态度，初期出价者力图阻止竞争者加入到拍卖中来（Bapna 等人，2004）。相反，最后时刻出价者一直等到拍卖的最后时刻才出价，因为随着拍卖剩余时间的减少，报出更高价格的可能性在减小（Roth 和 Ockenfels，2002；Shmueli 等人，2007）。但是，这两种出价策略都有局限，因为它们都没考虑竞争的影响（Haruvy 等人，2008）。换句话说，这两种策略都没有考虑并发拍卖的信息。虽然 Zeithammer（2006）提出，竞拍者应该在相继的同种商品拍卖中隐藏他们的出价，但是对于一个接一个的拍卖，最佳的隐藏数量应该是多少并不十分清晰。

我们提出一个决策规则来回答两个基本问题：在哪个拍卖中出价、出价多少。我们思想的基础是最大化消费者剩余。消费者剩余是指竞拍者愿意付出的价格与实际付出的价格的差。我们建立一个自动化的算法来选择最适合参与的拍卖以及决定最优的出价。最适合参与的拍卖为竞拍者提供最大的消费者剩余，最优的出价等于预测的最终价格。这个策略使得决策过程自动化，与初期出价或者最后时刻出价等人工出价策略相比，它将竞拍者从时间限制中解放出来，因为出价完全可以自动进行。

5.3.2 决策框架

我们的决策框架是建立在最大化竞拍者剩余的原则上（比如 Bapna 等人，2004、2008a）。这里的剩余是实际支付价格与竞拍者愿意支付价格（willingness-to-pay，WTP）的差。因此，价格越低，拍卖获胜者的剩余越大。

对于每一个单独的拍卖，我们的预测模型（5.24）都可以给竞拍者提供价格预测，再结合竞拍者的 WTP，就可以得到预测的竞拍者剩余。对于一系列竞争的拍卖，一个比较合理的决策规则应该是在有最高竞拍者剩余预测的拍卖中出价。另外，为了避免负剩余，竞拍者应该只在预测价格低于他们的 WTP 的拍卖中出价。

请注意，我们的预测模型依赖于预测期 $(T+1)-T$。我们的模型只能预测在 $(T+1)$ 时刻或者 $(T+1)$ 时刻以前结束的拍卖的最终价格。因此，预测期越长会导致备选拍卖的数量越多，也就是竞拍者可能参与出价的拍卖越多。另外，前面我们已经看到预测期越长会导致预测误差提高。因此，我们的决策规则面临一个权衡，即在备选拍卖数量和每个拍卖预测精度之间进行权衡。

当竞拍者剩余为正时，我们的决策规则是选择竞拍者剩余估计值最高的拍卖。选择好拍卖后，接下来的两个问题就是何时出价、出价多少。因为我们的预测模型是基于一个固定的预测期，所以继续等待是没有用的。因此我们建议一旦选择好拍卖就马上出价。另外，我们的模型对一个拍卖的最终价格的预测是 $\hat{y}_{T+1}$，因此我们预计低于 $\hat{y}_{T+1}$ 的出价将不会赢得拍卖。类似地，高于 $\hat{y}_{T+1}$ 的出价我们又觉得出价过高了。因此，我们建议的出价恰好等于：$\hat{y}_{T+1}$。总之，我们的决策规则是：使用最大预测剩余来选择拍卖，按预测的最终价格出价，并且马上出价。

我们的方法与 Peter 和 Severinov（2006）提出的出价规则有些类似。在 Peter 和 Severinov 的规则中，竞拍者应该在当前出价（或者当前价格）最低的拍卖中出价。如果两个拍卖的当前出价都是最低，那么选择最近两个出价是由同一个竞拍者报出的拍卖。作者指出，按照这个规则可以形成一个完美的贝叶斯均衡。值得注意的是，Peter 和 Severinov 的规则与我们的预测模型（5.24）类似，只使用价格和价格变化（价格动态）的信息。但还是有几点重要的不同。首先，与我们的模型不同，Peter 和 Severinov 的规则并没有考虑一个拍卖最终价格的精确预测。这样，他们的规则只能建议"尽可能慢地抬高出价"，而我们的方法却能够给竞拍者一个明确可行的出价价格。对于那些并不确定自己真实支付意愿的竞拍者或者那些经常发现自己处于和其他竞拍者激烈竞争中的竞拍者来说，这一点是非常重要的，因为这两种情况可能会导致疯狂竞价或者其他非理性行为（Areily 和 Simonson，2003）。其次，我们的方法提倡一次性出价，这样可以比 Peter 和 Severinov 的递增式出价节省更多的时间，同时还可以获得一些初期出价的心理优势，因为较高的初期出价经常会阻止其他竞拍者参与竞争。另外，通过对拍卖结果进行一个明确、客观的预测，进而进行一次性出价，可以使竞拍者更好地远离拍卖过程，避免情绪化导致的非理性出价决策（Areily 和 Simonson，2003）。

5.3.3　假设和限制

我们的决策框架需要几个重要假设。尤其是我们假设在一个时刻只有一部分竞拍者可以使用我们的方法（并不是整个市场都可以使用）。这一点可以通过签订服务协议来实现，甚至更苛刻一点，通过一个查询模型，要求竞拍者对每次查询服务付费。这种限制引入了一个商业模型，有点类似于许多投资公司采用的自营交易模型。因为不可能整个 eBay 市场都采用一个免费的出价策略，所以这样的一个理论方案具有重要的意义。如果所有竞拍者都拥有相同的出价策略（并且只使用这种出价策略进行出价），那么将会影响整个市场的配置效率。事实上，如果大量竞拍者集中于最低预测价格的拍卖，那么会导致其他拍卖受到较少的关注，买家和卖家的整个匹配将不会达到市场的最优水平。虽然这个担心不无道理，但是本章的目的仅仅是为了帮助（一个或更多）竞拍者选择正确的拍卖以及正确的出价价格做一个尝试。大家可以认为，一旦这样的一个策略被一部分竞拍者采用并获成功，就会引发其他一些竞争的策略[①]，在配置效率下市场会实现均衡。另外，eBay 上的每个竞拍者也不可能都使用这样的出价策略，即使他们使用出价策略，有些人还可能同时使用多个策略。

因此，我们的出价策略并没有将其他竞拍者的反应看作是该策略的一个结果。我们并不相信这是一个严格的限制，因为我们将我们的策略看作是只有一部分竞拍者可以使用的（正如我们上面指出的），甚至市场中的大部分人可能还不知道该策略的存在。另外，现代技术可以使自动的策略出价与人工出价难以区分，这使得竞拍者很难判断一个出价的来源。

5.3.4　模拟检验的设定

下面我们进行一个模拟研究，来比较我们的自动出价策略与另外两个比较流行的出价策略——初期出价（Bapna 等人，2004）和最后时刻出价

---

① 狙击出价策略就有一个类似的演化进程,大概存在超过100种的相关策略。

（Roth 和 Ockenfels，2002）。初期出价经常被看作是一个竞拍者购买意愿强烈、想要阻止其他人进入该拍卖的表现。最后时刻出价比较流行，因为它不给其他竞拍者太多时间去反应。在我们的模拟中，我们假设一个竞拍者的 WTP 是从一个均匀分布中抽取的（Adamowicz 等人，1993），该分布以市场价格（数据收集时刻为 230 美元）为中心对称。也就是说，我们假设 WTP ~ Uniform（220 美元，240 美元）。我们的检验按照下列步骤进行。我们从该分布中随机抽取一个 WTP。从检验集（我们比较出价策略使用的数据是与我们比较预测模型时候一样的真实数据）中随机抽取一个拍卖。然后竞拍者根据前面提到的三个出价策略的每一个做出一个出价决策（出不出价、出价多少）。我们从竞拍者 WTP 分布中随机抽取 20 次，并对检验集中的所有拍卖重复这个操作。

5.3.4.1 初期出价策略

我们假设初期竞拍者在拍卖第一天结束的时候出价（Bapna 等人，2004）。事实上，我们发现出价时间的微小差别对研究结果的影响不大。初期出价的过程可以用图 5-17 的上半部分进行解释说明。竞拍者将他们的 WTP 与拍卖第一天结束时候的当前价格（Rearly）进行比较。如果 WTP 高，那么他们就出价；反之，则不出价。如果出价，那么出价等于 WTP。值得注意的是，因为 eBay 采用的是代理出价系统，所以即使出价增长到 WTP（代表了竞拍者的利益），最终价格也可能低于 WTP。这样，竞拍者只要支付次高的出价（如果获胜出价报出的时间比次高出价报出的时间晚，还要再加上一个设定好的出价增幅，在我们的例子里，这个增幅在 2.5 美元到 5 美元之间）。[1]

---

① Jank 和 Zhang (2009a) 还对其他一些出价策略进行了研究，但是那些策略都不如最后出价策略或者我们的自动出价策略。

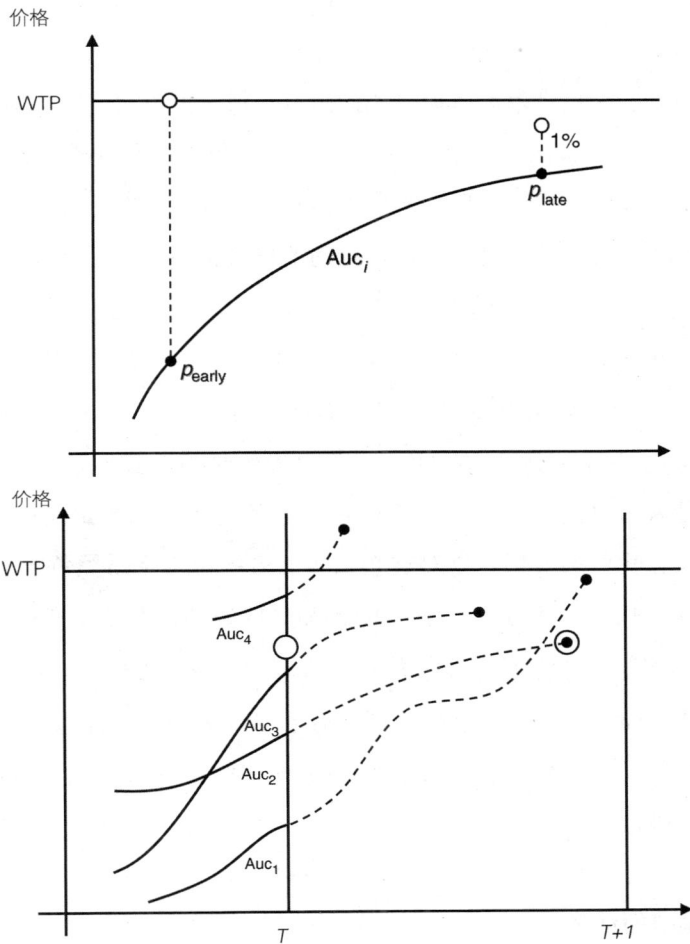

图 5-17　不同出价策略的图示。上半部分解释初期出价和最后时刻出价，下半部分
解释我们的自动出价策略

5.3.4.2　最后时刻出价策略

　　我们假设最后时刻出价的竞拍者在拍卖结束前 1 分钟出价（Roth 和
Ockenfels，2002）。最后时刻出价的风险主要来自网络拥堵导致出价不成
功（Shmueli 等人，2007），但是在我们的模拟中，我们不会明确考虑这个
缺陷。最后时刻出价的过程可以用图 5-17 的下半部分进行解释说明。竞

拍者将他们的WTP与拍卖结束前1分钟的当前价格（P$_{late}$）进行比较。类似于初期出价策略，如果WTP高，那么他们就出价；反之，则不出价，并转移到另一个拍卖中去。如果他们出价，那么出价只要比当前价格高一个出价增量即可，因为在最后60秒还有更高出价的可能性很小。在我们的模拟中，我们的出价增量为当前价格P$_{late}$的2%。[①]

5.3.4.3 我们的自动的、数据驱动的出价策略

初期出价和最后时刻出价策略要对每一个单独的拍卖做一个出价决策，与之相比，我们的策略需要对每个预测期做一个出价决策。考虑图5-17的下半部分。在决策时刻 T，有四个竞争拍卖，记为 Auc$_1$ – Auc$_4$，它们都是在 $T+1$ 时刻以前结束。实线对应的是观察到的拍卖历史，虚线表示的是未来（还未观察到）价格路径。因为所有拍卖都是在 $T+1$ 时刻以前结束，我们的模型可以对这些拍卖的最终价格（用黑色实心圆表示）进行预测。值得注意的是，Auc$_4$ 的预测价格最高，而且比竞拍者的WTP还高，因此竞拍者将不会再考虑这个拍卖。Auc$_3$ 的预测价格最低，而且比竞拍者的WTP低，因此竞拍者应该在这个拍卖中出价。他应该马上（在时刻 T）按照预测价格[②]出价。如果他获胜，那么竞拍者剩余就等于他的WTP与实际收盘价的差。

5.3.5 模拟的结果

与Bapna等人（2004）的研究相似，我们从两个维度比较这些出价策略，即赢得拍卖的概率和平均的竞拍者剩余。我们用竞拍者赢得拍卖的数量除以他参与出价的所有拍卖的数量，来计算获胜概率（p.win）。我们用

---

① Jank和Zhang(2009a)还研究了不同价格增量的稳健性，发现采用1%、2%或者2美元，所得结果差不多。

② 我们还研究了按照WTP出价而不按预测价格出价，因为在代理出价系统中，获胜者只要按第二高价支付货款即可。

每个拍卖的 WTP 与实际支付价格之差来计算平均剩余（avg.sur）。表 5-10
展示了相关结果。

表 5-10 不同出价策略的比较

	获胜概率	平均剩余（单位：美元）	剩余期望（单位：美元）
最后时刻出价	95%（0.5%）	17.97（0.35）	17.11
初期出价	53%（2%）	18.85（0.57）	9.99
自动出价（预测价格）	61%（1%）	32.33（1.95）	19.72
自动出价（WTP）	78%（4%）	25.05（1.85）	19.60

注：第一列表示获胜概率，第二列表示平均剩余，最后一列表示剩余的期望，即 exp.sur=
(p.win×avg.sur)。括号中为标准误。

我们可以看到，最后时刻出价的竞拍者具有最高的获胜概率（95%，
我们的自动出价策略为 61%）。这并不奇怪，因为最后时刻出价针对的就
是最后时刻的竞争。但是，我们还看到，最后时刻出价策略产生的剩余明
显低于自动出价策略（18 美元对 32 美元）。比较两个出价策略的另一个途
径是使用它们的剩余期望，即获胜概率与平均剩余的乘积（p.win×avg.
sur）。我们发现最后时刻出价策略产生的剩余期望为 17.11 美元，自动出
价策略的更高，为 19.72 美元。另外，初期出价者有 53% 的概率赢得拍
卖，它们的剩余期望明显更低，为 9.99 美元（53%×18.85）。表 5-10 的最
后一行展示的是按照 WTP 出价而不是按照预测价格出价的自动出价策略
的结果。按照 WTP 出价，提高了获胜概率，但是略微减少了平均剩余，
而剩余期望跟按照预测价格出价差不多。总之，我们可以得出结论，考虑
了竞争拍卖的出价策略为竞拍者带来了可量化的收益。这个发现也被
Anwar 等人（2006）的早期研究所支持，他指出在多个竞争拍卖中出价活
跃的竞拍者支付的价格大概是不这样做的竞拍者的 91%。

5.3.5.2 预测期的影响

前面小节的结果（表5-10）是基于12小时预测期得到的，我们看到自动出价策略产生了19.72美元的剩余期望。我们在前面已经指出，预测期的长短会影响我们自动出价策略的结果。一方面，更长的预测期会导致备选拍卖数量更多，这样有更大的概率会包含一个更低价格的拍卖，获得更多的剩余。另一方面，更长的预测期还会导致预测精度的下降。而较低的预测精度可能会导致过高支付（如果预测价格（也就是我们的出价）高于实际价格），而过高支付又导致较低的剩余。较低的预测精度还可能导致获胜概率的下降（如果预测价格（也就是我们的出价）低于实际价格）。这样，预测期的改变会影响获胜的概率和平均剩余，但是对整个剩余期望的影响还不十分明确。因此，我们对不同长度的预测期重新做了模拟研究，表5-11展示了结果。

表5-11　　　　　　　　预测期长度和剩余期望的权衡

预测期	获胜概率	平均剩余（单位：美元）	剩余期望（单位：美元）
14小时	59.01%	35.29	20.82
12小时	61.44%	32.33	19.80
9小时	67.82%	30.99	21.02
6小时	69.43%	29.60	20.55
3小时	75.77%	27.21	20.62

可以看到，预测期越长，平均剩余越高，这表明备选拍卖增多的影响超过了过高支付的影响。但是我们同时还看到，预测期越长，获胜的概率越低，因为较低的预测精度会更频繁地产生低于实际收盘价的出价，导致竞拍失败。有趣的是，剩余期望的最大值出现在9小时预测期。我们的结果并没有提供最优选择，这为我们未来的研究留下了一个有趣的全局最优问题。

5.3.6　结论

我们的自动化出价策略依赖于一些关键的要素。我们假设可以得到合适的出价记录，而且我们只关注通过这些出价记录推出一个模型，随后围绕这个模型设计一个出价策略。在采用我们的自动出价方法之前，人们还必须搜索和选择合适的出价记录。找到适当出价记录的方法有几种，比如使用诸如网络爬虫等自动化程序、利用网站服务获得数据，或者直接购买拍卖数据（参看第2章）。

给定一个拍卖记录集，接下来的挑战就是选择最相关拍卖记录的子集。人们可以通过列出所关注商品的一系列特征来找到这个子集，比如"iPod Nano，8GB，黄色"，然后只选择那些与特征列表最相似的出价记录。这一点可以通过一个合适的相似性距离来实现，比如我们在4.3节中描述的空间特征模型。由于eBay在商品描述标准化方面的努力，使得从出价记录中提取商品特征成为可能，比如对MP3播放器的描述，要求提供品牌、生产线、存储容量、颜色等方面的信息。额外的信息经常包含在非结构化的描述文本中，想要挖掘这些信息可能需要更多的努力。

关于搜索和选择的问题，实际上就是将个人使用者的偏好或者风险承受能力融入到出价过程中的问题。有些竞拍者可能将所有相关拍卖看作是备选拍卖；而另一些竞拍者则可能会更有选择性，他们希望通过一些条件限制来对拍卖进行过滤，比如过滤掉卖家评级低于某一值的拍卖，或者过滤掉红色的iPod。事实上，在我们的例子中，如果只对高声誉卖家使用我们的方法，期望剩余会提高到20.05美元。另外，除了过滤拍卖，使用者还可能把他们的风险偏好加入到一个变化的WTP函数中。比如，一个竞拍者可能愿意为高声誉的卖家最多支付240美元，但是对一个低声誉卖家则最多支付220美元。在我们的模拟中，当针对低声誉卖家时，如果WTP函数从Uniform（$220，$240）变为Uniform（$200，$220）和Uniform（$180，$200）时，剩余期望会从18.03美元分别下降到7.67美元和2.30美元。原因之一是风险容忍度的降低（更小的WTP函数）会导致备选拍卖数量的减少，竞拍者的选择变少。另外一个原因是，给定一个市场价值（我们的例子中是230美元），一个较低的WTP必然会减少拍卖者剩余（至少平均来看）。

我们还要指出，在实践中消费者将会重复使用这个方法，直到他的需求被满足。这里我们假设一个消费者的需求只是一个单一的物品，而且没有时间限制。我们的自动出价系统将会进行一次出价，同时对剩余市场进行持续监控，这对于使用自动出价系统的竞拍者来说不必花费额外的成本。一旦第一个出价的结果显示出来，系统就会决定是否以及（如果前一次出价没有赢得拍卖）在哪个拍卖中进行下一次出价，以此类推。虽然竞拍者可以决定同时在多个拍卖中进行多个出价，但是这样做存在赢得多个拍卖的风险，在单一物品需求的例子中这样做是不合适的。

另外还请注意，我们提出的系统是模块化的，其中的单个模块是可以被替换的。比如，可以使用其他模型（比如GAM或者回归树）替换动态预测模型；与之类似，还可以用其他规则来替换出价决策规则。总之，为了达到应用的目的，人们最终必须依赖智能技术，这点类似于最近在出价狙击领域发生的情况（例如Cniper.com）。

还需指出的是，我们的模拟是基于出价数据的一个静态评价。也就是说，对于一个新竞拍者行为，出价历史并不改变。这种静态评价的问题是，在现实中，当一个新的竞拍者报出一个出价时，所有其他参与者都有一个机会对这个出价做出反应，这可能会导致一个不同的结果。虽然这种情况用历史数据是不可能复制的，但是我们可以创造一个实验环境（比如花费较高的真实市场实验，或者我们经常采用的非真实的课堂实验）来研究我们出价策略的真实影响。

虽然这里我们的研究只考虑了单一商品拍卖，但是人们可以将我们的出价策略推广到多商品拍卖中。让我们假设一个卖家在同一个拍卖中出售n个商品（一样的规格和质量），最高的n个出价每个赢得一个商品。在这种情况下使用我们的出价策略，竞拍者需要知道最低的可交易出价，也就是说竞拍者需要预测第 n 个商品的价格。给定一系列出价记录，一个方法就是对第 n 个商品采用我们的模型，也就是用我们的模型去预测最低的可交易价格。

还有一个相关问题就是多商品需求问题。如果一个竞拍者需要多个商品，如果没有时间限制并且竞拍者的 WTP 对所有这些商品都一样，我们的出价策略还是可以被采用，只要依次确定出价即可（假设供给无限制，这个假设对于大型拍卖市场中的多数商品来说都是成立的）。但是，如果竞拍者需要在短时间内购买 n 个商品并且同时报出 m 个出价，那么每个出价就应该根据 m 的数量进行折扣。另一方面，当时间期限减少时，出价应该提高，从而确保能够及时获得所有商品。对于变化的 WTP 分布，这个计算可能还要改变得更多。

我们的研究还可以用其他一些途径去扩展。前面我们已经指出了最优预测期的选择问题。扩展这个研究的另一途径是在预测期内考虑结束的拍卖和持续的拍卖。我们现在的方法只考虑了在预测期内结束的拍卖，原因是我们的预测模型适用于一个固定的预测期 $(T+1) - T$，因此我们只能预测在这段时间内结束的拍卖的最终价格。当然，我们可以基于 $T+1$ 的预测值来向前预测一期，即预测 $T+2$ 的值。但是向前两步预测（$T \rightarrow T+1$）要比向前一步预测（$T \rightarrow T+1$）存在更高的不确定性。在我们的决策框架中，目前还不十分明确如何降低增加的不确定性。扩展我们研究的另一个途径是考虑可变的合适的 WTP 分布。在我们的模拟中，我们假设初期和最后时刻出价的竞拍者具有相同的 WTP 分布。使用不同策略的竞拍者可能对商品具有不同的估值。另外我们还假设 WTP 附表对于不同预测期保持不变。虽然这个假设对于较短的预测期（最长几个小时）来说可能是比较现实的，但是一个想要马上获得商品的竞拍者对商品估值和一个可以等上几周的竞拍者对商品的估值可能是不同的。

最后，另一个重要问题是一个预测模型对整个市场的潜在影响问题。如果每个竞拍者都能够获得相同的模型，并且在同一个拍卖（具有最低预测价格）中出价，那么预测以及随后的出价决策将变得不稳健。这与股票市场比较类似，股票市场中的投资机构采用复杂的数学模型去指导投资决策。在这种情况下，如果所有投资者都依据同样的模型进行投资决策，那么就会存在一个风险，模型（而不是投资的表现）最终会驱动市场。在这个研究中，我们并没有太大的野心。即使一个模型最终驱动了 eBay 上所有的出价决策，但是至少从理论上来说，这种情况是不会永远持续下去的。如果我们的自动出价策略被采用，我们也是将其看作一个仅对部分竞拍者提供的决策工具，因此不会动摇整个市场。

参考文献

Abraham, C., Cornillion, P. A., Matzner - Lober, E., and Molinari, N. (2003). Unsupervised curve - clustering using B - spline. *Scandinavian Journal of Statistics*, 30(3):581-595.

Aczel, J. (1966). Lectures on Functional Equations and Their Applications. Academic Press,New York.

Adamowicz,W., Bhardwaj, V., andMacnab, B. (1993). Experiments on the difference between willingness to pay and willingness to accept. *Land Economics*, 69(4):416-427.

Afshartous,D. and de Leeuw, J. (2005). Prediction inmultilevelmodels. *Journal of Educational and Behavioral Statistics*, 30(2):109-139.

Agarwal, D. (2008). Statistical challenges in Internet advertising. In Jank,W. and Shmueli, G.(eds.), *Statistical Methods in eCommerce Research*, Wiley, New York.

Allen, G. N., Burke, D. L., and David, G. B. (2006). Academic data collection in electronic environments: defining acceptable use of Internet resources. *MISQuarterly*, 30(3):599-610.

Allen, M. T. and Swisher, J. (2000). An analysis of the price formation process at a HUD auction. *Journal of Real Estate Research*, 20:279-298.

Almgren, R. (2002). Financial derivatives and partial differential equations. *American Mathe-matical Monthly*, 109(1):1-12.

Anwar, S., McMillan, R., and Zheng, M. (2006). Bidding behavior at competing auctions:evidence from eBay. *European Economic Review*, 50(2):307-322.

Ariely, D., Ockenfels, A., and Roth, A. E. (2005). An experimental analysis of ending rules in Internet auctions. *RAND Journal of Economics*, 36(4):890−907.

Ariely, D. and Simonson, I. (2003). Buying, bidding, playing, or competing? Value assessment and decision dynamics in online auctions. *Journal of Consumer Psychology*, 13(1−2):113−123.

Aris, A., Shneiderman, B., Plaisant, C., Shmueli, G., and Jank, W. (2005). Representing unevenly-spaced time series data for visualization and interactive exploration. In *Inter - national Conference on Human Computer Interaction (INTERACT 2005)*.

Aurell, E. and Hemmingsson, J. (1997). Bid frequency analysis in liquid markets. TRITA-PDC Report, pp. 1401−2731.

Avery, C. N., Jolls, C., Posner, R. A., and Roth, A. E. (2001). The market for federal judicial law clerks. *University of Chicago Law Review*, 68:793−902.

Bajari, P. and Hortacsu, A. (2003). The winner's curse, reserve prices and endogenous entry:empirical insights from eBay auctions. *RAND Journal of Economics*, 3(2):329−355.

Banks, D. and Said, Y. (2006). Data mining in electronic commerce. *Statistical Science*,21(2):234−246.

Bapna, R., Goes, P., Gopal, R., and Marsden, J. (2006). Moving from data - constrained to data-enabled research: experiences and challenges in collecting, validating, and analyzing large-scale e-commerce data. *Statistical Science*, 21:116−130.

Bapna, R., Goes, P., and Gupta, A. (2003). Analysis and design of business - to - consumer online auctions. *Management Science*, 49:85−101.

Bapna, R., Goes, P., Gupta, A., and Jin, Y. (2004). User heterogeneity and its impact on electronic auction market design: an empirical exploration. *MIS Quarterly*, 28(1):21−43.

Bapna, R., Goes, P., Gupta, A., and Karuga, G. (2002a). Optimal design of the online auction channel: analytical, empirical and computational insights. *Decision Sciences*, 33(4):557−577.

Bapna, R., Goes, P., Gupta, A., and Karuga, G. (2002b). Predictive calibration of online multi-unit ascending auctions. In *Proceedings of WITS-2002*, Barcelona, Spain, December 2002.

Bapna,R., Jank,W., and Shmueli,G. (2008a).Consumer surplus in online auctions.

Information Systems Research, 19:400−416.

Bapna, R., Jank, W., and Shmueli, G. (2008b). Price formation and its dynamics in online auctions. *Decision Support Systems*, 44:641−656.

Basseville, M. (1989). Distance measure for signal processing and pattern recognition. *Signal Processing*, 18(4):349−369.

Beam, C., Segev, A., and Shanthikumar, J. G. (1996). Electronic negotiation through Internet-based auctions. Technical Report, CITM Working Paper 96-WP-1019.

Beck, N., Glreditsch, K. S., and Beardsley, K. (2006). Space is more than geography: using spatial econometrics in the study of political economy. *International Studies Quarterly*,50(1):27−44.

Becker, R., Chambers, J., and Wilks, A. (1988). *The New S Language,* Wadsworth & Brooks,Pacific Grove, CA.

Bederson, B., Shneiderman, B., and Wattenberg, M. (2002). Ordered and quantum treemaps:making effective use of 2D space to display hierarchies. *ACM Transactions on Graphics*,21:833−854.

Berk, K. (1978). Comparing subset regression procedures. *Technometrics,* 20(1):1−6.

Bock, H. H. (1974). *Automatische Klassifikation*. Vandenhoeck & Rupprecht, Goettingen.

Borle, S., Boatwright, P., and Kadane, J. B. (2003). The common/private - value continuum: an empirical investigation using eBay online auctions. Technical Report, Rice University.

Borle, S., Boatwright, P., and Kadane, J. B. (2006). The timing of bid placement and extent of multiple bidding: an empirical investigation using eBay online auctions. *Statistical Science*,21(2):194−205.

Breiman, L., Friedman, J., Olshen, R., and Stone, C. (1984). *Classification and Regression Trees*, Wadsworth & Brooks, Pacific Grove, CA.

Brown, J. andMorgan, J. (2006). Reputation in online auctions: the market for trust. *California Management Review*, 49(1):61.

Bruschi, D., Poletti, G., and Rosti, E. (2002). E−vote and PKI's: a need, a bliss or a curse? In Gritzalis, D. (ed.), *Secure Electronic Voting*, Kluwer Academic Publishers.

Buono, P., Plaisant, C., Simeone, A., Aris, A., Shneiderman, B., Shmueli, G., and Jank, W.(2007). Similarity - based forecasting with simultaneous previews: a river plot interface for time series forecasting. In *11th International Conference* on *Information Visualization.*

Bzik, T. J. (2005). Overcoming problems associated with the statistical reporting and analysis of ultratrace data. Available at http://www.micromanagemagazine. com/archive/05/06/bzik.html (January 8, 2007).

Caccetta, L., Chow, C., Dixon, T., and Stanton, J. (2005). In Modelling the structure of Australian wool auction prices. *MODSIM 2005 International Congress on Modelling and Simulation,* Modelling and Simulation Society of Australia and New Zealand, pp. 1737–1743.

Chan, K. Y. and Loh,W. Y. (2004). Lotus: an algorithm for building accurate and comprehensible logistic regression trees.*Journal of Computational and Graphical Statistics,* 13(4):826–852.

Coddington, E. A. and Levinson, L. (1955).*Theory of Ordinary Differential Equations.* McGraw-Hill, New York.

Cover, T. M. and Hart, P. (1967). Nearest neighbor pattern classification. *IEEE Transactions on Information Theory,* 13:21–27.

CRAN (2003). *The R Project for Statistical Computing.* Available at http://www.r-project.org/index.html.

Cressie, N. (1993). *Statistics for Spatial Data.* Wiley.

Croson, R. T. A. (1996). Partners and strangers revisited. *Economics Letters,* 53:25–32.

Cuesta-Albertos, J. A., Gordaliza, A., andMatran, C. (1997). Trimmed k-means: an attempt to robustify quantizers. *The Annals of Statistics,* 25:553–576.

Dass,M., Jank,W., and Shmueli, G. (2009). Dynamic price forecasting in simultaneous online art auctions. In Casillas, J. and Martnez-López, F. J. (eds.), *Marketing Intelligent Systems Using Soft Computing,* Springer.

Dass,M. and Reddy, S. K. (2008). An analysis of price dynamics, bidder networks and market structure in online auctions. In Jank, W. and Shmueli, G. (eds.), *Statistical Methods in eCommerce Research.* Wiley, New York.

Dellarocas, C. and Narayan, R. (2006). A statistical measure of a population's propen sity to engage in post - purchase online word - of - mouth. *Statistical Science,* 21(2):277–285.

Deltas, G. (1999). Auction size and price dynamics in sequential auctions. Working Paper,University of Illinois.

Devroye, L. P. (1981). On the almost everywhere convergence of nonparametric regression function estimates. *The Annals of Statistics*, 9:1310−1319.

Donkers, B., Verhoef, P. C., and De Jong, M. (2003). Predicting customer lifetime value in multi - service industries. Technical Report, ERIM Report Series Reference No. ERS - 2003 - 038 - MKT. Available at SSRN: http://ssrn.com/abstract=411666.

Engle, R. F. and Russel, J. R. (1998). Autoregressive conditional duration: a new model for irregularly spaced transaction data. *Econometrica*, 66(5):1127−1162.

Etzion, H., Pinker, E., and Seidmann, A. (2003). Analyzing the simultaneous use of auctions and posted prices for on-line selling. Working Paper CIS-03-01, Simon School, University of Rochester.

Fader, P. and Hardie, B. (2006). How to project customer retention. Technical Report. Available at SSRN: http://ssrn.com/abstract=801145.

Fader, P., Hardie, B., and Lee, K. L. (2006). CLV: more than meets the eye. Technical Report.Available at SSRN: http://ssrn.com/abstract=913338.

Fienberg, S. E. (2006). Privacy and confidentiality in an e-commerce world: data mining,data warehousing, matching and disclosure limitation. *Statistical Science*, 21(2):143−154.

Fienberg, S. E. (2008). Is privacy protection for data in an e-Commerce world an oxymoron? In Jank, W. and Shmueli, G. (eds.), *Statistical Methods in eCommerce Research*, Wiley, New York.

Forman, C. and Goldfarb, A. (2008). How has electronic commerce research advanced understanding of the offline world? In Jank, W. and Shmueli, G. (eds.), *Statistical Methods in eCommerce Research*, Wiley, New York.

Forsythe,R.,Rietz, T.A., andRoss, T.W. (1999).Wishes, expectations, and actions: a survey on price formation in election stock markets. *Journal of Economic Behavior & Organization*,39:83−110.

Fouque, J. P., Papanicolaou, G., and Sircar, K. R. (2000). *Derivatives in Financial Markets with Stochastic Volatility*. Cambridge University Press.

Foutz, N. and Jank, W. (2009). Pre-release demand forecasting for motion pictures using functional shape analysis of virtual stock markets. *Marketing Science*, in press. Published online in Articles in Advance, December 2, 2009 DOI: 10.1287/mksc.1090.0542.

Fox, J. (1997). *Applied Regression, Linear Models, and Related Methods*. Sage Publications.

French, J. L., Kammann, E. E., and Wand, M. P. (2001). Comment on Ke and Wang. *Journal of the American Statistical Association*, 96:1285−1288.

Gamma, J. (2004). Functional trees. *Machine Learning*, 55:219−250.

George, E. (2000). The variable selection problem. *Journal of the American Statistical Association*, 95(452):1304−1308.

Ghani, R. (2005). Price prediction and insurance for online auctions. In *11th ACM SIGKDD International Conference on Knowledge Discovery and Data Mining*, Chicago, IL.

Ghani, R. and Simmons, H. (2004). Predicting the end-price of online auctions. In *Proceedings of the International Workshop on Data Mining and Adaptive Modeling and Methods for Economics and Management*.

Ghose, A. (2008). The economic impact of user-generated and firm-published online content:directions for advancing the frontiers in electronic commerce research. In Jank, W. and Shmueli, G. (eds.), *Statistical Methods in eCommerce Research*, Wiley, New York.

Ghose,A., Smith,M.D., and Telang,R. (2006). Internet exchanges for used books: an empirical analysis of product cannibalization and welfare impact. *Information Systems Research*,17(1):3−19.

Ghose, A. and Sundararajan, A. (2006). Evaluating pricing strategy using e-commerce data:evidence and estimation challenges. *Statistical Science*, 21(2): 131−142.

Goldfarb, A. and Lu, Q. (2006). Household-specific regressions using clickstream data. *Statistical Science*, 21(2):247−255.

Goldstein, M. (1972). K-nearest neighbor classification. *IEEE Transactions on Information Theory*, 18(5):627−630.

Good, I. J. and Gaskins, R. J. (1980). Density estimation and bump hunting by the penalized maximum likelihood method exemplified by scattering and meteorite data. *Journal of the American Statistical Association*, 75(369):42−56.

Goyvaerts, J. and Levithan, S. (2009). Regular Expressions Cookbook. O'Reilly Media.

Guerre, E., Perrigne, I., and Vuong, Q. (2000). Optimal nonparametric estimation of first-price auctions. *Econometrica*, 68(3):525−574.

Gwebu, K.,Wang, J., and Shanker, M. (2005).A simulation study of online auctions: analysis of bidders'and bid−takers'strategies. In *Proceedings of the Decision*

Science Institute.

Harel, A., Kenett, R., and Ruggeri, F. (2008). Modeling web usability diagnostics based on usage statistics. In Jank, W. and Shmueli, G. (eds.), *Statistical Methods in eCommerce Research*, Wiley, New York.

Harter, H. L. (1961). Expected values of normal order statistics. *Biometrica,* 48(1−2): 151−165.

Haruvy, E. and Popkowski Leszczyc, P. (2009). What does it take to make consumers search?Working Paper, Department of Marketing, Business Economics and Law, University of Alberta.

Haruvy, E. and Popkowski Leszczyc, P. (2010). The impact of online auction duration. *Decision Analysis*, 7(1):99−106.

Haruvy, E., Popkowski Leszczyc, P., Carare, O., Cox, J., Greenleaf, E., Jap, S., Jank, W., Park,Y., and Rothkopf, M. (2008). Competition between auctions. *Marketing Letters*, 19(3−4):431−448.

Hastie, T. J., Buja, A., and Tibshirani, R. J. (1995). Penalized discriminant analysis. *The Annals of Statistics*, 23:73−102.

Hastie, T. and Tibshirani, R. (1990).*Generalized Additive Models.* Chapman & Hall, London.

Hastie, T., Tibshirani, R., and Friedman, J. (2001).*The Elements of Statistical Learning.* Springer, New York.

Haubl, G. and Popkowski Leszczyc, P. T. L. (2003). Minimum prices and product valuations in auctions. *Marketing Science Institute Reports*, Issue 3, No. 03−117, pp. 115−141.

Henry, G. T. (1990). *Practical Sampling. Applied Social Research Methods,* Vol. 21, Sage Publications.

Hill, S., Provost, F., and Volinsky, C. (2006). Network-based marketing: identifying likely adopters via consumer networks. *Statistical Science*, 21(2):256−276.

Hlasny, V. (2006). Testing for the occurrence of shill bidding (in Internet auctions). *Graduate Journal of Social Science*, 3(1):61−81.

Holland, J.H. (1975). *Adaptation in Natural and Artificial Systems.*The University of Michigan Press, Ann Arbor, MI.306 BIBLIOGRAPHY.

Huberman, B. A. and Adamic, L. A. (1999). Growth dynamics of theWorldWideWeb. *Nature,*401:131−132.

Hyde, V., Jank, W., and Shmueli, G. (2006). Investigating concurrency in online auctions through visualization. *The American Statistician*, 60:241-250.

Hyde, V., Jank, W., and Shmueli, G. (2008). A family of growth models for representing the price process in online auctions. In Jank, W. and Shmueli, G. (eds.), *Statistical Methods in eCommerce Research*, Wiley, New York.

Jain, A., Murty, M., and Flynn, P. (1999). Data clustering: a review. *ACM Computing Surveys*,31(3):264-323.

James, G. M. (2002). Generalized linear models with functional predictor variables. *Journal of the Royal Statistical Society*, Series B, 64:411-432.

James, G. M. and Hastie, T. (2001). Functional linear discriminant analysis for irregularly sampled curves. *Journal of the Royal Statistical Society, Series B*, 63: 533-550.

James, G. M. and Sugar, C. A. (2003). Clustering sparsely sampled functional data. *Journal of the American Statistical Association*, 98(462):397-408.

James, G. M., Wang, J., and Zhu, J. (2009). Functional linear regression that's Interpretable.*The Annals of Statistics* 37:2083-2108.

Jank, W. and Kannan, P. K. (2008). Spatial models for online mortgage leads. In Jank, W and Shmueli, G. (eds.), *Statistical Methods in eCommerce Research*, Wiley, New York.

Jank, W. and Shmueli, G. (2005). Visualizing online auctions. *Journal of Computational and Graphical Statistics*, 14(2):299-319.

Jank, W. and Shmueli, G. (2006). Functional data analysis in electronic commerce research.*Statistical Science,* 21(2):155-166.

Jank, W. and Shmueli, G. (2007). Modelling concurrency of events in on-line auctions via spatiotemporal semiparametric models. *Journal of the Royal Statistical Society*, Series C,56(1):1-27.

Jank, W. and Shmueli, G. (2008a).*Statistical Methods in eCommerce Research*, Wiley, New York.

Jank,W. and Shmueli, G. (2008b). Studying heterogeneity of price evolution in eBay auctions via functional clustering. InAdomavicius,G. andGupta,A. (eds.), *Handbook of Information Systems Series: Business Computing*, Emerald, pp. 237-261.

Jank, W. and Shmueli, G. (2009). Studying heterogeneity of price evolution in eBay auctions via functional clustering. In *Handbook of Information Systems Series: Business Computing,*Emerald, pp. 237-261.

Jank, W. and Shmueli, G. (2010). Forecasting online auctions using dynamic models. In Soares, C. and Ghani, R. (eds.), *Data Mining for Business Applications*, IOS Press,in press.

Jank, W. Shmueli, G. Dass, M. Yahav, I., and Zhang, S. (2008a). Statistical challenges in eCommerce: modeling dynamic and networked data. *INFORMS Tutorials in Operations Research*, 2008 edition, pp. 31−54.

Jank, W., Shmueli, G., and Wang, S. (2006). Dynamic, real-time forecasting of online auction via functional models. In *Proceedings of the 12th ACM SIGKDD International Conference on Knowledge Discovery and Data Mining (KDD2006)*, Philadelphia, PA, August 20−23,2006.

Jank, W., Shmueli, G., and Wang, S. (2008b). Modeling price dynamics in online auctions via regression trees. In Jank, W. and Shmueli, G. (eds.), *Statistical Methods in eCommerce Research*, Wiley, New York.

Jank, W., Shmueli, G., and Zhang, S. (2009). A flexible model for price dynamics in online auctions. Technical Report, RH Smith School of Business, University of Maryland.

Jank, W. and Yahav, I. (2010). E-loyalty networks in online auctions. *The Annals of Applied Statistics*, in press.

Jank,W. and Zhang, S. (2009a). An automated and data-driven bidding strategy for online auctions. Technical Report, RH Smith School of Business, University of Maryland. Available at SSRN: http://ssrn.com/abstract=1427212.

Jank,W. and Zhang, S. (2009b). Competition in online markets: model selection for improved forecasting. Technical Report, RH Smith School of Business, University of Maryland.

Jap, S. and Naik, P. (2008). BidAnalyzer: a method for estimation and selection of dynamic bidding models. *Marketing Science*, 27:949−960.

Karatzas, I. and Shreve, S. E. (1998). *Methods of Mathematical Finance*. Springer, New York.

Kauffman, R. J., March, S. T. and Wood, C. (2000). Mapping out design aspects for data-collecting agents. *International Journal of Intelligent Systems in Accounting, Finance, and Management*, 9(4):217−236.

Kauffman, R. andWang, B. (2008). Developing rich insights on public internet firm entry and exit based on survival analysis and data visualization. In Jank, W. and Shmueli, G. (eds.),*Statistical Methods in eCommerce Research*, Wiley, New

York.

Kauffman, R. J. and Wood, C. A. (2000). Running up the bid: modeling seller opportunism in internet auctions. In *Proceedings of the 2000 Americas Conference on Information Systems*.

Kauffman, R. J. and Wood, C. A. (2005). The effects of shilling on final bid prices in online auctions. *Electronic Commerce Research and Applications*, 4(2):21–34.

Kaufman, L. and Rousseeuw, P. J. (1987). Clustering by means of medoids. In Dodge, Y. (ed.),*Statistical Data Analysis Based on the L1-Norm and Related Methods*. North Holland,Amsterdam, pp. 405–416.

Kim, H. and Loh, W. Y. (2001). Classification trees with unbiased multiway splits. *Journal of the American Statistical Association*, 96(454):589–604.

Klemperer, P. (1999). Auction theory: a guide to the literature. *Journal of Economic Surveys*,13(3):227–286.

Kneip, A. and Utikal, K. J. (2001). Inference for density families using functional principal component analysis. *Journal of the American Statistical Association*, 96(454):519–542.

Krishna, V. (2002). Auction Theory. Academic Press, San Diego, CA.

Ku, G., Malhorta, D., and Murnighan, J. D. (2004). Competitive arousal in live and Internet auctions. Working Paper, Northwestern University.

Kulkarni, S. R., Lugosi, G., and Venkatesh, S. S. (1998). Learning pattern classification: a survey. *IEEE Transactions on Information Theory*, 44(6):2178–2206.

Kulkarni, S. R. and Posner, S. E. (1995). Rates of convergence of nearest neighbor estimation under arbitrary sampling.*IEEE Transactions on Information Theory*, 41(4):1028–1039.

Kullback, S. and Leibler, R. A. (1951). On information and sufficiency. *The Annals of Mathe-matical Statistics*, 22:79–86.

Kumar, M. and Patel, N. (2008). Clustering data with measurement error. In Jank, W. and Shmueli, G. (eds.), *Statistical Methods in eCommerce Research*, Wiley, New York.

Lambert, D. (1992). Zero-inflated Poisson regression, with an application to defects in manufacturing. *Technometrics*, 34:1–14.

Levinson, N. (1946). The Wiener RMS (root mean square) error criterion in filter design and prediction. *Journal of Mathematics and Physics*, 25:261–278.

Levy, P. S. and Lemeshow, S. (1999).*Sampling of Populations, Methods and*

Applications, 3rd edition, Wiley.

Li, L. I. (2006). Reputation, trust, and rebates: how online auction markets can improve their feedback mechanisms. Working Paper.

Liebovitch, L. S. and Schwartz, I. B. (2003). Information flow dynamics and timing patterns in the arrival of email viruses. *Physical Review*, 68:1−4.

Liu, B. and Müller, H.-G. (2008). Functional data analysis for sparse auction data. In Jank,W.and Shmueli, G. (eds.), *Statistical Methods in eCommerce Research*, Wiley, New York, pp.269−290.

Liu, B. and Müller, H.-G. (2009). Estimating derivatives for samples of sparsely observed functions, with application to on-line auction dynamics. *Journal of the American Statistical Association*, 104:704−714.

Livingston, J. (2005). How valuable is a good reputation? A sample selection model of Internet auctions. *Review of Economics and Statistics*, 87(3):453−465.

Loh,W. Y. (2002). Regression trees with unbiased variable selection and interaction detection.*Statistica Sinica*, 12:361−386.

Lohr, S. L. (1999). *Sampling: Design and Analysis*. Duxbury Press.

Lucking-Reiley, D. (1999). Using field experiments to test equivalence between auction for-mats: magic on the Internet. *American Economic Review*, 89(5): 1063−1080.

Lucking-Reiley, D. (2000) Auctions on the Internet: what's being auctioned, and how? *Journal of Industrial Economics*, 48(3):227−252.

Lucking-Reiley, D., Bryan, D., Prasad, N., and Reeves, D. (2007). Pennies from eBay: the determinants of price in online auctions. *The Journal of Industrial Economics*, 55(2):223−233.

Lucking-Reiley, D., Bryan, D., and Reeves, D. (2000). Pennies from eBay: the determinants of price in online auctions. Working Paper 00-W03, Department of Economics, Vanderbilt University.

Mankiw, N. G., Romer, D., andWeil, D. N. (1992). A contribution to the empirics of economic growth. *Quarterly Journal of Economics*, 107(2):407−437.

Matas,A. and Schamroth,Y. (2008).Optimization of search enginemarketing bidding strategies using statistical techniques. In Jank, W. and Shmueli, G. (eds.), *Statistical Methods in eCommerce Research*, Wiley, New York.

McAfee, R. P. and McMillan, J. (1987). Auctions with stochastic number of bidders. *Journal of Economic Theory*, 43:1−19.

McCulloch, C. and Searle, S. (2000). *Generalized, Linear, and Mixed Models*. Wiley.

McGill, R., Tukey, J. W., and Larsen, W. A. (1978). Variations of box plots. *The American Statistician*, 38:12–16.

Menasce,D.A. andAkula,V. (2004). Improving the performance of online auction sites through closing time rescheduling. In *First International Conference on Quantitative Evaluation of Systems (QEST'04)*, pp. 186–194.

Milgrom, P. andWeber,R. (1982).Atheory of auctions and competitive bidding. *Econometrica*,50(5):1089–1122.

Mithas, S., Almirall, D., and Krishnan, M. S. (2006). Do CRM systems cause one-to-onemarketing effectiveness? *Statistical Science*, 21(2):223–233.

Müller, H.-G. and Yao, F. (2010). Empirical dynamics for longitudinal data. Working Paper,Department of Statistics, University of California at Davis.

Nalewajski, R. F. and Parr, R.G. (2000). Information theory, atoms inmolecules, andmolecular similarity. *Proceedings of theNational Academy of Sciences of theUnited States of America*,97(16):8879–8882.

Ngo, L. and Wand, M. (2004). Smoothing with mixed model software. *Journal of Statistical Software*, 9(1):1–54.

Ockenfels, A. and Roth, A. E. (2002). The timing of bids in Internet auctions market design,bidder behavior, and artificial agents. *AI Magazine*, 23(3):79–87.

Olea, R. A. (1999). *Geostatistics for Engineers and Earth Scientists*. Springer.

Overby, E. and Konsynski, B. (2008). Modeling time-varying relationships in pooled cross-sectional eCommerce data. In Jank,W. and Shmueli,G. (eds.), *Statistical Methods in eCommerce Research*, Wiley, New York.

Pan, X., Ratchford, B. T., and Shankar, V. (2003). The evolution of price dispersion in Internet retail markets. *Advances in Applied Microeconomics*, 12:85–105.

Pan, X., Ratchford, B. T., and Shankar, V. (2004). Price dispersion on the Internet: a review and directions for future research. *Journal of Interactive Marketing*, 18 (4):116–135.

Park, Y.-H. and Bradlow, E. (2005). An integrated model for whether, who, when, and how much in Internet auctions. SSRN eLibrary.

Pelt, J. (2005). Astronomical time series analysis. Lecture Notes. Available at www. aai.ee/pelt/main.pdf, with software available at www.aai.ee/pelt/soft. htm#ISDA.

Pennock, D. M., Lawrence, S., Giles, C. L., and Nielsen, F. A. (2001). The real power of artificial markets. *Science*, 291(5506):987–988.

Perlich, C. and Rosset, S. (2008). Quantile modeling for wallet estimation. In Jank, W. and Shmueli, G. (eds.), *Statistical Methods in eCommerce Research*, Wiley, New York.

Peters, M. and Severinov, S. (2006). Internet auctions with many traders. *Journal of Economic Theory*, 127(1):220–245.

Pinker, E., Seidmann, A., and Vakrat, Y. (2003). The design of online auctions: business issues and current research. *Management Science*, 49(11):1457–1484.

Quinlan, J. R. (1993). C4.5: *Programs for Machine Learning*.Morgan Kaufmann Publishers,San Mateo, CA.

Ramsay, J. O. (1996). Principal differential analysis: data reduction by differential operators.*Journal of the Royal Statistical Society*, Series B, 58:495–508.

Ramsay, J. O. (1998). Estimating smooth monotone functions. *Journal of the Royal Statistical Society*, Series B, 60:365–375.

Ramsay, J. O. (2000). Differential equation models for statistical functions. *Canadian Journal of Statistics*, 28:225–240.

Ramsay, J.O.,Hooker,G.,Campbell,D., andCao, J. (2007). Parameter estimation for nonlinear differential equations: a smoothing-spline approach. *Journal of the Royal Statistical Society*,Series B, 69(5):741–796.

Ramsay, J. O. and Silverman, B. W. (2002). *Applied Functional Data Analysis: Methods and Case Studies*, Springer, New York.

Ramsay, J. O. and Silverman, B. W. (2005). *Functional Data Analysis. Springer Series in Statistics*, 2nd edition, Springer, New York.

Rao, C. (1985). In Weighted distributions arising out of methods of ascertainment: what population does a sample represent?, *A Celebration of Statistics: The ISI Centenary Volume*, Springer, pp. 543–569.

Raubera, T., Braun, T., and Berns, K. (2008). Probabilistic distance measures of the Dirichlet and Beta distributions. *Pattern Recognition*, 41(2):637–645.

Reddy, S. K. and Dass, M. (2006). Modeling on-line art auction dynamics using functional data analysis. *Statistical Science*, 21(2):179–193.

Reithinger, F., Jank, W., Tutz, G., and Shmueli, G. (2008). Smoothing sparse and unevenly sampled curves using semiparametric mixed models: an application to online auctions.*Journal of the Royal Statistical Society*, Series C, 57(2):127–

148.

Roth, A. E., Murninghan, J. K., and Schoumaker, F. (1998). The deadline effect in bargaining:some experimental evidence. *American Economic Review*, 78(4): 806–823.

Roth,A.E. andOckenfels,A. (2002).Last-minutes bidding and the rules for ending second price auctions: evidence from eBay and Amazon on the Internet. *American Economic Review*,92:1093–1103.

Roth, A. E. and Xing, X. (1994). Jumping the gun: imperfections and institutions related to the timing of market transactions. *American Economic Review*, 84: 992–1044.

Rubin, D. B. andWaterman, R. P. (2006). Estimating the causal effects of marketing interven-tions using propensity score methodology. *Statistical Science*, 21(2): 206–222.

Ruppert, D., Wand, M. P., and Carroll, R. J. (2003). *Semiparametric Regression*. Cambridge University Press, Cambridge.

Russo, R. P., Shmueli, G., Jank, W., and Shyamalkumar, N. D. (2010). Models for bid arrivals and bidder arrivals in online auctions. In Balakrishnan, N. (ed.), *Handbook of Business,Finance and Management Sciences*, Wiley.

Russo,R. P., Shmueli,G., and Shyamalkumar,N.D. (2008).Models of bidder activity consistent with self-similar bid arrivals. In Jank, W. and Shmueli, G. (eds.), *Statistical Methods in eCommerce Research*, Wiley, New York, pp. 325–339.

Salls, M. (2005). How to harness auction fever (interview with Deepak Malhotra). Harvard Business School Working Knowledge.

Scott, D. W. (1979). On optimal and data-based histograms. *Biometrika*, 66:605–610.

Shekhar, S., Lu, C. T., and Zhang, P. (2003). Unified approach to spatial outliers detection.*GeoInformatica*, 7(2):139–166.

Shmueli, G. (2009). To explain or to predict? Working Paper RHS 06-099, Robert H. Smith School of Business, University of Maryland.

Shmueli, G. and Jank, W. (2005). Visualizing online auctions. *Journal of Computational and Graphical Statistics*, 14(2):299–319.

Shmueli, G. and Jank, W. (2008). Modeling the dynamics of online auctions: a modern statistical approach. In Kauffman, R. and Tallon, P. (eds.), *Economics, Information Systems & Ecommerce Research II: Advanced Empirical Methods*.

Advances in Management Information Systems Series, Sharpe, Armonk, NY.

Shmueli, G., Jank, W., Aris, A., Plaisant, C., and Shneiderman, B. (2006). Exploring auction databases through interactive visualization. *Decision Support Systems*, 42(3):1521–1538.

Shmueli,G., Jank,W., andBapna,R. (2005). Sampling eCommerce data fromtheweb: method ological and practical issues. In *2005 Proceedings of the American Statistical Association*,American Statistical Association, Alexandria, VA.

Shmueli, G., Jank, W., and Hyde, V. (2008). Transformations for semicontinuous data. *Computational Statistics & Data Analysis*, 52(8):4000–4020.

Shmueli, G. and Koppius, O. (2008). The challenge of prediction in information systems research. Working Paper RHS 06 - 058, Robert H. Smith School of Business, University of Maryland.

Shmueli, G., Russo, R. P., and Jank, W. (2004). Modeling bid arrivals in online auctions.Working Paper RHS 06 - 001, Robert H. Smith School of Business, University ofMaryland.

Shmueli, G., Russo, R., and Jank,W. (2007). The BARISTA: a model for bid arrivals in online auctions. *The Annals of Applied Statistics*, 1(2):412–441.

Shneiderman, B. (1992). Tree visualization with tree-maps: a 2-dimensional space fi lling approach. *ACM Transactions on Graphics*, 11:92–99.

Short, R. D. and Fukunaga, K. (1981). The optimal distance measure for nearest neighbor classification. *IEEE Transactions on Information Theory*, 27(5):622–627.

Slade, M. E. (2005). The role of economic space in decision making. *Annales d' Economie et de Statistique*, 77(1):1–21.

Snir, E.M. (2006). Online auction enabling the secondary computer market. *Information Technology and Management*, 7(3):213–234.

Solow, R. M. (1956). A contribution to the theory of economic growth. *Quarterly Journal of Economics*, 70(1):65–94.

Spann,M. and Skiera, B. (2003). Internet-based virtual stock markets for business forecasting.*Management Science*, 49(10):1310–1326.

Spitzner, D. J., Marron, J. S., and Essick, G. K. (2003). Mixed - model functional ANOVA for studying human tactile perception. *Journal of the American Statistical Association*, 98:263–272.

Stewart, K., Darcy, D., and Daniel, S. (2006). Opportunities and challenges applying functional data analysis to the study of open source software evolution. *Statistical Science*, 21(2):167–178.

Stone, C. J. (1977). Consistent nonparametric regression. *The Annals of Statistics,* 5:595–645.

Sugar,C.A. and James,G.M. (2003). Finding the number of clusters in a data set: an information theoretic approach. *Journal of the American Statistical Association*, 98:750–763.

Surowiecki, J. (2005). *The Wisdom of Crowds*. Random House Inc., New York.

Telang, R. and Smith,M. D. (2008). Internet exchanges for used digital goods. SSRN eLibrary.

Tibshirani, R., Walther, G., and Hastie, T. (2001). Estimating the number of clusters in a data set via the gap statistic. *Journal of the Royal Statistical Society, Series B*, 63:411–423.

Vakrat, Y. and Seidmann, A. (2000). Implications of the bidders' arrival process on the design of online auctions. In *Proceedings of the 33rd Hawaii International Conference on System Sciences*, 110.

Van der Heijden, P. and B¨ockenholt, U. (2008). Applications of randomized response methodology in eCommerce. In Jank,W. and Shmueli, G. (eds.), *StatisticalMethods in eCommerce Research*, Wiley, New York.

Venkatesan, R.,Mehta,K., and Bapna, R. (2007).Domarket characteristics impact the relationship between retailer characteristics and online prices? *Journal of Retailing*, 83(3):309–324.

Wand, M. P. (1997). Data - based choice of histogram bin width. *The American Statistician*,51(1):59–64.

Wand, M. P. (2003). Smoothing and mixed models. *Computational Statistics*, 18: 223–249.

Wand,M. P., Coull, B., French, J., Ganguli, B., Kammann, E., Staudenmayer, J., and Zanobetti,A. (2005). The SemiPar 1.0. R package.

Wang, S., Jank,W., and Shmueli, G. (2008a). Explaining and forecasting online auction prices and their dynamics using functional data analysis. *Journal of Business and Economic Statistics*, 26(2):144–160.

Wang, S., Jank, W., Shmueli, G., and Smith, P. (2008b). Modeling price dynamics in eBay auctions using principal differential analysis. *Journal of American Statistical Association*,103(483):1100–1118.

Warren, R., Eiroldi, E., and Banks, D. (2008). Shared knowledge systems with value: statistical aspects of Wikipedia. In Jank,W. and Shmueli, G. (eds.), *Statistical Methods in eCommerce Research*, Wiley, New York.

Wilcox, R. T. (2000). Experts and amateurs: the role of experience in Internet auctions. *Marketing Letters*, 11:363–374.

Yang, I., Jeong, H., Kahng, B., and Barabasi, A.-L. (2003). Emerging behavior in electronic bidding. *Physical Review*, 68:5–8.

Yang,W., Müller, H.-G., and Stadmüller, U. (2010). Functional singular components and their applications. Working Paper, Department of Statistics, University of California at Davis.

Yao, S. and Mela, C. F. (2007). Online auction demand. *SSRN eLibrary*.

Yu, Y. and Lambert, D. (1999). Fitting trees to functional data, with an application to time-of-day patterns. *Journal of Computational and Graphical Statistics*, 8(4): 749–762.

Zeileis, A., Hothorn, T., and Hornik, K. (2005). Model-based recursive partitioning. Research Report Series, Report 19, Department of Statistics and Mathematics, Wirtschaftsuniversität Wien.

Zeithammer, R. (2006). Forward-looking bidding in online auctions. *Journal of Marketing Research*, 43(3):462–476.

Zhang, A., Beyer, D., Ward, J., Liu, T., Karp, A., Guler, K., Jain, S., and Tang, H. K. (2002). Modeling the price-demand relationship using auction bid data. Hewlett-Packard Labs Technical Report HPL-2002-202. Available at http://www.hpl.hp.com/techreports/2002/HPL-2002-202.eps.

Zhang, S., Jank, W., and Shmueli, G. (2010). Real-time forecasting of online auctions via functional k-nearest neighbors. *International Journal of Forecasting*, in press.

ebaY®

[Search] tips
☐ Search titles **and** descriptions

eBay.com Bid History for
Palm Pilot m515 Color Handheld PDA 515 NEW NR (Item # 3074620884)

Currently	US $200.50	First Bid	US $0.99
Quantity	1	# of bids	17
Time left	Auction has ended.		
Started	Jan-28-04 20:30:00 PST		
Ends	Feb-02-04 20:30:00 PST		
Seller (Rating)	uscagent (121 ☆)		

View page with email addresses (Accessible by Seller only) Learn more.

Bidding History (Highest bids first)

User ID	Bid Amount	Date of Bid
golspice (26 ☆)	US $200.50	Feb-02-04 20:28:02 PST
audent (1) 👤	US $198.00	Feb-02-04 17:18:14 PST
jay4blues (0)	US $196.50	Feb-02-04 14:57:54 PST
audent (1) 👤	US $193.00	Feb-02-04 17:17:59 PST
audent (1) 👤	US $188.00	Feb-02-04 17:17:33 PST
eagle2sc (11 ☆)	US $180.25	Feb-02-04 11:48:20 PST
audent (1) 👤	US $179.00	Jan-31-04 09:18:51 PST
istariken (38 ☆)	US $175.25	Jan-30-04 20:45:20 PST
audent (1) 👤	US $175.00	Jan-31-04 09:18:37 PST
audent (1) 👤	US $169.55	Jan-31-04 09:18:16 PST
audent (1) 👤	US $159.00	Jan-31-04 09:17:40 PST
amanda_s_brooks (14 ☆)	US $150.00	Jan-30-04 09:12:58 PST
audent (1) 👤	US $80.05	Jan-28-04 21:54:09 PST
cscott24 (23 ☆)	US $80.00	Jan-28-04 20:35:05 PST
powergerbil (3)	US $45.01	Jan-28-04 21:05:14 PST
powergerbil (3)	US $42.99	Jan-28-04 21:04:44 PST
powergerbil (3)	US $40.00	Jan-28-04 21:04:08 PST

图 3-1   eBay 网站上一个 M515 型掌上电脑拍卖的完整竞价历史

单位：美元

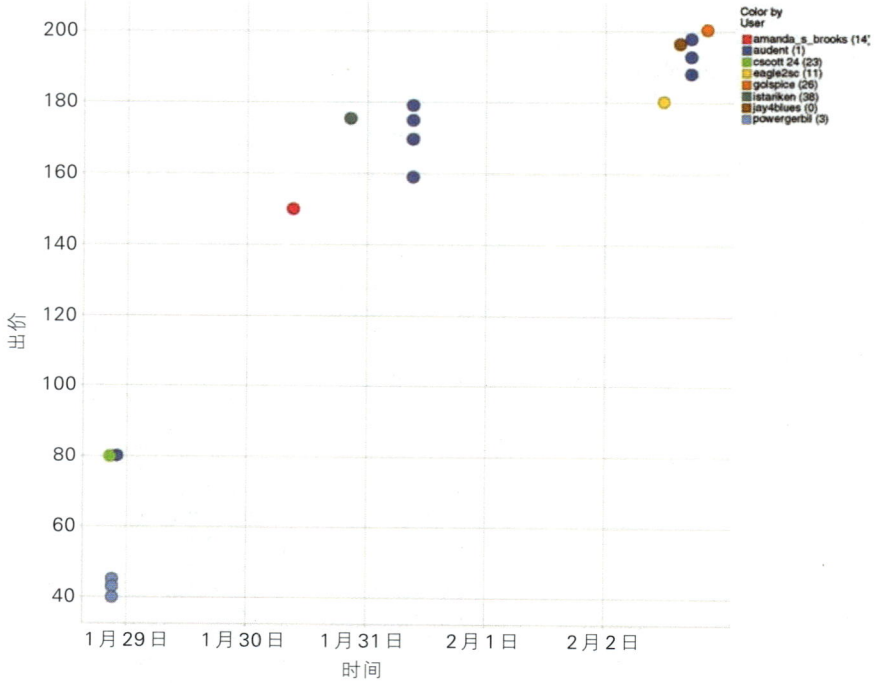

图 3-2　图 3-1 中所示的竞价历史对应的轮廓图

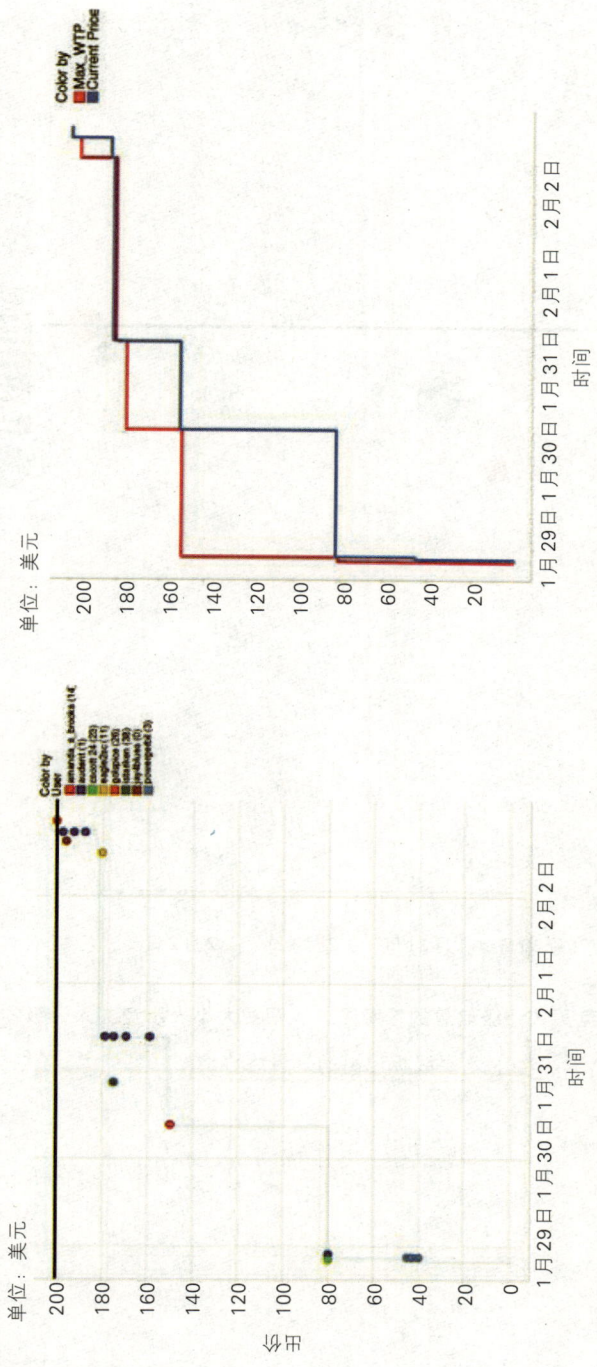

图3-3 左图：轮廓图和当前价格阶梯函数（正如在进行中的拍卖见到的那样）。水平线标记出了最终价格。右图：当前价格函数和当前最高出价的比较

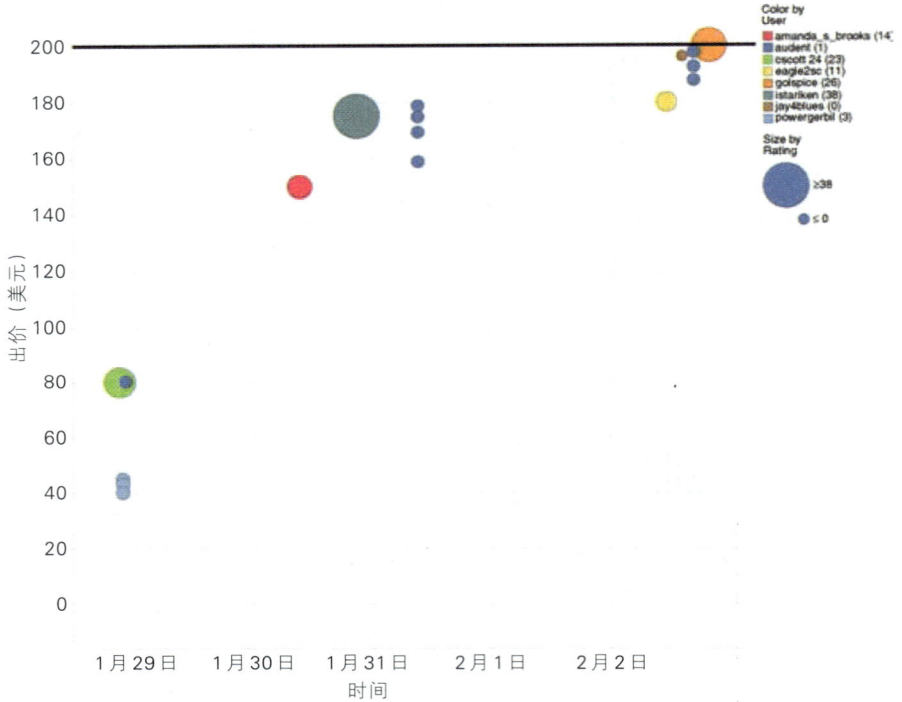

图 3-4 包含竞买人评级信息的轮廓图，以圆圈大小表示竞买人评级的高低。

水平线标记出的是最终价格

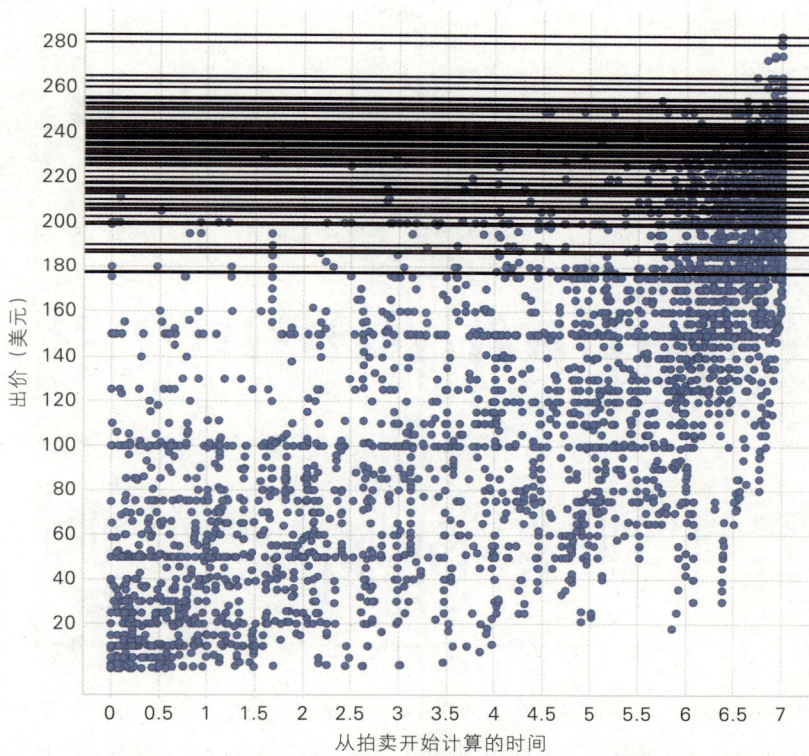

图 3-5　158 场为期 7 天的拍卖的轮廓图。水平线标记的是拍卖的最终价格

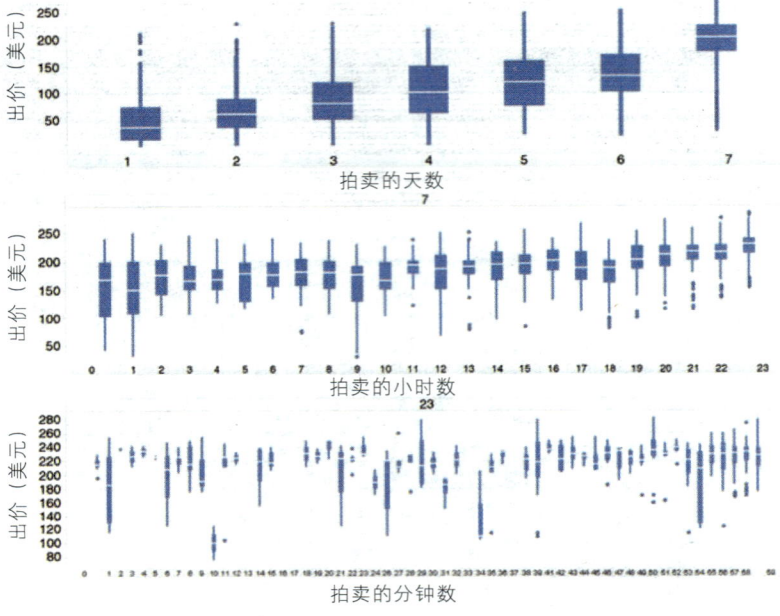

图3-6　按不同时间间隔汇总的出价分布图。最上面的是拍卖出价的日分布图。

中间的是拍卖最后一日的每小时出价分布图。最下面的是拍卖最后一小时的

每分钟出价分布图

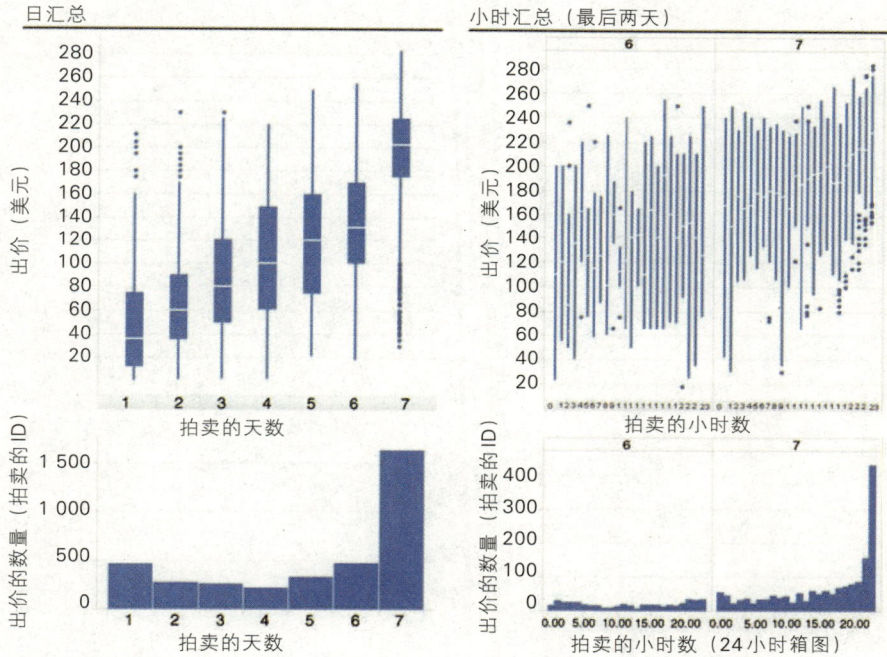

图 3-7 不同时间间隔的出价分布和密集程度。左图：日汇总。右图：拍卖最后
两日的小时汇总